JN300988

古田武彦 著

邪馬壹国の論理

古代に真実を求めて

ミネルヴァ書房

刊行のことば

いま、なぜ古田武彦なのか——

古田武彦の古代史探究への歩みは、論文「邪馬壹国」(『史学雑誌』七八巻九号、一九六九年)から始まった。その後の『「邪馬台国」はなかった』(一九七一年)『失われた九州王朝』(一九七三年)『盗まれた神話』(一九七五年)の初期三部作と併せ、当時の「邪馬台国論争」に大きな一石を投じた。(今まで「邪馬台国」という言葉を聞いてきた人よ。この本を読んだあとは、「邪馬一国」と書いてほしい。しゃべってほしい。…)(『「邪馬台国」はなかった』文庫版によせて)という言葉が象徴するように、氏の理論の眼目「邪馬一国論」はそれまでの定説を根底からくつがえすものであった。

しかも、女王の都するところ「博多湾岸と周辺部」という、近畿説・九州説いずれの立場にもなかった所在地は、学界のみならず、一般の多くの古代史ファンにも新鮮な驚きと強烈な衝撃を与えたのである。

こうして古田説の登場によって、それまでの邪馬台国論争は、新たな段階に入ったかに思われた。

古田説とは、⑴従来の古代史学の方法論のあやうさへの問い、⑵定説をめぐるタブーへのあくなき挑戦、⑶真実に対する真摯な取り組み、⑷大胆な仮説とその論証の手堅さ、を中核とし、我田引水と牽強付会に終始する従来の学説と無縁であることは、今日まで続々と発表されてきた諸著作をひもとけば明らかであろう。古田氏によって、邪馬台国「論争」は乗り越えられたのである。しかし、氏の提起する根元的な問いかけの数々に、学界はまともに応えてきたとはいいがたい。

われわれは、改めて問う。古田氏を抜きにして、論争は成立しうるのか。今までの、古田説があたかも存在しないかのような学界のあり方や論争の進め方は、科学としての古代史を標榜する限り公正ではなかろう。

ここにわれわれは、古田史学のこれまでの諸成果を「古田武彦・古代史コレクション」として順次復刊刊行し、大方の読者にその正否をゆだねたいと思う。そして名実ともに大いなる「論争」が起こりきたらんことを切望する次第である。

二〇一〇年一月

ミネルヴァ書房

竹原古墳奥室壁画（本文286～292ページ参照）

部分図　2（本文289ページ参照）

部分図　1（本文288ページ参照）

珍敷塚古墳奥壁壁画（本文295ページ参照）

はしがき──復刊にあたって

一

「今度の本の題は『邪馬壹国の論理』とさせていただきます。」

最初から、鮮烈な宣言、そういった〝ひびき〟だった。朝日新聞の大阪本社、出版局次長の田中明さんの言葉である。今も、ハッキリと覚えている。

田中さんはそれまでのわたしの本『「邪馬台国」はなかった』以降、『失われた九州王朝』『盗まれた神話』だけでなく、各所に発表した論文類もふくめ、熟読し、深く理解して下さっていた。そういう方だった。「知己」である。

その田中さんの企画による一冊、それが今回の本だった。わたしの論文が〝至れり尽くせり〟の形で収録された。だから、当の本の題まで、ズバリ構想の中に入っていたのである。それが右の言葉となったのだ。

こよなき理解者の「手」によって成立した本、幸せな運命をもつ一冊だった。

今回、「復刊」に当って、読み返してみると、まさに田中さんの〝見通し〟通りだった。否、当時(昭和五十年)の日本の学界や論壇の「水準」が、果してこの三十余年の中で、どう変ったか、変らなかったか。「復刊」の読者はつぶさに知ることができよう。貴重な本となった。

二

たとえば「邪馬壹国の諸問題」（上・下）は、京都大学の学術誌『史林』に掲載された二篇だ。尾崎雄二郎・牧健二のお二人とも、当時、京大の現役の教授だった（文学部と法学部）。尾崎・牧両論文は、わたしの「邪馬壹国」論（東大・『史学雑誌』七八―九）に対する批判だった。これに対する、詳細な再反論、それを『史林』に投稿し、掲載された。当時の京都大学の「学問的対応の公正さ」、それを如実にしめしていた。

今ふりかえってみても、ここで取り上げられた論点、論争の急所は生きている。生きているどころではない。ここで「論証」され、「定置」されたテーマに対し、漫然と〝読まず〟に、あるいは〝読まぬふり〟をして、出されている「論文」や一流の新聞・雑誌の「特集」がいかに多いことか。唖然とする他はない（たとえば、二〇〇九年十月前後、『週刊朝日』四回連載の「邪馬台国」特集など）。

三

わたしにとって「論争の発起点」となったのは、東大教授の榎一雄氏との論争だった。

昭和四十六年に朝日新聞社から刊行されたわたしの本『「邪馬台国」はなかった』に対して、翌々年（昭和四十八年）の五月から読売新聞に榎氏の批判が掲載された。題は「『邪馬台国はなかった』か」である。端的に、わたしの本一冊を批判対象とされた長篇だ。五月二十九日から六月十六日まで、十五回にわたる連載である。

わたしは再反論を書いた。榎氏と同じく、十五回分。読売新聞の要請で「十回」に圧縮され、掲載された。この本に収録されているのは、本来の「十五回」分だ。

のみならず、榎氏は（みずからの原稿と共に）「これは『前半』です。」と添え書きして書簡を送ってこられた。しかし、わたしの詳細な再反論の〝あと〟、「後半」の掲載を断念されたようである。

「前半」は「国名」問題などに〝限られ〟ていた。「後半」は当然、「里程」問題、「邪馬臺国」の位置問題、ことに榎氏得意の「伊都国・中心読法」等のテーマがあっただけに残念だ。後藤・尾崎・牧・山尾氏等の再反論も、絶えて久しい。その後、現在に至る、学会の研究者達の「古田説、無視」の大勢は、あるいは実質上は「古田説、肯定」の〝別表現〟なのかもしれぬ。とすれば、歓迎すべき現象である。

「復刊本」の刊行にさいし、痛感した。この刊行に踏み切られた、ミネルヴァ書房の杉田啓三社長、神谷透・田引勝二・東寿浩・宮下幸子等の諸氏のお志に深謝したい。

平成二十二年五月五日

古田武彦

はじめに

〝論理の導くところへ行こうではないか。——たとえそれがいずこに至ろうとも〟

わたしの生涯を導いてきたもの、それはこの一語に尽きるようだ。

かつて青春のはじめのとき、この言葉をわたしに語ってくれたのは、旧制高校の恩師であった。『ソクラテスの弁明』に、はじめてわたしがふれたときのことである。〝この言葉の大切なところは後半ですよ〟——語ってくれた人はそのようにつけ加えられた。見事な〝注解〟だった。

親鸞への探究に明け暮れた三十代、「邪馬壹国」の小道から古代史の大森林へと入りこんだ四十代、そのいずれの日にも、ただ一つの声が聞こえていたように思われる。

〝真実を求めよ。他は、一切関知するな〟

そのようにひびいてきたのである。その声は現実のものとは思われぬひびきを帯びていた。それは、一個の〝夢〟という方がふさわしかったかもしれぬ。けれども、わたしの現実は唯一の夢によって導き通されてきたのである。

今、わたしは京都の西郊に住んでいる。竹林からもれるあかつきや夕焼けの光の中を歩きながら、不思議な気持ちで思いかえすことがある。

わたしにおいて、歴史の探究とは、自己の中なる論理の声との対話にほかならなかった。その意味では、徹頭徹尾、〝私的な〟わたしの内部のいとなみだった。それがはからずも、早々と公の場にさらされるようになったこと、――それはあの日からであった。

ある年の冬近い日、突如わたしの職場に現れた訪問客があった。その人は一カ月半前に出た、わたしの論文「邪馬壹国」（『史学雑誌』78―9号）のコピーをたずさえていた。そしてこれをもとにして本の形をなすよう、切にすすめられたのである。……以来、今日まで『「邪馬台国」はなかった』『失われた九州王朝』『盗まれた神話――記・紀の秘密』の三書が相次いで世に出ることとなった。このようにして、わたしの一個の私的な実験は、世間の定説と厳しく対立する場に立たされたのである。

この第四の本は、ここ数年間のわたしの闘いの跡だ。学界に確固たる業績をもつ大家たちとの歯に衣を着せぬ論争、多くの学者たちの嘲笑に対する容赦なき反論、それがこの本の生命である。人、あるいはこのようなわたしの闘いを不遜とするかもしれぬ。けれども、これはただ真実のための闘いであって、全く私怨ではない。それゆえ、わたしに批判や悪罵や嘲笑をそそいで下さった人々に対し、わたしは心の底において深い変わらぬ感謝をいだいている。なぜなら、大家の中には、流布された「定説」を守るため、ひたすら黙殺という名の〝たこつぼ〟にとじこもっている人々がなお数多いからである。

また「盗用」問題についての処女論文がはじめて日の目を見たことを喜びとし、種々の障害をのりこえて掲載にふみきって下さった関係の方々に厚い感謝をそそぎたいと思う。これもささやかな真実を守るための、その記録にほかならなかったのであるから。

わたしの三冊の古代史の本は、この五年間に世に送られた。今、わたし自身ふりかえってみて、一個の「奇跡」を見るような感慨を覚えざるをえない。わたしのような辺隅孤独の探究者を深く支えてくれたのは、思うにこれらの本のおびただしい読者たちであろう。それは無力なわたしにとって、心厚い励まし手、相見ぬ協力者だった。

その人々に対し、わたしはこの本で心楽しい「海賦（かいふ）」の一篇を付載することのできたことを深い喜びとする。第一書『「邪馬台国」はなかった』において、論理がわたしを導いたもっとも危険な断崖、それは「三世紀倭人の南米航行」という帰結だった。〝常識的〟な論者の嘲笑をもっとも集中して受くべきこの地点において、豊富かつ詳細な新史料をここに加えることができたのである。さらにこの点に関し、海の彼方から送られてきたエバンズ夫妻の貴重な写真と手紙を掲載できたことは無上の喜びだ。今後、心ある人々は、この「海賦」を「三世紀倭人の史料」として、『三国志』魏志倭人伝と並んで、決して無視することができないであろう。

さはあれ、わたしは今、この論争の書を世におくる。さらに一段と烈しい論争の渦中に身をおくために。それがわたしの求めてきた、歴史の真実を証（あか）す唯一の道なのであるから。

邪馬壹国の論理——古代に真実を求めて　**目次**

Ⅲ

Ⅳ

V

＊本書は、朝日新聞社『邪馬壹国の論理』（一九七五年刊）を底本とし、「はしがき」と「日本の生きた歴史（四）」を新たに加えたものである。
本書内で引用されている『「邪馬台国」はなかった』、『盗まれた神話』、『失われた九州王朝』の該当ページには、ミネルヴァ書房刊「古田武彦・古代史コレクション」版のページが記載されている。

Ⅰ

銅戈鋳型（福岡市東区多田羅大牟田出土・福岡高校所蔵）

戦後古代史学への疑問

造作ではない記・紀神話

一つの時代には、一つの常識がある。

たとえば戦前の神話狂信時代。記・紀神話が無批判に国史の教科書の先頭を飾り、多くの人々はそれを疑うことさえしなかったのである。逆に、戦後三十年。それは神話否定を常識とする時代だった。そこでは記・紀神話は一般に六〜八世紀の近畿天皇家内の史官の造作とされた。すなわち、神話は歴史とは別物、として両者バラバラに切り離されてしまったのである。これは、戦時中に異端とされた津田史学（津田左右吉による）のテーマが、戦後の古代史学界に定説化したものであった。

だが、このような時代も、今ようやく終わりを迎えようとしている。

「記・紀神話は決して後代（六〜八世紀）の近畿天皇家の史官の造作ではない。三世紀以前の、はるかに遠い時間の流れの中から生み出された、歴史の各代にわたる累積物である」――わたしの探究はこの結論に到達したのであるが、このような帰結は、わたし自身にとってさえ、予想どころか一切の想像を絶していた。けれども、いかなる既定の定説や先入見にもたよらず、ただ静かに論理の指さすところに従う。この方法だけを、素人として――つまり一人の人間として――わたしはよりどころとした。そのために、避けることのできぬ論証がここにわたしを導いたのである。わたし自身の主観や手かげんなどではどうにもできぬ、それは必然の道であった。

今、記・紀の最初に展開されている国生み神話を例にとろう。イザナギ・イザナミの二神が次々に生んでいった、という「大八洲」の話だ。

すなわち大日本豊秋津洲を生む。次に伊予二名洲を生む。次に筑紫洲を生む。次に億岐洲と佐度洲とを双（ふたご）に生む。……次に越洲を生む。次に大洲を生む。次に吉備子洲を生む。是に由りて始めて大八洲国の号起れり。（『日本書紀』本文）

この八つを日本列島の地図の上に並べてみよう。すると、子供でもすぐ気づくように、どうみたっておかしいのだ。なぜなら、中心（豊秋津洲）は大和（か難波）だというのに、左側（西）ばかりあって、右側（東）はほとんどない。その上「越洲」は「コシノシマ」だというが、北陸（越前・越中・越後）付近に一切そんな島はない。こんな矛盾を、どうして今までの学者たちはほうっておいたのだろうか。

この素朴な疑いを解くヒントは、万人の眼前に隠されていた。なぜなら、これは「クニ生み神話」であって、決して「シマ生み神話」ではないのであるから。つまり、これは「オホヤシマ」ではない。「オホヤクニ」なのだ。また「越（コシ）ノシマ」ではない。「越ノクニ」なのだ。これなら、能登半島を無理やり「島」に仕立てる必要はない……。

結び目が見つかり、糸がほどけはじめると、あとは早かった。「吉備子洲」「伊予二名洲」は「キビノコクニ」「イヨノフタナノクニ」であり、「大洲」は「オホクニ」つまり大国主神のいた出雲の国だ。従来の「オホヤシマ」の読みでは、この神話上の重要な国がポカンと大きく欠落していたのだ。

さらにこの解読の最大のポイント、それは「豊秋津洲」だ。これは本来「トヨノアキヅノクニ」つまり豊国（大分）の中の安岐津（別府湾を指す）のことだった。それがあたかも〝大和〟のことを指すかのように、近畿天皇家の史官によって見事に換骨奪胎、つまり〝すりかえられて〟いたのだ。それが今やハッキリするに至ったのである。その上、この分布図の中心をなす日本海岸の領域（筑紫→出雲→越）が、すなわち記・紀神話の神々の活動領域をなしていたのだ。その主舞台は決して近畿や瀬戸内海域ではない。

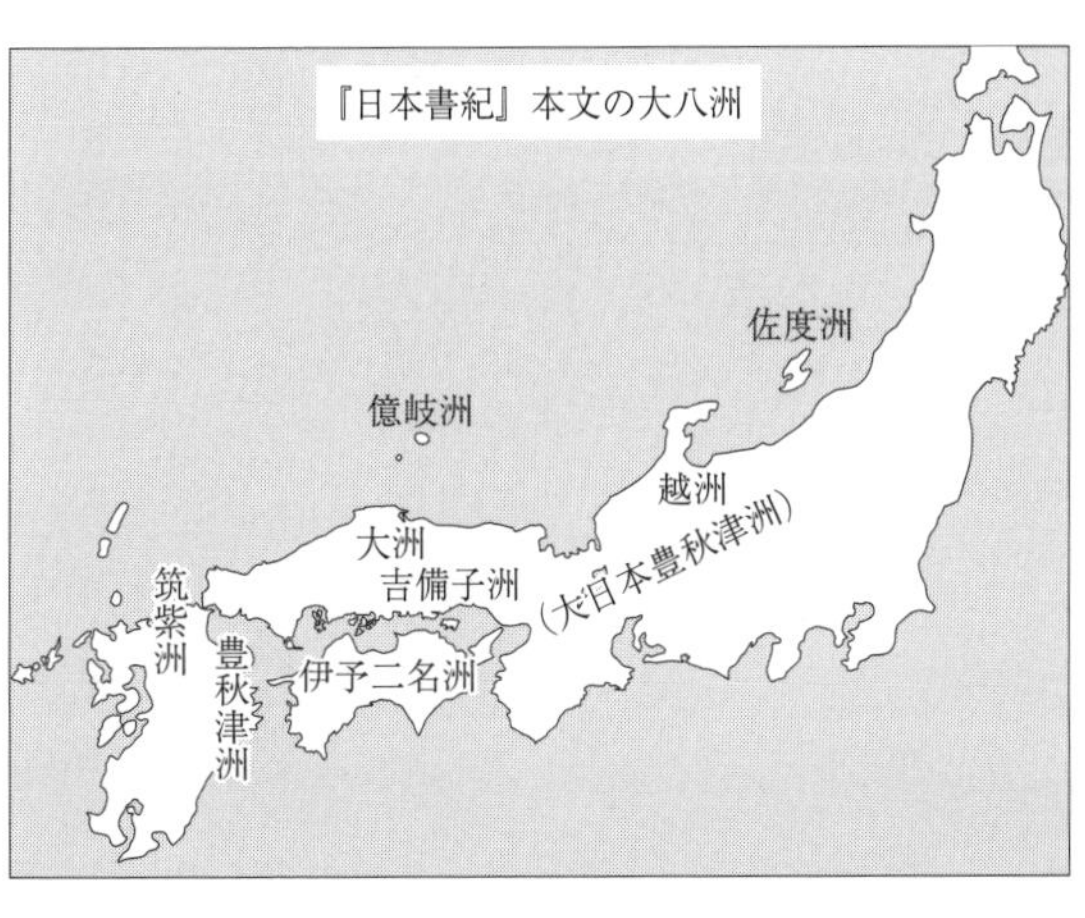

すなわち、この「オホヤクニ」国生み神話は、じつは筑紫（筑前）を原点とする、淡路島以西の古代政治地図をしめしていた。だから、戦後史学の考えたように、この神話内容は「支離滅裂の後代造作物」などではなかった。弥生期の古代人の筋の通った認識、つまり武器型青銅器祭祀圏を背景とした認識を表現していたのだ。そのことが解読作業の中から徐々にくっきりと浮かびあがってきたのである（古田著『盗まれた神話』朝日新聞社刊、参照）。

日本の研究史をふりかえってみると、津田史学のはらむ方法上の脆弱点に対する的確な批判は、すでに敗戦前夜、心ある人々の中に芽生えていたようである。たとえば、わたしは青年時代のはじめ、恩師の村岡典嗣さん（日本思想史学からこれを聞いた。

「津田氏は記・紀の矛盾を突き、これを直ちに否定的にとらえようとする。しかし、記・紀は〝古代人の認識〟の表現である。それゆえ、性急に現代的見地からの否定的判断を下す前に、まず古代人の意識内容を再現し、これを正確に理解（再認識）せねばならぬ」と。

テープレコーダーもない時代のことだから、一語一語このままであったか否か、保証できぬ。だが、若いわたしの脳裏には、このような形で刻みこまれたのである。

それから三十年の歳月が流れた。その間、狂信的な戦前の津田攻撃や、うってかわって戦後を支配した津田崇拝の中で、このような静かな声はかき消されていた。

そしてわたしは今、孤立の探究ののち、この批評のひそめていた鋭い響きに思いあたり、ひとり胸を突かれる思いがしたのである。

安易な「原文改定」論者

わたしが古代史世界に入っていった、その狭い通路は「原文改定」の扉からだった。

例の「邪馬台国」問題。この有名な論争を一素人として外からかいま見たとき、わたしを驚かせたものは、まるで天衣無縫の自由をてんでに満喫したような、原文いじりだった。「陸行一月」を「陸行一日」に直し、「南、邪馬壹国に至る」の「南」を「東」に直す。いや、それどころか、肝心の卑弥呼のいた女王国の国名「邪馬壹国」さえ「邪馬臺（台）国」と手直ししてはばからぬ手口。こんなやり方が許されるなら、原理上、どんな結論だって出せるはずだ。事実、東は東北地方から南は南方洋上の他国内まで、いやそれでも足らず、深々と海底にまで沈めてみせるのも、この手口がいったん許された以上、当然のことだ。いかなる専門家にも、これを非難したり、嘲笑したりする権利は存在しないのである。

いってみれば、欧米諸国で、あまたのドラキュラ映画が作られ、そのたびごとに新たな状況設定や新奇な解釈が試みられる。ちょうどあれと同じだ。まことに「邪馬台国」は日本古代史上、最も愛すべき妖怪(ようかい)となりおおせたのである。

だが、単なる〝楽しい読み物〟としてではなく、学問探究として見たとき、果たしてこれですむだろうか。

たとえば、わたしは原文の「壹(壱)」を「臺(台)」に手直ししてきた従来の論者の非を論じ、その一論点としてかつて次のようにのべた。

魏晋朝では「臺」一字で「天子の宮殿とその直属官庁」を意味した。一方、中国の漢字の中に「タイ・ダイ・ト」の類の音をもつ漢字群はおびただしい。それなのに、魏晋朝の史官が倭国という夷蛮(いばん)(東夷)の国名を漢字で表す場合、自己の側の至高の貴字たる「臺」という文字を、おびただしい漢字群の中からわざわざ抜き出してあてはめるようなことがありえようか。いや、万々一その可能性はない——と。「邪」「卑」「奴」といった卑字が倭国関係の表音漢字として続出している史料事実から考えれば、この道理は一層明白だ。これが「表音漢字選択の論理」である(「邪馬壹国」『史学雑誌』昭和四十四年九月)。

以来、六年にわたる歳月が経過している。だが、この道理を打ち破りうる論者はその間現れなかったのである。そしてまさに現れないまま、あるいは学界で、あるいは一般誌で、原文になき「邪馬臺(台)国」という名称が公然と使われつづけている。

今、いわれなき誤解を避けるため、一つの吟味を加えよう。「原文といっても、著者本人の自筆原本ではない。はるか後代（南宋・十二世紀）の版本だ。とすれば、そこにあやまりがあっても当然ではないか」――このように考える人も多々あることであろう。わたしも全くそう思う。ただし、その点までである。問題は次だ。そういう一般論をもって、直ちに飛躍し、「南→東」「月→日」「壹→臺（壱→台）」といった、自分の都合にあわせた原文改定を正当化する口実とする。それが不当なのである。この字は確かに、他のあの字のまちがいだ、という具体的な個別の論証こそ、探究上の眼目なのだ。それなしでは「学問の本質」に欠けよう。逆に、その必要にして十分な論証さえあれば、わたしが「原文改定」に反対するいわれは、それが何個所あろうとも全く存在しない。だが、人々はそれを欠いたまま、今も依然として原文改定の「結果」によりかかっているのである。これは、不遜をおそれずに言わせていただければ、一つの知的退廃ではあるまいか。

この重要な論点をすでに道破した先人がいる。『邪馬台国研究総覧』によって従来の研究史を総括した、故三品彰英氏がその人である。長文をいとわず、「原文の訂正」と題したその一節を引用しよう。

「われわれは、実証よりも一層鋭い直観のあることを知っている。だが同時に安易な直観の危険さを一層痛感する。原典の校合による実証的な字句の訂正以外は、できうる限り『魏志』の原文をそのままに読んでゆくことが、われわれ学究の徒の進むべき常道である。『魏志』の記事を随所で信ずるに足りぬと批評しつつ、一つの結論を導き出している論者のごときは、自らの結論に対しても信ずるに足らざることを自白しているようなものである。……この原文訂正の問題は、九州論者、畿内論者のいずれを問わず、等しく適用せらるべき学問的原則である。」

これはまさに金言だ。しかし遺憾ながら、氏の実行そのものは、氏自身の提唱を裏切っていたようである。なぜなら、氏は「中国人は東のことを、時として南と書くことがある」という内藤湖南の主張をうけついで、「南→東」の原文改定に実質上賛同されたからである。まして中心国名たる「邪馬壹国」に対する原文改定という、この根本問題にまで、氏の批判の目はついにゆきつくことができなかった。

今生命をもっているのは、氏の結論ではない。氏の提言そのものである。「改定論証なき原文改定」を非とするわたしの本『「邪馬台国」はなかった』（朝日新聞社刊）はすでに氏の生前世に出ていたが、もはや病床についておられた氏の目にはとどくことがなかったようである。もし今、氏が生きておられたならば、「原文改定」乱立する現下の盛況を見て、いかなる感懐をもたれるであろうか。

実在の証拠史料無視

古代史の原始林の中をさまよいつづけている間に、一つの大きな黒い影のようなものがいつもわたしの視界をさえぎっているのを感じはじめていた。史料の一字一語を確かに見すえようとすればするほど、何かそれを透明に見通させないものがあって、対象を覆（おお）っている。それを痛いように感じるのであった。

これは何か？　わたしは問いつづけた。そしてついにその真相を見た。それは天皇家という名の影であった。つまり、日本列島に中央権力として歴史上存在しえたものはただ一つだ、すなわち近畿天皇家以外にありえない――この思想である。これこそ八世紀から現代まで連綿千三百年間、疑われたことのない「日本の常識」だった。しかしこの常識で内外の古代文献を見ると、どうしても対象がくもってしまう。透明に史料を見通すことができないのである。ところが、この「絶対の常識」を網膜からとりはらった瞬間、すべてがはっきり見えてくる。ちょうど日本晴れの日のように。

たとえば、『古事記』序文の天武の詔に現れる「削偽定実」（偽りを削り実を定む）という有名な言葉。これが記・紀撰録の目的だ。それこそ「邦家の経緯・王化の鴻基（こうき）」だというのだから、この「偽」とは天皇家を中心権力と認めないもの、「実」とはその逆である。ところが、この「偽」の立場に立った歴史文献（「帝紀」及び「本辞」と呼ばれる）が、すでに「諸家」からもたらされていると、その詔はのべているのだ。

とすると、当然天皇家外の領域に、天皇家ならざる権力を大義名分の中心とした歴史文献が、天皇家の歴史書作り（記・紀）に先立って存在していた——そういうことになる。近畿天皇家に先在した他地域の中央権力が実在したこと、それが天皇自身によって認められているのだ。だが、従来の学者はその必然の帰結を直視しなかった。「各氏族が家系を偽っていたのを天武帝が正そうとされた」といった類の穏和な解釈ですませていた。

では、氏族中の氏族たる天皇家自身は？　このようなストレートな問いは、決して発しようとはしなかったのである。

他にも簡明な証拠がある。『日本書紀』の「一書」問題だ。この「正史」の最大のナゾ、それは神代紀に「一書に曰く」という引用が五十八個も登場しているにもかかわらず、次の神武紀に入ると、ぴたりとそれが消滅する、この点だ。九州から近畿に舞台が転換した途端、この「一書、大量蒸発事件」がおこるのである。この異常現象は戦後史学の「後代造作説」などでは到底説明できはしない。ずばり言おう。九州に、記・紀に先んじて複数の歴史書が成立していたのだ。それはとりもなおさず「九州王朝の先在」の証拠でもある。

この結論は、隣国（朝鮮半島）の歴史書『三国史記』（新羅・高句麗・百済の歴史）からも同様に導かれる。この本の中には「倭」の字が九十七回出現する（地名「倭山」二回を除く）。倭人（四十回）、倭国（二十二回）、倭兵（十四回）、倭（十回）、倭王（六回）、倭国王・倭女王・倭軍・倭賊・倭船（各一回）だ。

これらの倭国記事に対する無視、それが明治以降の正統派史学の伝統だった。その証拠に、わが国の教科書にはこれら『三国史記』に現れる倭国記事はほとんど登場しない。それゆえ一般の日本人はこれを知らずに今日に至ったのである。なぜか。理由はほかでもない。ここに現れた倭国記事は記・紀の天皇家内伝承とほとんど接点（共通項）をもたない。そのため、無視する方が利口だったのである。

では、この「倭」とは何物か。その性格を個条書きしてみよう。

㈠ 倭国・倭国王・倭王という表記形式がしめすように、これは独立した主権国家だ。その点、この史書中の高句麗王・新羅王・百済王などと同列の表記なのである。

㈡ 新羅本紀によると、新羅国は倭国と高句麗国とに王子らを人質に送っている。いいかえると倭国は高句麗と並んで、新羅国に南から圧迫を加えつづけた国家であった。

㈢ 記・紀の天皇家内伝承と記事がほ

十七年春二月重修始祖廟秋七月京都地震
霜雹害穀冬十月百濟圍邊
十八年春穀貴民飢
十九年春正月以仇道為波珍湌仇須兮為
吉飡二月有事始祖廟京都大疫
二十年夏五月倭女王卑彌乎遣使來聘
二十一年春正月雨土二月旱井泉竭
三十一年春三月王薨
伐休一作發暉尼師今立姓昔脫解王子仇鄒角干

朝鮮半島側の古代史書に登場する倭女王卑弥呼のくだり
（『三国史記――新羅本紀』より）

とんど対応しないことからも判明するように、この倭国王とは、近畿天皇家ではない。
㈣　倭国側は、たとえば「兵船百余艘」によって襲来し、新羅の南辺及び東辺の海岸から侵入した。これは朝鮮半島の対岸、つまり日本列島（九州）に本拠をもつ国である。
㈤　この倭国の倭女王として卑弥乎（呼）の名があげられている。

以上の事実は、近畿天皇家に先在した九州王朝の実在、そしてあの有名な女王卑弥呼もこの王朝に属していたこと、この二点を歴然と証明しているのである（古田著『失われた九州王朝』朝日新聞社刊、参照）。

これに対してわたしに興味深いのは、この倭を「海賊」と見なす学説だ。早く明治に中村桜溪が好太王碑文中の「倭」に対してこれを唱え（『古碑徴』）、最近は内外の学者（金錫亨氏、旗田巍氏ら）がこれをのべた。しかし、この海賊集団説は、実は次の三段論法の上に成り立っている。

①これらの倭は大和朝廷ではない　②大和朝廷以外に中央権力は実在しなかった　③ゆえにこの倭は海賊である――と。

つまり、近畿天皇家唯一中心主義という、仮構の巨大なかさの下で造り出された学説、それがこの窮余の海賊説なのであった。

『三国史記』の倭国が主権国家であること、それは右の㈠の表記の点から見ても当然だ。「倭賊」という一例も、「百済残賊」という表記と同一だ。海賊の証拠ではない。この矛盾した海賊説の真の背景は、右の三段論法の②にあることは明らかだ。

『三国史記』の倭国表記の客観的な処理、それは必然的にただ一つの命題――「倭国＝九州王朝」という真実をゆるぎなく指し示しているのである。

以上、いずれの道からたどりはじめても、同じ九州王朝の峰に至るほかない。

厳正な史料処理貫く

これまでに述べてきた論旨を、いまひとたびふり返ってみよう。

わたしは戦後古代史学が「記・紀神話は後代の造作物だ」と称する、その根本のテーマに疑いをいだいた。そのような、いわば古代人への侮蔑の上に立って、さまざまの恣意なる構想の彩りを楽しむ——その前にまず、記・紀の表記のルールを厳格に守り、そこに古代人の認識を見ようとしたのである。そのさい、基本のルールは安易な原文改定に走らないという一点だった。古代人がまちがっている——もし、後代のわたしたちがそうはっきり言えるとしたら、それはたとえようもなくすばらしいことだ。だが、そのためには必ず「必要にして十分な論証」という代価を納めねばならぬ。それが当然ではあるまいか。だが、一個の人間としてのわたしの目から見ると、戦後古代史学は津田左右吉の権威によりすがったまま、それを十分に果たしていなかったように見える。それが問題の根本である。

かえりみれば、このような疑問をおこすことができたのは、決してわたしが格別古代史に詳しかったからではない。むしろ、逆だ。戦後の古代史学界の中の確たる座に身をおいていたなら、後代造作説はもはや疑う必要のない自明の命題だったであろう。けれども、一素人たるわたしの目には、どうしても疑わしく見えただけなのである。

わたしは、かつて学者としてみずからを見たことはなく、大学の中に職をえたこともなかった。ただ一個の、私的な探究者として終始しているのである。このようなわたしの基本の立場は、すでに早く親鸞研究の中に発している。真宗各派の大家や専門的な学者たちに相対し、孤立の一素人として、率直な親鸞の探究をこころざしたのである（古田著『親鸞思想――その史料批判』冨山房刊、自序参照）。けれども、わたしにとって「素人」とは、史料のとりあつかいを厳正にすることや論理の厳密さを守り抜くこと、それらの反対語ではありえなかった。むしろ逆である。なぜなら・学者や専門家の肩書をもつ権威ある大家なら、格別の論証なしにでも「わたしはこう見る！」と言えば、一つの学説として世間はこれを見るであろう。少なくともあなどらないであろう。しかし、何一つ肩書もない人間には、それは不可能である。こういう方法で、こういう論理に従えば、こうなる――という、その筋道をしめす論証それ自身の権威に依拠する以外に、わたしには何のとりえもなかった。

このような探究の道は、わたしを意外な局面へと導いた。それは「近畿天皇家に先在した九州王朝」というテーマである。前にのべたように、中国側文献と朝鮮半島側文献と日本側文献とを問わず、いずれから究明しても、厳格な史料批判的処理に従うかぎり、いかにしてもこの結論――あえて戦後古代史学界だけではない、記・紀成立の八世紀以来、千三百年間疑われたことなきこの命題にゆきつかざるをえなかったのである。

このことをさししめす、わたしにもっとも印象的だった解読の一つ。それは『古事記』の天孫降臨神話におけるニニギノミコトの言葉だった。

此の地は、韓国に向いて真来通り、笠沙の御前（みまえ）にして

の文だ。これは「向韓国真来通、笠沙之御前而、朝日之直刺国、夕日之日照国」という六字四句の対句文ではないか。そう気づいたとき、記・紀のナゾの核心をはじめて見た思いがしたのである（古田著『盗まれた神話』参照）。すなわち、これは前原（福岡県糸島郡）の現地に立って、北には韓国、南には笠沙（福岡市東辺―東南）、東には朝日、西には夕日という「四方」をさししめした四至文だったのである。太

陽信仰の聖地（前原）に立って、この文面はのべられていたのだ。この解読によって、天孫降臨地が前原と博多の間の高祖山連峰であったことが文献的に裏づけされることとなったのである。（なお、古田著『盗まれた神話』において、右の文中の「真来通り」は「真木通り」と解したが、新たに「来立つ」〈景行記〉「来散る」〈安康記〉という語法と対応する「来通る」と見なす理解を提起したい。ただ、文全体の大意に変化はない。）

この解読によって・天孫降臨神話が、博多（邪馬壹国）、前原（伊都国・奴国）両域間の連山を舞台としていること、すなわち九州王朝の中心たる筑紫を原域とする始源神話であること、その事実が明白に裏書きされてきたのである。さらにつきつめれば、九州王朝にとってこの前原は内陸（九州本土）における〝聖なる発源の地〟に当たっている――それを赤裸々に物語る一節なのであった。ニニギノミコトの子のヒコホホデミノミコトについて「御陵はすなわちその高千穂の西に在り」と『古事記』は伝える。高祖山連山の西は、糸島郡前原である。そして近畿天皇家はその〝聖なる血脈をうけている〟と称する一分流だったのである。そしてこの人々の権力の始源を語る「神武東征」説話も、決して後代の造作ではなかった。日向（宮崎）を発進地とし、宇佐（大分）、岡田（筑前の遠賀川）、安岐（広島）、吉備（岡山）の四域連合をバックにして大和に侵入した武器型祭祀圏に属する海上武装船団。その権力奪取の伝承だったのである。

折しも天孫降臨の当地（前原）において、原田大六氏を中心として新たな発掘、調査がすすみ、次々と右の神話の内実が虚構でなかったことを証明しつづけているようである。

これに対し「記・紀神話、後代造作説」を定説とする戦後古代史学界の学者は、いつまで黙殺を守りつづけるのであろうか。

邪馬台国論争は終わった

序

ある人はこのように書いている。「邪馬台国はどこにあったのか。それは、結局、永遠の謎であろう」と。

この言葉は美しい。あのジョコンダ（モナ・リザ）の微笑のように、人々の情緒の源泉をしびれさせるようなひびきを秘めている。ことにそれが古代史に通暁した大家の手によって綴られているとき、人々はそれを一種の〝誠実な告白〟のように見なすであろう。〝これこそ偏見なき結論にちがいない〟。そのように人々に感じさせる力をもっているのである。

――だが、本当にそうだろうか。果たして女王卑弥呼の国は「永遠の謎」に終わるのであろうか。

このような問いをわたしが新たに発すること、それは果たして不遜なことだろうか。あまりにも恐れを知らぬ行為であろうか。

だが、読者にお願いする。このささやかな一文を読み終わったのち、あらためてこのようなわたしの疑いが大それたものであるか、ないか、その判断を下してほしい。わたしはそう思ってこの筆をとった。

一

この問題に入る前に、果たしておかねばならぬ作業がある。それは『三国志』の「魏志倭人伝」の信憑性の問題だ。なぜなら、この内容がはじめから著者（陳寿）によって〝恣意的かつ適当に〟書かれているものであったとしたら、つまりこの本がもともと信憑できぬ史料性格の著述だったとしたら、その中に書かれている女王国の位置を、この文面から〝確定する〟などという作業は、はじめからばかげていることになってしまうだろうから。

かつてわたしの本『「邪馬台国」はなかった』の中で、わたしはこの『三国志』魏志倭人伝の文面が史料としてきわめて信憑性が高いこと、つまり〝その記述が真実（リアル）である〟ことを論証し、かつ力説したのである。ところが、その後、新たな見地から、〝倭人伝の記述は信用できない〟と主張する論者が現れた。

「私には〝魏志〟〈倭人伝〉を日本史の先生方のように非常に正確な記事だとはとうてい思えないのです。これは序文でも最後の評でも『通訳をつれた使節がときどき通交するので、事に従いて記述す。あに常ならんや』とあります。これは使節がいっているとおりに書いておくけれども、どうしてこれが一般的なものであるといいきれましょうか、私にはそういいきれませんと書いている。これは〈倭人伝〉のすぐ次の評にです。たった二行なんですけれども。日本史をやっていると〈倭人伝〉のところだけ取り上げてお読みになる。次の行を読んでいただきたいのですけれども。

そんな、非常に不安定な史料を絶対視するというのは、やっぱり何か、史料を扱う人間としては不安なのです。」（井上秀雄「中国古典の朝鮮と倭」、国分直一編『倭と倭人の世界』所収）

つまり、著者（陳寿）自身が、〝この烏丸・鮮卑・東夷伝は信用できない〟と、いわば〝自白している〟というのだ。もし、この井上氏の読解が正しいとしたら、確かに、倭人伝の文面を大真面目にとりあげること自体、何とも〝しらけた話〟ではないか。

そこであらためて検証してみた。まず原文をしめそう。

史・漢は朝鮮・両越を著し、東京は西羌（せいきょう）を撰録す。魏の世、匈奴遂に衰え、更に烏丸（うがん）・鮮卑有り。爰（ここ）に東夷に及び、使訳時に通ず。記述、事に随う。豈（あに）常ならんや。

右の大意をのべる。

〝前漢の『史記』、後漢の『漢書』には、朝鮮伝・両越伝（南越と東越）があり、東京（洛陽を都とした後漢をさす）では西羌の伝（西方の夷蛮の伝をさす）を撰録している。

ところが、魏の世には（かつて猛威をふるった）匈奴がついに衰え、更に（かわって）烏丸・鮮卑・東夷が登場し、魏に使者（訳者と共に）を時々通ずるようになった。

だから、本書（『三国志』）では、記述の仕方は事実（実状）に随ったのだ。（つまり、朝鮮伝・両越伝・西羌の伝などを設けず、それに代えて新たにこの「烏丸・鮮卑・東夷伝」を設けたのだ。）史書の「夷蛮伝」を立てる、その体裁は、このように実地・実状に応じて変移するのが当然だ。どうしてそれはきまりきったものであろうか。いや、そうではない〟。

つまり、「前史」たる『史記』『漢書』に対し、『三国志』は夷蛮伝の立て方がちがっている。それは〝事実を重んずるために、その事実に対応して体裁を変えたものだ。だからこの変更は当然である〟。

自信に満ちて陳寿はこのように断言しているのである。

二

右のわたしの理解は、東夷伝と烏丸・鮮卑伝の両序文からも裏づけられる。

まず、東夷伝の序文の結語。

故に其の国を撰次し、其の同異を列し、以て前史の未だ備えざる所に接せしむ。

ここで「前史」といっているのは、むろん『史記』『漢書』のことだ。この両書に欠けている点を、この新しき伝（東夷伝）の記述によって補うのだ、というのである。

次は烏丸・鮮卑伝の序文の結語。

烏丸・鮮卑は即ち古の所謂東胡なり。其の習俗・前事、漢記を撰する者は已に録して之を載す。故に但漢末・魏初以来を挙げ、以て四夷の変に備うると云う。

ここでも『史記』『漢書』等にのせた所は省き、そこにない漢末・魏初以来の記事を書く、といっている。

以上、二つの序文に強調した趣旨、つまり〝『史記』『漢書』そのままのやり方（伝の立て方）でなく、前書に欠けた所を補う〟という基本方針を、陳寿は、問題の最後の「評」（各篇末尾の史官評論の文章）で要約し、再説したのである。「評」とは、そういう性格の文章だ。突如、事新しく、自信欠如の〝不安告白〟をのべるような役割の文章ではない。この点、『三国志』全篇、六十五個の「評」文を見れば直ちに判明する。いずれも、二、三行の短文の中に、その伝を記述した著者の基本の立場が、要約し、圧縮されているのである。

したがって、これは〝不安告白〟どころではない。現代の「事実」を優先させ、前書の記述様式（「伝」の立て方）をうけつがなかったことの妥当性、それを陳寿は強烈に主張しているのである。したがって、井上読解は、遺憾ながら、全く史料事実とは正反対だったのである。

三

さらに注目すべきことがある。それはこのような夷蛮伝新設の目的だ。それは決して著者の物好きや異国趣味のためではない。右の烏丸・鮮卑伝の序文末尾のしめすように、北の匈奴に代わって新たに勢力をもちはじめた中国の「北→東」なる夷蛮の「変」に応ずるためだ、というのだ。この「変」とは何か。右の烏丸・鮮卑伝の序文は次のようにはじまる。

久しいかな、其れ、中国の患たるや。秦・漢以来、匈奴久しく辺害たり。

つまり、匈奴は代々中国にとって辺害（辺境からの害敵）となってきた、というのである。だから今、その匈奴こそ衰えたものの、代わって新興の夷蛮たる烏丸・鮮卑（や東夷）たちの「変」（変移する動き、動態）に警戒を怠ってはならぬ。そこで、この新しき伝をおこしたのだ、というのである。

このように見てくると、この新伝設立の目的がすぐれて軍事的性格をおびていたことは明らかだ。すなわち、中国の安全のため、〝真実（リアル）な戦略上の目的意識〟に立って書かれているのである。

四

井上氏が――失礼ながら――文意を誤解された一因、それは「常」と「定」との語義のちがいを見あやまられた点にあるのではないかと思われる（次の例はいずれも「評」による）。

抑（そもそも） 非常の人、超世の傑と謂う（い）可し。（魏志一、太祖）

飛の暴にして恩無く、短を以て敗を取る、理数の常なり。（蜀志六、張飛）

このように、「常」とは〝あたりまえのこと、きまりきったこと〟を意味する。『三国志』全六十五個の「評」中、六個（固有名詞一個を除く）の「常」が出現するが、いずれも、この語義である。

これに対し、異なる語義をもつのが「定」だ。

位号、定まる靡（な）し。（魏志二十、武文世王公）

易に称す。「家を正しくして天下定まる」と。（呉志五、妃嬪）

この「定」は明らかに〝一定して変わりなきこと。決定的なこと〟を意味する。だから、

A　豈常ならんや。

（訳）どうしてきまりきった記述方法に従う必要があろうか。いや、ない。

B　豈定ならんや。

（訳）どうして決定的な記述であろうか。いや、それほどのものではありえない。

井上氏は問題の句を、あたかもBであるかのように解されたため、この誤解を生じられたのではあるまいか。

五

なお、これと類似の問題として、東夷伝序文中に次の文がある。

漢氏、張騫を遣わして西域に使せしむ。河源を窮め、諸国を経歴し、遂に都護を置きて以て之を総領せしむ。然して後、西域の事、具に存す。

これに対し、〝西域でも、張騫が使者として行っただけでは、現地の事情はよく分からなかった（都護府が設置されて始めて分かった）。この点、東夷の場合、使者が行っただけなので、よく分からない〟とする解釈がある。そして例の「豈常ならんや」の「評」の井上読解につなげようとするのである。しかし、これも明らかに誤読だ。この文は〝「張騫の大西行や都護設置」といった、中国人の実地接触によって、『漢書』では西域伝を立てて記述することができるようになったのである〟の意だ。

その証拠に、右の文のあと、公孫淵や高句麗への討伐行を記したあと、

遂に諸国を周観し、其の法俗を采るに、小大区別、各名号有り。詳紀するを得可し。

とある。

つまり、〝東夷の場合も、討伐戦争や使者の往還という実地接触の行われた結果、ここに詳しく記述することができることとなった〟とのべているのである。

ここでも、陳寿は「自信」の上に立っているのであり、決して「不安」の上に立っているのではない。

六

以上の論証に対し、新たな論者が立ち現れ、さらに次のように言うかもしれぬ。「なるほど、陳寿の主観においては、そのような自信に立っていたのであろう。だが、客観的に見て彼の文章（倭人伝）が信用できるかどうか、それとこれとは別だ」と。

このようにして倭人伝の信憑性についての新たな議論がはじまる。つまり、わたしのように〝信憑できる〟という者と、程度の差こそさまざまながら、〝必ずしも信憑できない〟とする論者とだ。そして必然に後者はそれを〝口実〟として（つまり、必要にして十分な論証なしに）「原文の手直し」へと向かうのである。

だが、ここに重大な岐路がある。一般論として〝わたしは信用できると思う〟〝いや、できないと思う〟などと言いあっていても、はじまらない。少なくとも科学的な論争としては無意味だ。だから、従来疑いのまとと
なってきた基本的な事実をとりあげて、それを堅実に検証する。――それが必要だ。

わたしはそう考えた。そこでその一つとして里数問題をとりあげた。倭人伝中〝疑いなき誇張〟として従来の論者たちが認めてきたのは、次の記事だった。

郡より女王国に至る、万二千余里。

郡とは帯方郡治、つまり今のソウル付近だ。通常の里数観念（漢里――一里約四三五メートル――山尾幸久氏による）なら、これでは、はるか南方洋上、赤道付近にまで行ってしまう。だから疑いなき誇張、と見なされたのだ。

しかし、わたしが『三国志』中の全里数値を抜き出して検査した結果、〝魏晋（西晋）朝は漢代の「里」の約六分の一の里単位、つまり「短里」を採用していた〟という帰結をえたのである。したがって右の「万二千余里」はなんら誇大値ではない。この記述はなんら誇張ではなかったのである。

わたしは自著の中にその論証を書いた。そして論者の反応を待ったのである。なぜなら、いわゆる女王国の所在論とは別に、これは純粋に検証できる性格の、いわば物理的な問題点だ。『三国志』の中にも里数記事は数多い。その上、『三国志』以外の魏晋朝史料もまた少なからぬ史料を提供しているからである。

けれども、意外にも、その後、邪馬壹国か邪馬臺国かという、「壹——臺」問題が数多く世に紹介され、論ぜられてきたにもかかわらず、きわめて客観的な判別尺度をもつこの問題に対し、再検証の目をもって顧み、諾否を論ずる人はあまりにも少なかった。（ただ一つの例外は、山尾幸久氏の『魏志倭人伝』〈講談社新書、昭和四十七年〉であり、わたしはこれに対する反論「魏晋（西晋）朝短里の史料批判」〈『古代学研究』73、昭和四十九年〉を書いた。）

そしてまさに顧みないまま、「わたしは倭人伝は信用できないと思う」といった記述をものする人士が現れている、そういう現況なのである。これでは、論争の当事者が真実を煮つめる努力を怠っている、といわれても、あるいは弁明できないのではなかろうか。

七

わたしはここに提示する——魏晋（西晋）朝短里「五証の弁証」を。それは、〝『三国志』は短里によって書かれている〟という命題を立証すべき五個の明確な事例である。

㈠　潜中、天柱山有り。高峻二十余里。（魏志十七）

この天柱山は現在中国の地図（たとえば中華人民共和国地図。一九七一年十二月。北京）にも書きこまれている。また『史記』の武帝の天柱山巡行記事（第十二、孝武本紀）でも有名な名山である。その高さは一八六〇メートルだ。つまり、この「二十余里」は短里である（二十三、四里＝一七二五〜二一六〇メートル）。もし、これが漢長里なら、一〇、〇〇五〜一〇、四四〇メートルだ。まさにエベレスト（八、八四八メートル）を越える超高山となってしまうからである。

㈡　対海国に至る……又南、一海を渡る、千余里。名づけて瀚海と曰う。一大国に至る。

これは倭人伝の探究者には、おなじみの文面だ。しかし、『三国志』全体の中でも〝卓抜した〟文例である。なぜなら、対海国と一大国がそれぞれ対馬（南島――下県郡）と壱岐とを指すことは明白だ。それ故、その実距離は明白に判明している。（最短直線距離、約五〇キロ。最長曲線距離〈南行のち東行〉約七六キロ。）

ところが、もしこの「千余里」が漢長里なら、四三五キロもの長大な距離となり、全然妥当しない。対馬から九州南端に至る長大な距離となってしまう。海上距離が陸上距離より粗、つまり不精密であるのは当然だが、それにしてもひどすぎる。到底無理だ。やはりこれは、短里と見るほかない。

㈢A　江東、小なりと雖も、地方千里。（『史記』、項羽本紀。『漢書』項籍伝もほぼ同文）

B　江東に割拠す、地方数千里。（呉志九）

Aは漢文の教科書にも出てくる有名な文だ。陳寿と『三国志』の当時の読者もまた、これをそらんじていたと思われる名場面だ。ところが、その同じ江東を陳寿は「方数千里」（方五、六千里）と記している。明らかに漢長里の五、六分の一の里単位に立っていることを意識し、ここに明示しているのである。

㈣　南、零・桂を収め、北、漢川に拠る。地方数千里。（魏志六、劉表伝）

ここでも、荆州（湖南省のあたり）を「方数千里」と言っている。漢長里でこの表記なら、中国全土にまたがる広大な面積となる。（『「邪馬台国」はなかった』一五二ページ図参照）したがって短里にもとづくこと、明白である。

㈤　韓は帯方の南に在り。東西、海を以て限りと為し、南、倭と接す。方四千里なる可し。（魏志三十、韓伝）

これも、漢長里では到底妥当せず、短里にしてはじめて的確な表記となること、明らかである。

右の五例はいずれも、主観的な解釈の介入する余地はない。

①　中国本土、朝鮮半島、倭地、そのいずれを問わず、同一の里単位（短里――漢長里の五、六分の一）に立って書かれている。

②　高さ、平面距離、面積、陸上と海上、そのいずれを問わず、短里に立って書かれている。

これが帰結だ。したがって次の答えをうる。「万二千余里は誇大値ではない」と。この命題が確認されるとき、すでにいわゆる近畿説が成立しえないことは明らかである。なぜなら、「南を東に変え」たくらいでは到底近畿に至ることはできぬからである。そしてさらに重要なこと、それは倭人伝の数値を軽々しく疑うことは、妥当でないという命題をハッキリと指さしているのである。

八

この問題に対し、「魏尺」にもとづく反論がある（市村其三郎氏『神武天皇は応神帝か』一〇四頁）。

市村氏は言われる。〝漢尺は二三・三センチ、魏尺は二四・二五五センチ（藪田嘉一郎「現存歴代古尺表」による）。すなわち、両者に「六対一」もの大異はない。したがって漢里と魏里とに古田の言うような大異があるはずはない〟と。

しかし、この論点は遺憾ながら、次の点の誤認から来ている。中国には二つの「長さの基準」があるのだ。

A　寸→尺→丈

B　歩→里

この場合、「A→B」という風に、直接両者接続しているものではない。この二つは、本来別種の長さの単位なのである。その証拠に

①　両単位は長さの範囲が交錯している（たとえば、「丈」は「里」と「歩」の中間の長さ）。

②　両者は測定対象が慣例的に異なっている（たとえば、人間の背丈や大木の高さを「歩」で測ることはない）。

③　両者は接続して用いない（たとえば、「何里……何寸」といった用法はない）。

これで明らかだ。ところで『三国志』の場合、Aの方は漢代と大異のないこと明らかである。

(a)　身長八尺。（蜀志五、諸葛亮伝）

(b) 又侏儒国有り。其の南に在り。人長三、四尺。（魏志三十、倭人伝）

右の(a)は長身、(b)は短身の例だ。つまり、通常の人間の背丈が五～七尺の間とされている点からも、漢尺と大異ないものと見られる。したがって短里問題はBにのみ関係し、Aには及んでいない。これが『三国志』のしめす史料事実である。市村氏は遺憾ながらこの一点の法則を看過されたようである。

（現代〈メートル法以前〉でも、〃人間の背丈——六尺前後〃はほぼ大異ないのに、「里」の方は四キロくらいだ。漢里の九倍もの長さとなっている。両単位別々に変動した証拠だ。）

九

以上の論証に対し、論者はさらに言うだろう。〃倭人伝の里数値が誇大でなく、陳寿はその時代独自の基準里に立って真面目に記述していたことはよく分かった。しかし、それは要するに里数問題だけだ。そのことから、倭人伝の記事全体が信用できる、とは限らないではないか？〃と。

確かにその通りだ。そこでいよいよ問題の核心、女王国の所在を確認するための論証にむかおう。ここでは、二～三世紀（前半）の考古学上の遺物をしめす分布表によって考えてみよう（次頁）。この表をバックとして、次のような三つの定理がえられる。

第一、二島定理

倭人伝にしるされた三世紀倭国に属する地域として、誰人も疑うことのない地点、——それは壱岐・対馬の二島である。これを倭国に属さずと見なす人はいない。すなわち、倭国領域として疑いなき「定点」だ。そこでこの定点を実地の遺物において検査すれば、この「倭国」なるものの社会性格、祭祀性

第一表　銅矛・銅戈・銅剣出土表（九州）

	細矛	中細矛	中広矛	広矛	細戈	中細戈	中広戈	広戈	細剣	（備　考）
〈長崎県〉										
対馬	2		7	87			1		5	
壱岐	2			3					3	
その他（諫早市島原氏）	4								4	
〈佐賀県〉										
唐津（東松浦郡）	11			3	6			1	13	
その他（佐賀市等）			1	8	2	2〔鋳型1〕	1〔鋳型1〕		6	
〈福岡県〉										
筑前（博多湾岸等）	20	1	24〔鋳型1〕	56〔鋳型11〕	9		126〔鋳型4〕	2〔鋳型4〕	25〔鋳型1〕	〔戈鋳型片等7〕
筑後（八女市等）	3			43			13		6	
〈熊本県〉		7	5	4		3	8	1	1	
〈宮崎県〉							1			
〈鹿児島県〉			1							
〈大分県〉										
豊前（宇佐市等）			7	6			20		1	
豊後（大分市等）			5	32	3		11		4（中細剣）	〔戈か剣鋳型1〕

樋口隆康氏編「大陸文化と青銅器」（『古代史発掘』5講談社刊）の巻末表（弥生時代青銅器出土地名表）にもとづき古田作成〔各表・図とも〕

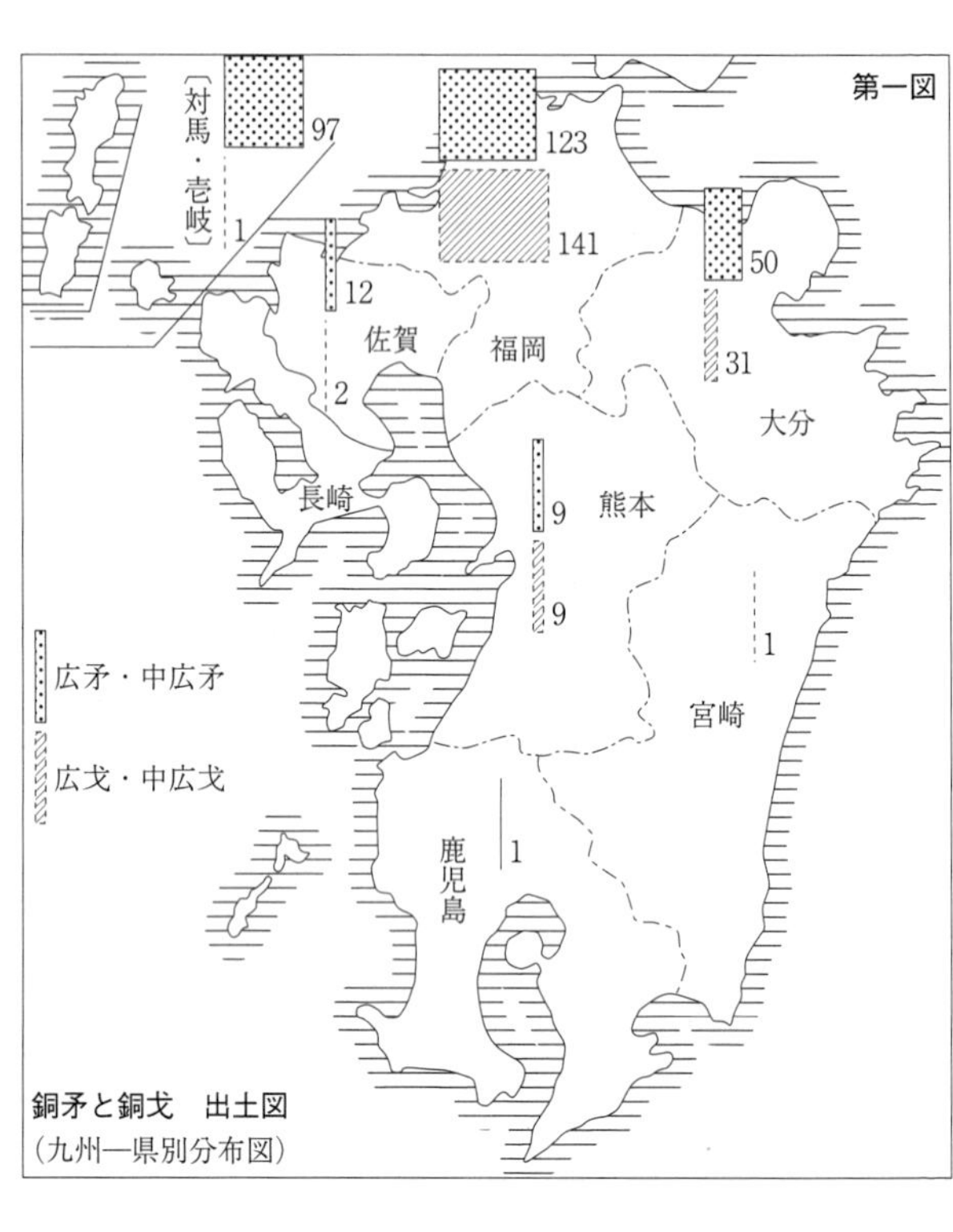

銅矛と銅戈　出土図
（九州―県別分布図）

格等がすなわち判明することとなろう。

そこに出土する遺物は、表のしめすように広（中広）矛・中広戈等だ。ことに対馬におびただしい広矛の出土することが注目される。

してみると、この事実は、この倭国が祭祀の上から見て広矛・広戈祭祀圏に属することをしめしている。すなわち、地図（第一図）上にしめされた銅矛・銅戈の地域を直轄領域としているのである。（南九州はこれら広矛・広戈等の出土が少ないが、分属領域であるという可能性をもつ。）

この広矛・広戈圏の中枢はどこか。それは筑前である。中でも、糸島郡・博多湾岸（福岡市・春日市・筑紫郡〈太宰府町〉等）とその周辺（基山・朝倉郡）を中心とする地帯だ。すなわち、この領域こそこの倭国の中心部だ。いわゆる都邑の地である。

これが〝壱岐・対馬の二島を定点とする中心地測定法〟だ。今、これを簡約して「二島定理」と呼ぼう。

第二、一大率の定理

倭人伝によると、倭国の中心権力は伊都国に一大率をおいていた。以下の論証はこの史料事実にもとづいて行われる。

ただ、このさい、一つ顧慮すべき異説がある。それは、一大率は倭国権力からでなく、中国の権方（帯方郡治）から派遣されてきたもの、とする見解だ（松本清張氏）。しかし、わたしは次の二つの理由か

第二表「筑前と筑後」出土表（福岡県）

	細矛	中細矛	中広矛	広矛	細戈	中細戈	中広戈	広戈	細剣	（備考）
筑前 中域	17		24	39	8		101		30	（銅矛鋳型1）
（糸島郡、博多湾岸、朝倉郡）			（鋳型1）	（鋳型11）			（鋳型1）	（鋳型4）	（鋳型1）	（戈等鋳型片6）
東域	3	1		17	1		25	2	7	
（粕屋郡以東）							（鋳型3）			
筑後 山門郡				1					1	
八女（市郡）				33			1			
その他（小郡市等）	3			9			12		5	

らこの見解を斥けざるをえない。

その第一。『三国志』には「一大石」(魏志二十九)、「一大蚍」(魏志二十九)といった表現が現れている(蚍は音「シャ」、蛇と同じ)。これらは〝一つの大石〟〝一つの大蚍〟の意だ。つまり「大石」「大蚍」は普通名詞である。これらと同じく「一大率」は〝一つの大率〟の意だ。これは〝一つの大きな軍団〟〝一つの大きな軍団の統率者〟の意である。(この語義とそのもつ意義については別稿でさらに立ち入って詳論する。)

つまり、陳寿が「大率」という中国語を用いて、倭国の軍事権力の構成ないし配置を説明しているのだ。これはたとえば、「大官」(対海国の項)、「大人」(東夷伝頻出)といった中国語を用いて、倭国の官職構造や社会構成・風俗等を説明しているのと同一だ。(この点、「自ら大夫と称す」という表現の「大夫」の場合とはちがう。この方は、もとは同じ中国語でも、それを倭国側が用いているのである。)

これに反し、もしこれが中国側任命の官であったとしたならば、

① この存在を特記しながら、「一大率」といった、一般的な言い方にとどまっているのはおかしい。

② 当然官庁名、(たとえば「帯方郡・崎離營」〈韓伝〉)、官職名(たとえば太守、あるいは護烏丸校尉・護鮮卑校尉等)、任官者(たとえば帯方郡太守の弓遵)といった固有名詞が現れているはずだ。

しかるにそれはない。

したがって、これを中国側任命の官と見なすことはできない。

その第二。伊都国に中国官人の生活遺跡(遺構)や漢墓・魏墓群等のないことである。これに対し、〝それは中国官人が現地人(倭人)に同化して同じ様式の生活をしていたからだ〟という答えがある。だが、これは正当な解答になりうるだろうか。わたしはなりえないと思う。なぜなら、もしこのような

論法が許されるなら、遺跡の点で、日本列島のいかなる地点にも、中国官人の現地官庁の存在を承認できることとなるであろうから。

いや日本列島だけではない。地球上いかなる地点にも、中国側派遣官庁の存在を呼称しうることとなろう。〝そこに遺跡はない〟〝いや彼等は現地人に同化していたのだ〟。すなわち、これは遺跡の有無を無視しうるための「万能の論法」である。そのあまりにも超絶した有効性のために、わたしたちはかえってこの論法を使用することを厳に拒否せざるをえないのである。

以上の検証ののち、はじめの場にかえろう。「一大率は倭国の中央権力から派遣された官である」。この命題は何を意味するだろうか。

さて、ここに一つの仮定を設けてみよう。もし、この中央権力が近畿であった、とする。その場合、二〜三世紀（前半）だから、当然近畿は銅鐸圏である。とすると、その地の中央権力が伊都国に一大軍事力を派遣した場合、彼等はその現地（伊都国）に〝神聖なる銅鐸〟を持参し、それを心臓ともいうべき中心として軍事力を配置するのではあるまいか。青銅器祭祀のさかりの時代において、「祭祀から切り離された純軍事力」という概念は、わたしには想定できない。その地を恒久的な「治所」とする以上、当然そこに銅鐸もまた存在しなければならない。わたしにはそれは当然の道理と思われる。しかるに、遺跡上の事実として、全く銅鐸（中・後期銅鐸）は出土しない。すなわち、この場合、中央権力は近畿ではないのである。

（もし、派遣された軍事力集団は、現地に同化して現地の祭祀形態に従ったため、自分の本国の祭器、銅鐸を出土しないのだ、というのなら、それは先の中国からの派遣の場合と同じ、超絶した〝万能論法〟となってしまうであろう。）

では、伊都国に出土する二〜三世紀（前半）の遺物は何か。すなわち広矛・広戈（鋳型）等である。そのことは何を意味するか。いうまでもない。

①　一大率派遣の中央権力もまた広矛・広戈圏である。

②　しかも、その中央領域は広矛・広戈（鋳型）等を伊都国以上に出土する地域でなければならぬ。

③　それは博多湾岸（福岡市・春日市・筑紫郡〈太宰府町〉等）とその周辺（基山・朝倉郡）付近しかない。

それゆえ、この論理によってもまた、倭国の権力中枢はこの領域しかない。すなわち、ここ（③）が倭国の都邑の領域である。（伊都国を有明海岸〈安藤正直氏・津堅房明・房弘氏〉や関門海峡付近〈高木彬光氏〉と見なす少数説の場合でも、この定理の本質は変わらない。）

第三、鋳型の定理

これら武器型青銅器遺物について、一番注目すべきもの、それは「実物と鋳型」の関係だ。前者は〝生産された物〟であり、後者は〝生産する物〟である。つまり実物は被造物の側、鋳型こそ製造者自身に属するものなのだ。

ところが、左図（第二図）でただちに判明するように、実物の分布範囲に比べて鋳型の分布領域はきわめて極限される。

A　博多湾岸（福岡市・春日市・筑紫郡〈太宰府町〉等）とその周辺（朝倉郡・糸島郡）に圧倒的に集中して出土する。

B　少数例として、左の二地域がある。

㋑　九州北岸中、博多湾岸より東

粕屋郡（中広戈1）遠賀郡（中広戈1）

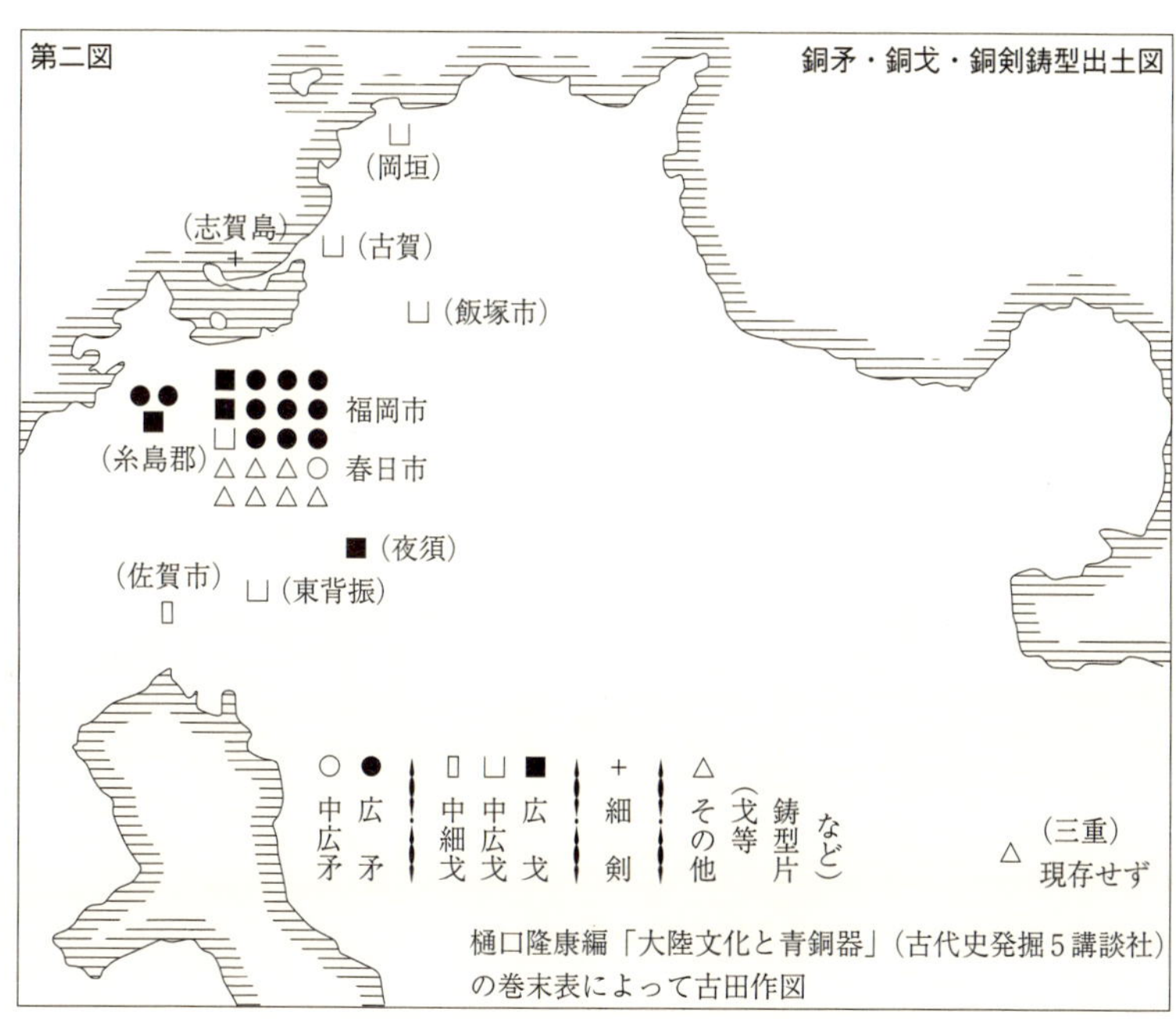

樋口隆康編「大陸文化と青銅器」（古代史発掘5講談社）の巻末表によって古田作図

飯塚市（中広戈1）

㋺ 佐賀県

佐賀市（中細戈1）神埼郡（中広戈1）

C 次の三地域は、実物の方はかなり多数出土するけれども、鋳型は全く、またはほとんど出土しない。

① 対馬　ナシ

② 筑後の八女市・八女郡　ナシ

③ 豊前（宇佐市等をふくむ）・豊後

〈戈か剣鋳型1——現存せず〉

今、筑前と筑後と比べてみよう。

筑前——二十八
筑後——ナシ

すなわち、両者全く隔絶しているのである。この事実を前にして、誰人が筑後中心説を唱えうるのであろうか。（豊前・豊後中心説も同じだ。）

十

さて、一つ、吟味すべきことがある。鋳型は、長方形の石にその実物（たとえば広矛）の型を彫りこんだもの、それが二つ（底と蓋）そろったものだ。その石のくりぬかれた部分に青銅の鎔液が流しこまれ、それが冷えてかたまれば出来上がるのだ。ちょうどカルメラ焼きやタイコ焼きのように。したがって、実物の一つのサンプルでもあれば、それに則（のっと）って石材から鋳型を作ることなど、いわば〝簡単な作業〟なのだ。

こう考えると、先のCの三地域で実際に実物の需要が多いのに、鋳型が出現しない、という事実は不思議だ。なぜなら、その地域でも簡単に鋳型は作れるからである。――では、この現象はなぜか。答えは一つしかない。〝これらの地域では、原則として作ることが許されなかったのだ〟と。武器型祭祀圏内の社会において、これらの実物が〝至高の貴重さ〟をもっていた、という疑うべからざる命題からすると、この答えしかない。とすると、それの許された至高なる地域こそ、Aだ。つまり、これらが神聖なる王者の居する首都圏だったのである。

だが、この場合も一つの吟味がある。ある論者がたとえば次のように主張したとしよう。〝都城の地はあくまで筑後山門だ。博多湾岸は、ただ生産地域だったにすぎない〟と。つまり、〝都は山門、工場地帯が博多〟というわけだ。だが、このような論法が果たして成り立つだろうか。――否である。なぜなら、この論法が許されるとしよう。またしても、いかなる地域（特別の出土物なき場所）でも、安んじて都城の地となりうるのだ。ただ机の上の言葉の言いまわしだけで……。すなわち、これもまた、あの

「万能の論法」だ。よって、これを否認するほかはない。

したがって対馬や豊前（宇佐市や京都郡）・豊後（豊後高田市）、八女市・八女郡といった実物出土豊富な地域すら、都城の地域たることは不可能だ。まして長崎県の一部や熊本県の山鹿など、わずかな実物出土しかない地域を都城の地と見なすこと、それは到底成り立ちうることではない。

すなわち、この「鋳型の定理」こそ、博多湾岸とその周辺が倭国の中心、都城の地であること、その事実を決定的に証明しているのである。

十一

以上の論証の手法は、あまりにも〝簡単かつ常識的〟であるといえよう。何の特別の知識を導入することなく、ただ既成かつ周知の考古学的知識を、もっとも自然にしてかつ必然的な帰結へと向かわしめただけなのであるから。しかし、

㈠　二〜三世紀（前半）の日本列島が考古学上、武器型祭祀（広矛・広戈をふくむ）と銅鐸祭祀の時代に属していたこと。

㈡　倭国の女王卑弥呼は決して第一代建国の主ではない。「其の国、本亦男子を以て王と為す。住まること、七、八十年。」とあるように、少なくとも二世紀以来の王統を継いで三世紀（前半）現在にたちいたっていたこと。

この二点が確実である限り、右の三つの定理をまぬかれることは、誰人にも不可能である。

もっとも重大なこと、それはこの三つの定理による論証には、わたしが前著『「邪馬台国」はなかっ

た』で辿った論証は一切使用していない、という一点である。たとえば、女王国が邪馬壹国であるか、それとも邪馬臺国であるか。「水行十日陸行一月」が「帯方郡治――女王国」間の総日程であるか、それとも伊都国・不弥国・投馬国等から以後であるか。対馬(南島)と壱岐の半周(八百余里と六百里)が一万二千余里の中に入っているか否か。一般に倭人伝内の数値(日数や里数)が誇大値であるか、ないか。そんなことは、一切関係がなかったのである。

他方、『「邪馬台国」はなかった』の中のわたしの論証の場合、原文の表記を重んじ、『三国志』全体の表記のルールに従って倭人伝の里程記事を解読し、その辿りいたった所がいずこであろうと、意に介しない。ことに考古学的遺跡の出土状況は一切考慮に入れない。――そのような方法を貫き通し、その結果、「女王国は博多湾岸とその周辺である」という帰結をえたのであった。

すなわち、二つの全く異なった方法によってえた帰結、それが同一の事実をピッタリと指さしたのだ。すなわち、これが不動の史実である。

結び

かえりみれば従来、ほとんどの「邪馬台国」論者は、博多湾岸は「奴国」だとして〝決定済み〟であるかのように見なしてきた。(わたしの本『「邪馬台国」はなかった』が出たあとの今日でも、なお「博多＝奴国」を全研究者の異論なき定説であるかのように書いてはばからぬ人々がある。)その上で、〝さて、邪馬台国は?〟とその所在地論争にふけってきたのである。

だが、照顧脚下すれば、その〝決定済み〟の地域こそ、銅矛・銅戈圏の中心地だった。いいかえれば、その祭祀・政治圏の都邑の地だったのだ。ここをまず除いて、邪馬台国論争をはじめた。——ここに従来百花の論議がついに不毛に終わるべき必然の理由があったのだ。すなわち、いわゆる「永遠の謎」の真の背景はこの点にあったのである。

このようにして、学問の本質において、邪馬台国論争はすでに終わった、——わたしにはそのように見えている。後世、すべての人々もまた、そのように認識する日が来るであろうこと、それをわたしは疑わないのである。

これに対し、〝否！　邪馬台国論争はまだ終わっていない〟——そのように呼号する人があるならば、それはわたしの望む所だ。この小文にのべた「短里の五証」「三つの定理」に対し、正面から論駁の矢を放ってほしい。わたしは心からその矢を待っているのである。

補1　この論点に関連する「親魏倭王」の金印、「魏鏡」「漢鏡」等の諸問題については、稿を改めて詳述したい。また本稿中、批議させていただいた井上秀雄氏・松本清張氏等はいずれもわたしが裨益されること多き方々である。渾身の批判こそそれに報いる道と見なす野人の礼、寛恕せられたい。

補2　本稿中にのべた倭国の祭祀・社会の「等質性」とは、厳密にいうと、権力中心地と二島（壱岐・対馬）もしくは伊都国（糸島郡）との関係である（倭国全体が等質性をもつか否かについては、古田著『盗まれた神話——記・紀の秘密——』二二五ページ参照）。

補3　最後に考古学的遺跡の変動について一言する。〝将来、新たな発掘によって、筑後や豊前・豊後、あるいは他の地域から現在の筑前以上の数の多くの鋳型が発見されるかもしれぬではないか〟。このような論法によって右の定理をくつがえしうるだろうか。確かに未来は予測しがたい。開発の進展にともない、偶然発見される場合も多々あろう。（逆に須玖遺跡のように、既発掘両地域間に広大な同質遺跡の地下に隠されていることが必然的に推定されながら、すでに市街化（春日市・福岡市）しているため、発掘不可能といった場合も現実に存在する）。しかし、いずれにせよ、論者が右のような仮定に立って本定理の帰結に対抗しようと欲するならば、それはやはり危険な論法であろう。なぜなら、〝未掘の未来に発掘量の逆転を期待する〟この論法が許されるならば、それもまた、まさに「万能の論法」にほかならないであろうから。

補4　なお、「広矛・中広矛」及び「広戈・中広戈」の類をもって〝一世紀以前にのみ属する出土遺物〟と見なすならば、それは必然に「九州北岸における二～三世紀遺跡皆無説」を導くであろう。けれども、三世紀倭国の定点（対海国・一大国）や一大率派遣地域（伊都国）に二～三世紀遺跡の存在せぬ道理はありえない。

II

三國志目録上
魏書
巻第一　武帝操
巻第二　文帝丕
巻第三　明帝叡
巻第四　三少帝
齊王芳　高貴郷公髦

『三国志』紹熙本
(宮内庁書陵部蔵)

邪馬壹国への道
——榎一雄氏への再批判——

はじめに——崩壊する歴史の虚構

「今、日本の古代史には灰神楽が立っている」。著名な作家がこういったそうだ。なるほど、うまい表現である。だが、事実は小説より奇だ。灰神楽どころではない。今、日本の古代史は戦後二十余年にして、ついに決定的な転換点にさしかかったのである。ここ数年来の歴史ブームは、その予兆にすぎぬ。底深い地鳴りのあと、日本の千有余年の歴史をおおうてきた「虚構の脊柱」が音をたてて崩れ落ちる。今、わたしたちはその稀有の事実を眼前にしうる時期に生きているのである。

思えば、日本人はこれまで、『古事記』『日本書紀』を古代史理解の主柱においてきた。たしかにこの二書は、貴重な本だ。日本の古代天皇家がみずから作った公的な歴史書として、貴重なさまざまの「古代伝承」や古記録の宝を含有している。それはどんなにいってもいい。しかしそのことは、つぎの点と矛盾はしない。つまり、これらの二書は古代天皇家「自撰の歴史書」だ。だから、それが客観的な歴史事実であるかどうか。これは、あらためて検証してみねばならぬ。それが歴史学だ、と。これが肝要の一点である。ではどうしたらいいのか。

日本列島のすぐ隣に朝鮮半島がある。ここにも二つの史書が主柱となっている。『三国史記』と『三国遺事』だ。この中にも、さまざまの貴重な古代の宝がふくまれている。当然、隣国である「倭国」のこともしばしば出てくる。ところが困ったことに、その記事が日本側の『古事記』『日本書紀』の内容と比べて合わない点が多いのだ。いや、〝大体において合わない〟といってもいいすぎではない。かえってその方が厳密ないい方なのである。これはどうしたことだ。

このさい、いずれか一方に〝片寄り〟してしまえば簡単だ。事実、現在の日本側と朝鮮半島側の教科書を見れば、それぞれ〝片寄り〟しているといってもいい。だから、一方だけ見ていればスッキリしている。だが、もしいったん双方を同時に見たとしたら――頭脳の混乱は避けがたい。

こんな〝双方の片寄り〟が、いつまでも許されていいはずはない。いつか、真実は歴史の暗闇の中から声をあげねばならぬ。――今、その時は来たのである。

わたしにとって、歴史の裂け目は中国の史書の中から発見された。有名な『三国志』の「魏志倭人伝」である。戦前の教育をうけたわたしのような者にとって、「卑弥呼」などという名前は、何か異国人めいて聞こえ、なじみにくかった。いや、敗戦直前から直後にかけて、大学の歴史科(日本思想史)の学生だったのに、「邪馬台国」の論議にはほとんどお目にかからなかったのである。したがって、わたしも昭和三十年代の第一次邪馬台国ブームの中で、目を開かれたといっていい。

そのきっかけは単純だった。親鸞の史料批判的な研究の中で痛感させられたことだ。それは古写本の文面について、理解しにくいところがあると、「これは誤写だろう」と簡単に片づける議論が多すぎた。ところが親鸞や門弟の直筆が出てきてみると、とんでもない。それこそ特異な時代的用法だった。こんな例に続々ぶつかったのである。〝軽々しく原文（現存本の文面）を改めてはならぬ〟――そう腹にきめた。ところが、問題の「邪馬台国」。現存本はすべて「邪馬壹国」（または「邪馬一国」）だと知ったとき、〝これは、あぶないぞ。「壹」を「臺」に改定する前に、十分な確認はとってあるのかな？〟この疑いが出発点だった。

ここからわたしの論文「邪馬壹国」（『史学雑誌』78―9、昭和四十四年九月、以下「論文」と呼ぶ）、『「邪馬台国」はなかった』（朝日新聞社、昭和四十六年、以下「前著」と呼ぶ）が生まれた。そこでは、三世紀の卑弥呼の国に関する限り、「邪馬壹国」であって「邪馬臺国」ではない、という根本に立ち、その女王国の所在が追究された。――九州博多湾岸だった。

この深い「歴史の亀裂」に対する、その後のわたしの探求の進展については、今語る紙幅をもたぬ。今夏（昭和四十八年）出版された『失われた九州王朝――天皇家以前の古代史』（朝日新聞社、以下「新著」と呼ぶ）にわたしはこれを詳述したから、読んでいただければ幸いだ。

本紙（読売新聞）五月二十九日から六月十六日まで、十五回にわたって掲載された榎氏の稿〝『邪馬台国はなかった』か〟を読み終わったとき、わたしは深い喜びを禁ずることができなかった。その理由は二つだ。

第一に、旧来の大家は自説が新しい研究者によって批判されても、故意にこれを無視することが多い。（事実、わたしの史料批判に対する必要にして十分な再批判を行うことなく、旧来の「邪馬台国」という改定名称を平然と使用し続けている学者もある。）しかるに、榎氏は敢然と長文をもって応戦の労をとられた。

第二に、榎氏が〝わたしの杜撰（ずさん）さや論証の誤謬〟として指摘された個所を再検査すると、それらはいずれも（誤植の類のほかは）事実に反していた。それだけではない。その一つ一つがわたしの批判の正当さを逆に再立証する——そういう喜びを随所に経験することとなったのである。

わたしは榎氏の論点の一つ一つを丁寧にひろいあげ、論争の虚偽と真実の所在を、今、読者の眼前に明白にしようと思う。

榎氏の稿への再批判の最初に、ぜひハッキリさせておきたいことがある。私の前著と論文においては『三国志』中の「壹」と「臺」の統計調査が基本となっていた。ところが榎氏はこの調査に対して〝古田の「壹」の調査には脱漏がある〟〝古田はありもしない「臺」の古形をあげている〟と論難を加えられた。一見小さな問題だが、榎氏はこれをくり返し述べ、わたしの論の不正確さを印象づけようとされた。わたしは「事実の問題」については一点もゆるがせにしたくない。以下明確にしよう。

一　誤読の幻影

「(曹)壹」は脱けていない！

榎氏は、わたしの〝「壹」の調査は粗雑である〟といわれる。その「証拠」として出されたのが「(曹)壹」二個だ。

しかし遺憾ながら、これは全く事実に反し、わたしの粗漏ではなく、榎氏その人の粗漏を立証している。次の文面を見ていただきたい。

済陽懐王玹、……文帝復、贊の弟の壹を以て玹の後を紹がしむ。……壹、薨ず。諡して悼公と曰う。

わたしは、文面との密着性、人物の特定性、この二点から「悼公壹」(悼公と号せられた壹)と表記した（前著二七ページ）。「曹壹」としなかったのは、つぎの理由だ。(1)「曹壹」という形の文面が出現していない。(2)魏志には曹氏（曹操の一族）が多いから、同姓同名を恐れた。すなわち、事は榎氏の一片の錯覚にすぎなかったのである。氏に二点を問おう。

(1)もし、榎氏が「壹」の再調査を行われたなら、「（曹）壹＝悼公壹」は苦もなく判明したはずだ。そうすれば、氏はこのような「誤断」を天下に公表せずにすんだであろう。たしかに氏は「私は、古田氏の調査を追試しその正確さを再確認する時間的余裕をもたない」と言っておられる。しかし、わたしの「壹」の調査の発表（論文、昭和四十四年）後、すでに四年の歳月が流れた。無位無職の研究者たるわたしとは異なり、東都に顕職を兼任される氏には「時間的余裕」がないのかもしれぬ。だが、それが果たしてこのような粗漏のまま、他の研究結果を論難する口実となりうるだろうか。

(2)だが、実は「壹」の再調査を行うまでもない。右の「済陽懐王玹伝」の全文面わずか数行、一一三字だ。一読すれば「号二悼公一」の一句はいやでも目につくほかない。榎氏は他への論難に使う、当の一節を一読するほどの「時間的余裕」すらもたれないのであろうか。

二つの「臺」の古形は「臺」

榎氏はわたしが紹熙本にありもしない「臺」の古形二つを提示している、と論難された。それは左の二例だ。

1　殷辛之瑤臺　（呉志十六、十二）

2　夫興土功高臺　（同右）

（古田「邪馬壹国」『史学雑誌』78―9）

右の「臺」は「臺」の誤植である。すなわち、百衲本（紹熙本）の文面は、次頁写真の通り「臺」である。

呉志十六，十二葉左の例

(1)　この個所が誤植であることは、何よりもわたしの論文の行文自体から証明される。まず「蓮花臺」の例をあげ、その写真まであげた上で、それと〝同じ〟字形として右の二例をあげているのであるから、「臺」でなければ無意味だ。

(2)　わたしは史学雑誌の当号がとどいたとき（昭和四十四年九月）、直ちにこの「誤植」を発見し、他の誤植と共に正誤表を作り、史学会編集部にお送りした。そのときの史学会理事長は、ほかでもない榎一雄氏その人であった。（そのとき交遊のあった研究者——当時は親鸞関係が多かった——に、その抜き刷りをお送りしたさい、右の正誤表を添付した。）

以上が事実だ。それゆえ、榎氏はわたしの〝粗雑さ〟を揚言しようとして、実はいたずらに「誤植の非」を鳴らしておられるのである。（ただし、校正担当者はいつも誠実に努力して下さった。それをわたしはあえて明記する。）

「絶対」「正確無比」という幻影

榎氏が十五回を通じ、絶えず鼓吹された虚構のイメージ——それは〝古田は、陳寿は「絶対」正しく、紹熙本は「正確無比」だと主張している〟という前提命題だ。

このような命題は、わたしとは何のかかわりもない。「絶対」とか「正確無比」とか、いずれも榎氏の〝虚造〟された用語にすぎぬのであるから。わたしの場合はこうだ。

〝陳寿自身であれ、紹熙本であれ、これを「あやまり」とし、「改定」を加えること、何のさしつかえもない。ただ、後代のわたしたちが、それが「あやまり」であるという、必要にして十分な論証をしめすことさえできたならば〟と。

わたしたちは、眼前の史料の字句を〝いじる〟(改定する)には、どんなに慎重であってもありすぎることはない。「南」を「東」に直すもよい。「陸行一月」を「陸行一日」に直すもよかろう。しかし、それには「南」や「一月」があやまりだ、という必要にして十分な論証が必要だ。それなしに、自説に好都合なように〝思い思いの改定〟を各自やってきた。それが従来の邪馬台国論者だったのである。

その点、いわゆる榎説(伊都国中心の放射線読法)はちがっていた。これらの改定に走らず、現存の史料事実に即した理解を工夫しようとされた。そこにわたしが前著で一章を設けて、榎説に敬意を表し、これと対決しようとした真意があった。

ところが、今や榎氏は非榎説の論者に同じて、〝中国人によるプリントはあてにならぬ〟〝どの版本もあやまりがありうる〟こういう一般論・抽象論へと走られたのである。

なお、付言する。わたしは前著の序において〝陳寿を信じ通す〟と言った。これは心情的表現だ。わたしの用語において、〝信ずる〟と〝盲信する〟とは反対語だ。〝陳寿に誠実に相対し、その論述の、一字一句を大切にし、必要にして十分な論証なしに軽々に改削せぬ〟――これが〝陳寿を信ずる〟わたしの立場だ。もし、必要にして十分な論証をもって「陳寿のあやまり」を指摘しえたら――それは研究者の本懐であろう。

紹熙本についても同じだ。わたしはこれを現存最良の版本と見なす。（読者も、この稿を読み終えたとき、改めてこれを了承されるであろう。）しかし、無論「絶対」「正確無比」などでないことは、知れ切ったことだ。もしそのようにわたしが「盲信」しているなら、「壹と臺」の統計調査などはじめから無用なことだ。あくまで〝相対的〟に「現存最良の版本」というにとどまる。論をまたぬ話ではないか。

しかし、それを逆手にとって〝版本に絶対はない。だからわたしは、版本をいじる（改定する）権利がある〟、こういった論法は許されぬ。具体的な実証を一般論ですりかえてはならぬ。あくまで具体的に、「壹」があやまっており「臺」が正しいという、その論証が必要だ。それが従来の「邪馬台国」論者には存在しなかった。今の榎氏にも、わたしへの論難の声のみ高く、その実証がない。

「原文」について

榎氏はわたしが「原文改定」といった表現を用いているのをとらえ、「『三国志の原文』があるのなら、なにも問題はない」と難じておられる。これは、榎氏がわたしの用語を〝ねじまげて〟用いられた好例である。たとえば「陸行一月↓一日」のような場合、「一月」を「原文」と呼び、「一日」を後代研究者の「原文改定」といっているのだ。この場合、「原文」というのが「現存三国志諸版本」を指していることは明白だ。けっして「陳寿の自筆原本」という意味ではない。古文書学で「書写原本」（被書写本）という言葉もあるように、「原本」という言葉も〝相対化〟されているのだ。（事実わたしは、「自筆本三国志原本」はもはや期待できない、とのべている。前著四一頁）。しかるに、榎氏は「原文」の意味を〝絶対化〟し、「自筆原本」の意義に固定化した上で、わたしを〝嘲笑〟しようとされる。〝フェアでない〟の一語につきよう。（張元済『校史随筆』、三品彰英氏『邪馬台国総覧』にも、わたしと同じ使用例がある。）

榎氏がひとの用語を自分流に〝ねじまげて〟論難された、他の一例をあげよう。

「張元済が紹熙本を帝室図書寮旧蔵と記しているが、それは誤りで、旧蔵と書くのなら、楓（紅葉）山文庫旧蔵とすべきである」

「旧蔵」について

皇室の図書寮（現在は書陵部と改称）「現蔵」の紹熙本は、かつて江戸幕府の蔵書庫たる楓山文庫（紅葉山文庫ともいう）に蔵されていた。明治以降、移管されたのである。それで楓山文庫「旧蔵」と書くべきだ。――これが榎氏の視点だ。

しかし、張元済の用語では「旧蔵」とは〝古くから今に伝わって蔵されている〟という意味だ。けっして「現蔵」の反対語ではない。その証拠に、同じ跋文先頭に紹興本のことを「涵芬楼旧蔵」と書いている。紹興本は涵芬楼に「現蔵」されてあり、張元済はその管理者だから間違うはずはない。

他の例をあげよう。張元済の参照した楊紹和の跋文に〝わたしの父は重金を投じて、この紹熙本（海源閣蔵本となったもの）を購入し、「旧蔵」の三史（『史記』『漢書』『後漢書』）に加えた〟といっている。新購入の本の反対語が「旧蔵」であること、明瞭だ。（なお、清朝より伝来された紹興本と同じく、幕府から移管された書陵部本も、管理者の変更にすぎず、けっして「新規購入」ではないから「旧蔵」と書いているのである。）

しかるに榎氏は、現代の図書館用語たる「現蔵」「旧蔵」の語義によって、「張元済の誤り」と難ぜられた。中国の識者の失笑を買うのではあるまいか。

『校史随筆』の誤読について

榎氏が誤読されたのは、単語だけではない。『校史随筆』（三国志の部）にのべられた張元済の行論についても、本質的に誤読されたようである。まず、この部の目次をあげよう。

㈠衢州本、上と為し、建本、之に次ぐ
㈡殿本の巻第、淆乱す
㈢三志、単行本
㈣殿本の考証、訛字信ず可し
㈤時本の譌文・衍文・奪字・俗字、均しく矯正す可し
㈥古写本の異同

次に各節の要旨を見よう。

㈠は榎氏の問題にされた個所だ。

〝南宋の刊本としては、衢州本（紹興本）を第一とし、建本（紹熙本）を第二とする。しかし、前者は完本が伝わらない。たまたま完本のあるもの（池州本）は後代（元）の修補をうけたもので、訛字が極めて多く、善本と称しがたい。そこでやむ無ければ、この建本、ということになろう〟

以上は〝より古い版本を求める〟張元済の「版本探索の順序」をのべているのだ。同じ南宋本でも、紹熙本より紹興本の方が三十〜六十年位古く刊行されている。だから、これは当然だ。「上―次」の対句形は、価値の上下ではない。順序だ。（現代中国語でも「上月」とは〝先月〟のことである。）古くは『三国志』につぎの用例がある。

旧、西曹、上と為し、東曹、次と為す。（魏志十二、毛玠伝）

毛玠は清廉の士で「清公」と称された。東曹（東の官庁）の掾（役人）として清正の士を挙げ、「盛名」にまどわされることがなかった。ために権勢者は彼を敬遠し、官庁の統廃合に名をかりて「東曹」を廃止することを求めた。右はそのときの上奏の言だ。〝もともと、西曹が第一、東曹が第二の順位だから〟

と。これに対し、太祖は上奏者の真意を見破り、かえって西曹を廃止した、という。毛玠の清廉の働きを重視したのである。――ここでも「上―次」は順序であって、内容の「軽重」ではない。

㊁において、筆勢は一変する。この紹熙本が百衲本以前、最大の依拠本とされていた殿本（武英殿本、清朝乾隆刊）を正すものであることをのべている。

㊂は、かつて『三国志』の三志（魏志・蜀志・呉志）は別々に「単行」されていたことをのべる。そしてこの紹熙本の蜀志の先頭にそのとき（咸平年間）の牒文（官文書、蜀志単行本「頒行」について）が付せられている、といい、これは「或いは単行本を取りて参攷（考）に資した」ものではあるまいか、とのべている。紹熙本の依拠本の一つが紹興本以前の北宋咸平本にある、と張元済は指摘するのである。

㊃張元済はさらにすすむ。楊紹和（同じ紹熙本の一つ、海源閣本の所蔵者）が殿本の考証と比較して、この本（紹熙本）は他本（紹熙本以外の諸本）のあやまりを正す個所が多い、とのべているのに賛成し、さらにその証拠として、八例（魏志二、蜀志二、呉志四）をあげている。

ここで注意すべきは「殿本考証」の性格だ。清朝初期、勅命をうけて清朝学者たちの大成したこの考証は、現在においてなお、最大の校異・考証集成である。特に注目すべきは、当時現存していた北宋本・南宋本を、全巻にわたって対照し、記録していることだ。

北宋本（魏志32、蜀志0、呉志12）　　南宋本（魏志60、蜀志35、呉志71）

しかも、南宋本（「宋本」と記す）については「各宋本」「宋刻一本」という表現のしめすように、数本使用している。

だから、楊紹和と張元済の両者一致して〝殿本考証に対比しても、紹熙本は他本（諸本）よりすぐれている〟と言うとき、その他本（諸本）とは、右の殿本考証に校異された北宋本と南宋本（数種）をふくむ用語なのだ。（殿本考証所引の南宋本〈数種〉は、いずれも紹興本系列の本であり、紹煕本は入っていない。なぜなら倭人伝中「対馬国」の所に「対海国」という紹煕本独自の表記が校異として出現していないからである。）

さらにつきつめよう。涵芬楼「旧蔵」とされた紹興本は清朝内伝蔵のものが移管されたものであるから、これは武英殿本の校異に用いられた一本の残巻（魏志のみ）である、という可能性が高い。少なくとも、殿本考証にいう「各宋本」の一系列であることは、これを疑うことができない。すなわち、張元済が〝紹煕本は他本（諸本）にまさっている〟というとき、当然、紹興本もその「対照校異内」に存在するのである。

㊄この点を、張元済はさらに細密に明白化しようとする。「譌文」（誤字をふくむもの）、「衍文」（余分の字をふくむもの）、「奪字」（脱漏の字）、「俗字」（本来の正字でない通用の俗体字）、計三十四個の実例（表参照）をあげ、この本（紹煕本）に対し、いずれも他の「諸本が均しく誤っている」とのべているのである。

	魏志	蜀志	呉志	計
譌（が）文	4	4	1	9
衍（えん）文	4	3	1	8
奪　字	3	4	1	8
俗　字	7	2	0	9
計	18	13	3	34

「紹煕本」との比較による諸本の誤り（張元済「三国志跋」および『校史随筆』）。

考えてほしい。右で張元済は魏志から十八例をあげ、紹煕本に対し、諸本均しく誤っている、と特記している。そのさい、一番手元の紹興本（魏志）は抜きにしたまま、〝諸本均しく誤る〟などと、一体いいうるだろうか。この一点から見ても〝張元済は紹煕本を、紹興本とは比較しなかった〟という榎氏の主張は、到底成立できない。

㊅ここでは、鄯善出土の西晋写本（呉志残片）と宋本（紹煕本と見られる）とを比較し、宋本をもなお

この西晋写本によって訂正しうることをのべている。

以上、右の六節の全趣旨を大観しよう。

〝探本の順次は「衢州本（紹興本）より建本（紹熙本）へ」だった。ところが、その建本を実際に検査すると、北宋咸平本を「参攷」していると見られる上、その内実は、殿本考証に対校された南・北宋本の誤謬さえ正しうる、貴重な性格の本だった。しかし、その建本さえ西晋写本残片に比べると、さらに訂正しうる個所がある〟と。

榎氏が抜き出された「上―次」「已む無くんば……」の所は、右のような全体の構成（起承転結）の、いわば「起」の部分だった。それが㈡以下の内実で逆転してゆく意外性、――それこそ張元済構文の苦心の存する所だったのだ。張元済は『三国志』の各個所を細密に点検した。だから、先にあげた「魏志十二、毛玠伝」の「上―次」の用例は当然知っていたはずだ。この話は、形式的な順位としての「上―次」が、実質内容の軽重を見抜いた太祖によって裏返される。そこが面白味だ。張元済は今、自分の構文の先頭にこれと同じ「上―次」の成語を使った。これも同じ〝実質内容による裏返し〟に導く前提として意識して使ったのではあるまいか。すなわち毛玠伝は張元済構文のモデルとなっているのである。

榎氏はこのような張氏苦心の首尾展開をかえりみず、「断章取義」（作者の本意たる、詩文全体の意味をかえりみず、自分勝手に一部の章句を抜き出して証拠とすること）の曲解に走られた。いわゆる「象の鼻」をなでて全体と速断されてしまうこととなったのである。

「三国志跋文」の誤読について

先の『校史随筆』は百衲本二十四史の刊行と共に中華民国二十七年（一九三八）に発刊された。したがって、二十四史末尾の各跋文（いずれも張元済）と一対のものであり、両者の趣旨に矛盾があるはずはない。事実、先の『校史随筆』中に掲載された紹熙本と諸本との対比例がそのままここにも掲載され、量的にもその中心をなしているのである。

①「原形」問題

わたしが張元済の跋文の趣旨をのべ、「現存部分（魏志）の中にも、原形と見なすには、種々の不審点の多いことであった」、と言っているのを榎氏はとらえ、そんなことは張元済はいっさい言っていない、と言われる。これは榎氏がその最下段に逐語的に訳出された「この本（紹熙本――古田注）の写刻が古を去ること未だ遠からず」「この刊本は古文（古い形の文字）を多く存していることが判る」の「古」の理解にかかわる。「古文」の語は、遠く〝先秦以前の文体〟の意にも使えるし、単に〝現代以前の文体〟の意にも使える。しかし、ここは『三国志』を論ずる所なのだから、右のいずれでもない。韓退之の唱導した、有名な「古文」（六朝以前の文体）に当たる。すなわち、『三国志』成立時点（西晋、三世紀後半）を「古」といっているのは当然だ。張元済が『校史随筆』で西晋写本を「古写本」というときの「古」と同じ使用例だ。つまり、南北宋本をふくむ諸本とも「後代（六朝以後）の俗字」になっている所を、紹熙本では西晋期の「正字」が刻されてある。すなわち「古文」を存しているもの、と評価しているのだ。先にわたしの指摘した呉志十六出現の二つの「臺」の場合もそうだ。北宋単行本といわれる静嘉堂文庫本、単行呉志も、ここは二つとも通常の「臺」となっている。してみれば〝紹熙本は多く古文を存している〟という張元済の指摘は、ここでも当を得ているのである。この「多く古文を存す」という張元済の文面をバックにして、わたしは「原形」という言葉を使ったのである。「古文」のままでは、日本の読者には、漠然と現代から見ての「古い文章」というように感ぜられてしまうからだ。現に榎氏もまた、そのように「誤読」されたふしがある。

②「紹熙本」の名称問題

榎氏は「古田氏が百衲本を紹熙刊本と定め」とのべ、一見わたしが「紹熙刊本」という名をつけたかのように（一般の読者に）誤解されやすい文面を造文しておられる。無論、事実はそうではない。百衲本『三国志』の表紙に金文字で「宋紹熙刊本」とある。（内表紙裏にも「日本帝室図書寮蔵、宋紹熙刊本」とある）。ところで、これに対し、同じ百衲本末尾の跋（張元済）には「宋の諱（いみな）の避、廓・郭等に至る。寧宗時の刊本為るを知る」とある。榎氏はこれをとりあげて〝紹熙本というのはおかしい。だから自分は「いわゆる紹熙本」といっておく〟とか、〝改めて調査してみねばならない〟とか言って、〝とまどい〟を露呈しておられる。

しかし、これは不思議でも何でもない。なぜなら「諱」の問題には、未確定の要素が多い。つまり〝当代の天子の諱は避けず、過去の天子の諱のみ避ける〟のか、〝当代の天子の諱も避ける〟のか、さらに〝立太子したら、皇太子の諱もまた避ける〟のか、時代によって消長があり、必ずしも各時代について定論があるとはいいがたい。したがって一定の事実（諱を避けた文字）から、時代を判定する場合、〝一代のずれ〟を生じうるのだ。

左のように「光宗の時」（紹熙）と見なすのと、「寧宗の時」と見なすのと、判定のちがいにすぎず、実体は同じなのである。事実、「百衲本二十四史版本述要」には「三国志、宋紹熙刊本。此れ、南宋の刊本為り。宋の諱避、敦字に至りて止と為す。蓋（けだ）し、光宗の時の刻」と記している。

〈紹熙〉	〈慶元〉〈嘉泰〉〈開禧〉〈嘉定〉
光宗	1194（紹熙五） 寧宗

それゆえ、榎氏がこの問題につき、失礼ながら、いわば〝さわぎたてて〟おられるように見えるのが、わたしには不審である。

③　「南北宋本」の削除問題

榎氏はその批判文のなかで、『三国志』跋中、張元済が「版本評価」をしめした個所を抜き出して逐語訳しておられる。ところが、その中でもっとも白眉をなす一句を明白に「変改」もしくは「削除」しておられるのである。それは「南北宋本、是の本（紹熙本を指す――古田注）に及ばず」の一句だ。これこそ、わたしが先の『校史随筆』の項で指摘した、張元済の論旨の頂点を、ズバリ言い切った言葉だ。この「南北宋本」という印象的な一句を榎氏は「逐語訳」からカットし、ぼやかしてしまわれた。この事実は、榎氏がこの一句のもつ重大性――〝この一句が自分にいかに不利か〟――をよく知っておられたことを証明する。

④　以上のようなわたしの理解が正しく、榎氏の理解のあやまっていることを、事実において決定的にしめすものは、前著でものべた「魏志四～三十巻」という、紹熙・紹興両本共存部分（二十七巻分）に対する張元済の「取捨」だ。すなわち、手元の紹興本を捨て、紹熙本を取っているのである。

旧本正史を輯印するの意有り。……近く両京に走り、遠く域外に馳す。覯る所有る毎に、輒ち之を影存す。後に善なる者有らば、前は即ち舍て去る。積年累月、均しく較勝の本有るを得。

（百衲本、前序）

これは張元済が民国十九年、百衲本全体に冠した序文だ。「両京」は〝北京と南京〟、「域外」はこの場合〝日本〟だ。そして〝写真撮影した後でも、よりすぐれた本（較勝の本）が見つかれば、ためらわずすぐさま（即）、前の本を捨て去った〟と言っているのである。この言に相対すれば、魏志二十七巻の両本共存部分について、〝捨てた〟紹興本より〝取った〟紹熙本の方を「較勝の本」と見なしたこと、もはや一点の疑いもない。

裴松之註の問題

榎氏は、わたしのあげた「三国志に出現する、壹と臺の統計」の中には裴松之註（裴註）部分を含んでいない、と再三論難しておられる。あたかも、わたしの統計の不備・方法の不完全をしめすかのように。実は、この点こそ、榎氏の観点とわたしの観点の本質的な相異をしめすものだ。

先に、のべたように、榎氏は〝古田は紹熙本全体が絶対正しいと主張している〟という虚像を立てられた。その上で〝それなら「紹熙版本全体」の一部をなす裴註部分の壹と臺の統計をあげないのはおかしい〟という論へとすすまれたのである。

しかし、わたしの方法の基礎は、これとは全く異なっている。前著中「失われた筆跡」（一六～二四頁）に明記したように、わたしの探究の行く手は〝陳寿の自筆本『三国志』原本〟にあった。（それには無論、裴註などない。）

中世史の親鸞などの場合なら、当然「自筆本」があり、それをもとに研究できる。しかしそれのない『三国志』の場合、わたしは失われた〝陳寿の自筆本『三国志』原本〟の筆跡を探究しようとした。つまり、〝陳寿の筆跡〟へ向かって遡源（そげん）する方法はないだろうか？　この設問に答えるべき方法として、わたしの考えたのが現版本（紹熙本）を素材にした「壹」と「臺」の統計的調査だ。もし、そこに〝かなりの数の「壹」と「臺」の錯乱〟が検出されれば、そのときは〝陳寿より南宋代までの代々の筆跡者群〟の中に「壹」と「臺」とをまぎらわしい字形で書いた人物がいた、という証跡となる。――そう考えたのだ。つまり〝「壹」と「臺」のあやまりがない〟ことを証明しようと、かかったのでなく、逆に〝「壹」と「臺」のあやまりがある〟ことの裏づけの有無を調べようとしたのが、わたしの方法の出発点だった。ところが、意外にも、「壹」が「臺」に、「臺」が「壹」に錯乱している、と〝認識〟されるものが一例もなかったのだ。

この肝心の点もまた、榎氏は見まちがっておられる。『三国志』に出てくる「壹」と「臺」が〝本当に正しいかどうか〟、そんなことはわかるはずはない。本人の自筆本や三世紀の金石文という第一史料が現存し、それで裏づけられぬ限り、不可能だ。そんなことは知れきったことだ。その知れきった状況（第一史料は望みえない、という事実）、その地点から、わたしの探究は出発したのだ。くりかえすが、陳寿をはじめとする、代々の筆跡者群の「壹と臺についての筆癖」を探るのが目的だ。だから、その「材料」は当然「陳寿によって書かれた『三国志』本文」に厳密に限定されねばならぬ。陳寿（三世紀）のあずかり知らぬ、五世紀の裴註、さらには他の書物から例をもってきて〝だから陳寿も〟というような、甘い論法は通らない。

まして「壹」と「壺」をまちがえた例を「漢書―魏書」の間から、「臺と壺」をまちがえた例を「山陽公載記―後漢書」の間からもってきて、二つをつなげ、唐の「初学記」の「壺―壹」のちがいまであげ、〝だから、『三国志』本文も〟といった榎氏の論法は、〝甘さ〟も限度を越している。

考えてみるがいい。〝『風土記』と『神皇正統記』で「あ」と「め」がまちがっている。『万葉集』と『新古今集』や『徒然草』で「め」と「つ」がまちがっている。だから『日本書紀』の、この「あ」は「つ」のまちがいだ〟。こんな論法が通用すると思っておられるのだろうか。

念のために言おう。〝「壹」と「臺」はいかなる場所でもまちがい得ない〟――こんなばかげた命題を主張する者は誰もいない。問題の原点は「陳寿の筆跡」だ。そしてそれを再写、三写した人達の筆跡だ。だから、『三国志』本文以外を資料にして論ずるなら、それは〝素材選択の厳密性を欠く〟としか言いようがない。

以上で判明したように、榎氏は自分で仮構した観念をわたしに押しつけ、〝古田の調査は不十分だ〟と呼号された。しかしそれは、実はみずからの方法上の自己限定の欠如、つまり〝方法論上の甘さ〟を露呈しておられるにすぎない。

二　中国版刻の手法について

今回の論争の中で、わたしにとっていわば「もっともわが意をえた」というべき個所がある。それは宮内庁書陵部本と百衲本との「内実の異同」問題だ。

書陵部本と百衲本

なぜなら、わたしはこれにつき多くの論ずべき興味深い課題をもっていた。しかし前著の性格（一般書）上、岐路にわたるを恐れ、割愛していたからである。榎氏は「果たして百衲本にリプリントされている図書寮本なるものと、図書寮本の現物とを比較されたことがあるのであろうか」といわれる。昭和四十四年前後以来、灼熱の日も、清涼の日も、この問題を追うてくりかえし書陵部に足を運んだわたしにとって、氏の〝嘲笑まじり〟の言は、いたずらに微苦笑をさそうにすぎぬ。（書陵部には「閲覧者名簿」がおかれている。）

明白な証拠をあげよう。前著一〇七ページにあげた「北宋咸平六年の牒」の写真（百衲本）に「図書寮現存本は補写」という注記がついている。これは初刷（昭和四十六年十一月十五日）の直後に出された再刷（十二月二十日）以降、すべて掲載されている。初刷に無いのを見て、わたしが早速お願いして入れてもらったのである。

この微小の注釈、一般の読者には、注意をひくべくもない。だが、わたしには意味が深かった。次いで展開すべき書陵部本と百衲本の内実異同問題の、いわば新しき入り口をなすものだったからである。

書陵部本と百衲本の異同について、以下簡明に要記しよう。

①「筆入れ」問題

「魏志四、三葉左」の欄外に、「齊王」とある（百衲本）。ここは齊王紀であり、前葉も後葉も同じく「齊王」とあるから、一応不審はない。ところが、肝心の書陵部本では「齊」とだけあって、「王」字が欠けている。前葉・後葉には「齊王」とあるのだから、ここは「刷り落ち」であって、他意のないことは明白だ。しかし、文字通りのコロタイプなら、被写原本（ここは書陵部本）にないものが出るはずはない。明らかに写真技術上、「筆入れ」と呼ばれる修正を行なっているのだ。あたかも一昔前の見合い写真のように。けしからんと怒る読者もあろう。しかし、写真印刷等にたずさわる人なら、周知のように、このような「筆入れ」は、中国はもちろん日本でも珍しくないのだ。原本にかすれた文字を色濃く明晰に出すことなど、いわば朝飯前なのだ。刊行中の和刻本正史（汲古書院）でも「筆入れ」が行われている（長沢規矩也さんによる）。カラー版『教行信証』コロタイプ（法蔵館）でも、朱の「筆入れ」があるという。

②「カット」問題

これと同じく、被写原本の一部分を消し去ることも簡単だ。現在書陵部本には欄外に多くの筆跡（墨、朱）の書き入れがある。代々の書きこみだ。校異もあれば、他愛のない覚え書き類もある。これら皆、百衲本には出ていない。おびただしい代々の印も百衲本ではほとんど消されている。

わたしにとっては、これらの印は興味深い。しかし紹熙本そのものを追跡し、その原姿に「復元」しようとする中国側としては、日本の「後代の印」は、いわば関心外なのである。

実は、日本でもこの種の例は多い。『歎異抄』コロタイプ（法蔵館、便利堂）で、末尾に広汎に色濃く付着しているしみ、これは研究上重大な現象なのに、きれいに消し去られている。『日本書紀』北野本コロタイプでも、古い奥書（資継王）がきれいに消し去られている。わたしはいつもやりきれぬ思いをさせられてきた。

ことに中国の版本には「復元主義」の伝統がある。榎氏は「忠実なリプリントでない」と言っておられるが、「リプリント」とは、氏の「造語」だ。いわゆる「リプリント」とは異なり、中国の「景印」とは張元済に限らず、「復元」の内実をふくんだ用語なのである。

③「牒」と「破紙」等の問題

中国側景印の「復元主義」は徹底している。北宋咸平本の「牒」について、書陵部本の「補紙」を参考にして、新しく〝版を作っている〟のだ。（無論、中国側にある海源閣本〈紹熙本〉からこの部分を〝とった〟という可能性も絶無ではない。）〝後代の日本人の拙い補筆〟でなく、かくあるべし、と推定した「原姿」を復元する。そのため、現代のあらゆる写真技術が営々と駆使されるのである。

榎氏の指摘された、魏志七初葉から魏志九、二十二葉までの破損部分も同じだ。原紹熙本の版形「復元」のため、精密な努力を重ねているのである。（呉志十八末葉も同じ。）（もっとも、この場合は一個の問題がある。右の「破損」がいつおきたか、不明だ。したがって張元済来日〈昭和三年〉以後におきた、という可能性も絶無ではない。しかし、百衲本『三国志』の直接の依拠本である『上海中華学芸社輯印古書之八』を検視すると、先ず「復元主義」のあらわれと見て大過ないようである。）

④「紹熙本以前」への遡源問題

問題は「紹熙本への復元」にとどまっていない。さらにその原形（と見なされたもの）への遡源の努力さえ、百衲本の中には現れている。

一例をあげよう。魏志三十、十七葉左の欄外に「東沃沮」とある（百衲本）。ところが、原本（書陵部本）ではこの個所は「句麗」となっている。たしかにここは、前々葉までの高句麗伝ではない。東沃沮伝の中だ。前葉欄外にはまぎれもなく「東沃沮」とある。だから、この十七葉左の「句麗」は明らかに原本（書陵部本）の「誤刻」――ケアレス・ミスである。これを「百衲本」は〝正しく〟訂正しているのだ。このようなやり方は、わたしたちにとっては何とも〝やりすぎ〟と思われよう。たしかにそうだ。だが中国側では「復元より復源へ」――この意識が貫かれているのである。

このようなやり方を追究する中で、一個の重大な問題にわたしはゆきあたったことを報告したい。

魏志三十、十九葉右の末行において「濊伝」とある（百衲本）。ここは、書陵部本では「濊南伝」となっているのだ。〝「高句麗伝」「東沃沮伝」「挹婁伝」につづいているのだから、当然「濊伝」が正しい。〟百衲本はそのように〝単純なケアレス・ミス〟と見なして〝正しく訂正した〟のであろう、と思われる。この「ケアレス・ミス訂正」には、何びとからも異議は出ないかに見える。しかし、わたしはつぎの例を思い浮かべた。

子曰「学而時習之。不亦説乎。……」（学びて時に之を習う。亦、説（よろこ）ばしからずや。）

この有名な論語の一章は「学而篇（がくじ）」と呼ばれる。右の文頭二字を〝とって〟呼ぶのだ。ところが、先の「濊伝」の先頭はつぎのようだ。

濊南与辰韓、北与高句麗沃沮接、東窮大海。（濊は南、辰韓と、北高句麗・沃沮と接し、東は大海に窮まる。）

つまりこの先頭の二字「濊南」をとって題名にしているのだ。このことは問題の「倭人伝」を見ればわかる。

倭人在帯方東南大海之中。（倭人は帯方の東南大海の中に在り。）

この文頭の二字「倭人」をとって題名としているのだ。だから、もし「濊南→濊」と直すなら、同じく「倭人→倭」と直すべきなのである。

実は、すでに書陵部本（すなわち紹熙本）自身がこのような「一部変改」を行なっていた、と見られる。それは韓伝である。

韓在帯方之南。東西以海為限。（韓は帯方の南に在り。東西、海を以て限りと為す。）

ではじまるから、「韓在伝」というのが書陵部本以前の形だったのではないだろうか。

無論、以上はわたしの「仮説」にとどまるともいえよう。しかし、書陵部本の一見異様な「濊南伝」という表記は、単純に「誤刻」と言い切れぬものをもっている。なぜなら、この本の文頭の構文は明晰であり、「濊南」という国名だなどと、南宋の中国人が〝読みまちがう〟はずはないからである。

わたしはこのようにして、一見単純なケアレス・ミスと見えた場合でも、「原文改定」の非なることを、中国の碩学張元済の前に報告したいと思う。

⑤　中国版刻史の問題

以上、中国版刻史をつらぬく方法――これを一言で評すれば「近代リアリズム以前」である。版刻原本のあらゆる徴証――それがしみであろうと汚点であろうと、稚拙極まるいたずら書きであろうと――を一点の改変なく保存する。これこそわたしたちの堅持すべき〝版刻上のリアリズム〟であると思う。

この立場から、張元済をふくむ中国版刻手法を〝厳正でない〟と評するなら、わたしは〝誰人にもまして〟賛同するであろう。だが、わたしが張元済に「厳正」の語を呈したのはこの問題ではない。あくまで魏志二十七巻分について、手元の紹興本を捨て、紹熙本を取った、その処断についてである。それを知りながら、榎氏は問題を〝すりかえ〟て、わたしへの論難の具に使う。――大いなる曲筆というほかはない。

以上のような問題点にもかかわらず、紹熙本（百衲本）はそのすぐれた史料性格を随所にしめしている。今、榎氏の紹熙本を非とせられた論点を再検査しよう。

紹熙本の優秀性

(1)「棺・槨」問題について

夫余伝に「槨有れども棺無し」の句がある（紹熙本）。ところが静嘉堂文庫本（明、嘉靖修本）では逆に「棺有れども槨無し」となっている。これを榎氏は〝紹熙本のあやまっている明らかな証拠〟と称しておられる。確かに「槨」は〝そとばこ〟であり、〝棺をつつむ〟ものであるから、〝棺がなくて槨だけ〟ということはありえない、と一応考えられよう。しかし、東沃沮伝につぎの記事がある。

新たに死する者、皆仮に之を埋め、……乃ち骨を取りて槨中に置く。挙家、皆一槨を共にす。

つまり、ここでも「棺」なく、家中みな、一つの大きな「槨」（と中国人に見えるもの）の中に共埋されるのだ。まさに〝槨有りて棺無し〟なのである。これに対し、韓伝と倭人伝は共に「棺有りて槨無し」だ。状況を表示しよう。

〈夫余〉　槨有りて棺無し　　〈韓〉　棺有りて槨無し
〈東沃沮〉　同　右　　〈倭人〉　同　右

まさに北の「槨圏」と南の「棺圏」に分かれている。ところが、榎氏のように夫余伝の場合、「棺有りて槨無し」を正しとすると、東沃沮だけが〝浮き上がって〟しまう。すなわち、榎氏の依拠された静嘉堂文庫本は、〝棺がないのに槨だけ、というのはおかしい〟という、語義だけによる「浅慮の改定」

を行なっているのである。

(2) 「欲不行」問題について

王莽初め高句麗の兵を発し、以て胡を伐たしむ。「欲不行」彊迫して之を遣わす。皆亡げて塞を出で寇盗となる。(魏志三十、高句麗伝)

右の「 」内が静嘉堂文庫本では「不欲行」だ。〝行かんことを欲せず〟ならいい。「行かざらんことを欲す」(紹熙本)では不自然だ。だから、これは紹熙本のまちがいだ〟。これが榎氏の理路である。

しかし、『史記』に有名な左の例がある。

交戟之衛士、欲止不内。(交戟の衛士、止めて内れざらんと欲す。)(『史記』、項羽本紀「鴻門の会」)

高校の教科書にも出てくる例だ。ここでは明らかに「欲……不」となっている。この「欲」は〝のぞむ〟でなく、「将」(将に……せんとす)と同じ用法だ。

欲、猶将のごときなり。(『古書虚字集釈』)

この古い用法を新しい叙情として巧みに再現したものに、有名な杜甫の句がある。「国破れて山河在り」の詩の末尾だ。

渾欲不勝簪(渾べて簪に勝えざらんと欲す)

問題は高句麗伝の場合、どちらが適切かだ。

A 「不欲行」――(命令を)行いたがらなかった。それを彊迫して……

B 「欲不行」――(命令を)行わないままになろうとした(不進発の状況で推移した)。それを彊迫して……

つまり、Aは高句麗兵の「心理」を王莽が察して「彊迫」したことになるのに対し、Bは命令不履行の「状況」を知って、彊迫したわけだ。後者の方が歴史叙述として真実（リアル）である上、「欲」の用法も古い。すなわち紹熙本の方が原形であり、静嘉堂文庫本の方が「浅慮の改定」なのだ。

ⓐ この例によってみても張元済が観察した通り、紹熙本は「多く古文を存し」ている。

ⓑ もし榎氏の言われるように静嘉堂文庫本の補版指示のない葉は「紹興本」のままであるとすると、紹興本には「後代改定の手」がかなり加わっていることとなろう。（これも、例の「紹興本」時点の「復源主義」の〝悪しき表れ〟と見られる。）

榎氏は右のような後代の「浅慮の改定」にまどわされたようである。

「会稽東県」は正しい

つぎに、榎氏が『三国志』がまちがっている例としてあげられたのは、「会稽東県」である。『後漢書』の「会稽東治県」が正しいというのだ。

果たしてそうだろうか。

其の（亶洲を指す——古田注）上の人民、時に会稽に至りて貨布する有り。会稽東県の人、海行し、亦風に遭いて流移し、亶洲に至る者有り。

（現在、その亶洲の民が〝時として〟会稽郡にやって来て〟交易する者がある。そしてこちら〈中国側〉からも亦、会稽郡の海岸部の諸県〈東県〉の人々が海で思わぬ風に遭い、海流に乗ってその〈亶洲〉に到着することがある。）

（『三国志』呉志二）

急所は右の「亦」の一語だ。〝中国側からも亦、「時として」亶洲に流れつくことがある。〟というのだ。つまり、一般論だ。だから、これを「会稽東治県」という特定の固有名詞にしたら、〝この県の人だけが亶洲に行くことがある。〟という、奇妙なことになってしまう。やはり「会稽東県（海岸部の諸県）人」という、広がりをもった表現でなければならぬ。范曄（『後漢書』）はこれを誤読した。

(a) 人民時に会稽に至りて市す。(b) 会稽の東治の県人、海に入りて行き、風に遭いて流移し、澶洲に至りし者有り。(c) 所在絶遠にして往来す可からず。（倭伝、末尾）

(a)では、澶洲の人民は〝時として〟つまり季節風に乗って交易に来るのに、(b)では、ある一人の東治県人の偶然的・一回的な事件（エピソード）としている。（ここで「亦」の一字を抜き取っているのが注意される。）それに(a)のように〝季節をえらんで交易に来る〟という点から見ても、(c)の「往来す可からず」という帰結は矛盾している。

このように、陳寿の、事実に立った慎重な行文を、范曄は机上で安易に変改造文している。それを再び榎氏が机上で安易に支持されたのである。

このような范曄の手法からすれば、『三国志』の「会稽東治の東」を「会稽東治の東」（『後漢書』）と改定したのも同じだ。これに対する榎氏の論点を見よう。

「会稽東治」の問題

(1) 〝「東治」を「東の治所（行政官庁所在地）」の意味にとるならともかく、「治績」の意味にとるのは「日本人的発想」だ〟と論難される。左の例を見よう。

(a) 昔堯、洪水に遭い、鯀、治せざる所、禹、これを疏（けず）りて河を決し、東、海に注ぐ。（蜀志八）

(b) 済済之治を興す。（魏志十六）

(c) 黄武の初、永興・諸暨の長たり。所在、浴迹有り。（呉志十六）

(a)は蜀の秦宓の言だ。禹の治水が彼の業績のはじめをなしたという、有名な故事だ。(b)は魏の杜恕の上疏中の句だ。堯・舜から殷・周・漢の代々の治績を賞美した言だ。(c)にいたってはズバリ「治迹」の例だ。呉の陸凱の業績の叙述である。榎氏は〝『三国志』それ自身が「日本人的発想」で書かれている〟と主張されたいのであろうか。

(2)「東治の東」という文形について。

榎氏はこの文形を不自然とされる。しかし、左の例を見よう。

（秦海）大秦国は西海の西に在り。故に秦海と曰うなり。（『後漢書』西域伝、李賢註）

第一段階として、中国の西に当たる地域に「西海」という名が成立する。第二段階、さらに中国人の地理的視野が拡大し、〝その西海のさらに西〟という言い方が生まれる。

「東治の東」も同じだ。第一段階、会稽国における夏后少康の治国を「東治」と呼ぶ。（夏の始祖禹の会稽巡行を「東巡」と呼ぶ〈『史記』〉ように、この地帯は「東」と意識されている。）第二段階、そのさらに東方にある倭国のことを認識しはじめたとき〝その東治の領域のさらに東〟という呼び方が行われる。いずれも中国人の地理的視野の拡大にともなって生まれた重層の語法だ。（日本でいえば北海道は「東北地方の東北」に当たる。）

(3) 榎氏は〝『三国志』の原形が「会稽東治の東」であった〟とし、〝それは永安三年の分郡以前の史料（魏略）にもとづいたためだ〟といわれる。

現本（『三国志』）以前の「原資料」に矛盾の解決を求めようとする。――これはもっとも安易な〝逃げ道〟である。無論、「一般論」としては、そういうケースもありえよう。だが、榎氏は〝ここの原資料（魏略）は、たしかに「会稽東治」だった〟という直接証拠とその論証を一切しめされない。〝ただこう考えれば、矛盾から逃げうるだろう〟という、一つのアイデアにすぎぬ。しかも、そのさい、〝陳寿は杜撰で、うっかり原資料の表記をそのまま直さずに、まちがえて使ったのだろう〟と、陳寿に罪をきせる。無論、必要にして十分な論証によって罪を帰するのは、いい。研究者の本懐だ。しかし、榎氏は「想像」によって、他に責めを転嫁されただけだ。

(4)　今度は積極的に「会稽東治の東」が地理上成立できぬ、その論証をあげよう。

其の道里を計るに、当に会稽東治の東に在るべし。

（『三国志』倭人伝）

右の「其の道里」といっているのは、直前の節末の「郡より女王国に至る万二千余里」を指している。帯方郡治（ソウル付近）から東南方向への「一万二千余里」を中国本土側と対比し、中国本土の中の、どの地帯の東になるかを「推定」しているのだ。

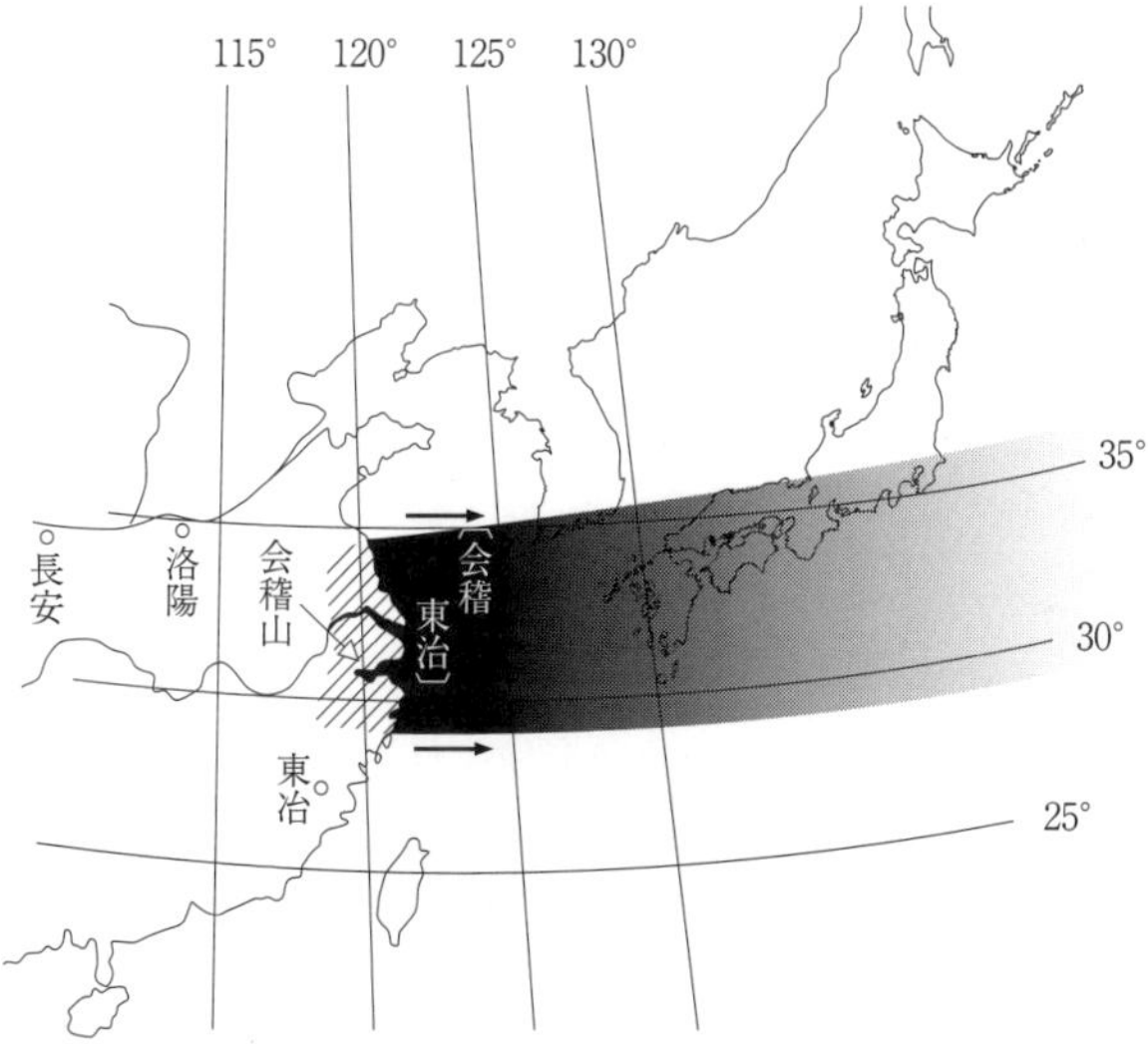

「会稽東治の東」に相当する領域図

こんな莫大な距離の「ものさし」で〝計った〟場合、「会稽郡の東治県」というような、まさに地図上の〝一点〟ともいうべき「特定県」を原点にして、〝その東〟などという言い方ができようか、できはしない（上図参照）。

その上、ここは必ずしも「倭国の都」の位置だけを問題にしているのではない。直前に倭人の「黥面文身」の風俗が説かれ、倭国内の「諸国」によって風俗の異なることをのべているように、「倭国全領域」の位置が問題になっているのだ。

だから、その倭国全体について「東治県」というような一点を基準に位置比定するようなことは、ますますありうることではない、范曄も、

この〝不自然さ〟を意識していた。それゆえ、

　其の地、大較会稽の東治の東に在り。

として「大較」の一語を新たに冠して〝不自然をカバーしよう〟としたのである。しかし、『三国志』にこの語はない。本来「会稽国」という「治国」を〝基準領域〟としていた陳寿にはその必要がなかったのである。（会稽山付近を基点として大方向〈四分法〉で東とみてもよい。）

「景初二年」問題

景初二年十二月「明帝が急病となったため、卑弥呼の使いとの約束（詔書内容）が実行できず、景初三年は服喪の時期となった（翌、正始元年に諸行事再開）。だから、

卑弥呼第一回の遣使は原文（現『三国志』各版本）通り、「景初二年」が正しく、「景初三年」と直すべきでない。このわたしの論旨に榎氏は反論する。

(1)〝劉劭が「都官考課」等の著作を完成したのに、明帝が崩じたので「施行」しなかった〟（魏志二十一）。榎氏は、わたしがこの一例をもとに、〝魏朝の諸行事停止〟という「拡大解釈」をした、と論難される。しかし、これは全く事実に反する。

なぜなら、わたしはまず、景初三年十二月の齊王の詔勅「烈祖明皇帝、正月を以て天下を棄背し、臣子永く忌日の哀を惟う」をあげ、〝一年間の先帝の喪に服していたが、年もあらたまるから、停止していた諸公事を再びはじめることを示し、年号も「正始」と改めることを宣布した〟とのべている（前著一二九頁）。そしてその具体的な一例として、右の劉劭の一件をあげているのだからである。

今、明帝の死によって生じた「魏朝諸行事の停止」について、さらに他の史料をあげよう。

(a) 諸所に興作する宮室の役、皆遺詔を以て之を罷む。（景初三年正月、齊王の詔、魏志四）

(b)（景初三年）秋七月、上（齊王）始めて親しく朝に臨み、公卿の奏事を聴く。（魏志四）

(a)は明帝の遺詔によって「宮室の役」(宮殿の工事)一切を停止した、とある。(b)景初三年の正月から六月までの間は、齊王は一回も〝朝に臨まなかった〟という。この半年間、完全な服喪中だったのだ。

右によって、榎氏が劉劭の「不施行」事件を例外視しようとされたことの不当だったことが判明する。第一、明帝死して後、一年間も、明帝のときの「景初」という年号を使いつづけたこと自身、服喪の表現だったこと、先の景初三年十二月の齊王の詔の言う通りである。(卑弥呼第一回遣使が最初に天子に拝謁したのが「景初三年六月」だったとすると、右の〝未だ朝に臨まざる〟完全服喪中に拝謁したこととなる。)

(2) わたしは前著で、第一回遣使を「景初三年六月」とすると、「五つの疑い」が生ずることをあげた。しかし、榎氏はこれに答えることができず、ただ最後の「景初二年十二月の詔」の内容と「正始元年の魏使来倭」記事との矛盾(前者で難升米に「装封」して与えたはずのものが、後者では魏使が直接とどけている)について、「これは文字のかたはしにとらわれすぎた解釈」だ、と言われるだけだ。「文字のかたはしにとらわれ」ないような粗大な解釈なら、どんな立論でもできよう。一字一句を精密に観る――これがわたしの方法であり、榎氏のような旧家と袂をキッパリと別つ地点である。

「対海国」問題

(1) ここでも榎氏はとんでもない勘ちがいを犯しておられる。わたしが「対海国」を普通名詞と解し、〝魏使か陳寿が命名したもの〟と、主張しているかのように、氏は錯覚されたようである。「中国人ならとてもつけるはずのない名称」とか「その付近の国がすべて固有名詞で呼ばれているのに、この国だけが固有の名で知られず、中国人から対海国などと呼ばれていたはずがない」とか言っておられる。

わたしは前著に明白に書いている。〝二つの言語世界の境界に存在する土地は、二つの名前をもっている〟(二〇八頁)、そしてその具体例として「樺太・千島――サハリン・クリル」「裏海――カスピ海」

「沖縄——琉球」等をあげた。朝鮮海峡近辺にも「中国側の固有名詞」の存在したことは「瀚海」（『三国志』倭人伝）の例でもわかる。——そのように論じているのである。

その「瀚海」を中にはさんだ「対海国」「一大国」の場合もそうだ。今わたしたちの知っている「対馬」「壱岐」（日本側固有名詞）とは異なった、中国・朝鮮半島側の人々が、三世紀以前から永らく使用していた〝北側からの固有名詞〟である、という可能性がある。だから、これを軽々に「対馬・一支」の誤記とはきめられない。——そう言ったのである。榎氏の反論は、目標をまるでとりちがえている。

(2) 一つの示唆をあげよう。A「対海国」（紹熙本）とB「対馬国」（紹興本）との二つの文面がある。どちらかが原文だ。つまり、（A→B）と改定されたか、（B→A）と改定されたか。二つに一つだ。このさい、先にあげた中国版刻史の伝統的手法たる「復源主義」をかえりみよう。日本との往来の頻繁となっていた南宋の人々にとって「対馬」という名は著名だった。だのに、版刻原文に「対馬国」とあるものを、わざわざ「対海国」と直すだろうか。ありえない。これに対し、原文の「対海国」を〝わかりきったあやまり〟と見なし、「対馬国」に直す。これならありうる。ちょうど「有槨無棺」を「有棺無槨」へ、「欲不行」を「不欲行」に直したのと同じように。張元済さえ〝明白なミス〟と信じて「濊南伝」を「濊伝」と直したのである。

このように「近代リアリズム以前」の中国版刻史の伝統。ここに「対海→対馬」の変化の秘密があるようである。

三　虚像と実態

わたしは前著中、「臺」字のもつ特別の思想性をのべた項に至って、はじめて〝『三国志』においては「邪馬臺国」という表現は絶対にありえない〟（五一頁）といった。ここでは、まさに「絶対に」と書いているのだ。その理由は、版本の無謬性などではない。一に、「臺」字が陳寿時点において「天子の象徴」としての至高の意味の文字となっていたからだ、というにある。

これに対する榎氏の反論を吟味しよう。

「臺」の使用法

(1)「臺が天子のシンボルであったなどというのは、古田氏が勝手にそうきめているだけのことであって」——榎氏はそう言われる。つぎの例を見てほしい。

朝廷「臺」と称す

洪容斎二筆に云う。「晋宋の間、朝廷禁省を謂いて『臺』と為す。故に禁城を称して臺城と為し、官軍を臺軍と為す。使者を臺使と曰い、郷士を臺官と為す。法令を臺格と為す。（下略）」と。今、按ずるに此の説、是なり。（このあと「臺に詣る」「臺に在り」「臺内」等、以上晋書、「臺官」宋書、「臺使」陳書の文例をあぐ）是等、皆証とす可きのみ。然るに風俗通に、亦「臺に朝す」の称有れば、則ち、蓋し後漢より此の称有るなり。

以上は江戸の大儒中村蘭林の『学山録』（寛延三年）の一節だ。『洪容斎二筆』は宋の洪邁の撰である。だから中国の宋代より日本江戸期まで〝周知の説〟だ。それを榎氏はわたしが〝勝手に〟唱えたかのように〝言いまげて〟おられる。（右の洪邁の文は前著〈五二頁〉にすでに引用してある。）

(2)　人名における「臺」

漢代の人名に「臺」字は多く出現する。これは金石文で確認できる。魏代の人名にも現れること、わたしの「臺」の調査表にあげた通りだ。榎氏はこれをとらえ、〝臺が神聖な文字なら、人名に使うはずはない〟と言われる。何か榎氏は感ちがいしているようだ。天子の諱(いみな)の類ととりちがえておられる。わたしの主張点は〝魏晋朝の史官（陳寿ら）が夷蛮の現地音（国名）を音表記するさい、一方で「邪」「卑」のような「卑字」をあてながら、他方で（同じ文面中に）「朝廷禁省」にあたる特殊な文字「臺」を使用するはずがない〟といっているのだ。「臺」と同音の漢字は他にも数多いのであるから。他の例をあげよう。『三国志』に「孫聖壹」という人名がある（前著三三頁）。しかし、「聖」が人名にあるからといって、魏晋朝の史官が夷蛮の国名を表記するのに、「卑字」と同時に「聖」字を使って表記する、などということはありえない。——そういうことなのである。

(3)　「宮」字使用について。

榎氏は「宮室」の意に当たる「宮」字が高句麗の王名（宮、位宮）に現れている例をあげ、「臺」字使用も何らさしつかえないはず、と言っておられる。これこそ、榎氏が問題の本質を見失っておられることをしめす好例だ。「宮」という文字は、少なくとも『三国志』では夷蛮の国々にも使用されている。

居処・宮室・楼観・城柵厳かに設く。（倭人伝）

卑弥呼のいた所は「宮室」と呼ばれている。問題は「楼観」だ。これこそ「臺」に当たる。ところが「臺」という字は使用していないのだ。かつて「宮」といえば「天子の宮殿」に特定されていたこともあるかもしれぬ（たとえば夏・殷・周）。しかし、『三国志』では「宮」の字は〝一般化〟し、夷蛮の王の居城にも使用されうる文字となっていたのだ。これに代わって特定字の色彩を帯びてきたのが「臺」の字にほかならなかった。右のように考えてくると、「宮」字が高句麗王名にあらわれること、何の不思議もない。（その上、高句麗王の場合、中国側が現地音に対して漢字の表音表記をしたのでなく、みずから「宮」「位宮」等と中国風の文字で名乗っていたのではないか、という問題もある。）

後漢書の「邪馬臺国」はまちがっていない

榎氏がわたしを論難するために、数々仮構された概念の中でも、最大のもの。それは、〝古田は「後漢書の邪馬臺国はまちがいだ」と言っている〟と称しておられる点だ。

たしかにわたしは〝五世紀に成立した『後漢書』中の「邪馬臺国」をもとに、三世紀『三国志』の「邪馬壹国」を直してはならない〟と言った。しかし、それはけっして『後漢書』の「邪馬臺国」がまちがいだという命題を前提にしているのではない。

思っても見るがよい。『三国志』に対して、その原文面（現存刊本）を軽々しく直すべからず、と一方で言いつつ、『後漢書』の原文面（現存刊本）の「邪馬臺国」は「壹のあやまり」だ、というのでは、〝眼前の史料を軽々しく改定する〟という、方法上の一点において、従来の邪馬台国論者と同じ轍を踏むことになろう。わたしの方法ではない。

無論、これは今、事新しく言うことではない。前著三三二頁に次のように書いている。

〝この本の題名が示すように、三世紀卑弥呼の国が「邪馬台国」でなかったことは確実である。これに対し、「邪馬台国」という国名は、五世紀の中国史書（『後漢書』）にはじめて出現する。それにはそれとして、十分な理由があるのである。この問題は「結び」にのべた「邪馬壹国の行方」と重大な関係をもっているから、稿を改めてのべたいと思う。〟このように〝『後漢書』の場合、「邪馬台国」はあやまりではない〟と明記しているのである。すなわち、

(1)　倭伝の冒頭部（地の文）は、南朝劉宋（五世紀）の読者を対象に書かれたものだ。それ故、そこに現れる国名は、すなわち五世紀の国名である。

(2)　これに対し、後漢代特有の国名は、明確に建武中元二年（五七）と銘うった歴史条項に記載された「倭奴国」である。

(3)　五世紀は南北朝対立の時代だ。黄河地域（北朝）には夷狄の国々交々入り来って、みずから「天子」を称し、各自「臺」を建設した。「臺のインフレ」時代である。この時期には、「邪馬臺国」の表記が出現すること、何の不思議もない。（「東夷」の一たる倭国側がみずから使用したとしても、不審はない。）

以上が大前提である。では、その「邪馬臺」とは、何と読むか。どこに都があったのか。この時代には「臺」字は夷蛮の国名表記になぜ使いうるのか。これら興味深い問題について、今詳しくのべる紙幅をもたない。しかし、昭和四十八年八月上旬発刊された、わたしの新著『失われた九州王朝』（朝日新聞社刊）の中に詳記されている。それを見ていただければ幸いである。

それはともあれ、問題を今にかえそう。〝古田は、『後漢書』の「邪馬台国」をあやまりとした〟という、それこそあやまった前提の上に突っ立たれた榎氏は、まさに〝幻影の虚像〟に対して矛を向けられたにすぎなかった。

この点について、さらに言うべき問題がある。榎氏の十五回の論稿すべて、その表題は〝『邪馬台国はなかった』か〟であった。故意か偶然か、「邪馬台国」の「　」が抜かれている。だが、この「　」こそわたしにとっては重大なのだ。〝三世紀に存在した卑弥呼の国は「邪馬台国」ではなかった〟すなわち、〝世上いわゆる「邪馬台国」〟の意を蔵した「　」だった。つまり、先にあげた本文末尾の文面（五世紀『後漢書』の邪馬台国には理由がある）の文と相呼応しているのである。榎氏は、ここでも無造作に重大な「原文改定」を行われたようである。

残された榎氏の論難点を簡略に吟味しよう。

その他の問題

(1)「邪馬壹国」について

榎氏は「外国の忠順なのをほめて、その国名の下に、忠順を意味する文字をつけるような命名法が行われたことは、いまだ聞いたことがない」と言われる。わたしもそんな命名法はいまだ聞いたことはない。わたしの立論はつぎのようだ。

第一、中国側が不耐侯を濊全体の代表者と認めて「不耐濊」と書いている（濊南伝）ように、「邪馬国の女王」を倭国全体の王者と認めて「邪馬倭」とした。

第二、これをさらに〝倭国の二心なき忠節〟（遠夷朝貢）を賞美し、「邪馬壹」と表記した。

そして第二の例として、王莽が「匈奴」を「恭奴」と書き、「単于」を「善于」と書いた例、逆に「高句麗」を「下句麗」と表記した例をあげた。それ故、表記上の問題なのに、「国名の下に」「文字をつける」などといわれるのは、榎氏誤読の一例にすぎぬ。

(2)「そういう、良い意味の文字である壹が外国の名の一部に用いられるのであれば、台が用いられても少しも不都合でないと思われる。」

「壹」は〝臣下としての美徳〟であり、「臺」は〝天子の朝廷禁省〟である。この上・下逆方向の佳字を「良い意味の文字」として同一視されるのは不当である。

(3)「これらの伝（『漢書』地理志・『史記』越王勾践伝――古田注）によると、断髪文身したのは、会稽に封ぜられた少康の庶子自身であって、彼がそれを住民に教えたのではない」。今の問題は歴史事実そのものではなく、陳寿の歴史理解である。歴史事実について「彼が住民の風俗に進んで同化したことを述べようとしているのであろう」と榎氏が解釈されることは、無論結構だ。ただ陳寿は、「王の住民への同化」といった、一種現代好みの解釈ではなく、「王から民への感化」という、あくまで「上→下」の形で『史記』『漢書』の文をとらえているのである。

(4)「夏王朝の王都はどこか不明というのが学界の常識で、それが長安付近にあったというのは、何によられたのか知らない」

これは、わたしが「禹の都は、黄河の上流長安のあたりと伝えられる」と書いた個所への批評だ。榎氏は〝学界の定説や常識は、こうだ〟というとき、「伝えられる」と書く筆癖をもっておられるのだろうか。現代の学界では、「禹の都」どころか、「夏王朝の実在」すら定説、もしくは常識ではない。(殷墟の発見までは、「殷王朝の実在」も疑われていた。)

「もし夏王朝が実在していたとすれば、その方位はむしろ山西省南西部を中心とした黄土台地にあった可能性が強い」(『ジャポニカ』小倉芳彦)。〝黄河上流長安のあたり〟と書いたのも、あながち無根の一説でもないようである。

(5)榎氏は倭国に派遣された「塞曹掾史、張政」を「奏曹掾史」のあやまりであろうと、推量しておられるが、それは榎氏の「想定」(清朝の一学者に同調)にすぎず、史料上の確たる根拠はない。

(6)「聖壹」と「聖臺」

前著における、わたしの論証にもかかわらず、榎氏は「全く実例がなかったというのならとにかく、いくつかあったとすれば、聖壹は聖臺の誤りではないと断定は出来ないはずである」と言われる。わたしの立場は異なる。原文(現版本)に「聖壹」とあるものを、「聖臺」と直すためには、〝「聖壹」はまちがいだ〟という必要にして十分な論証をしめすべきだ。その逆ではない。〝兄弟同一字を共有する場合もありうるから、これもそうではないか〟という程度では、単に主観的な臆測の域を出でず、論証とはなりえない。

(7)「魏志にいわゆる邪馬臺なる者なり」(『隋書』『北史』)について

『隋書』『北史』では「俀奴国」と書いている。『後漢書』の「倭奴国」を〝書き直している〟のだ。この当時(七世紀)、倭国は「俀国」と名乗っていたから、後代名称の「俀」でもって一世紀の歴史名辞たる「倭奴国」まで書き変えているのだ(新著『失われた九州王朝』参照)。この新著でものべたように、〝後代名称で書き変える〟というのは、史書の一記述法だ(『日本書紀』は「倭」を後代名称「日本」で書き変えている)。現在でも「中国の孔子」というとき、「周の孔子」を「中国」という現代名称で書き変えているのだ。これと同じく、五世紀以降の後代名称「邪馬臺国」で〝書き変えて〟記しているにすぎないのである。

だから、「壹与」を「臺与」と書き変えるのも、この一例にすぎず、必ずしも〝まちがい〟とはいえないのである(新著中の第一章Ⅱ「邪馬壹国より邪馬臺国へ」参照)。

(8)『隋書』『北史』の順序

成立年代はもちろん、隋書が先だ。前著で『北史』『隋書』の順にしたのは、内藤湖南の文

邪馬壹は邪馬臺の訛なること、言ふまでもなし。梁書・北史・隋書皆臺に作れり。

に対する批判だから、そのまま記しただけだ。(湖南は記述対象の順に記したものと思われる)。新著では、『隋書』と『北史』とを対比するとき、当然、前者にオリジナリティをおいている。榎氏は、湖南という〝死者のあげ足〟をとられたのである。

(9)「稍々」「各々」について

「後稍々（やや、古田氏は稍の字が二つあったように書いているが、原文には一つしかない――榎注）」（「各々」についても同旨）。これも榎氏が〝あげ足とり〟に走られた一例である。右は書き下ろし文として「稍々」「各々」と書いたものだ。岩波文庫本の書き下ろし表記に従ったのである。無論、「紹熙本原文」についてては写真版でしめしているから、問題はない。なお、先にわたしが紹熙本を「原文」と呼んだのに対し、氏は非難を加えられた。しかるに今、みずからも平然と紹熙本に対して「原文」の語を使用しておられる。これは一体どうしたことであろうか。

⑽『太平御覧』の「引用」について

「引用のしかたが不正確であるといっても、省略のしかたが正確を欠いているだけのことであって、それは引用文そのものが全部不正確ということを意味しない。」

ここでも榎氏は、明らかに問題を〝すりかえて〟おられる。『三国志』倭人伝では「大人と下戸の関係」の描写であったものを、『太平御覧』では「倭国使節の対中国屈従」の描写に書き変えている。このことをわたしは論証した（前著六七頁）。しかるに、「省略のしかた」の問題だと強弁される。榎氏が、故意に論点を隠蔽された事例である。

⑾「会稽南郡」問題

会稽郡は三回にわたって分郡された。

ⓐ（太平二年、二五七）会稽東部、臨海郡と為す。

ⓑ（永安三年、二六〇）会稽南郡を以て、建安郡と為す。

ⓒ（宝鼎元年、二六六）会稽を分かって、東陽郡と為す。

右のⓑの「会稽南郡」（紹熙本）について、榎氏はこれを〝「会稽南部」のあやまり〟とされる。しかし、榎氏の断定には大きな盲点がある。「会稽南部」の諸例は右のⓑ以前だ（呉志三、十二）。ところがⓐによって「会稽」は海岸部を大きく削られ、縮小した。したがって、もしこれ以後「会稽南部」という場合、おそらく以前とその実質内容を異にしているであろう。それゆえ、陳寿は分郡記事の場合は、対象領域によって表記を異にしているのである。ⓒでは「会稽西部」「会稽西郡」とも書いていない。この新郡は会稽の北部や南部にまたがり、簡単に「西」表記するのは適切ではなかったのであろう。これを見ても、陳寿は実態によって、細心に表記を分別しているようである。）これに対してみると、榎氏の論断は、ここでも粗大というほかない。

⑿　紹興本の「極精美」について。

張元済は『三国志』跋の先頭に「余、旧本正史を輯印せんと欲し、之を謀ること有年。涵芬楼旧蔵の宋衢州本魏志、極めて精美」と書いている。一見、最上のほめ言葉を紹興本（衢州本）にむけているように見える。ところが、清の張之洞の「輶軒語」につぎの文がある。

　善本の義、三有り。一に足本、二に精本、三に旧本。

「足本」は〝欠巻のない完全な本〟、「精本」は〝善く校勘・注解した本〟、「旧本」は〝古写・旧刻の本〟のことだ。だから、〝精本・美本として極めてすぐれている〟というのが張元済の紹興本評価だ。つまり、逆にいえば、紹興本は「旧本」ではなく、南宋代の「校勘」による改定の加わっている本だ、といっているのだ。これに対し、「多く古文を存す」とされた紹熙本が「旧本」として二十四史の「輯印」に採用されたのである。こうしてみると、張元済は文頭から、手元の紹興本に対する批判を絶妙な措辞の中に表現していた。東洋史の大家、榎氏はこれに気づかず、「極精美」を〝極上の讃美〟と見あやまられたのである。

榎氏は左の点、注意された。

(1) 督の軍、徐存、建安より海道す。(前著七六頁)

「督の軍」は「督軍」の誤記。

(2) 建安に送りて、船を作らしむ。(呉志三)(前著七六頁)

「呉志三」は「呉志八」の誤記。

(3) 〈北史〉邪靡堆に居す。(前著六六頁。以上三点、復刊版では訂正済)

「邪靡堆」は「邪摩堆」の誤植。

いずれも単純な誤記・誤植類だ。「督軍」という単語をわたしが見失ったわけでないことは、「護軍」(二四六頁)「領軍」(一八六頁)といった用語を正しく書いていることからも証明されよう。

わたしは一片の誤字であっても、これを指摘して下さった方々に深い謝意を表してきた。榎氏に対しても例外ではない。ただ遺憾なことは、氏がそれを〝嘲弄の具〟に使おうとされたことである。現に榎氏の稿にも誤植の類は少なくない。(「食曹」→「倉曹」、「蚊竜」→「蛟竜」、「百納本」→「百衲本」その他)。これに対し、誰人かあって、〝榎氏の無知〟呼ばわりしたとしたら、心ある人々は必ずそれを〝心なき所業〟と見るであろう。今、榎氏はそれを行われたのである。

最後に根本の問題を明らかにしよう。

「史料」に依拠する立場

榎氏の立場は、従来の「定説」に依拠する立場である。だから、わたしが「定説」を否定する〝絶対的な根拠〟をわたしに対して、いわば「強制」されるのである。

わたしの立場は逆だ。〝後代の研究者が眼前の史料に対し、その字面を「手直し」しようとするならば、そのときは、「原文面(現存史料)があやまりである」という、必要にして十分な論証が必ず要請される〟――この一点に尽きる。普通の人間の常識がそれを要求するのである。

しかし、榎氏をふくむ旧来のすべての邪馬台国論者は、全研究史上、その必要事を一切行わなかった。「ヤマト」と読むために易々と改定したのである。わたしはそれをついた。〝後代の人間が眼前の史料に相対するとき、右の一点は根本のルールであり、人間の常識がそれを要求している〟と。――わたしは、そう信ずる。

これに対し、榎氏のいわれる「常識」はわたしのいう常識とは異なる。〝今までそう言われてきた〟〝これが定説だった〟――これを「常識」という名で呼んでおられるにすぎぬ。二つの常識のいずれをとるか。それが各々の進む道をしめすであろう。

今回、榎氏が「常識」の名をもって論難を加えられたのを見て、わたしは苦笑を禁じえなかった。なぜなら、かつていわゆる榎説が発表された時（昭和二十二年）、「ただ奇を好むもの」と他から「痛罵」されたと、榎氏自ら書いておられる（『邪馬台国』）。

事実、故三品彰英氏も榎説に対し、「斬新」ではあっても、「漢文としてはどうも普通の読み方や解釈ではない」「ただ特定の人が試みた特定な読み方」だと評された（昭和二十三年）。

爾来二十五年、かつて新鋭の学徒たりし榎氏も、ようやく旧家の域に入られたようである。なぜなら、わたしに対し、正確・緻密な反証を行わず、〝「常識」と異なる〟とか〝「珍解釈」だ〟とかいった類の「痛罵」をもって代えようとしておられるからである。

わたしは信ずる。論争に必要なものは、ただ実証性の有無だけだ、と。

そして感情的高揚の言辞は、その論証の強さではなく、弱さの告白にすぎぬ、と。

今回は、いわゆる榎説（里程問題）に関する反論がなかった。今後、その（後篇の）発表を鶴首待望させていただきたい。そのときは、一つ一つの論点を、今回と同じく丁重に再吟味させていただこう。徹底した論争。わたしは、それを望む。

（榎氏のあげられた論難点のいくつかは、すでにわたしの論文「邪馬壹国の諸問題――尾崎・牧氏に答う――上・下」〈『史林』55―6、56―1、本書収載〉の中で詳細にのべられている。）なお、『読売新聞』（昭和四十八年九月）に「邪馬壹国論」（十回）として掲載されたものは、本稿にもとづく縮約（約三分の二）である。

直接証拠と間接証拠――好太王碑文《酒匂本》の来歴

――後藤孝典氏に答える――

後藤孝典さん

わたしは最初にあなたに対して、厚くお礼を申しあげねばなりません。なぜなら、あなたは本誌(『東アジアの古代文化』)創刊号に掲載された論文「広開土王陵碑――李進熙説に対するさまざまな反応について――」の中で、「学問の方法」の問題について、わたしに論争をいどんでくださったからです。

わたしは端的に言って〝学問の生命は方法にある〟と思っています。といっても、なにもむつかしい議論をするのではありません。〝普通の理性をもった人間なら、だれにでも理解できる平明な論理の結合〟――つまり、論証だけの積み重ねに従い、それ以外のものはいっさい許さない――これにつきる、と思います。

そういう視点をわたしは《しろうとの目》または《子供の目》と呼んでいます。わたしたちは、ともすればあまりにも既成の権威や肩書に惑わされて、右のような論理の自明の結合を、自分の頭の中ではほんとうに納得してはいない場合でも、〝あれだけの肩書の人が言っているのだから〟と、曖昧に自分を納得させていることが意外に多いのではないでしょうか。

前置きが長くなったことをお許しください。あなたは「直接証拠と状況証拠」について、わたしに反論をいどまれました。この二つの証拠の、方法としての信憑性、言いかえれば〝証拠価値〟の問題についてです。

確かにわたしはこの二語を一昨年（一九七二年）十一月の史学会大会の発表「高句麗好太王碑文の新事実——李進熙説への批判を中心として——」の中で使いました。（正確には、「直接証拠」と「状況証拠に類するもの」との二つに分けたのです。）

ところが、この二語が〝ひとり歩き〟しはじめ、のちに述べるように、奇妙な歪みをもって繰り返されるようになりました。それを見て、わたしは、〝これはほっておけない〟と感じていました。わたしの使った言葉を、わたしとは違った形で人が使うのはもちろん自由です。が、それによってわたしの述べたことが歪曲されて伝えられ、その歪曲された内容があたかも、わたしの説ででもあるかのように思いこまれたり、その上に立って反論がなされたりしたのでは、貴重な論争にとっては〝ロス〟だというほかありませんから。

一

本題に入らせていただきます。

あなたは〝史学会大会当日の、古田の研究発表を聞いていないので、その具体的な論証内容について意見を述べることはさしひかえる〟とのむねを述べられたうえで、新聞（『朝日新聞』一九七二年十一月十三日付朝刊）報道の骨子の一つ、「⑤酒匂大尉を〝犯人〟にするには直接証拠が必要で、李氏のは状況証拠だけにすぎない」を挙げられました。そして次のように論じておられます。

「右の⑤については、裁判における事実認定の際の採証法則の問題に似ている。直接証拠があるにこしたことはないけれども改竄が真実だとすれば、直接証拠を残すはずはないのが一般である以上、直接証拠を要求するのは理論としては通らない。広開土王陵碑文を直接に検証したとしても、そして改竄の痕跡が認められたとしても、それは酒匂ないし参謀本部が改竄したとする事実にとっては一つの状況証拠でしかなく、直接証拠ではない。厳密な意味では、直接証拠は酒匂大尉ないしは参謀本部の企画実行者の自白しかない。これは求むべくして、得られるはずがない。古田氏が直接証拠という言葉をどのような意味で使用しているのかつまびらかではないが、ないものねだりの感は免れない。」（二一頁）

わたしの論証の具体的内容を問題とせず、右の二語だけ論ずる、その、あなたの意図が〝議論を慎重にする〟ためだったことをわたしは疑いません。けれども、実は、あなたの論点に〝微妙なズレ〟が生まれた第一の原因はここにあるようです。なぜなら、わたしは右の二語を抽象的な、観念上の議論として展開したのではありません。それまでに述べた、わたしの論証の具体的内容そのものを指示して使ったのです。ですから、〝それらが何を指して使われているか〟を検査すれば、わたしがこの二語を「どのような意味で使用しているのか」――それは、疑う余地なく明晰だからです。

まずズバリ、わたしの「定義」を言います。〝《事実》に対して明確な論理関係をもつ証拠〟――それをわたしは《直接証拠》と呼びます。これに対し、〝それ（右のような直接の証明力）をもたず、そのもたないところを《論者の推定》で埋めることによって、《事実》とつながる、と考えられているような証拠〟――これが《状況証拠に類するもの》とわたしの呼んだものです。

今の場合、具体的には『碑文之由来記』（明治写、宮内庁書陵部蔵）が酒匂本（東京国立博物館現蔵）来歴の真相についての《直接証拠》です。なぜなら――、

(一)　この文書は、酒匂中尉が参謀本部に提出した部内報告書の内容を再写謹書したもので、その用途は宮内省（明治天皇）に酒匂本を献上した際の付載文書である。(注)

(二)　この文書の筆跡は、酒匂中尉自身の自筆である。

(三)　すなわち、この文書は「公的機関に提出された、本人の自作・自筆文書」であり、史学上第一史料である。

(四)　その中に「一昨年（当時ノ答）盛京将軍左氏（左恐クハ崇ノ誤——上欄注）工人四名ヲ天津ヨリ呼ヒ之レヲ摺写セシム……故ニ強迫シテ漸ク手ニ入レタリ」と明記されている。（全文は古田著『失われた九州王朝』一九五～七頁に収載。）

(五)　本人が「外部」でなく、「内部」たる参謀本部や宮内省（明治天皇）に対して、〝この問題についての真相を隠蔽する〟必要のないことは自明である。（ことに李説は「参謀本部の命による酒匂犯行説」なのであるから、この一点は問題の核心に属する。）

以上がわたしの、この文書に対する判断です。したがって、当然この文書は〝酒匂が清朝の拓工を強迫して「酒匂本」を入手し、それを持ちかえった〟という《事実》に対する《直接証拠》となるものです。

あなたは「厳密な意味では、直接証拠は酒匂大尉ないしは参謀本部の企画実行者の自白しかない」と言っておられますが、これはまさに〝本人の自白〟なのです。

しかも、たとえば、留置場の中の取調官しかいない「密室」で行われた被疑者の自白などではなく、任意性の十二分に存在する条件の中で行われた「自供」なのです。（なぜなら、先ほど述べたように酒匂が参謀本部や宮内省〈明治天皇〉に対して、いわゆる〝「改削犯行」に関して虚言する〟必要など、毛頭ありませんから。)

その点、これと対照的なのは、外部に対する発表物たる『会余録』です。そこでは、「日本人某、適此の地に遊び、因りて其の一を求め得、齎し還る」として、内部文書中の「強迫」という事実は慎重かつ〝老獪〟に取りのぞかれているのです。

あなたは、厳密な意味では直接証拠は〝本人の自白〟しかない、としたあとで、「これは求むべくして、得られるはずがない」から、「ないものねだり」だ、と言われました。だが、いま、それをわたしはこの文書(『碑文之由来記』)において確かに見たのです。だから、わたしはそれを事実の《直接証拠》として報告したのです。(わたしが史学会発表題目中に用いた「新事実」の語は、それを指しています。)

二

次に、《状況証拠に類するもの》について述べましょう。

李氏の方法の〝独創性〟は、考古学上の方法として慣用されている、出土品等に対する《編年の手法》を、好太王碑の双鉤本・拓本・写真の類に対して、いわば「転用」して実行された、その創意にあります。

けれども、実はこの手法上の〝特異な応用〟の中には意外な弱点が隠されている、とわたしには見えています。なぜなら、考古学の対象たる古代遺物の場合、たとえば〝壺や埴輪の作者の自作・自筆文書〟など、まず出現しようもありません。またその点にこそ、考古学においては〝様式による編年〟という概括的な方法に依拠せねばならぬ、基本的な理由があるのです。(もしかりに、一つ一つの壺や埴輪にいちいち作者の自記で製作年時や製作者名・製作動機等が記入してあったとすれば、当然それが年時理解の核心となり、「様式による編年」の労は激減すること、言うまでもありません。）

ところが、考古学におけるこの「編年の手法」を、今回、李氏が「転用」された明治時代では、古代とはまったく様相が一変しています。第一に、それは文字文明のまっただなかです。第二に、現在までまだ百年たたぬ〝最近〟のことですから、本人の身のまわりにいた人びとや親類縁者等も現に生存しています。第三に、敗戦によって「宮内省→宮内庁」と名前は変わっても、その中の文書は現在まで継受されています。

したがって右の第二の家々や第三の場所等の中に、酒匂本に関係した文字資料が出現することは、当然、可能なのです。ですから、なんの不思議もありません、わたしはそれを〝求めて得た〟のです。酒匂家の遺族の家に酒匂景信の自筆が大切に保存されてあり、しかもそれは「酒匂本献上」に関したものでした。そのうえ、宮内省が酒匂本を受納したときの受領文書（酒匂家文書、宮崎県総合資料館現蔵）まで残っていたのです。

「永楽大王碑文石摺献上願之趣聞届則御前へ差上候此段申入候也／明治廿一年十二月七日／宮内次官伯爵吉井友実／陸軍砲兵大尉酒匂景信殿」（永井哲雄「高句麗広開土王碑文の将来者をめぐる一・二の史料追加について」、『日本歴史』二九六号を参照。）

それだけではありません。そのとき宮内省から下付された銅花瓶は、遺族の日常生活の中心にいまも公然と据えられていました（その外箱に酒匂自身による年時氏名の自記が書きつけられていたのです）。このような動かしえない事実に相対するとき、李氏の、

「酒匂の氏名や経歴、解読作業など、碑と軍との関係を示す資料はすべて極秘に付され、徹底的に

隠滅された事情からみて、石灰塗布を示す直接証拠を残すはずはないであろう。」

（傍点、古田）（『日本のなかの朝鮮文化』第一八号）

という文面に表れた〝状況認定〟に大きな錯認があることを指摘せざるをえません。なぜなら、右の「陸軍砲兵大尉」に対する酒匂本受領文書によって「碑と軍との関係」も「酒匂の氏名や経歴」も明示されているからです。（李氏は著書『広開土王陵碑の研究』において、「ここで注意を促しておかなければならないのは、……酒匂景信の名前さえひたかくしにされたということである」〈一四五頁〉と述べておられますが、右の史料事実は明白にこれに相反しています。また一九三六年刊『対支回顧録・下』にも酒匂の名前《景信》と経歴は詳記されています）。

くりかえしますが、右のような《碑文之由来記》（自筆本）や酒匂自身の自署名や酒匂家文書が「発見」されうる、これは古代でなく明治の事件であるかぎり、考えてみればなんの不思議もないことです。それなのに、李氏はこのような直接的な文字資料の追跡と検証を行わぬまま、〝状況推定〟の上に立って「酒匂犯行」と断定されたのです。これが《状況証拠に類するもの》とわたしが呼んだものの一つです。

三

しかも、問題はこれだけではありません。『碑文之由来記』は内部文書だから信憑できるというだけでなく、この文書の示す、〝酒匂は双鉤しなかった〟という事実をさらに裏づける《直接証拠》があるのです。それはほかならぬ東京国立博物館現蔵の『酒匂本』自身です。なぜなら、この酒匂本は、本来の百三十数個の紙片を〝四面の現碑どおりに貼りあわせた〟形のものであることはよく知られています。ところが、その現形は、実際の好太王碑と大きく食いちがっています。

第一に、第四面の下端二紙（面全体では、一～八行、各行とも三十八～四十一字。一紙十六字、計三十二字）分、第四面の上端に来るべきものを誤って下端に位置させています。

第二に、第三面最初行の末端の「潰」字。これは、原碑では第一行全体を削傷し、この一字（この行の最末字）のみ双鉤したものです。それが現酒匂本では、誤って実際は第二行（末端部分を欠く）の末端に貼布されています。（そのため、真の第一行はまったく現出せず、実際の第二行が「第一行」であるかのように誤貼されています。）

第三に、原碑第四面末行末字、つまり全碑面の最末字の「之」字（一字一紙）、これが誤ってこの行の先頭に貼布されています。

これらはいずれも、あまりにも重大、かつうかつな誤貼です。すなわち、酒匂のみならず、日本側に実際の双鉤者がいれば、おこりえない性格の、見のがしえぬ誤貼です。このような酒匂本という、肝心の実物の指ししめす史料事実、それは「酒匂ら参謀本部は原碑面を的確に認識していなかった」という事実を抜きさしならず証明しています。言いかえれば、「酒匂ら参謀本部の改削犯行」説を明白に否定している、と見なすほかないのです。

四

さらに李氏の「編年」自体の基礎にも、根本的な誤認があります。それを示すものは左の中国・朝鮮側史料です。

① 此碑同治末年始伝入二京師一。呉県潘文勤公祖蔭先得レ之。（劉承幹『海東金石苑補遺』）

② 清光緒初、呉県潘鄭盦尚書。潘祖蔭始訪得レ之。（張延厚『遼東文献徴略』所引跋語）

③ 光緒元年　葉氏語石作六年　開二墾東辺荒地一始発見。（顧燮光『夏碧移不言』）

④ 按、此碑於二清光緒初年一、為二懐仁県設治委員章樾一所二発現一。（金毓黻『高句麗好太王碑』）

右によると、同治末年（同治十三年、一八七四）ころ、この碑の「伝」が中国の都（北京）に入り、光緒元年（一八七五）のころ、清朝側の著名の文人・官吏等がこれを実見しているのです。これらの文献史料は、むろん日本の参謀本部によって書かれたものではありません。ともに、これは先に述べたとおり、十九世紀末の事件ですから、このように多くの文字史料が中国・朝鮮側に存在することは当然であり、それらを無視して「編年」を論ずることの危険であることは、言うまでもありません。

したがって〝やっと光緒九、十年（一八八三、四）ころになって酒匂中尉がはじめて碑面を「改削」し、しかも清朝側はこれにいっさい気づかなかった〟――このような李氏の発想は、ひっきょう成立不可能だ、わたしにはそう判断するほかはなかったのです。

すなわち、これらの史料事実もまた、『碑文之由来記』の語る「来歴の真相」を支持し、逆に「改削」説を否認するものです。

五

以上がわたしの立場です。この立場から、わたしは問題を《直接証拠》と《状況証拠に類するもの》

として要約したのです。それを簡約すれば次のようになりましょう。

〝わたしが事件の真相と見なす「酒匂の強迫入手」という事実には、『碑文之由来記』という《直接証拠》がある。なぜなら、それは酒匂の自作・自筆の内部文書であるから。そのうえ、それは酒匂本自体の貼布状況や中国・朝鮮側の文献史料によって裏づけられているのである。

それに対し、李氏の「改削」説にはいっさい、《直接証拠》はなく、《状況証拠に類するもの》による推論に依拠しているにすぎぬ。そのうえ、編年の根底に、致命的な文字史料の無視が横たわっている。さらに肝心の酒匂本自体の示す史料事実にも矛盾する。それゆえ、「改削」説はとうてい成立できない〟と。

ただ、一昨年史学会大会の研究発表の場合、「『碑文之由来記』は酒匂の自作・自筆、内部文書である」という一点にしぼりました。それは発表時間約二十分という制約のためです。そこで発表の最初に〝編年や史料事実の認定についても、李氏の論定には重大な矛盾がある。しかし、この点は後日、論文・著書をもって報告したい〟とのむねを明確に述べたのです。〈その点を『史学雑誌』論文〈注記のもの〉や著書『失われた九州王朝』として昨年八月発表しました。〉

ですから、〝編年問題をさしおいて他の問題（『碑文之由来記』）を論ずるのでは駄目だ〟といった非難がわたしに対して向けられるのであれば、それは不当であり、けっして道理にかなっていない、わたしにはそう思われます。

また、もう一つ、このさい述べさせていただきたいことがあります。それは、李氏がわたしの説（史学会大会発表）をしばしば「状況証拠だけで論ずるのは虚構だ」といった形の立論として要約し、論難しておられることです（①『流動』一九七三年一月特別号、②『日本のなかの朝鮮文化』一八号、③季刊『歴史と文学』VOL・7――いずれも李氏論文）。

しかし、わたしの論理は〝『直接証拠』の指ししめす事実に反する改削説は成立不可能である。そしてその事実は『状況証拠に類するもの』によっては否定されえないというにあります。これは右の李氏の要約では、正当に表現されているとは言えません。いわば、わたしの論理は、微妙に〝ズレさせられている〟のです。〝論争の正確さ〟のために、このことをここにハッキリしるさせていただきます。

六

さて、このような目から、あなたの言われた〝方法論の立て方〟について吟味させていただきます。

(a) 同古田氏が反論として主張した事実も、全て真実だとしても、酒匂が改竄したことはない、という事実に対しては単なる間接事実にすぎず、したがって状況証拠の一つにすぎない。改竄したことはない、という過去の不存在を立証する直接証拠は理論上存在するはずがないのであるから、古田氏は過去の不存在を推認しうるに足る状況証拠を以って争えば、必要かつ充分である。（二一一頁）

(b) 李氏が主張するように、それ（「議論の焦点を私の組み立てた編年体系の是非についてまず論ずるのが正論であろう」という李氏の言葉を指す――古田注）が正論であるかどうかはわからないが、李氏のいう編年体系と同一の方法論によって検討しても李説とは違った結論が導かれる旨証明されない限り、李説を破ることはできないことは明らかである。（二一二頁）

右の(a)には、あなたとわたしとの、問題に対する立場の相違がハッキリ現れています。わたしの場合、問題の出発点は『碑文之由来記』という第一史料にあります。ここに書いてある史料事実（「強迫入手」

の直接証拠）に対し、李氏の立論は、それを否定しうる性格のものであるか否か、それをわたしは見つめます。そしてそれは肝心の一点において「李氏の推定」に依存するもの（つまり《状況証拠に類するもの》）であるから、この第一史料の史料事実を否定する力はない。そう判断したのです。

右の〝論理の進行〟は、わたしにとって《学問の方法》として肝要の一点ですから、さらに他の例によって明確にさせていただきます。

たとえば、例の《邪馬壹国》問題。従来の定説は《邪馬臺（台）国》でした。しかし、『三国志』諸版本の史料事実はあくまで《邪馬壹国》です。したがって〝それを否定するに足る論証が後代の論者たちにあるか否か〟、その検証という一点にわたしの論理の焦点があります。これに対し、多くの《邪馬台国》論者は、《邪馬台国》という従来の「定説」から出発してその〝補強〟に努めているのです。しかし、その論者が多数であろうと少数であろうと、「論者の意見」から出発するのではなく、あくまでも「史料事実」から出発する——これがわたしの立場です。

ですから、いまの場合も、認識の論理約原点は第一史料であり、李氏の意見ではない。これが肝要の一点です。

これに対し、あなたは、わたしの提出した第一史料（『碑文之由来記』）を「単なる間接事実」「状況証拠の一つ」と言われます。それは問題の根本を「酒匂が改竄したことはない」。「改竄したことはない、という過去の不存在」という一点に置かれたからです。この場合、李氏の立論、つまり「酒匂が改竄した」という命題を基点にすえ、その否定をわたしに要求する、という地点から問題を眺めておられるのです。そのため、李氏がいったん右の命題を立てたが最後、これに反論する者はすべて「状況証拠の一つにすぎない」と言われ、その反論の直接証拠は「理論上存在するはずがない」と断言されることになるのです。

これをいま、あなたの「専門」である裁判の分野の例で考えてみましょう。

いったん裁判官が被疑者Aに対し、「お前はこの品物を盗んだ」と立言したら、これに対し、すべての反論は「状況証拠の一つ」にすぎぬことになるのでしょうか。

「Aがその品物を買ってきた」ことを示す文書類やそれを裏づける資料に対しても、すべて、「過去の不存在（盗まなかったこと）を立証する直接証拠は理論上存在するはずがない」から、〝状況証拠にすぎぬ〟とされるのでしょうか。

わたしはしろうととして、つまりひとりの人間として、そんな「方法」に服することはできません。〝Aが買ってきた〟ことを示す文書、つまり《直接証拠》がある以上、なお依然としてAを盗人としてきめつけることはできぬ。わたしの頭では、それは明々白々の道理だと思えます。

後藤さん、あなたはどう思われますか。

七

このような裁判の例を持ちだしたのは、ほかでもありません。わたしにとって深い意味があるのです。それをどうか、あなたに聞いていただきたいのです。

わたしが二十三歳のとき、《松川事件》が起こりました。有名なこの事件の詳細をいまここに述べる必要はありますまい。ただわたしにとって忘れえぬ経験は、広津和郎さんの『松川事件』（中央公論社、一九五八年刊）を読んだことでした。その中で広津さんは、専門家たる裁判官の判決文のいかめしい幾多の論述にもかかわらず、ひとりの人間としての自分の理性から見て理解できぬものはけっしてうけつけぬ、という姿勢を単純に貫いておられました。すなわち、被疑者たちの「犯行」に対する直接証拠、つまり〝その犯行を論理的に証明しうる自明の証拠〟なしには、被疑者たちの「犯行」をけっして認めない——その一点にあったのです。

わたしは今回この本を読みかえしてみて、この本がいかに若いわたしの心肝に深く滲みとおっていたかを確認し、胸を突かれる思いでした。なぜなら、いまのわたしの歴史学に対する、立ちむかい方は、これ以外、一点の加えうる点もないからです。あるいは学者たちがいかに揃って〝これが定説だ〟と言っていたとしても、あるいは鋭利な専門家が〝種々の状況証拠から見て結論はこうだ〟と断言したとしても、ささやかなひとりのしろうとであるわたしの目に、それが明白な論証、自明の道理として見えないかぎり、わたしはむりにわたし自身を納得させようと思わない——それだけなのです。

広津氏は、裁判官に望むのは「実証精神」だ、と言い、明白な証拠なしに「犯行」を裁断されないことは国民の基本的権利だ、と言っています。わたしは〝過去の事件についても同じだ〟と思います。死者にも、明白な証拠なしにみだりに「犯罪者」あつかいされぬ、という基本的権利がある——そう思うのです。なぜなら、彼らは「自己の無実」をみずから反論しえぬ、〝無言の被告〟なのですから。ことに親戚縁者の現存する、比較的最近の人びとであれば、なおさらのことでしょう。

八

わたしが青春時代以来、〝怒っている〟のは、田中耕太郎氏の次の言葉です。

A　およそ本件において第一審判決と原判決（二審）が認定している相次いで行われた数個の謀議は、事実全体から見れば巨大な山脈の雲表に現れた嶺にすぎない。それらを連絡する他の部分は雲下に隠されている。我々がもしその隠れた部分を証拠によって推認することができるならば、《謀議》の存在を肯定できるのである。……多数意見は「共謀共同正犯における共謀又は罪となるべき事実であって、その認定は厳格な証明によらなければならない」とし、原判決が諸点について厳格な証明を欠いていることを主張している。しかし「厳格な証明」とは適法の証拠調を経、反対尋問にさらされたという手続的の意味のものであり、上述のような、いわゆる共謀共同正犯における謀議の性格に適合する立証の仕方と裁判官の自由心証を否定するものではない。

B　我々は例えば八月十三日に太田が単独で福島に出かけたか、佐藤一と同行したかどうかの事実に、本件犯罪事実の認定上重要性を認める必要がない。また佐藤一が八月十五日午前に松川から福島に出かけたかどうかについても同様である。かりにこれが「諏訪メモ」によって否定されても、佐藤一の実行行為参加の事実が否定されないかぎりは、その刑責に影響があるとは考えられないのである。

端的に言えば、Aでは、〝被告たちの共同謀議を立証する直接証拠〟は不要である――要は、「裁判官の自由心証」にもとづき、断片的な状況証拠によってそれが推認されればそれでいい、と言っているのです。

Bでは、「諏訪メモ」（第一・二審の裁判官の論断に反し、被告・佐藤一氏が団体交渉の席上にいたことを示す、会社側諏訪氏のメモ）という《直接証拠》のもつ明確な反証性を棚上げしたうえで、「佐藤一の実行行為参加の事実」を否定する《直接証拠》のほうを被告側に要求して、〝それはできない〟と言っているのです。

こんな不条理はありません。裁判官がいったん被告の犯行だと認定した以上、犯行不存在の「完璧な反証」がなければ処刑（死刑）にする。たとえこれが「法廷の常識」だとされていたとしても、《人間の目》からは、これは明らかに論理の逆立ちです。ですから、「被告を有罪にする確実な論証」が裁判官の認定の中にふくまれていない――その一点に広津氏の目はハッキリと向けられていたのです。

〝事件の性格と時代の状況から見て共産党員とその同調者の共同謀議にもとづく犯行と考えるほかない。そして彼等はその直接証拠を残すはずはないから、状況証拠の類から裁判官がそれを推認すれば十分である〟――第一・二審を貫く右の思惟、それを田中氏は最高裁長官の名において裏づけようとしているのです。

けれども、わたしはこのような〝専門家の専門的な、あまりにも専門的な詭弁〟に対して、静かに首を横に振ります。ひとりの人間の生命と人権がこんなやり方で打ち消されていいはずはないのですから。

ですから、先に第二節で引用させていただいたように、あなたが「裁判における事実認定の際の採証法則」を例として「直接証拠があるにこしたことはないけれども、改竄が真実だとすれば、直接証拠を残すはずはないのが一般である以上、直接証拠を要求するのは理論としては通らない」と言われるとき、失礼ながらわたしにはあなたの文章のうしろに田中最高裁長官の顔が二重写しに透けて見えてくるのをどうしようもないのです。そしてひとりの「死者の権利」のために、ふたたび静かに首を横に振るほかはないのです。

九

わたしはこの手紙をしたためるにさいし、いわゆる「法律学の専門常識」を調べてみてビックリしました。それを述べさせていただきます。

まず、「事実の認定は証拠による」（《刑事訴訟法》三一七条）――これは当然のことだと思えます。また、「主要事実（公訴犯罪事実）を直接証明する証拠を《直接証拠》というのに対し、主要事実を間接に推測せしめる事実（間接事実）を証明する証拠を《間接証拠》又は情況証拠という」（滝川幸辰編『刑事法学辞典』有斐閣、〈情況証拠〉項）。これもうなずけます。ところが問題は次の点です。

A　刑事事件にしばしば現われる情況証拠の主なものを挙げてみると、被告人の地位・性癖・動機・準備・企行・証拠の偽造又は毀棄・逃走・贓物の所持・指紋・アリバイ等がある。（同右）

B　自由心証主義のもとでは、直接証拠によって主要事実を証明するのと、間接証拠により間接事実または補助事実を証明し、それらの事実を通して主要事実を推理証明するのとの間には、その証明力についてなんらの差等もない。（『民事法学辞典』下巻、有斐閣〈直接証拠・間接証拠〉）

わたしの驚いたのは次の点です。「被告人の地位」も「情況証拠」だというのですから、〝被告が共産党員である〟という事実も「情況証拠」なのです。

とすると、その事実に立って「犯行を推認」することは、まさに〝証拠によって事実を認定した〟ことになるわけです。とすると、わたしたちしろうとの目からは無茶としか言いようのないものに見えた松川事件第一・二審判決も、まさに種々の証拠（情況証拠）に支えられているわけですから、《刑事訴訟法》三一七条に合致していることとなります。確かにこれらの裁判官自身はそのように確信していたわけでしょう。「専門家の常識」と「しろうとの常識」とのあいだの断崖のような落差、それを見てわたしはゾッとするほかはありません。

今回の問題でも、ある学者は「酒匂はスパイだった。だから、当然《改削》犯行はありうる」と論弁しています。わたしのようなしろうとの目には、論理の飛躍としかいいようがない、この言葉も、この歴史学の専門家には〝証拠（情況証拠）によって事実を認定した〟つもりなのでしょう。当然のことながら、共産党員と参謀本部部員とは違う――などと言って問題をすりかえることはできません。要は、単純な一つのこと、すなわち「実証の欠如」――それだけが唯一の焦点です。

「私は人を裁判するということは最も実証的精神を必要とするものと思います。……ところが、案外この実証精神が裁判官諸氏の間に平生は無視されているのではないかという事に私は疑いを持つのであります。」（広津和郎『松川裁判第二』序文、一九五六年）

十

最後にあなたの次の文章を問題にさせていただきたいと思います。

A　李氏の結論は、碑文は改竄されているという点と、それは酒匂ないし参謀本部の手によってなされたものである、という二点から、成立している。古田氏の反論は、最初のものであったことから、右二点のうち最も重要な改竄されているという点よりも、よりショッキングな酒匂ないし参謀本部が、という改竄の主体の方に眼がむいてしまったのであろう。前者が反論されない限り、反論にもならな

いであろうと思う。（二二頁）

B　ところで先に、史学会大会東洋史部会での古田氏の反論を紹介したが、この席上三宅俊成氏（『満洲考古学概説』の著者で、碑については、「輯安県城付近高句麗の遺蹟と遺物」『満蒙』一九三五年第一八五号がある）が、概略次のような発言をされたという。伝え聞きながら、紹介したい。「私は何回も現地に行き、四、五回碑の拓本をとった。拓本をとるのに二日かかる。しかし、拓本をとるごとに文字が違っていた。」きわめて重要な発言だ。その詳細を知りたいと思う。公表されることを期待したい。（二八～二九頁）

右について吟味させていただきましょう。

碑文の文字の一部に石灰で作られた文字のあること、それは研究史上周知の事実です。今西龍・池内宏の各氏がそれを現地の「工人の手に成る」（今西）もの、「拓碑を業とするもの」（池内）のしわざとして、報告しています。ですから、この事実を「改竄」といわれるなら、李氏をまつまでもなく、それはだれにも異論のないところです。

実は、右のBの三宅氏の発言も、その事実の追認なのです。三宅氏が現碑を調査された一九三五年ごろの段階で〝なお参謀本部が「改削」しつづけていた〟わけではありません（李氏にもそのような立論はありません）から、三宅氏の当日の発言の真意は〝文字の異同は一九三〇年以後にも拓工の手によるものを見た。だから、右の異同（その各拓本への反映）をもとに政治的な「有意の改削」を立論することは危険だ〟というにあったのです。この点をわたしは当日の発表・討論の直後、三宅氏に直接ただしましたところ、〝わたしの満蒙の論文を見てください〟とのことでした。氏の論文には、「島田好先生等の想像された如く碑文中に漆喰が諸処に押し込められてあり、原字を補足せし際誤りも生じてゐることが明かになった」とあります。

そのうえで碑文中、全五個所に「漆喰あり」(二)、「漆喰にて埋む」(二)、「漆喰あれども丩のみ見ゆ」(一)としるしておられます。そして問題の文面に関しては、

倭以辛卯年来渡海、破百残□□□羅以為臣民(欠字部に南淵書の『脅降新』を太字で記入)

とあり、ここには〝漆喰字あり〟の類いの注記はいっさいないのです。これが一九三五年ころ、碑の前に何回も足を運び、「現地に於て碑を精細に観察した」現碑調査者、三宅氏の報告です。

一方、李氏がみずからの立論の重要な根拠とされた《水谷拓本》や《一九一八年写真》は、李氏自身認められるとおり、一九一〇年代以後のものですから(わたしの論文二四頁の注7参照)、まさに三宅氏の観察された時期の前後に属します。それゆえ、そこに現れた「文字の異同」をもって「政治的有意の改削」を立論するのは、史料上危険だ——三宅氏の指摘はそういう方向を指さしているのです。

ですから、三宅氏の証言は、あなたの期待に反し、けっして李氏の立論の支えとなるものではありません。その逆です。

十一

石灰造字が政治的な「有意の造字」であるか否か、これは李氏の論の進行のさい、重要な、いわば〝出発点〟をなすものです。その点、李氏は、「《任那日本府》の傭兵だと解釈する《安羅人戍兵》の下に《満》字を加えた」(『毎日新聞』一九七三年五月十五日)ことを政治的な〝有意の造字〟と見なす重要な理由として挙げておられます。

けれども、この現象によって〝有意の造字〟であることを証明することはできない、わたしにはそう見えます。なぜなら、

第一に、酒匂本によっても、現碑面によっても、「安羅人戍兵＝任那日本府の傭兵」を直示する文面は存在せず、あくまで「解釈」という〝推定操作〟によらねばならぬこと。

第二に、これに反し、同じ碑面に「倭賊」「倭寇潰敗」「倭不軌侵入帯方界」といった〝倭に対する侮蔑的表現〟がズバリなんの「解釈」も要せぬ形で直接出現していること。

このように、碑面全体の客観的観察からは、〝これは政治的有意の造字だ〟という「断案」は、とうてい素直に成立することはできません。これに対し、酒匂本の字形を細密に観察しますと、〝有意の造字〟説に相反する現象が数々認識できるのです。

その一は「[illegible]」（一面三行二十五字）「仇」（四面八行三字）といった、漢字に存在しない字。その二は「生白」（二面四行十六、七字）といった漢語（中国の熟語）に存在しない用語です。

ことに後者は「生口」であり、『三国志』〈魏書・東夷伝倭人伝〉、『後漢書』〈東夷伝・倭伝〉等に頻出する有名な語です。

(a) ……之を名づけて持衰と為し、若し行く者吉善なれば、共に其の生口・財物を顧す。

（『三国志』魏書・東夷伝倭人伝）

(b) 安帝の永初元年、倭の国王帥升等、生口百六十人を献じ、請見を願う。

（『後漢書』東夷伝・倭伝）

この酒匂本の双鉤者が、もしかりに『日本書紀』中に《任那日本府》と関連して出現する「安羅」記事に注目するような「有識の改削者」であったとしたら、その彼が〈倭人伝〉や〈倭伝〉中の有名な「生口」記事のほうはまったく知らなかった、と見なすことは到底無理です——わたしにはそう思えます。

このように検証してみると、李氏の言われた「安羅人戍兵」記事中の「満」の一字に、〝政治的有為の造字〟説を証明する力はありえない。わたしには、率直に言ってそう思うほかありません。

十二

最後に論点を厳密にするために、「用語」の問題をとりあげます。

あなたはしばしば「改竄」という用語を使っておられます。「最も重要な改竄されているという点」「前掲の古田氏の論旨も、一部改竄の事実そのものは争っていないらしい」「（井上氏は）李説の結論二点のうちの一点である改竄の事実は争っていないのであり、古田氏もともに、この一点については認めていることに帰する」「事実についての論争は改竄主体特定の問題だけだということになってみれば、李説は既に一定の地位を確保したことは明らかである」等。

〝用語使用の不精密さ〟が重大な「論理のズレ」を生む――その例がここに現れているようにわたしには思われます。なぜなら、「改竄」（字句などを改めなおすこと。多く不当に改める場合に用いられるようになった」――『広辞苑』）という言葉は、李氏のような政治的有意の「作為ある造字」にはふさわしくても、〝拓工による補字〟（拓工が自分の過失で欠いた字形などを漆喰で補字したもの）という「無作意の造字」の場合に対しては、かならずしも適切な用語ではありません。

そしてわたしの認めているのは後者であり、これはいくたびも研究史上において（中国側でも日本側でも）認識し、強調し、記録されてきている事実です。けっして新しく李氏の提唱にかかるものではありません。

ですから、「①李氏は《改竄》を提唱した。②井上氏や古田もその点は異論がない（だから認めている）。③それゆえ、この点については、すでに李説は一定の地位を確保した」と続くあなたの論旨は、残念ながら「用語の不正確な使用」にもとづくズレ、ハッキリ言えば誤断だ、と言うほかないのです。

十三

以上であなたに対する、わたしの反論を終えさせていただきます。失礼な言辞が多かったと思いますが、真実の探究の場では、率直さこそ最高のルールである、と信ずる一介の野人ですから、どうかご寛恕くださいますよう。

あなたは水俣裁判や金嬉老氏の裁判に弁護士として活躍しておられるむね、本誌（『東アジアの古代文化』創刊号二二四頁）で知りました。それゆえにこそ、深い敬意のしるしとして、この率直なお便りをさしあげようと決意したのです。

なにとぞおからだを大切になさいますよう、京洛の地よりお祈りいたします。

注　この点、わたしの論文「好太王碑文《改削》説の批判――李進熙氏『広開土王陵碑の研究』について――」（『史学雑誌』82―8）に左のようにしるしています。「正確には、明治十七年六月二日以前、酒匂大尉が参謀本部出仕であったとき（明治十七年六月二日に〝参謀本部被免〟――酒匂家文書）にこの由来記は上申の報告書として書かれた（初本）。そして明治二十一年十二月七日（好太王碑文石摺受領の宮内省文書の時点）以前の、酒匂本献上時点に、みずから再写謹書本（〈明治写〉本）を作り、それが提出されたのである。」（三三頁・注12）

邪馬壹国の諸問題
——尾崎雄二郎・牧健二氏に答う——

一

論稿「邪馬壹国」(1)（一九六九年九月）によって、わたしは従来の「邪馬台国」研究の基盤に対し、根本的な史料批判を加えた。

すなわち、従来疑われたことのなかった「邪馬臺国」という改定名称を非とし、代わって「邪馬壹国」という原文面の原名称によって、新しい研究は再出発すべきだ、と結論したのである。

この論稿の末尾において、わたしはつぎのようにのべた。

「特にこの際銘記さるべきは次の一点であろうと思われる。すなわち、今後再び、三世紀における『邪馬臺国』の存在を前提として立論せんと欲する学的研究者には、再史料批判上『臺』が正しく『壹』が誤りである、という必要にして十分なる論証が要請される、という一点である。」

わたしの懸念はつぎの点だった。すなわち、史料批判上「邪馬臺国」という改定名称はとるべきでない。そのことがすでに徹底して論証されたにもかかわらず、これをあえて不問に付し、何の反証も反論も加えぬまま、依然として従前通りの「邪馬台国」論議をすすめようとする――このような傾向が数百年の研究界の大勢に依拠しつつ流行するならば、学問にとって真に不幸であると、ひそかにおそれたからである。

これに対し、その後の経過において、わたしの論稿への望外の関心がしめされた反面、論文による反論・反証は必ずしも多くはなかった。それゆえ、わたしはわたしの論稿に対する反論として発表せられた、つぎの二篇をすこぶる貴重としたのである。

尾崎雄二郎「邪馬臺国について」（京都大学教養部『人文』第十六集）

牧　健二「古田武彦氏の『邪馬壹国』について」（『龍谷法学』第2巻第2～4号）

なお、この他に佐伯有清氏は、一九六九年と一九七〇年の「歴史学界・回顧と展望」（『史学雑誌』79―6、80―5）において、わたしの論稿に対する長文の紹介と批評を加えられた。ことに一九七〇年の稿においては、先の尾崎論文の論旨を逐一紹介した上、つぎのようにのべられたのである。

「尾崎氏の位置比定については、異論も多いことと思われるが、古田氏の説に対する批判は、正鵠を射ている。その論点のいくつかは、筆者が昨年の本欄で簡単に古田氏説への疑問をだしておいたのとまさに一致する。古田氏の『邪馬壹国』論がでて学界の一部に同調するものがあらわれたように見うけられるが、ここに尾崎氏の詳細な批判が提示されて、今後どのように反応を示すかを見守りたい(2)」

これは、尾崎氏に対する、わたしの再反論へのすすめである。

わたしは今、本稿において、尾崎論文に対する詳細な再批判をこころみようとおもう。

実は佐伯氏の勧奨を待つまでもなく、尾崎氏の論説は、事、中国語音韻に関するものであるから、史学研究者の、ことに看過しやすい点であり、かつ、いったんこの点において正鵠を失したならば、爾余千百の論議も、ひっきょうその意味を失うであろう。

それゆえ、まず、京都大学における中国語音韻の専家たる尾崎氏の論説に対し、その論点の一つ一つを客観的な史料批判の光にさらして、検証してみようとおもう。

（尾崎氏の論説は大きく五段に分かれ、その各段の中に各種の小事例がもられている。それゆえ、わたしはその各段の根本をまずとりあげて批判し、そののち、あるいはその中で、尾崎氏のあげられた各小事例をつぶさに再検査することとする。）

（1）『史学雑誌』78―9

（2）三八頁下段

二

尾崎論文に対する、わたしの再批判の第一点はつぎの命題である。

「『三国志』魏志倭人伝における、倭国の現地音を表記するために用いられている漢字表記は、けっして〝純粋な音韻至上主義〟ではない」

これに対し、尾崎氏の論点はつぎのようだ。

「魏志倭人伝に倭語をあらわすために使われた漢字群は、すべて表音的用法とのみ考えるべきではないか」と。(1)

氏の論拠を見よう。

氏はまず倭人伝の中の倭語の漢字表記と見られるもの六十六字(2)を「単字表」としてしめされる。

そして、「この単字表には、漢字音の表記として見たとき、同音の異字は極めて少ない(3)」と言われ、その立場から、倭人伝中の「倭語の漢字表記」を〝純粋に表音的な用法〟として見なそうとされるのである。

この見地はすでに氏の前論文(4)において表明せられている。それをここに氏が再説強調された理由は、わたしの論稿における、つぎのような論点を反駁しようと意図されたためである。

すなわち、〝三世紀の『三国志』原本において、「邪馬臺国」という国名は決して存在し得ない〟という命題を、つぎの三つの論点によってわたしが論証したからである。

(1) 中国の支配者は古くより「中華思想」の立場から、四囲の民族を夷蛮視してきた。そのため、これらの種族名・国名を漢字で表記するばあい、「卑字」を用いることがしばしばであった。たとえば「東夷・西戎・南蛮・北狄」「匈奴」「鮮卑」の類である(5)。

この点、『三国志』東夷伝中の国名にも、同様にこれらの「卑字」が現れている。倭人伝もこれらと例外ではない。「卑弥呼」「邪馬壹国」「奴国」「狗奴国」等もその例である。

(2) ところが、これに反し「臺」という字は、『三国志』においては〝特別至高の意義〟を帯びて用いられている語である。

すなわち、魏の曹操が鄴に三臺を建設して以来、魏の各天子は天命をうけた天子のシンボルとして、「臺」を建造した。

銅爵臺、金虎臺、陵雲臺、南巡臺、東巡臺、九華臺、東征臺、永始臺

等がこれである。その上、ついに「臺」という一語で「洛陽の天子の宮殿とその直属の中央政庁」を指すこととなった。この用法は、『三国志』中各所に出ているが、たとえば倭人伝末尾の壹与奉献記事に

も「詣レ臺」として出現している。

(3) したがって、一方で「卑字」をおびただしく用いながら、その真只中に「臺」というような「至高の貴字」を使用することは、ありうべきことではない。

『三国志』において、魏朝は卑弥呼をもって、徹頭徹尾〝忠実なる夷蛮の王〟と見なしている。これに反し、倭王を〝東方の天子〟の如く見なしている形跡は絶無である。それゆえ、「邪馬臺国」という漢字表記は、三世紀の『三国志』の中には、存在しえない。

以上のようなわたしの論証に対抗しようとされたのが、尾崎氏の〝純粋表音主義〟である。氏は、わたしの論稿における「卑字」という見地を否定し、このような理解の仕方は、日本人「独特のひがみ」にほかならぬ、と断ぜられた。

すなわち、陳寿には「卑字」などという特別の意識は全然存在しない。ただ、当時の辞書ともいうべき「韻書」によって、その各音韻グループの先頭の文字（「小韻の首字」と呼ぶ）のごとき、使用頻度の高い文字を「外国音の漢字表記」として、偶然用いただけのことだ、といわれるのである。

（1） 同論文三七頁

（2） 「テキストによる文字の異同、また、他の文でなく倭語の一部として読み込むべきだとする説のあるものは、いずれも括弧に入れ、該当個所の下に加え」ると、共に七十五字である、とされる。

（3） 尾崎氏の「同音の異字」処理の仕方に対する批判はこの論文末の〈補〉に詳記する。

（4） 尾崎雄二郎「日本古代史中国史料の処理における漢語学的問題点」（『人文』第十五集、昭和四十四年一月、京都大学教養部）

（5） 「馬」「牛」「狗」等もこれに準ずる。これらは「龍」「鳳」の類の高貴なる動物ではない。

三

今、尾崎氏の説の理解のために、いわゆる「小韻の首字」について具体的に例をあげておこう[(1)]。唐代の『広韻』や宋代の『集韻』に代表されるような韻書には、漢字が音韻によって分類して掲載されている。

たとえば、『広韻』によってみると、その最初の巻は「上平声」巻第一であり、そのはじめに「東第一」があげられている。これがさらに二十五の小グループに分類されている。

その第一グループをあげると、

○東・菄・鶇・辣・倲・倲・鯟・岽・涷・蝀・凍・鯟・徚・崠・埬・蝨・䍶

右十七字が「小韻」の一グループに属する[(2)]。その中で「小韻の首字」と呼ばれるのは、最初におかれた「東」である。尾崎氏の表現によると、その韻書作製者とその時代にとって、もっとも「馴れ」の度合いの強いものが先頭におかれている、といわれるのである。

氏の調査によると、倭人伝「単字表」の文字はその八〇・三〇パーセント[(3)]が「小韻の首字」だ、というのである。

この点から氏は、〝三世紀中国人が外国音を漢字表記する場合、この小韻の首字もしくはそれに準ずるものを純粋に表音的に用いたのであろう〟という推定へとすすまれる。

すなわち、これらの語は「全体として極めて思い出し易い、日常生活の中で使用される頻度の極めて高い文字」であるとし、「文字のこうした日常性とは、すなわちこれら倭語をあらわすために使われた漢字どもの、字義を離れた無色性、いわば純粋表音機能性とでもいうべきものに結びつきはしないだろうか。いま私はそのような結びつきを信ずる」と結論されるのである。ここに氏の〝純粋表音主義〟は成立している。

しかしながら、以上のような氏の立論にとって、もっとも基本的な脆弱点は、〝肝心の「三世紀の韻書」が現存しない〟ことである(4)。

したがって氏の立論は、史料的にはもっぱら七〜八世紀の唐代の『広韻』、十三世紀の宋代の『集韻』の類によらざるをえないのである。

だから、たとえば氏の論の依拠点となった「小韻の首字」についても、「三世紀の韻書」における実体は不明なのである。

この問題に関して、いわゆる「言語年代学(5)」の説くところによれば、日常的な用語(「東」「山」「天」のような文字)は変化しにくく、文化・経済・政治等に関する用語は変化しやすい、といわれる。したがって、魏晋代の韻書と唐宋代の韻書との間にも、おそらくそのような異同が存在し、「小韻の首字」にも変化を与えているであろう、と予測されるものの、それを実測し、確定することは、三世紀韻書が現存しないため、史料的に困難なのである(6)。

(1) 尾崎論文では四〇〜四二頁にその説明がある。
(2) これが同声母、同韻母のグループである。
(3) 尾崎論文では「八一・八一パーセント」と記されているが、尾崎氏自身によってほどこされた「正誤」によって訂正した。
(4) 断片的なものとしては、魏の李登の「声類」の存在などが知られている。しかし、各書の注記に引用された部分しか現存していないから、その全体の構成は不明である。

(5) 増田義郎「太陽と月の神殿」(『沈黙の世界史』12、新潮社刊) Iプロローグ「言語年代学は語る」参照。(なお増田氏は、この問題に関する参考文献をつぎのようにあげておられる。Swadish, M., "Lexico=Statistic Dating of Prehistoric Ethnic Contacts," 1952, 服部四郎「言語学の方法」所載「『言語年代学』即ち『語彙統計学』の方法について」)

(6) 氏が例証とされた韻書は七~八世紀唐の『広韻』、十三世紀宋の『集韻』の類である。肝心の三世紀の韻書というものが現存しないから、やむをえなかったのであろう。しかし、韻書は三~七、八世紀以降の間に大差ないのであろうか。たしかに、本文にあげた「東」の場合は、現代でも、この「東」はもっとも「馴れ」の度の高い字であろう。このような方角をしめす用語は二十世紀にいたっても変化していないのである。けれども、これと異なる事例もある(『広韻』による)。

○迋・旺・暀・王(去声巻第四、漾第四十一)

○稄・稷・昃・捯・仄・庢・汄・萴・側・矢・庂(入声巻第五、職第二十四)

○零・攊・令(去声巻第四、徑第四十六)

○羈・畸・羇・掎・攲・奇・踦・妓・觭(上平声、支第五)

右において「王」「側」「令」「奇」等は「小韻の首字」ではなく、上位ですらない。しかし、三世紀の韻書においても、そうであったかどうかは不明である。(その上、これらの例は、「馴れ」のもっとも高い字が「小韻の首字」を占めている、という尾崎氏の見解自身にも多少の疑問を抱かせるものである。)また、

○佛・怫・坲・岪・咈……(入声巻第五、櫛第七)

において「佛」は「小韻の首字」である。

仏教について長い流伝の歴史を閲してきた唐代においては当然であろう。しかし、仏典の翻訳がようやく盛行しはじめた三世紀の韻書においても、この位置を占めていたか否かは不明なのである。(この点、後に詳記する。)

このように架空の存在たる「三世紀の韻書」を基礎にする立論は、ひっきょう史料上の確証なき、一種の「空論」にすぎぬ。

四

このように「三世紀史料の欠如」という基礎的欠落の上に、尾崎説は立っている。

だから、わたしたちは尾崎説の当否を知るためには、三〜四世紀の他の音韻史料によって、これを検証しなければならない。

この目的のために、わたしたちに豊富な史料をのこしているのは、大蔵経典である。（この問題についてはすでに述べたことがあるけれど(1)、今の尾崎論文検証の主要眼目となるものであるから、重複をおそれず、さらに詳説しよう。）

漢代より唐宋代にいたる、経典の中国語訳の中には、原典内の外国固有名詞（地名・人名等）の漢字音訳が数多く記載されている。しかも、魏晋朝はその中でも最も仏典翻訳の盛行した時期の一つだったのである。

たとえば「大無量寿経」を例にとろう(2)。

この本の先頭はつぎのようだ(3)。

我聞。如是。一時佛、住王舎城耆闍崛山中、与大比丘衆万二千人倶。一切大聖神通已達。

其名曰尊者了本際・尊者正願・尊者正語・尊者大号・尊者仁賢・尊者離垢・尊者名聞・尊者善実・尊者具足・尊者牛王・尊者優楼頻贏迦葉・尊者伽耶迦葉・尊者那提迦葉・尊者摩訶迦葉・尊者

舎利弗・尊者大目犍連・尊者劫賓那・尊者大住・尊者大浄志・尊者摩訶周那・尊者満願子・尊者離障・尊者流灌・尊者堅伏・尊者面王・尊者異乗・尊者仁性・尊者嘉楽・尊者善来・尊者羅云・尊者阿難。皆如ㇾ斯等上首者也。

一見して直ちに判明するように、右にあげられた三十一人の「尊者」名の中国語訳には、二種類の方法が併用されている。(4)

その第一は「意訳」の方法によるものであり、右の傍点部がそれである。(5)

その第二は「音訳」の方法によるものであり、右の傍線部がそれである。

今、問題の第二のケースについて、サンスクリット(6)と対照して表記してみよう。

	〈魏訳〉	〈サンスクリット〉
第十一尊者	優楼頻蠃迦葉	Uruvilvā-kāśyapa
第十二〃	伽耶迦葉	Gayā-kāśyapa
第十三〃	那提迦葉	Nadī-kāśyapa
第十四〃	摩訶迦葉	Nahā-kāśyapa
第十五〃	舎利弗	Ṡariputra
第十七〃	(摩訶)劫賓那	(Mahā-) kaphila
第二十〃	摩訶周那	Mahā-cunda
第三十〃	羅云	Rāhula
第三十一〃	阿難	Ānanda

一見して明白なように、ここには「邪」「卑」「奴」(7)「烏」といった類の「卑字」は一切あらわれてい

ない。代わって「耶」「賓」「那」「優」[8]といった類の字が出現している。

この経典の翻訳者の机の上にあった韻書が偶然にも、これらの文字を「小韻の首字」にしており、それを反映した、と考えることは不可能である。

なぜなら、『三国志』の著者とこの経典の翻訳者は、同一の、もしくはほぼ同時代の韻書をかたわらにおいて音訳をおこなっていた、と見なすほかないからである。

また尾崎氏のいわれる、文字の「馴れ」についても、両者はほぼ同時代の人々であった[9]。

さらに、この「大無量寿経」の別訳たる

A〈漢訳〉「仏説無量清浄平等覚経　後漢月支国三蔵支婁迦讖訳」

B〈呉訳〉「仏説阿弥陀三耶三仏薩楼仏檀過度人道経　呉月支国居士支謙訳」

においても、右の傾向は変わらない。

A〈漢訳〉[10]

比丘・比丘尼・優曇鉢・摩尼・須摩提・阿那含・拘鬵・摩訶那[11]

B〈呉訳〉[12]

三耶三仏・拘隣・摩訶那弥・維末抵・迦為抜坻・那履・那翼・甎脾坻・旃陀倚・阿難那利・那竭脾・墮楼勤耶・須耶惟于沙・拘還弥鉢耆・摩訶那提・耆頭摩提・満呼群尼鉢賓傾・旃陀蔡拘岑・潘波夤頻尼・質夜蔡・簁耶維傾質・楼耶帯・楼夷亘羅・曇摩迦・須摩題・頭楼和斯・朱蹄彼会・那惟于蔡・那他蔡・和羅那惟于蔡蹻・沸覇図耶蔡

以上のように、〈漢訳〉〈呉訳〉とも、「卑字」はほとんど出現しない。

このように検視してくると、問題の真の原因は、韻書の「小韻の首字」や「馴れ」のせいではない、という事実が明らかになってくる。[13]

その理由はつぎのようだ。

当然、「大無量寿経」の翻訳者は西方仏陀の国の僧団の「上首」たる尊者の名に対して、〝夷蛮めいた文字〟をあてることを好まなかったのである。

このことは、「意訳」の方の名前が「了本際」「正願」「大号」「仁賢」「離垢」といった風に、いかにも有徳の「尊者」たるにふさわしい字面で訳されていることによっても、裏づけされる。

このように、「大無量寿経」において、「卑字」が避けられている、という事実。このことは、逆に言えば、『三国志』東夷伝のばあいには、少なくとも〝卑字が避けられていない〟という事実を意味しているのである。

なお、念のため、つぎの二点を特記しておこう、

(一) この「大無量寿経」の各種音訳の事例は、けっして孤立した訳例ではなく、むしろ大蔵経中の通常の用字法に属している。[14]

(二) 「卑字」があらわれないのは、右の「漢訳」「呉訳」の例にあらわされているように、けっして尊重すべき「尊者」名だけにとどまらない。

他にも、「那羅延」(魏訳「大無量寿経」)、「越耶国」(仏般泥洹経〈西晋〉)、「摩竭国」(同上)・「加比延」(同上) といった、いわば通常の固有名詞の場合にも、「卑字」はほとんど出現しない。[15]

右によって、『三国志』の東夷伝・倭人伝の外国音の漢字表記は、「馴れ」や韻書の「小韻の首字」による「純粋表音主義」にもとづくものでなく、夷蛮の国には夷蛮の国にふさわしく、仏陀の国には仏陀の国にふさわしく、それぞれ表記の姿勢が異なっていることが判明したのである。

すなわち、このような史料事実の比較によってみると、『三国志』の夷蛮伝において、夷蛮にふさわしく「『卑字』がえらばれた」あと、歴然たるものが存在しているのである。

(1) 古田著『「邪馬台国」はなかった』第六章I〝「卑字」の新局面〟（二七九～二八七頁）

(2) この有名な「魏訳」には「曹魏天竺三蔵康僧鎧訳」と記せられている。「曹魏」とは「曹氏の魏」である。つまり、曹操にはじまる曹氏を天子とした三国時代の魏朝を指しているのである。だから、この経典は魏の時代に「天竺三蔵」と呼ばれた「康僧鎧」（人名）が訳した、というのである。

もっとも、この「魏訳」の成立期については、各種の異説がある（「浄土三部経上」岩波文庫本、巻末解説参照）。しかしながら、それらの各説も康僧鎧（魏、二五二年）より竺法護（西晋、三〇八年）や宝雲（東晋、四二一年）などまでの時期内のものであるから、魏晋朝（東晋をふくむ）ころの翻訳として大過ないものとおもわれる。

(3) 「真宗聖教全書一、三経七祖部」による。同書はつぎの各版本を対校している。（底本）本派本願寺蔵版（甲）高麗版大蔵経所収本（乙）宋版大蔵経所収本（丙）元版大蔵経所収本（丁）明版大蔵経所収本（戊）龍谷大学蔵鎌倉時代刊本（己）本派本願寺蔵存覚写本（庚）大派本願寺蔵版（ただし甲・乙・丙・丁は大正蔵経に拠る）なお引用文の版本による異同は左の通りである。

優樓頻贏迦葉→蠡（甲・戊・己）　大目犍連→揵（戊）　離障→十〔閡〕（甲）　異乗→果（甲）　嘉楽→喜（甲）

(4) この引用文のはじめにある「耆闍崛山」はサンスクリットでGṛdhrakūṭaに当たる音訳である。これに対し、〈漢訳〉の「霊鷲山」の場合は意訳である。（サンスクリットでは「鷲の峰」の意味）

(5) 音訳か意訳か一義的に明白でないもの（「面王」など）も傍点部に入れた。

(6) 「浄土三部経上」（岩波文庫本）漢訳巻上注による。

(7) 現在倭人伝中の「奴国」等の「奴」を「ナ」と読むのが通例であるが、これは「ヌ」「ノ」の方が妥当であると思われる（古田著、前掲書、第四章四〝「奴国」をどう読むか〟二二五〜二二七頁参照）。なお、倭人伝中の「卑奴母離」を従来「夷守」の義と解して「ヒナモリ」と読んできた。しかし、倭人伝中の「卑奴母離」が七、八世紀以降の日本側文献（大和朝廷系）の「夷守」と一致する、という保証はどこにもないのである。すなわち、この「官名比定」の実証的基礎は存在せず、その「比定」は学問上恣意的であるというほかない。

（8）「邪」の字は倭人伝においても、「彌彌那利」といった官名表記に用いられている。

（9）「魏訳」が三〜五世紀間の成立である上、つぎの「漢訳」「呉訳」および「西晋訳仏般泥洹経」等も、同一傾向をしめしている。

（10）「真宗聖教全書一、三経七祖部」による。（底本は高麗版大蔵経、対校本として宋版・元版・明版を使用。）

（11）この他にも音訳単語は数多い。今は関連する音をふくむものからあげた。なお「馬師」「牛呵」等は音訳か意訳か不明であるが、もし音訳なら、倭人伝の「邪馬壹国」「都市牛利」と共通する用法である。

（12）「真宗聖教全書一、三経七祖部」による。（底本、対校本とも、〈10〉に同じ。）
潘波蠡頻尼（高麗版）→螺（宋・元・明版）

（13）このことは倭人伝や大蔵経の中国語訳において、「小韻の首字」や「馴れ」の度合いの高い文字が使用されない、ということを意味しはしない。それらの文字の使用されることはむしろ当然である。確率をとれば比率の高いのも自然である。ただ、問題は〝このような見地から、「卑字」使用の事実を解消せしめることはできぬ〟という点に存する。そのことを倭人伝と大蔵経の比較がしめしているのである。したがって、両者に共通の用字もまた多いこと、当然の現象なのである。この共通部分こそ「小韻の首字」や「馴れ」と深い関連を有するものであろう。

（14）「比丘」「比丘尼」「舎利弗」「阿難」等、いずれも大蔵経中通常の単語となっている。

（15）「優婆夷」（漢訳）「樓夷亘羅」（漢訳）は『三国志』の「東夷」と同じ用字であるが、この「夷」字が「卑字」であるとは断ぜられない。また「屍利滑苡」（仏名—「呉訳」高麗版）の「屍」の用字は一見「穢字」のようであるけれども、「屍利」という字面は、仏にふさわしき意義をふくんでいる。それゆえ、これも「卑字」

使用の類ではない。

五

さらにわたしたちは一歩をすすめよう。すなわち、尾崎論文において、「表意」と「表音」に関する、用語の基本概念が精密性を欠いているという問題である。

尾崎氏は「仏」という字について、つぎのようにのべられる。

「そもそも仏という字が仏陀すなわちBuddhaの音訳であり、その字をたとえば説文解字が『見不審也、従人弗声』と釈するのはその直前に『相似也、従人方声』と説明される仿字が置かれているのからも明らかなように、仿仏、すなわち『ほのかに、なんとなく』を意味する双声、いいかえれば頭子音を同じくする二字の擬態語の下一字としてであり、そこにあるいは『なにごとのおわしますかはしらねども』類似の寓意のあることを否定はできないかも知れないけれども、Buddhaが一方では義訳語として覚、正覚、聰慧などとも訳されることば（たとえばモニエ・ウィリアムズの辞書でもAwakendという訳語が一番先に置かれている）であることを考えれば、まず単純な音訳と見ておいた方が、なお無難であろう。そしてその仏は、仏家自身みずからそう呼ぶのであることに、いまわれわれは注目しなければならない。漢字の、字義をはなれた表音的用法はその由来するところ遠いのである。」

ここでBuddhaの訳が

｛覚、正覚、聰慧――〈意訳〉
｛仏（陀）――〈音訳〉

として、二大別されることについては、一点の疑いもない。しかし、問題はつぎの点である。

「フッ」と発音される語は漢字の中に一〇六字あり、「ブッ」は一七字である。(1) この中でどれをBuddhaの最初の音にあてるかは、もはや「表音」の立場では律し切れないのである。もし、これを唐代の「広韻」によって、唐代の小韻グループのみに限定してみても、

○佛・怫・坲・岪・咈・䞞・刜・黻・炥（入声巻第五、櫛第七）

の九字あって、この中のどれをとるかは、「表音」的には決定できないのである。

もっとも、この例では一見尾崎氏の「小韻の首字」説が該当しているようであるけれども、実はそうではない。なぜなら、前記（三の注〈6〉）のように、漢より唐宋にいたる十世紀前後の間に仏教が流行し、その結果「仏」はもっとも代表的な文字となった。その結果、唐代の『広韻』において「小韻の首字」として記載されているのは当然であるけれども、ようやく経典翻訳の盛んになりはじめたばかりの魏晋朝の韻書において、「佛」の字がすでに「小韻の首字」の座を占めていたか否か、それはきわめておぼつかない。これは「言語年代学」にいう、盛衰交替すべき文化的用語の一つだからである。

その上、先ほどのように、経典翻訳の場合「純表音主義」に従ったとは思われないことは、すでに『三国志』との対比によって、明らかとなった。

してみると、この「佛」は「人間」であるから「イ」がつくということと共に、「見不レ審也」という文字のイメージが初期の経典翻訳者にとって、もっとも〝似つかわしく〟見えたのではあるまいか。

これに反し、たとえば先ほどの「小韻の第二字」に当たる「怫」（いかるさま、おちつかないさま、むすぼれる、の字義）をあてたのでは、何か〝小心で、いつもいらいら、くよくよしている外国の神〟というようなイメージになって、どうにも似つかわしくないと見えたのではあるまいか。

その端的な証拠として、先の「大無量寿経」の「舎利弗」と対比しよう。「佛」と「弗」とは人偏(にんべん)のあるかないかだけであり、上古音において同音であった可能性が高い。(「委」と「倭」が上古音ではともに「ヰ」と発音せられていたのと同じである。)

ところが、経典の同一の文面に連続してあらわれながら(先記大無量寿経引用の先頭に「佛」が出現している。さらにこの経全体に頻出)「舎利佛」と書かず、「設我得ㇾ弗」(四十八願文)と書かぬ。[2]

これは「佛」の第一義として「見て審らかでない」という神秘性が「舎利弗」の方ではなく、神聖なる「佛陀」「諸佛」にこそ〝ふさわしかった〟からではあるまいか。[3]

以上の事例のしめす問題を法則化しよう。

外国音を「表音」的方法によって漢字表記する場合。

(一) 第一段階としては、現地音に相似する発音をもつ「漢字音群」が浮かびあがる。(表音的相応の段階——多字段階)

(二) 第二段階として、その中で、〝対象にもっともふさわしいと見なされた文字〟が一字だけ選択される。(表意的選択の段階——一字段階)

この二段階の経過は、いわゆる「表音」的方法にとって原理上不可避である。

なぜなら、中国文明ははやくより周辺の外国に対して、卓絶した数の厖大な漢字群を生産していた。したがって、「発音」のみの立場からでは、一つの外国音に対し、必ず相当多量の漢字群が該当資格をもつのである。

しかるに、漢字表記者は実際に表記する場合、この漢字群の中から、必ず一字を撰択しなければならない。しかも、その漢字群の中の各個の漢字はそれぞれ独自の意味をもち、一つ一つ個性あるイメージを形成している。(そのためにこそ、同音漢字個々が別々に果たす役割があるのである。)

だから、漢字表記者にとって、この〝漢字個々のもつイメージ〟は素通りできぬ。第二段階の「同音中の一字選択」の際に、「A、対象たる外国名辞の性格――B、該当漢字固有のイメージ」という(A――B)間の対応関係が浮かび上がってくるのである。

ことに、Aが「夷蛮の国」とか「仏陀の国」といった風に、特異な性格をになっているときには、なかんずくこの要素(対応関係)は無視できぬものとなるのである。

これに対し、尾崎氏は遺憾ながら「表意」と「表音」という、大まかな二大別の弁別のみにとどまられた。そのため、後者たる「表音」の方法の中に必然的に介入してくる「表意的選択」、いいかえれば「一字選択の表意性」の問題[4]に対し、これを細心に分析されることがなかったのである。

そして右の第一・二段階を通じて、これを純「表音」的なものとして処理しようとされたのであるけれども、魏晋朝を中心とする経典史料の検証は、尾崎氏の「推測」を明白に裏切る結果をしめしていたのである。

以上によって、尾崎氏が最も重要な論点として第一に提起された「純粋表音主義的な理解」は、――そのとうてい成立しえぬことが必要にして十分な証明を見たのである。

(1) 諸橋轍次『大漢和辞典』

(2) この「佛」と「弗」との使用区別は「卑字」と「貴字」とのようにきわだったものではないから、ある時期に「舎利佛」「弗陀」というような表記のあらわれた可能性は絶対的には否定できない。しかし、大無量寿経(魏訳)のような「舎利弗」「佛」という表記が一般化し、流布されているのは、やはり本文にのべたような理由によるものと思われる。

(3)「弗」は、〔説文〕弗、矯也、从㆓ノ乀㆒、从㆓韋省㆒。〔玉篇〕弗、不㆑正也。〔韻会〕弗、違也。として「もとる」の字義である。他に「おさめる」「のぞく」「うれえる」「ほのか」「ず、あらず」「はやいさま」等の意味がある。

(4) 尾崎氏が「……寓意のあることを否定はできないかも知れないけれども」という屈折した形で軽く触れられた点にこそ問題の急所が存在したのである。(前記引用文参照)

六

尾崎論文に対する、わたしの再批判。

「わたしは『三国志』の、全体としての無謬性など一切主張していない。」

これに対し、尾崎氏は「『三国志』誤らずとするのは早計だ」とし、終始、わたしがあたかも『三国志』無謬説をとなえているかのように論弁しておられる。しかし、これは遺憾ながら、全く氏の誤解である、といわざるをえない。

わたしが先の論文「邪馬壹国」において行なったのは、『三国志』六十五巻の「壹と臺の全調査」である。この調査の目的は、『三国志』成立時より現存最古の版本(宋紹熙本・紹興本)までの間における、代々の書写者・版刻者の筆跡状況の復元調査である。もし、この間において「壹と臺」の両字が筆跡上酷似していたとすれば、問題の「邪馬壹国」以外にも、ある程度の錯誤が生まれるのが自然である。しかも、『三国志』全体に多量の「壹と臺」があればあるほど、この調査方法のもつ確率上の意義はいよいよ高いであろう。そして調査の結果は、両者間の錯乱が全く存在しないことをしめしていたのである。

この調査は何等〝『三国志』全体の無謬性〟を立証しようとするものではない。逆に、一般に書写・版刻者間における誤写・誤刻の可能性を認めるからこそ、特定文字に対する限定的な検査・追跡の必要性が生まれるのである。氏の論難されるように、あらかじめ「『三国志』誤らず」とするならば、わたしはこのような手数をかける必要がないのである。（またそのような命題に到達するためには、右のような「壹」と「臺」だけの調査では全く適当していないことは自明である。）

さらにこれを方法論の立場から考えてみよう。

もし、『三国志』の無謬性という一般的な信念から、特定文字が錯乱していないことを立論しようとするならば、当然それは方法的なあやまりである。同様に、『三国志』全体の可謬性をとなえることによって、特定文字の錯乱を立論するならば、それもまた、同じく方法上のあやまりなのである。

だから、わたしの論証をもって、あたかも「『三国志』全体の無謬説」であるかに見なそうとする尾崎氏の立論は、批判としての方法論上、遺憾ながら、大きな〝まとはずれ〟を犯しているというほかないのである。

さらに、この問題に関する尾崎氏の二つの論拠を検査しよう。

㈠「邪馬壹国」の場合、中国人にとって、異国の国名であるから、あやまりやすい、と尾崎氏は言われる。中国内部の、物の名前とは、「知られ」の程度がちがう。だから、中国内部の場合を主とした統計では、論証としての意味をもたない、と言われるのである。

これは一見、もっともに見える。しかし、このような一般論から、特定の文字「邪馬壹国」のあやまっていることを「立証」することはできない。

なぜなら、尾崎氏の言われるのは、一般的な可能性の問題にすぎぬ。氏はここからすすんで、〝『三国志』中の夷蛮伝においては、他の伝と異なり、「壹」と「臺」の錯乱が数々見られる〟という「実証」へとおもむかれるわけではない。史料上の事実はこれと反し、『三国志』内には、そのこと（中国内部と異なり、夷蛮の名辞には「壹」と「臺」の錯乱があること）の証明を何等ふくんでいないからである。

しかも、原則的な一般論の問題としては、尾崎氏の見地に反して、つぎのように言う方がより正当であろう。

すなわち、「知られ」の程度は、人々の各階級・部署によって異なる。中国の一般庶民にとってこそ異国の国名など「知られ」の度合いは少ないであろう。

しかし魏朝の史官や中国代々の朝廷直属の学者や版刻の責任・監修者たちにとっては、隣国である夷蛮の国名は職掌上、きわめて重要だったはずである。彼等は、たとえあれやこれやの身辺の雑事・俗情には家人・奴碑等よりうとくとも、隣接国の中心国名については、その得意とする、主たる知識領域に属していた。それをあやまって書写・版刻することについては、奉勅史書や勅版本の性格上、ことに慎重に慎重を期したはずである、と。

つまり、「知られ」の度合いは、決して中国人全般に一様に共通のことがらではなく、その所属する階級や日常の各自の職掌によって、それぞれ異なるのである。

すなわち、「隣国の中心国名表記の重要性」から見れば、むしろ奉勅刊本において、誤刻の可能性は少ない、と見なければならない。だから、尾崎氏のように〝中国人は中国内部のことには強い。しかし、外国のことには弱い。だから、まちがえたのだろう〟というような論法は、あまりにも粗放な論理であると言わなければならないのである。

さらに、宋紹熙本が北宋咸平六年の奉勅刊本の再刻と見られ、宋紹興本が各ページ一葉一葉に版刻責任者の名を印刻している、というように、これら刊本の公的性格からみると、以上の側面は一段と強調されねばならぬであろう。

(二) 以上にのべたように、尾崎氏の論法には、わたしの論文の批判としては、一種の〝まとはずれ〟が方法上存在している。このことを端的にしめすものは、氏のあげられた次のような具体例だ。

氏は『三国志』中、魏志三十烏丸鮮卑東夷伝冒頭の序文のあとに、五世紀の裴松之によって註記された「魏書」[1]の中の「匈奴壹衍鞮単于」が、実は『漢書』六十四「匈奴伝」にあらわれた「壺衍鞮単于」のまちがいであるという指摘をしたのち、

「壱でないものを壱にしたこのただ一つの個所の存在することによって、『三国志』の邪馬壱誤まらずという命題は、全くその支えを失うのである。」

と言われるのである。

この行文には、氏の陥られた一種の〝錯覚〟がよくあらわされている。すなわち、わたしがあたかもつぎのような二つの主張をしているかのごとく、氏は思っておられるようである。

(1) 宋本(紹熙本・紹興本)においては、〝裴註部分をふくむ、版本の総体〟について、すべて無謬である。

(2) 「壹」という文字は、他のいかなる文字とも、あやまることのない文字である。

右の(1)についてのべよう。

わたしが『三国志』本文全体の無謬性を主張していないことはすでにのべた。ところが、それどころか、『三国志』本文にさえ属しない、五世紀の裴松之による加註引用の「魏書」を、今の事例にされるのは全く無意味である。

わたしが裴註部分をふくむ『三国志』宋代版本（紹熙本・紹興本）総体の無謬性をうたっていてこそ、はじめて氏の反論は反論としての意味をもつ、しかし、そのような版本総体の無謬性主張など、わたしの一切関知しないところである。だから氏の反論は、方法上全くの〝まとはずれ〟に陥られた、というほかない（この問題については、のちに再論する）。

つぎに(2)についてのべよう。

わたしはこの(2)のような主張も一切有しない。先にのべたように、わたしの検証したのは、ただ「壹と臺」との間の異同錯失の問題だ。その一点に検証対象は厳しく限定されているのである。だから「壹と壺」の間の錯失問題など、わたしの論証にとって、無関係だ。まして『三国志』にあらざる他書について、わたしがそれを論ずる必要は皆無である。だから、わたしの検証結果の報告は、この類のことにはふれていないのである。

ちなみに、「壹」は『説文』に「壹、嫥壹也、从壺吉、吉亦声」とあるように、壺と吉との合字である。また『説文通訓定声』では、「壹、専一也、从壺吉声」とある。このように「壹」は文字の成り立ちからして「壺」とは深い関連性・相似性をもっている。だから、この両字間の錯失は、もっとも生じやすいと見なければならないであろう。

しかし、そのことは何等「壹——臺」間の錯失という、そのことの論証とは関係がない。思ってもみよう。〝Xという文字はAという文字と錯失している〟——この指摘によって、Xが別のBという文字と錯失しやすいということの論証になるのだろうか。

尾崎氏は不幸な錯覚に陥っておられるようである。

（1）王沈「魏書」魏志一七六回、蜀志八回、呉志四回引用。（裴松之による）

七

尾崎論文に対する、わたしの再批判の第三点はつぎのようだ。

「わたしの史料批判の根本は、原文改定者には、改定のための〝必要にして十分な論証〟がきびしく要請される、という一点である。」

これに反する史料取り扱い態度をあらわにしているのは、尾崎論文のつぎの一節である。

「たとえば孫賁の父、羌の字が聖壹であるか聖臺であるか、いくら議論をめぐらしても、その反対の可能性を払拭はしきれない（と私は感ずるのだが）」

これは、例の「知られ」論（国内と夷蛮との「知られ」のちがい）の一節であるが、わたしの方法にとって看過しえないのは、この一節にあらわされた、尾崎氏の史料処理の態度である。

この「聖壹―聖臺」問題は、わたしの論証にとって、重要だった。なぜなら、

(i)『三国志』の本文中であり、

(ii)「壹―臺」間の異同である、

という二点において、まさにわたしの論証内容そのものに該当していたからである。

しかも、この「聖壹」が「聖臺」のあやまりである、という論定は、元の郝経―清の盧弼―現代中国の学者の代々にわたっていた。(1)

重出をいとわず、その論証の要点を再記しよう。(2)

わたしはこの問題につき詳細に検討を加えた結果、つぎの各点を認識した。

(A) 郝経の弟子、荀宗達が註記しているように、郝経は「聖臺」と刻した刊本を見たのではない。つぎのような「理路」に立って「原文改定」を行なっただけなのである。

(B) 三人兄弟の中の二人まで共通字「臺」を有している（次男・文臺、三男・幼臺）から、父親も「聖壹」ではなく、「聖臺」であろう。

しかしながら、この郝経の系譜解読はあやまっていた。[3] そこで清の盧弼はこれを訂正し、つぎのような「理路」におきかえたのである。

(B)′ 三人兄弟の中の二人まで共通字「臺」を有しているから、長男も「聖壹」でなく、「聖臺」であろう。

後代の中国において、兄弟相共に一字を共有する事例は存在しよう。[4] しかし問題は、三世紀の『三国志』の中において、そのような慣例が存在するか否かである。しかるに、『三国志』内の系譜調査は、右の盧弼の「推定」を裏切っていた。

孔子を「仲尼」というように、「伯・仲・叔・季」をもって字（あざな）に冠せしめる方法は、『三国志』中においても、よく出現する。もちろん、この場合、一字を共有しないのである。

しかも有名な蜀の劉備の場合など、兄弟中二人（長、次男）は「公」字を共有しながら、三男は「公」字を有しないのである。（父の劉備も、「玄徳」であるから、「公」字を有しない。）

以上の検証によって「兄弟三人中、二人が一字を共有すれば、他の一人も、その文字を共有していたはずだ」という「理路」は否定された。

だから、もはや原文の「聖壹」を「聖臺」に改定すべき根拠は存在しないのである。しかるに、客観的な根拠なしになお、〝この聖壹は聖臺のあやまりだと自分は考えたい〟というなら、それはもはや単に主観的・恣意的主張にすぎないこととなろう。

しかもなお、『三国志』内の系譜調査はつぎのような状況を摘出した。

(i)「伯・仲・叔・季」というように、兄弟順を明示しない場合も、『三国志』にはしばしば出現している。しかし、その場合でも長男については、何等かの形で第一子たるにふさわしい文字(嗣、高など)を有していることが多いのである。

(ii) このような傾向からみると、長男にとって「聖壹」という字(あざな)は、右の三国期の字(あざな)命名状況によく適合している。

以上である。実は、最初の「兄弟一字非共有」の事実のみで、原文改定の「理路」を拒否するに、必要にして十分である。その上なお、右のような「長子特定字傾向」が見られるのであるから、「原文改定」の「理路」は全く消失したといわねばならない。

このような論証の経緯は、わたしの論文中に詳細に記述した。にもかかわらず、なお尾崎氏が「いくら議論をめぐらしても、その反対の可能性を払拭はしきれない」と論弁されるのはなぜであろうか。

尾崎氏は、片方に郝経――盧弼説、他方にわたしの説を半々に見やりながら、〝自分はどちらにも与(くみ)しない〟として、「中正」を保っておられるかのようである。対立説両者とも、論証不十分の「推定」説を展開している、という状況下なら、それもよかろう。しかし、今、わたしの立場は明白だ。「原文がまちがっている」という、必要にして十分な論証なしに、原文を改定することはまちがっている」――この一点につきるのである。

だから、もし誰人かあって、なお「郝経――盧弼説」に魅力を感ずるなら、そのために「必要にして十分な論証」を行うべきなのである。もしそれができなければ、「原文改定」に奔るべきではない。

（1）北京中華書局出版、一九五九年標点本『三国志』（全五冊）
（2）古田第一論文「邪馬壹国」七八～八三頁〔補注〕
（3）同〔補注〕七九～八一頁
（4）宋朝においては「不」「善」「汝」「崇」「必」「良」「友」等の字を各世代（兄弟・従兄弟）において共有する。（『宋史』三表巻第十五、百衲本所収、元至正刊本）また明朝は「木」「火」「土」「金」等の「つくり」や「へん」を各世代の名に含ましめる。（この点、上田早苗氏の御教示をえた。）

八

尾崎論文に対する、わたしの再批判の第四点は、裴松之の「校註方法」の問題である。

「裴松之は、『三国志』と同時代の史書・資料二七二種を対比して、二〇二〇回にわたって、異同を精細に検証した。[1]」

これに対し、尾崎氏はつぎのように言われる。

「書物として比較的小さい『三国志』でも、巻子にすれば六十五巻もあるのである。書物を置く場所として考えても見るがいい。『三国志』の、さまざまのテキストを机上に並べ、Aのテキストを見、Bのテキストを見、Cのテキストを見て、そして本文を定める、というようなことはまず考えられない。」

この一文は、わたしにとって、もっとも不可解な一節である。氏が研究の際、どのような「机の使い方」をされるか、もちろんわたしの知るところではない。しかし、二七二種の本を対比するのに、〝全部一ぺんに机上にならべる〟必要は全くない。それが『三国志』時代の同時代資料であろうと、『三国志』自体の異写本の類であろうと、要は問題の個所に関する、A・B・C等の各一巻の該当個所を一つずつ机上で対比すればいいであろう。

このような氏の、失礼ながら、いわば〝他愛ない〟論議に対して、一種の「真実味」をそえているのは、右の文の直後につづくつぎの実例である。

「古田論文に裴の用意として引かれる『見諸書本、苟身或作句身』は、なるほどそれはそれとして結構だけれども、諸種の異本の検閲、と取るのはどうか。諸を書本に見るに、つまりせいぜい『テキストによっては』ぐらいのことで、おそらくかれの三国志に関する読書の一経験を語るほどの事柄ではないであろうか。」

つまり、わたしが先の論文で、「見諸書本」を「諸書（の）本に見るに」と解し、裴松之が同一事項（この場合は「苟身」と「句身」のちがい）に対して、各種の別書や異本の類を対照している、と論じた[2]のに対し、尾崎氏は、この「諸」は「之於」の合字としての用法であると解されたのである。[3]

わたしの解した「諸＝もろもろ」の用法が現代日本にも多く用いられている用法であるのに対し、「諸＝之於」の用法は特殊用法である。その上、ここは後者の用法だ、と指摘されたのが中国語学の「専家」であるから、この点、一見わたしの不用意な解読であったかに見えるかもしれぬ。

事実、先にあげた佐伯有清氏の論評（一九七〇年）では、この実例をあげ、尾崎氏がよくわたしの論文の杜撰さを反証しえたかのように指摘しておられるのである。

しかし、わたしにとっては、問題の文脈は、あくまで実証的に、すなわち裴松之の用語・用文・語法の検証によって、解読さるべきだ、と思われる。すなわち、『三国志』の中には二六六個の裴松之の自評（地の文）が註記されている。したがって、そのすべての文例を史料として、その全用例から帰納しなければならないのである。

その検証に入る前に、『三国志』以前の例を見よう。

確かに「諸＝之於」の例は古くから存在する。

(1) 諸、之於也、礼記檀弓、兄弟吾哭二諸廟一、言レ哭二之於廟一也、宣二年左伝、寘二諸橐一以興レ之、言レ寘二之於橐一也。（『経伝釈詞』補）

(2) a 邑二諸綸一。（『左氏』哀、元）

b 邑二之於綸一。（『史記』呉世家）

これらの例によって「諸＝之於」例が古くから存在したことは明らかである。ただし(2)において、左氏の文の「諸」がのちの漢代の『史記』段階では「之於」という通常の形に直して使用されているのが注目される。

これに対し、「諸＝もろもろ」の用法も、古くから存在した。

諸徳之発也（礼、祭統）。諸、眾也（疏）。

諸人皆争学レ之（淮南子、脩務訓）。諸、眾也（注）。

諸、詞之総也、非レ一也。（一切経音義、二十四）

諸、一日、眾也。（集韻）

右の「眾」は「衆」の正字であり、「多い」の意義である。

以上のように、「諸」には「之於」「もろもろ」の両義ともに、裴松之の五世紀以前に存在した。それ故、この問題を決するためには、はじめにのべたように、『三国志』内の裴註二六六個の検証によるほかない。

「諸」は全裴註の中で十六個出現する。（今、問題の一個所を除く。）

(一) そのうち、十五例は明白に「もろもろ」の意義である。

起二太極・昭陽諸殿一。（太極・昭陽の諸殿を起こす） （魏志第二）

然漢氏諸帝、雖二尊父為レ皇、……。（然るに漢氏の諸帝、尊父、皇為りと雖も……） （魏志第十三）

祀諸子中、湛最有二徳誉一。（祀の諸子中、湛最も徳誉有り） （魏志第二十七）

(二) 一例のみ、「之於」「もろもろ」のいずれにも、とりうるケースが存する。

而廟門外無レ之、問二諸長老一、……（而るに廟門の外、之（これ）無し。諸長老に問うに――諸（これ）を長老に問うに……。） （魏志第四）

(三) 明白に「之於」の例と見なすべき例は絶無である。

(四) これに対し、「之於」の形が三例出現している。

施二之於己一。（之を己に施す） （魏志第十）

載二之於篇一。（之を篇に載す） （呉志第七）

雖レ失二之於明帝一（之を明帝に失すと雖も） （呉志第七）

以上のように、「諸＝之於」の証拠となる用例が絶無である上、明瞭に「之於」の文形を使用している。したがって、裴松之の地の文体には「諸＝之於」の使用慣例の存在しなかったことは明白である。その上、問題の個所が「もろもろ」の義であることをさらに決定的にするのは、つぎの点である。

(五) 裴松之の地の文中、七例にわたって、「諸書」という単語が使用されている。

臣松之検二諸書一、都無二此事一。（臣松之、諸書を検するに、都（すべ）て此の事無し） （魏志第四）

臣松之案二諸書一、韓莫或作二韓猛一、或云二韓若一、未レ詳二孰是一。（臣松之、諸書を案ずるに、韓莫、或は韓猛

に作る。或は韓若と云う。未だ孰れが是なるかを詳らかにせず）（魏志第十）

この「諸書」とは、他でもない。裴松之が『三国志』と対比した二七二個の同時代史料を指す概念なのである。

㈥　このことは、裴松之が「本伝」（『三国志』）と「諸書」とをしばしば対比させていることから、一層明確に判明する。

案㆓本伝及諸書㆒並云、……（本伝及び諸書を案ずるに、並びに云う……）（魏志第十四）

臣松之、案㆓本伝㆒云、庚以㆓景元中㆒坐㆑事誅、而干宝、孫盛、習鑿歯諸書、皆云㆓正元二年㆒、……景元与㆓正元㆒相較七八年、以㆓濤行状㆒検㆑之、如㆓本伝㆒為㆑審。（臣松之、本伝を案ずるに、云う、庚は景元中を以て事に坐して誅せらる、と。而して干宝、孫盛、習鑿歯の諸書は、皆、正元二年と云う。……景元と正元とは相較ぶるに七八年、濤の行状を以て之を検するに、本伝の審らか為るが如し……。）（魏志第二十一）

右の例によってみても、「本伝」に対するに「諸書」という概念が用いられていることは明らかである。

第二例で「干宝・孫盛・習鑿歯の諸書」といっているのは、裴松之がしばしば引用する、つぎのような史料である。（数字は引用回数）

干宝『晋紀』——魏志14回、蜀志2回、呉志7回、計23回

孫盛『魏氏春秋』——魏志50回、蜀志3回、呉志1回、計54回

習鑿歯『漢晋春秋』——魏志36回、蜀志22回、呉志10回、計68回

これらが裴松之の言う「諸書」の一端なのである。

㈦また、裴松之の地の文の中に、時として「諸書記」（諸書の記）という表現があらわれる。これは

「諸書本」（諸書の本）という表現（問題の個所）と対比さるべき表現である。

○臣松之案、諸書記、是時帝居二北宮一、……。（臣松之案ずるに、諸書の記、是の時、帝北宮に居す。）（魏志第二）

○又案二諸書記及諸葛亮集一、亮亦不レ為二太子太傅一。（又諸書の記及び諸葛亮集を案ずるに、亮も亦太子の太傅為らず。）（蜀志第三）

すなわち「諸書の記」が〝諸書の記する所〟〝諸書の記事〟の意であるのに対し、「諸書の本」は〝諸書の写本・刻本の類〟を指しているのである。

このような「本」の用例は、裴松之の地の文に左のように出現する。

○十七条失レ本。故不レ載。（十七条、本を失う。故に載せず。）（呉志第十二）

以上によって、尾崎氏の採択せられた訓読「諸(これ)を書本に見るに」が、この場合不適切であることは明らかである。

（1）　今、その全検出例中より、裴松之が五十回以上引用したもののみを摘出して、左にしめすこととする。

〈書物名（また人名）〉	〈魏志〉	〈蜀志〉	〈呉志〉	〈総回数〉
王沈『魏書』	一七六	八	四	一八八
『魏略』	一五四	一四	○	一六八
虞溥『江表伝』	二	四	一二〇	一二六
『呉書』	一四	三	九五	一一二
郭頒『世語』	八五	三	○	八八
張勃『呉録』	○	一	七七	七八
『英雄記』	五六	一一	五	七二

習鑿歯『漢晋春秋』	三六	二二	一〇	六八
『傅子』	五〇	三	一	五四
孫盛『魏氏春秋』	五〇	三	一	五四
孫盛（曰）（云）（評）	三一	九	一〇	五一

（最後の項は、「孫盛曰」「孫盛云」「孫盛評」の三種とも、集計したもの。）

（2） 古田第一論文「邪馬壹国」六四頁上段

（3） もしかりに尾崎氏のように読んだとしても、「書本」は〃複数〃をも意味しうるのであるけれども、氏はこれを〃単数〃として解されたようである。

九

尾崎論文に対する、わたしの再批判の第五点は、史料批判の方法の問題である。

「一つの文献に対して、各種の異本が派生している場合、必ずそれらの各異本に対して、〃史料としての信憑性〃を検証しなければならぬ」

これに対して尾崎氏はつぎのように言われる。

「もし三国志の場合にも、現行諸刊本すべて一つの祖本、この場合すなわち咸成平本を承けるものであったとしたら、諸刊本に共通する或る一つの文字の正当性を、他の資料との隔絶において主張したとしても、そこに一体どれほどの意味があるであろう、逆に私の推測のごとく、紹興刊本また咸平の重刻であるとするなら、同じ祖本にもとづく紹興、紹熙両刊本相互の間に存する異同は、テキスト間の、個々の文字のありようのちがいにのみ頼る議論の、よって立つべき基盤のはかなさを、如実に示す絶好の材料としてそこに見出されるであろう」

つまり、これを一言にいえば、氏は

北宋咸平本（祖本）＜南宋紹興本（A）／南宋紹熙本（B）

という伝来を想定し、右の二南宋本に「邪馬壹国」が共通していたとしても、それは共に祖本たる北宋咸平本の分岐にすぎぬから、信憑するに足りぬ、といわれるのである。

この地点から、さらに尾崎氏は『太平御覧』所引の魏志に注目すべきことを説かれる。

「ひるがえってたとえば、御覧に引く魏志のごとき、今日われわれの見ることのできる最も古い御覧は南宋蜀の刊本であって、その刊刻の時期において、咸平には譲るにしても、御覧そのものの成書は、北宋太平興国八年（九八四）と記録されていて、それは咸平六年を溯ること二十年である。そこに現行三国志諸刊本には見られないような形のものが見出されたとしても、何の不可思議もないだろう。……（中略）……刊本三国志のみによって、邪馬臺のあるまじきことをいうのは、恐らく正しくないのである。」(1)

すなわち、氏は『太平御覧』所引の魏志中に「邪馬臺国」とあるのをもって、右の北宋咸平本とは別種の祖本に淵源するものとして、これに史料上の価値を高く認めようとされているのである。（氏が「ともあれ今の私は、女王卑弥呼の都する国の名として、どれを取るかとなれば、かなり強く邪馬臺に向って傾斜する気持ちのあることを、告白しなければならない」(2)と言われるとき、史料的には『太平御覧』所引の魏志に従われることとなるのである。）

この尾崎説に対し、わたしの立場はつぎの通りである。

一個の文献につき、幾種類かの写本類が存在するとき、必要なことは、その各種の異本の内実が

(A) 自己の直面した書写原本（版刻原本）をそのまま変改せずに伝写しているか、それとも、

(B) 後代人たる自己の所見をもって、書写（伝刻）に改変を加えているか、

そのいずれであるか、の検証である。それが、現存テキストを媒介として、本来の原形に遡源するための、必須の分析である。

この立場から見ると、『三国志』紹熙本・紹興本はきわめて原形に忠実であると認められるのである。なぜなら、「会稽東治」「景初二年」「一大国」等について、いずれも後代（唐宋代）の知見からは異様に見えていたにもかかわらず、これに「改定の手」を加えていないからである。

これに対し、『後漢書』は「会稽東治→会稽東冶」の変改を行い、『梁書』は「景初二年──→景初三年」の変改を行い、『梁書』『北史』は「一大国──→一支国」の変改を行なった。

これらは当然、後代の知見からは、その改定を正しと信じて行なったのであるけれども、史料批判はいずれも南宋紹熙本・紹興本の方が原形を遺存していたことをしめした。（この点、すでに古田著『「邪馬台国」はなかった』[3]において、その論証をしめした。）

ただ「対海国」のみは、南宋紹熙本のみこの形をとり、紹興本および後代の『三国志』刊本は「対馬国」としている。この点、紹熙本の方が原形を伝え、紹興本は「対海国→対馬国」という改変を加えたものと見なされる。（この論証も、前掲書に記した。）

これに対し、『太平御覧』所引の魏志はどうだろうか。すでにわたしの第一論文にしめしたごとく、はなはだ奇怪な「改定の手」を加えている。すなわち、『三国志』原本では倭国内の「下戸対大人」という階級差別の状況の活写ともいうべき描写を、換骨奪胎して、倭国の使が中国に来て卑屈きわまる屈

従の態度をとったという文面に改変しているのである。（第一論文「邪馬壹国」四九頁。前掲書にも叙述。）

このように露骨な、「悪質」とさえ言うべき改変を原文面に加えてはばからず、しかもこれを堂堂と「魏志曰」として、直接引用の形状で掲載する『太平御覧』。これを尾崎氏が、別種の正当な祖本の正確な伝写・伝刻であると称されるのは、わたしにとって不可解である。

さらに氏は「引書の粗雑などは、みだりにいうべきではないのである」と、わたしの論証（『太平御覧』所引「魏志」の信憑性を否定する論証）をたしなめておられるようである。しかし、「みだりに」という言葉は〝論証なしに論断〟する立場に対する批評としては、たしかに適切であろう。けれども、わたしは『太平御覧』所引の「魏志」なるものの信憑すべからざる理由について、具体的に論証を行なった。これに対し、尾崎氏は『太平御覧』所引の「魏志」の信憑性の論証をおこなうことなしに、その史料価値を高くしようとしておられるのである[4]。

ここで史料としての各種異本（テキスト）に対する態度についてのべよう。

① （A・B・C……X）の各種テキストがあったとき、まず、これらの諸史料に対等の価値を付する。

② 今、問題となっている各個別々の個所につき、右の各テキスト中で、それぞれ自分が適切と見なすものを抜き出して採択する。

右の方法は一見「公平」に見えながら、その実、大きな方法上のあやまりをおかしている。なぜなら、各テキストに対し、形式的「同等の価値」を付与したままで処理を行うのであれば、あとは各個の個所について、各テキストのいずれを取捨するかは、全く「論者の識見」「論者の判断」にゆだねられてしまう。――つまり、〝後代人の主観〟という恣意性が「至上の基準」として権威化されるほかないからである。そしてこの主観的な「識見」にもとづく選択をもって、「史料批判」と称することとなるのである。

これを換言すれば、〝古刊本にはあやまりが多い〟〝各異本は平等にとりあつかうべきだ〟等と称する立場は、一見「客観主義」のよそおいをとりながら、逆にその本質において、自己の「主観」を絶対化し、これに依拠する立場である。——これが従来の研究方法のおちいりやすかった基本的な問題点であると思われる。

これに対し、わたしにとって史料批判の正しい方法はつぎのようだ。

あくまで各史料内部の、全体としての徴証、差異点の正確な対比によって、それらの異同の生じた原因と史料の様態を追跡し、もって各史料の信憑性を客観化する。これが史料に対すべき、唯一の正しい道である。

この点、遺憾ながら、尾崎論文にあらわれた史料処理の仕方は、わたしの史料批判の方法とは、本質的に異なっていると言わざるをえないようである。（この問題については、本稿末の〈補論〉「史料批判の条件について」において詳記する。）

以上によって、尾崎論文の反論に対する、わたしの再批判の根本をのべた。

その反論のいずれについてみても、あるいは誤断に属するものであり、あるいは氏の錯覚にもとづくものであった。そして何よりも、史料批判の方法の本質的相異にもとづくものであることが判明することとなったのである。

（1）　尾崎氏前掲論文「邪馬臺国について」五二～三頁

（2）　同右論文五四～五頁

（3）前掲書（一九七一年、朝日新聞社刊）

（4）氏は（1）部分の引用の直後に「少なくとも魏志倭人伝をいうとき、ひとは御覧所引のそれをも、そこに関する限り、独立した三国志の一本、あるいは少なくとも三国志の一本を伝えるものとして、扱わなければならないだろう」と書かれ、一見諸異本の一つ（紹熙本・紹興本と並ぶ一異本）としての権威を『太平御覧』所引の魏志に認めよう、というにとどまるかに見えるのであるが、氏自身は「邪馬臺国」という字面への傾斜を深くされていること（2）の引用部分のしめすごとくである。その際その依拠史料をこの『太平御覧』所引の魏志におかれているのであるから、結局、これを原形遺存の正本の引用として、高く評価しようとしておられるのである。

十

以上によって、尾崎論文に対する再批判の大綱を終えた。つぎに、氏の論稿中にちりばめられた、わたしの論文への反論のための、九つの具体的な事例について、簡明に反証を加えよう。

(1)　水谷論文について

尾崎氏は、〝倭人伝中の現地音の漢字表記には、一字一音による純粋表音主義が貫かれている〞という自説を展開された中で[1]――音韻上、中国語と梵語との間には、

平声（中国語）――長母音（梵語）

上声（中国語）――短母音（梵語）

の対応関係があるとして、その証拠に、

水谷真成「梵語音を表わす漢字における声調の機能――声調史研究の一資料[2]――」

を引用された[3]。

ところが、この水谷論文を実際に検証すると、右の結論は「八世紀後半期における状況」としてしるされているものである。その上、水谷氏はその論文の冒頭につぎのようにのべておられる。

「五世紀末期の沈約が口にする『四声』と唐代の近体詩にいう『四声』とが、その『内容』において〈同じ〉であるという確証もなければ〈違う〉という明認も、われわれは今のところ与えられていない。これを事実と知りながら、なおややともすれば、同じく『四声』と言い同じく『平上去入』と称するがために、沈約の『去』、沈佺期・宋之問の『去』も白楽天の『去』と何等変りなきものとして等置しがちである。それはあたかも、今日の北京語の『平』・呉語の『平』も粤語における『平』と、同じく『平』と呼ばれるがために同一の調型であるかのごとく受取ることが誤りであるのと、同じ間違いを犯している虞れがあるのである」

つまり水谷氏は、五世紀と七、八世紀とを同一視し、それを前提とした立論をしてはならぬ、と厳にいましめておられる。まことに周到な学的用意といえよう。ところが尾崎氏は当然右の水谷禁言を知りながら、水谷氏の八紀世後半の結論をささえとして、三世紀の文献たる『三国志』を推断しておられるのである。

なるほど、これに対して尾崎氏は「ややおくれる資料であるけれども」という一句だけは冠しておられる。しかし、この一句は決して水谷禁言をおおうに足りない。当然、三世紀と八世紀後半との同一性を慎重に論証すべきであるにもかかわらず、それを尾崎氏は無視されたのである。

この点、唐・宋の韻書を史料として、現存せぬ三世紀の韻書に推断を及ぼされた先述第二～四節の問題のときの「依拠史料時代性の飛躍」と軌を一にしているのである。

(2)「親魏倭王」の称号と「卑字」との相関関係について

氏は、わたしが〝倭人伝の固有名詞表記には「卑字」が多く用いられている〟と見なしたのに対して、左のように反論された。

「たとえば女王卑弥呼は、魏主から親魏倭王の称号を以て呼びかけられている。試みに思え、ひとをオタンチン・パレオロガス[注][4]と呼んで置いて、さて『汝の忠孝、我れ甚く汝を哀しむ』もないものだ。その名が字づらからして人の笑いを誘うものならば、『親魏倭王卑弥呼』は滑稽であろう。国史に載すべく記録するには、由来ふさわしくないのである」

(注) 夏目金之助『吾輩は猫である』五

つまり、氏の論法では、一方で「卑字」を用いておとしめながら、他方で「親魏倭王」という親愛の称号を与えるのは矛盾している、というのである。

しかしこの点は、『三国志』倭人伝における「卑字」の性格に対する、精細な分析を氏が欠いておられるからなのである。

先の前掲書[5]にのべたように、

(a)「奴」などは、漢代以来の夷蛮の国に対する「卑字」である。

(b) しかし「邪」「卑」などは、むしろ「疑問」「謙遜」等をあらわすものと見るべきであり、〝東方神秘の国〟〝みずからへりくだって中国の天子に貢をささげてきた王〟にふさわしい文字である。

右のような、『三国志』倭人伝の「卑字」の性格(ことに(b))の深められた理解から見れば、「親魏倭王」の称号はまことにふさわしく、これと調和する。その上、「邪馬壹国」「壹与」の「壹」字使用の意義(「二心なく天子に忠節をつくす」[6]こと)とも、よく合致しているのである。

この点からも、尾崎氏の批言は当をえていないものと思われる。

(3) 天子問題について

氏は〝『三国志』では、魏の帝を「天子」と呼んでいない〟という新説を立てられた。

「なお、晋の史臣として三国志の著者陳寿は、晋の正統性、したがってまた晋がその譲をうけた魏の正統性を強調するために、そのなし得るすべてのことをなすべきであったとすることも、また思いすごしか、さもなければなにか為にする議論のようである。たとえば魏志の『紀』の中で、『天子』といわれているのは後漢の天子であって魏主ではない。魏主はただ帝とだけ呼ばれているのである。三国志の中で魏は中継ぎとして以上にそれほど重んぜられているようには見えない。倭人伝に『景初二年六月、倭女王遣大夫難升米等詣郡、求詣天子朝献』とあるのは、漢滅亡後のことではあり、自然魏主を指すようにも見えるけれども、私はむしろ倭人が『天子に』といって来たそのことばを、そのままに伝えたいために敢てえらんだ措辞ではあるまいかと考える。想像をたくましくすることが許されるならば倭人は、さきに朝貢していたと記録される後漢の王朝の倒壊もそれとは知らず、相手はまだ同じ『天子』と思ってやって来たのである。ヴィルヘルム二世陛下にお目にかかりたいと、エーベルトのドイツにやって来たのである。その食いちがったおかしみを倭人のことばそのままに『天子』と記すことによってそこにのこそうとしたのではなかったか。またそれほどまでではないにしても、現実にはだれも天子とは呼ばない人を、やはり後漢の天子がそうであったと同じく天子と呼ぶと思ってやって来たのである。それをそのままに記したのではなかったか。専家の指教を待つ。ともあれ三国の正統論は、邪馬臺問題の解決に多くの貢献をしないと、私は古田論文の趣意に反して、考える。」

しかし、このような氏の論議に対する、直截な反証をなすものは、『三国志』中の左の「天子」の用例である。

㈠A　黄初元年十一月癸酉、以二河内之山陽邑万戸一奉二漢帝一為二山陽公一。行二漢正朔一、以二天子之礼一郊祭。

（魏志第二、文帝紀）

B　（咸熙二年五月）又命二晋王一冕二十有二旒一建二天子旌旗一、出警入蹕、乗二金根車六馬一、……（十二月）使三使者奉二皇帝璽綬一冊、禅二位于晋嗣王一如二漢魏故事一。（魏志第四、三少帝紀〈陳留王〉）

右のAは「漢―魏」の禅譲、Bは「魏―晋」の禅譲の記事である。ともに「天子之礼」「天子旌旗」といった表現でしめされている。すなわち、魏は黄初元年（二二〇）より「天子之礼」を行いはじめ、咸熙二年（二六五）には「天子旌旗」を晋王に譲っているのである。この間、魏帝がなぜ「天子」でない、といえるのだろうか。

㈡明帝崩、齊王即位、……丁謐畫策、使三爽白二天子一、発レ詔転二宣王一為二太傅一。（魏志第九、曹爽伝）

この「天子」は明らかに魏の明帝を継いだ魏帝の第三代斉王を指している。

㈢（正始十年正月）範重謂レ義曰「……今卿与二天子相随、令二於天下一、誰敢不レ応者。」（魏志第九、曹爽伝）

右の正始十年（二四九）は魏帝たる齊王の時期であるから、右の「天子」は当然齊王を指している。これは魏臣の言の直接引用の文中「天子」と呼んでいる例である。

㈣「皐常見三明帝著二繡帽一、……天子感二其忠言一、手筆詔答。」（魏志第二十五、楊阜伝）

これは明らかに明帝を「天子」と記している。

㈤「太和末、公孫淵以二遼東一叛、……豫輒上レ状、天子従レ之。」（魏志第二十六、田豫伝）

「太和」（太和元年〈二二七〉――太和七年〈二三三〉）であるから、これも明らかに、「天子」として指示されているのは明帝である。

(六)「(黄初五年) 比能……乃与輔国将軍鮮于輔書曰『夷狄不識文字、故校尉閻柔保我於天子。……我夷狄不知礼義、兄弟子孫受天子印綬。……将軍当保明我於天子』」(魏志第三十、軻比能伝)

これは黄初五年(二二四)であるから、魏の文帝を「天子」と呼んでいるのである。軻比能は烏丸・鮮卑伝中の鮮卑の一種族である。すなわち、東夷伝の直前においても、魏帝を夷蛮の国の王が「天子」と呼んでいるのである。

以上によって、〝晋の陳寿は魏主を天子と呼ばなかった〟という尾崎氏の主張には、何の根拠もないことが明らかとなった。帝紀のはじめ部分において「天子」と呼ぶ例が漢の天子を指しているため、氏はこれを『三国志』全体のこととして速断されたようである。

しかし、『三国志』の各所には、右のように明白に魏帝を「天子」と呼称していたのである。

さらに倭人伝景初二年六月項の問題の一句「求詣天子朝献」だけをとってみても、これは、陳寿の客観的な叙述の文であり、倭人の言に対する「直接法」の形の引用ではないのであるから、この点からも、氏のような〝特異な〟解釈の成立する余地は、全く存在しえないのである。

(4) 犬臺宮と太壹宮について

尾崎氏はつぎのように言われる。

「犬臺宮が太壹宮と書かれた例(漢・江充伝。これは字形の類似の上に、さらに「太一」が存在することによってそれにも引かれたのであろう)などもあって、漢土のことなら何でも、というわけには行かないことがわかる。要はそれらの文字を含むことばの、一般的な『知られ』の程度に、かかわるであろう。」

尾崎氏は、中国内においても「壹——臺」のあやまりの存する例として、右のように論じられた。ところがこれは、『漢書』において、顔師古註の中に、つぎのような形で出現している例である。

〈本文〉 初、充召見二犬臺宮一。

〈註記〉 晋灼曰、黄図上林有二犬臺宮一。外有二走狗観一也。
師古曰、今書本、犬臺有レ作二大壹字一者誤也。漢無二太壹宮一也。(7)

(『漢書』第十五、蒯伍江息夫伝、廿四史百衲本所収、北宋景祐刊本)

右の註記にあらわれた状況はつぎのようである。

(イ) 晋の晋灼は、「黄図上林」によって、「犬臺宮」を解説し、外に小犬が走るのが見える宮殿であるから、その名がある、と説いた。

(ロ) 唐の顔師古は、当時(唐代)の本に、この「犬臺宮」を「大壹宮」としているものがあることを指摘した上、これはあやまりだ、と判断した。なぜなら、漢代には「太壹宮」というものは存在しなかったから、というのである(8)。

右において、問題の焦点は「大壹宮」という字面をもつ「今書本」である。この「今の書本」(あるいは、他では「今の流俗の書本」ともいう。左例参照)という表現は、顔師古の註記にしばしば出現する慣例表現である。その用法をしらべよう。

A 〈本文〉「……籍入梁眴。」籍曰「可矣。」

〈註記〉 師古曰、眴、動目也。音舜。動レ目而使レ之也。今書本有二作レ眄者一流俗所レ改耳。

(『漢書』第一、陳勝項籍列伝)

右は、籍(項籍)が入ってきたら、梁(項籍の季父)が眴(めくばせ)する、という打ち合わせの文面である。これに対し、「今の書本」(唐代の通行本)には、「眄(ながしめ)」するに改定したものがある、と顔師古はいうのである。

これは、「眴」という文字の、漢代の用法を見失って、当時（唐代）にわかりやすい「眄」字に改めたものである、とし、顔師古はこれを「流俗、改むるのみ」として、しりぞけている。

B〈本文〉百万之軍仰レ関而攻レ秦。

〈註記〉師古曰、秦之地形高而諸侯之兵欲レ攻二関中一者、皆仰嚮。故云二「仰レ関」一也。今流俗書本、仰字作レ叩、非也。（『漢書』第一、陳勝項籍列伝）

この本文中に「仰レ関而攻」の一句がある。これは地形上の実地実形に即した、リアルな描写である。ところが、当時（唐代）の通行本では、この実地形を知らず、ためにこの文面を恣意をもって改定し、「叩レ関而攻」にしたものがある、と顔師古は言っているのである。

すなわち、この「改定」者は、一方で事実を精細に確かめることなく、常識的な当時の知見をもって軽々しく疑い、「仰は、字形の似た叩のあやまりだろう」と推断し、一応意味の通りやすい「叩」字に改めて「流布本」を刊しているのである。

以上のような「今書本」「今流俗書本」の用法は、顔師古註に頻出する。要するに、当代（唐）には、〝後代の知識をもって安易に原文面を改定した改定刊本、輯書の類〟が流布していた状況がうかがえる。顔師古註の一つの重要なねらいは、これら後代の改定をしりぞけ、「古形を復元する」ことだったのである。そして、この北宋景祐本『漢書』（廿四史百衲本所収）は、よくその原形を保っている刊本なのである。

このように検してくれば、問題の「犬臺宮━→大壹宮」という改定を行なった「今の書本」の史料性格も明らかとなろう。「犬臺宮」という字面を奇異とし、（とくに、「臺」は「宮」を指すこととなったため、後代からはこの両字は重複と見えるようになった。また「犬」字も宮殿名ににつかわしくない。）これを「大壹宮」と「改定」しているのである。これにはつぎのような関連事項がある。

(イ) 天神を祀る宮殿を「太一宮」と称する。

(淮南子、天文訓) 太微者、太一之庭也、紫宮者、太一之居也。

〔註〕 太一、天神也。

(ロ) 「太一」と「大壹」とは相通じて用いられていた。

(漢書、司馬相如伝) 使五帝先導兮、反大壹而従陵陽。

〔註〕 如淳曰、天極大星一明者、太一常居也。

右のような背景に立ちつつ、この後代流布本(唐代)は、〝「犬―大」「臺―壹」は字形が似ているから、原文面の「犬臺宮」は「大壹宮」のあやまりだろう〟と見なして「後代改定」の手を加えていたのである。

このような発想は、先の「仰→叩」の改定と同じ軽率さである。その上、わたしたちが見のがすことのできぬのは、これが『太平御覧』所引「魏志」の「倭国内階級差別→倭国使の対中国屈従」の「改定」と、同じ手口をしめしていることである。

すなわち、ここでも、原文面に対する、いちじるしく恣意的な改変が行われている。しかし、このような「後代の目による書き変え」というやり口が、唐代の学者によってしきりに実行されていたため、もって顔師古の批判をうけるにいたったのである。だから、顔師古にならっていえば、『太平御覧』所引の「魏志」なるものも、右のような「今の流俗の書本」を反映していたこととなるのである。

さらに論をすすめれば、この「犬臺宮→大壹宮」の改定は、「邪馬壹国→邪馬臺国」という改定とも、同じ心理にささえられていることを指摘せねばならぬ。すなわち、

(1)「邪馬壹」の字面を怪しむ。
(2)「壹——臺」は字形が似ているから、あやまったのだろう、と推断して「改定」する。

この二点である。

したがってこの例は、〃『三国志』以外ではあるけれども、「壹と臺」と両字面の錯誤が存在した〃という屈強の事例として、尾崎氏によって提出されたのであるが、その実は、〃原文の「臺」を軽々しく後代の知見をもって「壹」と改めた〃という悪例だったである。

この点、まさに先記の「聖壹——聖臺」の場合と同じ「後代改定者の錯失」をしめす、好個の事例があらわされているのである。

よって、尾崎氏はわたしの論証に反論せんとして、かえってわたしのために、このように意義深き用例を摘出して下さることとなったのである。

(5)「臺」の異体字について

尾崎氏は「壹と臺」の両字形があやまりやすかった証拠として、つぎのような例をあげておられる。

「ましていまの漢書の犬臺の例にも見るように、壹・臺は魯魚の誤まりを起こし易い文字である。臺の異体の中には壹のようなものさえあることをおぼえておいてもいいだろう」(注)

(注)羅振玉等編『増訂碑別字』

右の「犬臺」の問題についてはすでにのべた。そこで、今、尾崎氏の新たに指摘される、羅氏の史料を見よう。

これは「上虞・羅振鋆・玉輯」にかかる『増訂碑別字』五巻に出ているものである。そのうち「臺」の字は「碑一」(二十七、表五～十行)に出ている。それを左に掲げよう。

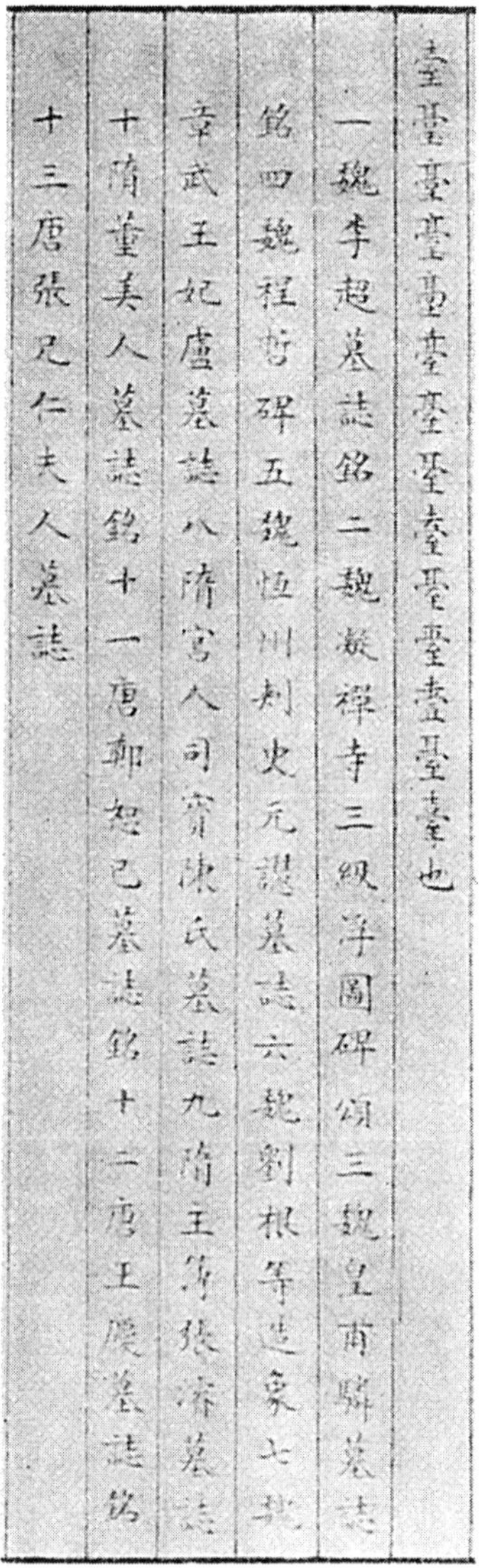
臺臺臺臺臺臺臺臺臺臺臺臺臺臺臺也
一魏李超墓誌銘二魏嵩禪寺三級浮圖碑頌三魏皇甫驎墓誌
銘四魏程哲碑五魏恆州刺史元諶墓誌六魏劉根等造象七魏
章武王妃盧墓誌八隋宮人司寶陳氏墓誌九隋王等張濬墓誌
十隋董美人墓誌銘十一唐鄭旭己墓誌銘十二唐王慶墓誌銘
十三唐張君仁夫人墓誌

羅振玉等編『増訂碑別字』の臺

壹についても掲げよう。同書「碑五」（七、表六〜七行）に出ている。

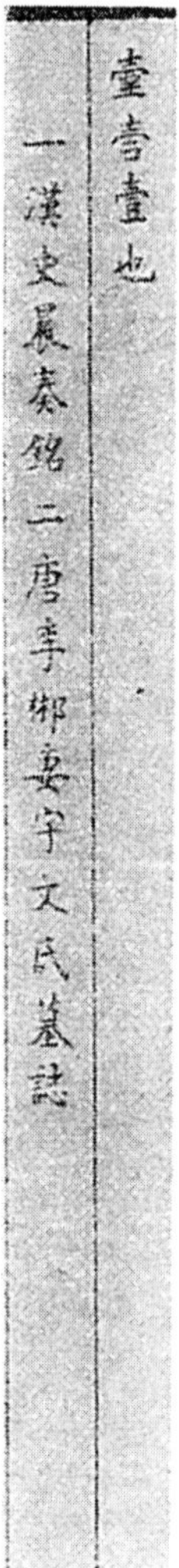
臺壹壹也
一漢史晨奏銘二唐李鄰妻宇文氏墓誌

『増訂碑別字』の壹

以上について、この史料取り扱い上、注意すべきはつぎの三点であると思われる。

(イ) これは当の金石文の直接写真版、もしくは印刻本の類ではない。それゆえ史料としては第一史料でなく、第二次的な史料である。

したがって、これを証拠とするためには、さらに慎重な史料的再検証が必要であるにもかかわらず、肝心の原碑文面が、わたしたちに検証し確認しえないという状況にある。

(ロ) ところが、尾崎氏の指摘される〝「豆」字をふくむ「臺」〟という字形は、全十三例中、右の「十二、唐王慶墓誌銘」の一例のみである。

(ハ) 羅氏の判読が正確であるとしても、なおつぎの事実が注目される。すなわち、

(a) 十三例中、十二例までは、尾崎氏の指摘されるような字形は出現していないこと。

(b) ことに「魏――隋」間十例においては、全くその出現例を見ないこと。(唐においても、三例中、二例ともこれとは異なっている。)

さらに、羅振玉の『碑別字拾遺』(十四、表終行~裏初行)には、唐代の二例をふくむ、左のような記載があるけれども、そのいずれにも、尾崎氏のしめされたような字形は存在しない。

右のような不安定な史料状況であるにもかかわらず、尾崎氏はこのような『増訂碑別字』全体のしめす状況を省略された上、みずから摘出されたその一例が、実は唐代のものであるという、原史料に明白に記せられた肝心の「時期」を記しておられない。ここには、先の「水谷論文」の引用のときと同じく、実例の摘出方法における〝時代性の無視〟を感じさせる。(9)

臺臺臺臺也

一唐節慰太子府丞賈栖納墓誌二唐太子左

賛善大夫李文奘墓誌三口孝基墓誌

『碑別字拾遺』の臺

尾崎氏は前の論文[10]において、「壱与」を「一与」とし、「邪馬壱」を「邪馬一」とする版本の実例のあることを認められながら、「それぞれに、いわば孤証」であるとして、無造作に斥けられた。

しかるに今、この不安定な「孤証」(『増訂碑別字』の「壹」)を、前後も時代も切り捨てたまま、みずから挙揚されているのである[11]。

(6) 裴註内の「壹―壺」問題について(再論)

先に六の(二)においてあげたこの問題(裴註に引用する魏書「壹衍鞮単于」――漢書匈奴伝「壺衍鞮単于」)につき、再び他の側面から見よう。

尾崎氏はこの問題について、つぎのようにのべておられる。

「なお念のためにいえば、その匈奴の単于の名を壹衍鞮に作ることについて、そこに裴の議論はない。」(傍点、古田)

これは、わたしが第一論文において、裴松之の註記の厳正さを説いたこと[12]に対する、氏の反論であると思われる。

しかしながら、ここにおいても、氏は一種の「錯覚」に陥っておられるようである。

なぜなら、裴松之註記は『三国志』に対するものである以上、あくまで「三国志本文」の問題についてである。それ故「諸書」を論ずる場合にも、その「諸書」の記事が「三国志本文」との間に、矛盾・異同を有するときに行われるものだからである。

このことは、裴松之の書いた「上三国志註表」にも明記されている。

A 其寿所レ不レ載、事宜レ存レ録者、則罔レ不三採取以補二其闕一、

B 或出二事本異一、疑不レ能レ判、並皆抄レ内。

C　事当否及二寿之小失一、頗以二愚意一有レ所二論弁一。

右のB・Cには、寿（陳寿）の所述について、「本異」をのべ、「論弁」を加える旨が記されている。また、Aでは、陳寿ののせていないことについては、事柄の性格上、『三国志』に記録すべきものについて、これを補う、と言っている。

すなわち、あくまで「三国志文面の当否」を中軸とし、これを諸書と対比しつつ論弁を加えよう、と言っているのである。

これに対し、尾崎氏の言われる「壹衍鞮単于」の場合は、『三国志』本文には何等存在していない名辞である。また、時代から言っても、『三国志』に存在すべき筋合いのない、後漢時代の匈奴の単于名なのである。ただ、『三国志』第三十、烏丸鮮卑伝の冒頭に、烏丸の活躍の参考事項として、裴松之は魏書を引用した。この中にたまたま出てくるだけの名辞なのである。これら、『三国志』本文には全く存在せぬ、引用「諸書」中の問題点を、『三国志』本文とは無関係にいちいち論弁する、などとは、裴松之は一切のべていない。また裴註二六六個所の事実も、このようなやり方はしていないのである。

このような裴註の立場を無視して、裴松之の粗漏、上表文との矛盾を印象づけるような、尾崎氏の行文は、やはり不用意というほかないであろう(13)。

これに比して、「邪馬壹国」の場合はこれと全く異なる。明白に『三国志』本文中の字句である上、東夷伝中、出色・白眉の国（魏朝に忠実に遠夷朝貢してきた夷蛮の国）として記せられた中心国名なのである。しかるに、〝裴松之は、『三国志』本文において、「邪馬壹国」「邪馬臺国」という二種の字面の異本を見ながら、あえてこれを無視してこの異同について註記することをせず、何の論弁をも加えなかった〟――このように、尾崎氏が右の「壹衍鞮単于」問題に依拠しつつ、立論しようとされても、それは論理の上において、筋ちがいの論法となっている、と言わざるをえないのである。

(7)　『魏略』について

白鳥庫吉氏、内藤湖南氏以来、通説化してきた、『魏略』をもって『三国志』の依拠テキストのように見なす考えに対して、尾崎氏は疑念を表明しておられる。この点については、わたしも異存はない。たとえば、ある一個の資料（たとえば魏使の報告文書）があって、それが一方では『魏略』に、他方では『三国志』に現れた、ということもありうる。だから、『魏略』と『三国志』とに共通文章があったといって、そこから直ちに「魏略→三国志」の関係は断言できないのである(14)。

この点、わたしの第一論文では一応通説的見地に触れただけであったが(15)、この両書間の関係はなお慎重に追跡さるべき問題であることを尾崎氏と共に確認したいと思う(16)。

(8)　「邪馬壹＝八女」説の否定について

尾崎氏は、わたしの「邪馬壹国」所在地論の未来に対して〝先まわり〟をして、わたしの「蹉跌」をふせごうとされたようである。そのため、未だ誰人も唱えたことのない「邪馬壹＝八女」説をみずから仮構し、みずから否定する、という労をとられた(17)。

しかし、この問題については、すでにわたしの前掲書に詳述した。これによって、氏はその憂いを解かれたことと思われる。

（1）　十一の〈補注〉参照。

（2）　名古屋大学文学部二十周年記念論集（昭和四十四年一月三十一日）所収。

（3）　これは倭人伝中の「觚(こ)」と「古(こ)」について、「前者が平声、後者が上声であることを考慮に入れるなら、同音ながら異声であり、漢字音としては異音字としても扱えないことはない」という論を立てられ、氏の一字一音主義的理解にとっての「障害」とならぬように解しようとされた意図が論述の中にあらわされている。

（4）「知らんけれども十二円五十銭は法外だとは何だ。まるで論理に合はん。夫だから貴様はオタンチン、パレオロガスだと云ふんだ」漱石の造語による侮蔑語である。

（5）古田著『「邪馬台国」はなかった』第六章Ⅰ〝「卑字」の新局面〟

（6）同右著第五章Ⅰ〝なぜ邪馬壹国と書かれたか〟

（7）「大壹字」の方は「大」、「太壹宮」の方は「太」となっている。

（8）顔師古は流布本漢書に「大壹宮」となっているのを見て、これは「太壹宮」のことを指すものと解し、この宮殿名は漢代にはなかった、という認識から、これを後代改定者の杜撰にして恣意的な改定の一つ、と見なして註記したのである。

（9）ことに尾崎氏の所論は、別に「壹―臺」間の錯雑が唐代に生起した、というものではない。むしろ、この文の直後、五世紀の裴松之段階の問題について、注目しておられるのである。この点からみると、氏がこの「唐代」という「時代」を削除した形で引用されたのは、一段と不用意であろう。すなわち、この七、八世紀段階の字形の、この時代（唐）における一般性の論証、さらにこの字形を三～五世紀段階におよぼしうるという論証、それら一切、尾崎氏の論文には存在しないのである。

（10）尾崎氏「日本古代史中国史料の処理における漢語学的問題点」（『人文』第十五集、昭和四十四年一月、京都大学教養部）

（11）「壹」と「臺」との古形比較は、「錯誤」問題追究の筋道として検証すべきものであるけれども、陳寿自筆本や『三国志』古写本等が欠如している以上、とうてい「決め手」となるものではない。（この点、第一論文五六頁、前掲書二四頁参照）（なお、この唐王慶墓誌の全文は、羅振玉『山左家墓遺文』に収録。）

（12）第一論文十三

（13）その上、この「壹」表記が魏書に本来あったものか、それとも裴松之以後の版刻の際に生じたものかも、簡単には断じがたいであろう。（「壹」と「壺」のあやまりやすいことは、すでに六の(二)にのべた）

(14) この点、山尾幸久氏も「魏志倭人伝の史料批判」（『立命館文学』2、一九六七、第二七〇号）において考察を加えておられる。

(15) 第一論文六五頁

(16) ただし、尾崎氏の言われる、後代典籍所引のいわゆる『魏略』をもって、「魏志の節略」の意と見なす見地は、一つの興味深いアイデアではあるものの、なお必要にして十分な論証の上には立っていないように思われる。

(17) この問題について、氏はつぎのようにのべておられる。「邪馬壱、邪馬臺のいずれを取るべきか、後代の日本語との連系を重視すればHiatus（〝母音接続〟——連続する二つの語または音節の母音が直接隣り合うこと——古田注記）に関係する問題として何といっても後者に分があろう。ヤマイがちぢまってヤメになった、邪馬壱は八女である、というような議論が短絡的に出て来ても困るので、いっておく。なるほど後世メの仮名として売（漢語標準音 mai^4）が使われてはいる。しかし、これとそれ（馬壱 ma^3yi^4。なるほど上声入声のつながりで、両方とも短い音である可能性はある）とを結びつけるのには、まず漢語の音節の独立性について周到な考慮をめぐらす必要があるだろう。二つの短い音は、一つの長い音になり易いだろうなどと、簡単に老えてもらっても困る。あらゆる方言において観察されるように、漢語の、長い母音はかえって弱く、短い母音はかえって強い。弱さと長さ、強さと短かさをそれぞれに掛け合わせた積は同じく一であって、総量においてはそれぞれ等しいことが、この国の美文学に、徹底した音数律を完成させた言語上の基礎であると考える私にとって、かりに女王の国が邪馬壱であったとすると、その第二、第三音節はかえって強い、それぞれに独立性の高い音節と、漢人の耳に聞える音であったと見える。それが後代ヤメにちぢまる可能性を私は簡単には信じがたいのである。」

十一

以上によって、尾崎氏の各論点（わたしの論文への反論）についての反証を終わった。

けれども、なお、つぎの問題を追記しておきたい。

それは、尾崎氏がみずからその論文の最後を飾られた、一種「神秘」な印象の説についてである。それは二説に分かれている。

(1)「伊都国の国王は、畿内大和の朝廷を、それがあたかも南九州に在るかの如く魏使に語ったとするのはその一である。」

これは、あたかも、本居宣長の熊襲偽僭説のように、伊都国王偽伝説である。邪馬台国研究史上著名な「倭人からの伝聞」説[(1)]を、伊都国王に転化されたのである。

(2)「前稿[(2)]に書いたようにそれ（倭人伝の邪馬臺）は伊都の国王の信仰の中にのみある空想の国と考えられないこともないけれども、しかしいま右の一に述べるように、倭人伝の旅程記事は、畿内大和について可能なことは、南九州日向についても同様に可能なものであるとすれば、伊都の国王の精神上の支えになるなんらかのものが、ただし現実は戸七万余だなどということは全くなくて、ただ信仰の対象として日向の国に実在した、というようなことも考えられるだろう。」

つまり、三世紀現実の日向に、〝ささやかなる邪馬臺〟が信仰上の聖地として実在した。伊都国王は、その芥子種をふくらまして、〝巨大な中心国家、邪馬臺国〟が日向に実在しているかのように偽唱し、魏使はそれを盲信した、というのである。

ここでは、伊都国王は誇大盲想的な〝狂信の語り手〟に仕立てられ、魏使や魏晋朝の記録官や史官（陳寿）は、その誇妄にだまされて、無批判に記録した者とされている。

このような「倭人を侮り」「古代中国人を軽視する」発想がいかに邪馬台国研究史上の宿痾となってきたか、この点も、前掲書に縷々のべたごとくである。(3) 中国語研究の「専家」たる尾崎氏にしてまた、この宿痾をまぬかれておられないようである。

さすが佐伯有清氏も、この尾崎氏の神秘主義的構想に対しては、「異論も多いことと思われるが」として、疑惑の意を表明せられた上で、それとは別に尾崎氏の「古田説批判」部分が正鵠を得ている旨、強調せられた。

しかし、実は尾崎論文の前後二編を通して検証すれば判明するように、(4) 尾崎氏の〝中国語音韻の立場からする専家的発言〟も、実は右のような特異な構想と相呼応していたのである。そしてその両者とも、厳正な史料批判を経過していない、という共通の脆弱性をになっていることが、以上の再批判によって、判明するにいたったのである。

（1）古田著前掲書一二七〜九頁、三一〇〜五頁

（2）十の注（10）論文

（3）右の（1）部分参照

（4）尾崎氏は前の論文において「卑弥呼＝日向、臺与＝豊ナラズヤトノ着想」から、「或ル種ノ国生ミ神話ノ断片ニ所謂地名説話ノ加上セラレタルモノ」という「想ヒ」に立って魏志倭人伝を理解する、という特異の説を展開せられた。（また一方では、「壱与を伊予に結びつけ」る見解を提示されている。）

十二

尾崎論文に対する再批判を終えた今、牧論文を検証しよう。

牧氏は先にあげた『龍谷法学』の論文(1)に加え、さらに相次いで出された論文「魏志倭人伝正解の条件」(『史林』53—5)の中でも、重ねてわたしの第一論文「邪馬壹国」への批判を行われた。

その全体については、わたしの前掲書における倭人伝解読がおのずからそれに対する回答に当たるであろう。

それ故、今は『龍谷法学』『史林』の両論文に共通して牧氏の提示せられた〝「臺」の漢字表記〟問題に限定して再検証を加えることとする。

㈠「リント」の地名表記について

牧氏の提示せられた史料はつぎのようである。

A　宛善馬絶不レ来。烏孫侖頭易苦二漢使一矣。(2)　（『史記』第六十三、大宛列伝）

B　宛善馬絶不レ来。烏孫輪臺易苦二漢使一。　（『漢書』第三十一、張騫李広利伝）

この二文の相似から、『漢書』が『史記』の文を襲(おそ)うていることは明らかである。ところが、『史記』の場合「侖頭」とあった地名が、『漢書』では「輪臺」と変えられている。

この点から、牧氏はつぎのように推論される。

「『史記』の〝侖頭〟が『前漢書』では〝輪臺〟になっているのは、両者が共に〝リント〟という同一の地名を表現しているからだろうと思うのである。(3)」（『龍谷法学』所収論文六二頁）

つまり牧氏の考えでは、原地音「リント」が、一方では「侖頭」、他方では「輪臺」と漢字表記せられた、として、ここに「臺」が「ト」の漢字表記として用いられた「疑いのない証拠(4)」がある、と言われるのである。

この牧氏の推論に対する反証をあげよう。

『漢書』は、西域伝等において、果たして〝「ト」の音を「臺」で表記する〟という表記方式をとっているであろうか。

左の『漢書』内の事例を見よう。

尉頭国王治㆓尉頭谷㆒。（『漢書』西域伝上、尉頭国）

其王烏頭労数剽㆓殺漢使㆒。烏頭労死、子代立。（『漢書』西域伝上、罽賓国）

匈奴単于曰㆓頭曼㆒。頭曼不㆑勝㆑秦、北徙十余年。（『漢書』匈奴伝上）

少子姑瞀楼頭為㆓右谷蠡王㆒。（『漢書』匈奴伝下）

右において「尉頭国」「尉頭谷」「烏頭労」「頭曼」「姑瞀楼頭」といったように、いずれも夷蛮の国名・地名・単于名・王名等を表記する場合、「頭」の字が用いられている。ことに「尉頭国」「尉頭谷」の場合、例の「侖頭」と同じ西域の地名である。したがって、同一個所を指す地名を「侖頭」から「輪臺」へと『漢書』の著者が書き変えたのは、「表音」上の理由からではないことが判明する。すなわち、〝『史記』の著者は「ト」を「頭」で表記していたのに、『漢書』の著者は「ト」を「臺」で表記することとした〟というような、〝原地音の表記漢字の変化〟という、単純な音韻上の理由ではない、と言わなければならぬ。

なぜなら、もしこれが〝「ト」音表記が単に「頭（『史記』）――→臺（『漢書』）」と移ったこと〟の反映ならば、同じ『漢書』内に存在する、右の「尉頭国」「尉頭谷」「烏頭労」「頭曼」「姑瞀楼頭」は当然、それぞれ「尉臺国」「尉臺谷」「烏臺労」「臺曼」「姑瞀楼臺」という表記となっていなければならないはずである。

しかし、『漢書』の西域伝、匈奴伝内の事実はこれに反する。したがって、現地音「ト」の類の音は、『漢書』においてもやはり『史記』の場合と同じく、「頭」と表記されている、と見るほかないのである。(5)

それ故、『漢書』の著者がこの「侖頭」のみ「輪臺」と書き改めたのには、別の理由がなければならぬ。端的に言えば、『漢書』の段階では、侖頭の地が「輪臺」と呼ばれていたからである、と思われるのである。

その証拠はほかでもない。牧氏も言及された『漢書』西域伝にのせられている、武帝の「輪臺の詔」である。

悲痛常在二朕心一。今請遠田二輪臺一、欲レ起二亭隧一。（『漢書』西域伝下、烏塁）

このように詔勅内に「輪臺」の名が使われている。すなわち、漢側の正式の称呼であったことが判明する。

さて、右の詔において、「田」とは〝屯田兵を置く〟ことであり、「亭隧」とは〝とりでの物見やぐらと地下道〟のことである。(6)すなわち、輪臺は、漢側の屯田兵駐在の地とされているのである。(7)

さらに、この「武帝の詔」の直前に、征和中（前九二～前八九、武帝末年）における、捜粟都尉桑弘羊等の奏言として、

臣愚以為、可下遣二屯田兵一詣二故輪臺一以東置二校尉三人一分護上。（『漢書』西域伝下、烏塁条）

とある。

すなわち「輪臺」が漢側にとって西域支配の一つの中心的な拠点・城塞となっていたことが知られるのである。

このような状況から見ると、「侖頭」より「輪臺」への、つぎのような地名変遷が考えられる。

(A)『史記』大宛伝に現れる「侖頭」の地名は、「リントウ」あるいは「ロントウ」の類の現地音に対応した漢字表記である。(この「侖頭」という字面の意義については、注に詳記する。[8])

(B) これに対して「輪臺」の場合は異なる。これは、現地音の漢字表記ではなく、漢側の命名によるものであると思われる。すなわち、先にのべたように、漢はここを屯田兵等の中心拠点としていたのであるから、その高臺(もりつち)の上に築かれた城塞に対し、この命名を行なったもの、と思われる。

(この「臺」の第一の字義として、

臺、観四方而高者也。(説文)とある。)

また、右の武帝の「輪臺の詔」をふくむ『漢書』西域伝下、烏塁項の冒頭には、

烏塁、戸百一十、口千二百、勝兵三百人、城都尉訳長各一人、与二都護一同治。

とある。

この「烏塁」の「烏」は「烏の地」たるをしめす語であり、これに城塞をしめす「塁」字を付して、もってこの拠点の呼称としているのである。

したがってこれと同じく、「輪臺」も、〃侖頭の地に城塞の存する臺地〃の意義をもって命名された、「中国側地名」ではないか、と思われるのである。

(この場合、「輪」はおそらく「侖」と同音であって、新たに「車」偏がつけられたのは、漢軍等の車馬の駐在の

地となっていたことを反映しているのではあるまいか。(9)

○輪　〈リン〉龍春切〔集韻〕luen^1・2^

○侖 ｛〈ロン〉盧昆切〔集韻〕luen^2^
　　　〈リン〉龍春切〔集韻〕　）

また〝辺境におかれた漢側の呼称による「臺」〟として、『漢書』武帝紀につぎの記事がある。

（元封元年冬十月）（武帝）行自二雲陽一北歴二上郡・西河・五原一、出二長城一北登二単于臺一。至二朔方一臨二北河一勒二兵十八万旌旗一。径千余里。威震二匈奴一。

右の「単于臺」は匈奴側の呼称でなく、漢側の呼称である。すなわち、匈奴側が「ゼンウト」といった呼び方をしていたわけではない。〝単于の塞、もしくは宮殿であったところ〟、あるいは〝単于の地に建てた高台の塞〟の義から、「単于臺」と名づけたのである。つまり、この「臺」は中国語であって、現地音の漢字表記ではないのである。この点、同し武帝紀に存する「柏梁臺」「通天臺」の「臺」と同義なのである。

このように考えてくると、「輪臺」もまた、西域における城塞として、漢側の命名によるものであると見なすことの自然であることが判明するのである。少なくとも、牧氏のように〝「侖頭」も「輪臺」も共に同一現地音の漢字表記の移行にすぎない〟という断案の容易に成立しがたいことが明らかとなろう。

さらに注目すべきは、『史記』における左の記事である。

匈奴単于曰二頭曼一。頭曼不レ勝レ秦。北徙十余年。（『史記』匈奴伝）

右の「頭曼」が、『漢書』においても、この文を承述しつつ、同じく「頭曼」と記せられていることは、先にあげた如くである。決して「臺曼」ではない。してみると、牧氏の「頭」(『史記』)→臺(『漢書』)」という、〝表音表記漢字の移行説〟は明白に否定せられねばならないこととなるであろう。(10)

(1)「古田武彦氏の『邪馬壹国』について」(『龍谷法学』2―2~4、一九七〇年九月)

(2)牧氏はこの「宛善馬」を「漢善馬」として引用され、これをみずから不審としておられる(中央民族学院研究部主編「歴代各族伝記会編」北京新華書店昭33によられた)。けれども、宋慶元黄善夫刊本(廿四史百衲本所収)による限り、『史記』も「宛善馬」であり、文意もそれでなければ通じない。よって今は右の宋刊本によって記した。

(3)牧氏はこれに追加して現地音は「リト」かもしれぬと言われている。

(4)『史林』所収論文八三頁。

(5)もっとも「頭」がいかなる現地音の漢字表記であるか、という問題は、この字の上古音の追跡によってはじめて確定し得るものである。

(6)「亭」は宿駅を言い、「隧」は〝深険の処に依りて行道を開通するもの〟を言う。

(7)これは『漢書』西域伝序文に、つぎのようにあることによっても明らかである。

漢興至二于孝武一事征二四夷一広二威徳一。……於レ是自二敦煌一西至二塩沢一往往起レ亭。輪臺・渠犂皆有二田卒数百人一、置二使者校尉一領護、以給下使二外国一者上。

(8)この「侖頭」の字面は有名な「崑崙山」に関連すると思われる。なぜなら、この「侖頭」の文の直前につぎの文があるからである。

漢使窮二河源一、河源出二于窴一其山多二玉石一、采来。天子按二古図書一、名二河所レ出山一曰二崑崙一。(『史記』大宛伝)

また同じ「大宛伝」末には司馬遷自身次のように記している。

太史公曰「禹本紀言『河出二崑崙一。』崑崙其高二千五百余里、日月所二相避隠一為二光明一也。……所謂崑崙者乎。」

この「崑崙」はまた「昆侖」とも記せられている（『漢書』地理志）。こうしてみると、この「侖頭」は〝崑崙（昆侖）山のほとり〟といった意義の字面となっている。（「崙」は「侖」と同音であり、「崙」の方は「山」であることをしめすにすぎぬものと思われる）。すなわち「侖頭」の地理的位置と字義とがよく合致しているのである。

これは、先の尾崎論文再批判の第一にのべた

（i）表音的段階（現地音に相当する文字群の選択）

（ii）表意的段階（その名辞にふさわしい字面の一字選択）

という漢字の表音表記の二段階の経過によるものである。

(9) また注（7）の例にあるように、漢より外国に使する者の休養の拠点とせられていたのである。

(10) なお、この「侖頭→輪臺」という地名変遷は、史料批判上きわめて興味深い問題をしめしているのであるが、この点は別稿に詳述したい。

十三

(二)「臺」の変遷と表音表記について

つぎに、牧氏の看過された重大な点は、『漢書』と『三国志』との間に存在する「臺」字使用の差異である。

すなわち、『漢書』に西域の地名ないし国名として「輪臺」のあることより、牧氏は、「西域の地方はいわゆる西戎の地方であり、外夷の地である点では東夷の地と変わるところがないと

いわざるをえない。だから西戎の一国に用いた臺の字を東夷の一国において絶対に用いられないという理由はないと考えられるであろう。それで私は邪馬臺の臺の字は、前漢書の書例に従うて書かれた魏志の倭人伝では、最初から倭国の国都の所在地、即ち『女王之所都』であった『ヤマト』という国名の『ト』という音を表示するために用いられた文字であったのに相違なかろうと思うのである。(1)」と論ぜられたのである。

前節の論証のように、「輪臺」の「臺」は「ト」の音表記ではない。これは漢側命名の「辺境の塞」名にもとづくもの(2)であるから、「臺」字が表音表記としてでなく、「臺名」として用いられることは、何等不思議なことではない。

○（元鼎二年）春起㆓柏梁臺㆒。

○（元封二年冬十月……）還作㆓甘泉通天臺・長安飛廉館㆒。

○（太初元年）乙酉柏梁臺災。

右のように『漢書』（第六武帝紀）中にも幾多の用例が存在するのみならず、先にあげた「単于臺」のように、「辺境の塞、もしくは高楼」の場合にも使用されているからである。

この際、問題の焦点は「表音表記漢字」としての「臺」字である。そして牧氏が『漢書』中における「臺＝ト」の表記例として提起せられた「輪臺」は、実は当の問題に妥当しえないこと、今は明白となった。

しかし、さらにすすんで十分に明らかにしておきたいのは、左の点である。

それは、〝もしかりに、『漢書』段階（漢代）で「臺＝ト」という表音例が見出されたとしても、それは決して『三国志』中の問題（「邪馬臺国」表記の魏晋朝における適否）には妥当せしめえない〟という一点である。

なぜなら、「臺」という字は

漢代(1)　盛り土の義

(2)　臺地の上の高楼、宮殿の義

(3)　人名等

魏晋代(1)(2)(3)、右に同じ。

(4)　天子の宮殿及び天子直属の中央官庁

という、意義上の発展を見ている。(3)

しかも、魏晋朝においては、(4)の意義が代表的であり、かつ中枢をなした。それは「詣レ臺」（魏志倭人伝）という用例のしめすように、「臺」一字で、洛陽の天子の宮殿を指しえた、という一事からも判明するであろう。

このような状況下にあって、〝「ヤマト」という現地名を「邪馬臺」と漢字表記する〟ようなことは、魏晋朝の史官（陳寿等）にとって、絶対にありうべきことではなかった。

なぜなら、先にのべたように、現地音の表音表記の場合、

（ｉ）　多字段階（音の相当する漢字群）

（ii）　一字段階（名辞にふさわしい意義をもつ一字選択）

という二段階の経過は不可避である。

そしてこの（ii）段階において多数の「卑字」の使用されたこと、倭人伝に見る如くである。しかも、それは肝心の「邪馬壹国」という単語の中にも表れている。

しかるに、魏晋朝の史官が、その同一単語中に「臺」という魏晋朝至高の「貴字」を使用すること
――それは、まさにありうることではない、というほかないのである。

これを要約すれば、牧氏のあげられた事例は、
㈠「輪臺」それ自身、現地音の表音表記例ではなかったから、当をえていなかった。

㈡典拠が『漢書』であるから、この問題に関する限り、『三国志』の論証事例とはなりえないものであった。

この二点とも、わたしの論証に対する反論として、不適切であったことが判明したのである。

以上によって、尾崎・牧両論文に対する再批判を終えた。

最後に、両氏には文献関係や御教示において厚き恩顧をこうむっていることを謝し、さらに、後学に対し率直な批判をお寄せ下さった学問上の恩義に報いるために、この稿をしたためたことをとくに記させていただきたい。もし反証の途次、過辞あらば、学問のため、ひとえに御寛恕賜わらんことを伏して願う。

ことに尾崎氏はその論文の末尾に「それぞれの専門の分野に立ち戻り……いまは論争をやめることこそが必要なのではあるまいか」という「論争停戦の提案」を行われている。

しかしながら、学問にこそ小休止はない。いかなる論争も、共通の真実に逢着する日までやむことはありえないのではあるまいか。

それゆえ、わたしは両氏のさらなる反批判と御叱正を切願しつつ、一旦筆を擱かせていただくこととする。
（1）『龍谷法学』所収論文

（2）この「輪臺」は地名変遷とその史料的反映について、大略左のようであったと思われる。
(1)「辺境の塞」としての漢側の命名。（武帝時代――ただし、『史記』の著者司馬遷段階では採用されていない。）
(2)「侖頭」に代わる地名もしくは国名として一般化。（『漢書』の著者班固の段階）
(3) 班固は『史記』の文を承述するとき、すべて「侖頭→輪臺」と地名置換を行なって引用。
以上の点について、別稿で詳述したい。

（3）古田第一論文「邪馬壹国」八、十六参照。

補注1

「一字一音主義」的理解について

尾崎氏は、〝倭人伝の倭語漢字表記においては、「一字一音主義」が守られている〟という「仮説」を立てられた。これは氏にとって、〝倭人伝の倭語表記漢字は純音韻主義的に使用されている〟という命題の、具体的・技術的表現にほかならぬものであった。

けれどもその際、まず氏にとって「障害」としてたちあらわれたのはつぎの点である。

「単字表」（第二節参照）六十六字を純粋な音韻主義的表記と見なすために、氏にとっては、これらの字はすべて「異音」でなければならなかった。ところが、実は四組八字の同音字があったのである。

（1）一と壹（一大、邪馬壹、壹与）
（2）躬と弓（躬臣、卑弥弓呼）
（3）觚と古（泄謨觚、柄渠觚、兕馬觚、好古都、狗古智卑狗）
（4）謨と模（泄謨觚、多模）

この四組に対して、氏はつぎのような「論証」を展開される。

右の（1）（2）について。

氏は倭人伝を三段に分けられる。

A｛第一段　倭の政治地理（「万二千余里」まで）
　　第二段　倭人の習俗（「周旋五千余里」まで）

B―第三段　倭人の魏朝との交渉記録（末尾まで）

右について、氏は第一、二段（A）と第三段（B）とは別時異人の記録であると見なし、BはAとは「異質の材料にもとづく記述だと考える方が自然であろう」と言われる。

そして右の（1）（2）中の「一、躬」がA（第一段）に表れ、「壹、弓」がB（第三段）に表れることから、〝これは異時別人の記録だから、「同音」でも、「一字一音主義」理解に矛盾しない〟と言われるのである。

この場合、肝心の「邪馬壹」はA（第一段）に出ているのであるから、この氏の分類に矛盾する。しかし氏は「邪馬壱については、いまは問題にしない。私はなお邪馬臺のあり得べきことを、信じているのである。邪馬臺が正しいと信じているというのではない、それがあってもさしつかえないと思っているというのである。」と記して、この分析から除外しておられる。

〝邪馬臺であっても「さしつかえない」〟という理由から、「邪馬壹」の字面を無視し、A（第一段）には「壹」という漢字表記は存在しないこととして分類してゆく――ここに氏の史料操作の〝無造作さ〟が端的にあらわれている。

その上、右のAとBが異時別人の記録だという論証、この肝心の論証を一切しめしておられないのである。そして逆に、右の（1）（2）の「同音」がAとBの各々にあらわれることを根拠として、「つまり、これらの文字（じつは音）を含む倭語が、異字別人の記録であることを示すといえないだろうか」と言われる。

これはまさに論理上無意義な同語反復である。なぜなら、氏の立論に不都合な「同音字」の存在という矛盾に対して、「異時別人の記録」による、という理由を付されながら、逆にその「異時別人の記録」であるという根拠を「同音字」がそれぞれに存在することに求めておられるからである。

これは〝右手の潔白を証明するに左手をもってし、左手の潔白を証明するに右手をもってする〟類の循環論法である。

(倭人伝がいかなる原資料を根拠にしていたか、という問題は、好個の研究課題ではあろう。しかし、他に同時代の第一次資料が現存しないだけに、その方法はきわめて慎重でなければならず、当然必要にして十分な史料批判を経過したものでなければならないであろう。)

つぎに「觚と古」について。

これについて、氏は「觚」が「平声」、「古」が「上声」であることをもって、「同音」ながら「異声」であるとしておられる。そして先記(第十節1参照)のように、水谷氏の論文を引いて「平声(この場合には觚)字は梵語の長母音に対応し易く、上声(この場合には古)字は梵語の短母音に対応し易い」と言われる。

しかし、三世紀において、これら「觚」や「古」によって表された倭音がはたしてそれぞれ「長母音」「短母音」であったかどうかという問題の立証を欠いている。(さらに、倭語の長母音と短母音が漢字表記における「平声」と「上声」という「同音異声」に反映しているとするならば、六十六字中、わずかこの一組しか「同音異声」例がないというのは、いささか不自然であり、さらに慎重な分析が望まれよう。)

それゆえ、もし音韻学者としてこのような立言を行われるならば、〝倭人伝においては、一般に倭語の「長母音」「短母音」が、中国側において、それぞれ「平声」「上声」として「異声」で表記されている〟という法則性を、必要にして十分な検証によって抽出し、その上に立ってこそ立言さるべきであろう。しかるに、氏はそのような基礎作業を一切行わず、先の循環論法をもってこれに換えておられるのは、中国語学の「専家」としていささか不用意たるをまぬかれないのではあるまいか。

つぎに謨と模について。

「謨」を『翰苑』所引の『魏略』において、「溪」と記してある点より、「言」は「氵」にあやまりやすかったとし、原文の「謨」は「漠」のまちがいではないか、とせられる。つまり、「謨→漠」という「改定」を行われるのである。すなわち、この「漠」なら「模」とは「異音」だ、というわけである。

従来の邪馬台国研究者の「通弊」たる〝自己の立論のための難点に当面すれば原文を改定して切り抜ける〟

という手法がここでも用いられている（古田前掲書一二五～六頁、二九九～三〇〇頁参照）。このような手法で「同音字」を「異音字」に切り替えることができるのなら、これまた、いかなる「同音字」も後代学者の〝手かげん〟による「改定」によって、即座に「異音」化できるであろう。氏にとって、『翰苑』『魏略』はいわば「改定」のヒントを提供したものにすぎず、氏はみずからどの史料にも存在せぬ「漠」字を創案し、もって自己立論の難点に対処しようとされたのである。

以上によって明らかになったように、氏が「一字一音主義」的理解のために行われた、各種の〝同音字の異音化〟作業は、いずれも史料批判の厳格な視点から見れば、遺憾ながらきわめて〝恣意的な手法〟に陥っている、と言わざるをえないようである。

補注2　「伊都国」の表音表記について

倭人伝の中に「ト」の音に相当する表記として「都」字が用いられている。「伊都国」がそれである。これは明らかに現地音の漢字表記である。今、この国名について簡明な論証を加えよう。

局知のように、倭人伝にはつぎの一節がある。

〇南至二邪馬壹国一。女王之所レ都。

すなわち、邪馬壹国は倭国の王の「都」としてとらえられている。

一方、この「都」字は、右の「伊都国」にしめされている如く、現地音「ト」の類の音の漢字表記として使用されている。

都ト　〔集韻〕東徒切

ツ　刀、又 tu

刀、又 tou

したがって、もしかりに「ヤマト」という現地音の地名(1)が倭王の治所であったとしたなら、そのとき陳寿は当然これを「邪馬都」と表記したものと思われるのである。

なぜなら、現地音の漢字表記のルールは、すでにしばしばのべた通り、

(i) 表音的段階——多字選択

(ii) 表意的段階——一字選択

の二段階を経過するのであるから、第二段階において、「ト」の現地音に対して、この場合「都」字以上にふさわしい文字はありえないのである。

ところが、この適切な文字を用いず、魏晋朝においては天子の宮闕を特定して指称した「臺」字(2)、しかも倭人伝中にも「詣レ臺」として、天子指称の語として使用している(3)「臺」字を用いたとしたら、これほど不可解・不適切の用字法は存在しないであろう。

このような、「表音表記」の視点からも、『三国志』の原文面に「邪馬臺国」をあてようとする説は完全に否定されざるをえないのである。

しかしながら、この問題は直ちにつぎの局面を提起する。それは〝では、倭王の治所にあらざる伊都国をもって、なぜ「伊都国」と表記したのか〞という疑問である。

たしかに、「ト」類の音の文字は数多いのであるから、ここに特徴ある「都」字の用いられていることは、まさに疑うべき問題なのである。

これについて左に解明しよう(4)。

この「伊都国」という表記は、洛陽にあった史官陳寿にとって、深い典拠と類縁を有したものであると考えられる。

なぜならば洛陽の近傍にこれと相関する字面をもつ「伊闕」の地があったからである。

A　十四年、左更白起、攻二韓魏於伊闕一、斬レ首二十四万、虜二公孫喜一、抜二五城一。　（『史記』秦紀）

B　塞二轘轅伊闕之道一。　（『史記』淮南王伝）

C　舜乃使下禹疏二三江五湖一闢二伊闕一導中廛澗上。　（『淮南子』本経訓）

D　背二伊闕一、越二轘轅一。　（曹植『洛神賦』）

E　中平元年、置二八関都尉官一。　（『後漢書』霊帝紀）

〔注〕謂二函谷・広城・伊闕・大谷・轘轅・旋門・小平津・孟津一也。

F　霊帝中元元年以二河南尹何進一為二大将軍一率二五営士一屯二都亭一、置二函谷・広城・伊闕・大谷・轘轅・旋門・小平津・孟津等八関一、都尉官治レ此。

この「伊闕」は春秋時代の周の闕塞に当たる。

○使三女寛守二闕塞一。　（『左氏』昭二十六）

（註）洛陽西南伊闕口也。

そして右のE・Fにあるように漢の霊帝の八関の一であり（中元元年は西暦一八四）、洛陽の西南にあたる関塞であった。

「伊闕」の「闕」は、天子の居所たる宮殿の意義であり、「伊」は「伊邇」（イジ、〝コレチカシ〟の義で、近傍なるをしめす）の熟語にある発語の辞である。

○不レ遠伊邇、薄送二我畿一。　（『詩経』邶風、谷風）

「伊」そのものに直接「近」の意義があるわけではないけれども、この『詩経』の著名な詩句のイメージからしても、首都洛陽なる宮闕の西南関を擁する地として、「伊闕」の地名は、きわめてふさわしき字面として洛陽の人々には感ぜられていたであろう。（この地に「伊水」もある。——『史記』秦本紀正義、注水経）しかも、先の淮南子の例Cにあるように、この「伊闕」をひらいたのは聖天子禹である、という伝承がともなっていた。この禹の東治、五服の制を典範としつつ、その古制（夷蛮の王の、中国の天子への朝貢の礼）を今に守る国として、倭国を描き、その中心国家として「邪馬壹国」の名をはじめて記したのが『三国志』の著者陳寿であった。

こうしてみると、この女王の都する国の西隣にあって、「郡使の常に駐まる所」として、その関塞の如き位置を占めた「伊都国」に対して、「伊都」の字面があてられたのは偶然ではないであろう。

すなわち、この「伊都」の「都」は、その地そのものを「都」と見なしているのではなく、ほかならぬ「邪馬壹国」のことを指しているのである。すなわち、「伊都」とは「女王の都に遠からず伊邇たる地」の意義をもつのである。これは中国側の「伊闕」が「宮闕」の存する当の地ではなく、中心地洛陽に隣接した関塞であったのと同様なのである。

わたしは前掲書において、邪馬壹国の所在地をもって、〝博多湾に臨む平野部とその周辺山地〟として指定した。この解読結果は、伊都国をもってまさに〝隣接した近傍の地〟とする点、この字面の意義ともよく適合しているのである。

以上の考察を要約しよう。

(i) 倭人伝で「ト」音として用いられているのは「都」である。

(ii) この「都」字は、意義上からも倭国の首都にあてる表記として、もっともふさわしい。

(iii) それ故、「女王の都」の現地音がもしかりに「ヤマト」(大和・山門等)であったならば、当然それは「邪馬都」と記せられたはずである。

(iv) しかるに『三国志』倭人伝に「邪馬都」というような表記が採用された痕跡は絶無である。

(v) それ故、この四点の論理から検しても、『三国志』倭人伝の中心国名を「ヤマト」という現地音の漢字表記と見なそうとする、一切の試みは遂に空しいことが確認せられるのである。

補注2の注

(1) 万葉仮名の表記において、同一音に対して甲類乙類の別あることはよく知られている(橋本進吉「国語音韻の研究」一九七頁参照)。これによってみると、

(1) 伊都—怡土—山門(甲類)

(2) 耶麻騰・夜麻登・野麻登・夜摩苔・耶魔等(大和)(乙類)

となるから、『三国志』においても、一見表記を別にするのではないかと見えよう。

しかしながら、『三国志』における表記法はけっして「純音韻主義」的表記ではない。すなわち(i)「音韻の一致」でなく、「音韻の類似」のみが必要とされている。(ii)対象の内実にふさわしい字面の意義が重視さ

れている。この二点を前掲書（第五章Ｉ参照）において立証した。

したがって「女王の都」の場合、現地音の甲類乙類の別にかかわらず、「ト」に類した音は「都」字で表現されるのがもっとも適切である、と見なすほかない。（倭人伝の漢字表記に甲類乙類が区別して表記されているという証拠——表記法則性の立証——は存在しない。）

（2）「都」には「天子の居する地」の意義がある。

天子治居之城曰レ都、旧都曰レ邑。（華厳経音義）

しかし、一般的な「王の居する所」の意義もある。

国城曰レ都、都者、国君所レ居、人所ニ都会一也。（華厳経音義）

『三国志』においても「京都」の場合は天子の居する洛陽を意味するが、「都」の字は「王の治する所」に用いられている。

高句麗……都ニ丸都之下一。……其国有レ王。（東夷伝中の高句麗伝）

（3）「詣臺」は直接には「天子の宮殿に詣る」の義であるが、その内実は「天子に面謁を乞う」ことである。すなわち「詣ニ天子一」と結局同義に帰する。

（4）伊都国は「世有レ王、皆統ニ属女王国一」と書かれている。すでに「王の治する所」であるから、この地も「都」と称せられた、という理解も成立するかに見えよう。しかし、倭人伝の記載事実において「女王の都する所」とされて、明白に「都」と称されているのは、邪馬壹国のみである。また高句麗のような、他の東夷伝の例においても、「都」は一国につき一個所しか記載されていない。それゆえ〝「邪馬壹国」と相並んで「伊都国」それ自身も「都」と見なされていた〟という理解は結局成立しがたい。

補論　史料批判の条件について

本稿において対象とせられた尾崎・牧両論文とも、わたしの史料批判の方法に対して、その根本を異にしている。そこでこの方法論の問題について簡明にのべよう。

眼前に一個の史料(α)がある。この中の一個所(A)が後代の研究者の目にとって〝不当〟に見えたとき、かれはこの(A)を実は(x)のあやまりであろうと見なす権利を当然もっている。

しかしながら、その場合、つぎの二つの条件が不可欠である。すなわち、
(i) 部分(A)のままでは、全体(α)に関する一貫した理解が絶対に成立しえない。すなわち「α――A」間の矛盾の論証。
(ii) これに対し、もし部分(A)を部分(X)に改めれば、全体(α)とそのすべての各部分に対し、一貫して整合した理解が成立することの論証。
この二点である。したがって、この二条件を欠いている場合、「改定」説が成立しえないことは当然である。それゆえ「改定」説は右の二条件を確実に所有しているか否かが常に検証せられねばならぬ。

これに対し、新しい研究者が右の「改定」説に対して疑いを抱き、
(ii) 右の「A→X」の改定によっても、全体(α)についての一貫した理解が成立しえていないこと。
(i) かえって原文面の「α―A」のままで、一貫した理解が成立しうること。
この二点を提示したとしよう。にもかかわらず、依然として先の「改定」を正しとする論者が存在するならば、かれにとってなすべき義務――それは先の(i)(ii)の二条件を再び厳として確立することにつきるのである。これを行わず、「原文面」と「改定文面」と双方とも成り立つ余地があることを述べたり(尾崎説)、「改定文面」もまた可能であることを若干の徴証によって論弁しようとしたり(牧説)しても、それは論理上、「改定」説再建のための適格条件を構成しえないのである。このような論理上不十分の地点に両論文がとどまっているのは、両氏が方法論上「史料に依拠する立場」に立たず、逆に「定説に依拠する立場」に立っておられるからである。

すなわち、両氏は学界において改定説が「定説」とされているという現状況に依拠して、わたしの批判にもかかわらず、〝このように考えれば、「改定」説もなお許容しうる〟といった論をしめせば、それだけで「改定」説が保証されうるかのように錯覚されたのである。

本稿において、事実問題として、両氏のしめされた各徴証はそれが成立しえないことや不十分なものであること

がそれぞれ論証された。しかし、もしかりにそれらの諸徴証もまた成立しうるとしても、右にのべたような論証の筋道において見れば、決して「改定」説は再建されたとなしえないのである。ここに両論文の方法論上根本の脆弱点が存在したのである。

わたしたちはあくまで史料の原状況を眼前にすえ、常に論理をそこから厳しく出発させねばならぬであろう。なぜなら、「改定」者がいかにその説の研究史上を支配しえた長い時の「実績」を背景にしていようとも、それは終局において研究者という人間の側の問題にすぎず、代わって史料に対すべき研究者の義務、すなわち「改定」者のになうべき二条件をいささかも免責するものとはなりえないこと、明晰だからである。

魏晋（西晋）朝短里の史料批判

――山尾幸久氏の反論に答える――

一

研究史上の共通の基盤「邪馬台国」という根本の国名を疑う。わたしの第一論文「邪馬壹国」（一九六九年九月）の主題はそこにあった。では、この〝『三国志』の原文面を尊重する〟という新視点に立つとき、帯方郡治より邪馬壹国にいたる行路記事はどのように解読されるか。これが第二の課題であった。わたしの前著『「邪馬台国」はなかった』（一九七一年一一月）が、それに対する帰結であった。[1]

爾来、第一の論点については、幸いにも数々の批評をいただいてきた。そして逐次、それらに対するわたしの再批判を発表してきたのである。[2]

しかし第二の論点については、これに反した。わたしの新しい行路解読の中には、従来の見地と全く相反する多くの問題点がふくまれていたにもかかわらず、これに対する具体的な反論は、これをほとんど見ることができなかった。ことにその理論的中枢の一は「魏晋朝の短里」問題である。従来、漢代の里単位（長里）と同一の里観念をもって扱われ、誇張説や帯方郡吏作為説・魏使偽報告説・倭人虚言説等が安易に行われてきた。これに対し〝『三国志』は、漢代の里単位の約六分の一(3)の「魏晋朝の短里」に依拠している〟というのがわたしの新たに提起したところであった。これは跼蹐(きょくせき)された一倭人伝にとどまらず、『三国志』全文面を対象とした立論であったから、いわばその真偽を判定する資料量には、はなはだ恵まれている、と言いうるであろう。

しかるに、この点についての学的論争を欠くことは遺憾というほかない。その中でわたしはこの問題について、わたしへの反論をふくむ一著の存することを見出し、深き喜びとした。山尾幸久氏『魏志倭人伝』(4)がそれである。

今、氏の反論の各点にわたってお答えすると共に、前著にふれえなかった新たな諸点についても、ここに明確にさせていただくこととしたい。

二

山尾氏はかつて「魏志倭人伝の史料批判(5)」において、『三国志』の里数値問題を扱われた。そこで氏は〝『三国志』の全体は「漢長里」の里単位によって正しく叙述されている。しかし韓伝・倭人伝の里数値のみはこれに反し、あやまった巨大里数値である〟と主張された。わたしは前著においてこの氏の立論の「方法論上の欠陥」として次の二点を指摘した（前著一五五〜六頁）。

(イ)『三国志』全体のすべての例から帰納されなかったこと。

(ロ)解釈の不安定なケースによって立論されたこと。

今回は、この点を氏はどのように処理しておられるであろうか。そこで、

(A) 個々の事例に対する氏の解釈は妥当か否か。
(B) 右の(イ)(ロ)にあげた方法論の根本について、今回はいかに扱っておられるか。

この二点について、氏の論述を検証しよう。

三

(一) (1) 帝曰「四千里征伐、雖レ云レ用レ奇、亦当レ任レ力、不レ当三稍計二役費一。」（魏志第三、明帝紀）

この「四千里」に対し、山尾氏は「洛陽―遼東郡治（襄平）」[6]間とされる。そして次の二文を照合された。

(2) 今懿、奉レ辞誅レ罪、歩騎数万、道路廻阻、四千余里。（魏名臣奏、何曾表、魏志第三、裴松之註）

(3) 往百日、攻百日、還百日、以二六十日一為二休息一、如レ此、一年足矣。（干宝『晋紀』魏志第三、裴松之註）

この二文を根拠に、氏は主張される。「前記史料では、洛陽から燕王公孫淵の治する遼東の襄平城までの、四千里の遠征のことが問題にされているのだ。四万人の兵卒が往路のみで百日もかかる、四千里に要する役費が問題にされているのだ」と。これを吟味しよう。

まず、(1)の魏志本文の「四千里」と、(2)の史料の「四千余里」とが同一の範囲を指していることは確かだ（この点、わたしの前著一五八～九頁にも指摘）。しかし、遺憾ながら、それが氏の言われるように「洛陽―襄平」間を指すという規定性は存在しない。

この点、(3)も同じだ。氏は「往百日」「還百日」がそれぞれ「四千余里」に当たる、とされる。だが、それはいわば氏の〝主観的な解釈〟にすぎず、逆に「攻百日」の領域をさす、という可能性も存する。しかし、これについて氏の論証はない。

ところが、(1)〜(3)の各文の前後を詳しく検証すると、氏の理解と相反する帰結がえられる。

(1) 初、帝議下遣二宣王一討レ淵、発中卒四万人上。議臣皆以為〝四万人兵多、役費難レ供。〟帝曰（ここに(1)の文、挿入）。遂以二四万人一行。及三宣王至二遼東一、霖雨不レ得二時攻一、羣臣或以為〝淵未レ可二卒破一、宜下詔二宣王一還上。〟帝曰「司馬懿臨レ危制レ変、擒レ淵可二計レ日待一也。」卒皆如レ所レ策。

（魏志第三、明帝紀、景初二年十一月項）

これは、群臣たちが四万人の大遠征について危懼したのに対し、明帝は司馬懿（宣王）の智略を信じて疑わず、決行し成功した、という話だ。この中に明帝の言葉が二回現れている。その第一回（決行前）が(1)の内容だ。ここで「雖レ云レ用レ奇」の表現は〝宣王が奇策を用いるとしても〟の意だ。それにしてもやはり「任レ力」（彼の力量に任せる）べきであり、他の者（群臣）がとかく経費などを計算すべきではない、といっているのである。ところが、司馬懿が遼東郡に到着した後、はじめ霖雨にさまたげられていたため、群臣の中から〝宣王召還〟の議が出た。これに対し、明帝は再び宣王への全面信頼の言をのべてこの議を斥けたのである。この第二回の明帝の言葉の中に「臨レ危制レ変」の語がある。これは第一回の明帝の言葉(1)の中の「用レ奇」に当たるものだ。〝司馬懿が臨機応変の奇策に長じている〟ことを言っているのである。

さて、この「臨レ危制レ変」は明らかに遼東郡到着後の問題だ。それゆえ当然、先の「用レ奇」も、これと同一時期のことと見なすほかない。これが文脈の道理である。[7]（さらに注に詳記）

上の帰結は(2)(3)の前後の文面によっても裏づけられる。

（2）（⑵に接続する文）雖レ仮二天威一、有レ征無レ戦、寇或潜遁、消散日月、命無二常期一、人非二金石一、遠慮詳備、誠宜レ有レ副。（魏名臣奏、何曾上表）

（3）帝問二宣王一「度二公孫淵一、将二何計以待一レ君。」宣王対曰「淵棄レ城預走、上計也。拠二遼水一拒二大軍一、其次也。坐守二襄平一、此為二成禽一耳。」帝曰「然則三者何出。」対曰「唯明智審二量彼我一、乃預有レ所二割棄一、此既非二淵所一レ及。」又謂「今往県遠、不レ能二持久一。必先拒二遼水一、後守也。」帝曰「往還幾日。」対曰「⑶の文」。（干宝『晋紀』）

上の（2）は、遠征中の非常事態にそなえて宣王に副官をおくべきことを何曾が上表したものである（毋丘倹任命）。この何曾上表中の「遠慮詳備」すべき非常事態とは「有レ征無レ戦、寇或潜遁、消散日月」であった。すなわち、遼東郡到着後、公孫淵が魏軍との直接対決を避け、〝遠征軍の消耗を待つ〟持久戦に出たときのことを憂慮しているのである。その憂慮をのべるさいに「道路廻阻、四千余里」といっているのであるから、当然この「四千余里」は戦闘領域（遼東郡域）を指していることとなる。

この点は（3）からも裏づけられる。明帝が公孫淵側の作戦について宣王に聞いたところ〝襄平城を棄てて走り、遠征軍の消耗を待つのが「上計」、遼水の線で遠征軍を拒ぐのが「次計」、襄平城籠城が最下策だ〟とし、公孫淵ははじめ「次計」、のち最下策をとるだろう、と予言した。すなわち、魏側にとってもっとも恐るべき「持久戦」を公孫淵はとるまい、だから「攻百日」で足りる、と断言したのである。（「往百日」「還百日」は客観的に算定しうる「定距離」の問題であり、宣王の言をまつまでもなく、明らかである。）ここでも明白に遼東郡域内の戦闘状況への予測（「持久戦」にはならぬという見通し）が焦点であり、（2）の何曾上表の憂慮（「寇或潜遁」の場合の「消散日月」）とキッチリ対応した答えをしめしているのである。

以上、三史料を通じて次の帰結が導かれる。「四千（余）里」は遼東郡の戦闘領域内を指し、宣王の「攻百日」の予測部分に当たる、と。すなわち、それは「魏晋朝短里による四千里」に相当するのである。（前著一九三頁図参照）

さらに一個の簡明な理路を付記しよう。

山尾氏が示されたように、『後漢書』劉昭註（後述）によると、「洛陽―遼東郡治（襄平）」間は「三千六百里」である。ところが先の何曾上表では「四千余里」だ。魏志明帝の場合は「余」字がないから〝切り上げ〟として処理できるとしよう。しかし何曾上表の場合は、「余」字から見て、〝切り上げ〟視は不可能だ。厳密なるべき「上表文」という文書性格から見ても、この些少の一字は看過することができない[8]。

山尾氏の解釈は、以上の史料事実に反する。

四

(二) 次に山尾氏のあげられた例を見よう。

（建安）十九年、趙衢・昇奉等謀レ討レ超。姜叙起二兵鹵城一、以応レ之。……超奔二漢中一、還囲二祁山一。叙等急求レ救。諸将議者、欲レ須二太祖節度一。淵曰「公在レ鄴、反覆四千里、比レ報、叙等必敗、非二救急一也。」遂行。（魏志第九）

氏は淵（夏侯淵）のいる場所を「長安」とし、上の淵の言葉を「長安から鄴まで往復四千里もして曹操の指令を待つわけにいかぬ」という意味だとされる。すなわち長安―鄴間、片道一六五〇里（劉昭註）、往復三三〇〇里を概数で「四千里」と言ったもの、とされるのである。

しかしこの時、夏侯淵は「長安」にいたのではなく、「都」（洛陽もしくは遷都中の許）にいたことが、次の二点から確かめられる。

(1)（建安十七年）太祖乃還レ鄴、以レ淵行二護軍将軍一、督二朱霊・路招等一屯二長安一。（魏志第九、夏侯淵伝）

ここで「長安に屯している」のは、朱霊・路招等であり、淵ではない。（注9の訓読も同意。）

(2) 淵の任ぜられた「護軍将軍」は「都」にあって「司直」「武官選」を司る職である。その上、『魏略』には太祖時点の史料がある。

魏略曰「曹公置二都護軍中尉一、置二護軍将軍一。亦皆比二二千石一、旋軍並止罷。」

（「後漢書志」百官一、劉昭註）

これは「都に護軍中尉を置き、（都に）護軍将軍を置く。」の省略形であるから、護軍将軍の官は「都」に置かれているのである。したがって山尾氏の立論の基礎たる在長安説は成立できない。[9]

さらに一点を追加しよう。

氏の計算（劉昭註による）によれば、「長安―洛陽―鄴」間の往復両路あわせて三三〇〇里だという。これについて「『四千里』というのは修辞であり、目くじらを立てるほどの問題ではない」、と氏は言っておられる。しかし、三三〇〇里は、概数で言えば「三千余里」である。「鄴―洛陽（許）―長安」間は、陳寿等、当代の人々（晋代の読者をふくむ）にとって、もっとも明晰な区間である。これを「四千里」というような誇張値でしめすことは無意味である。これに対し、〃淵が都（洛陽もしくは許）にいた〃とした場合、鄴との間は四千里（魏晋朝短里）でピッタリ一致する。[10] 山尾氏のような「目くじら論」をもちだす必要はない。

五

(三)　山尾氏があげられた第三の事例は次の文である。

永安六年、蜀幷二于魏一。武陵五谿夷与レ蜀接レ界。時論懼二其叛乱一、乃以レ牧為二平魏将軍一、領二武陵太守一、往二之郡一。[11]……即率二所領一、晨夜進レ道、縁二山険一行、垂二二千里一。（呉志第十五、鍾離牧伝）

これは「二定点間、千里以上」の事例であり、〝魏晋朝短里によっている〟として、わたしが前著（一八五頁）にあげた事例だ。これに対し、氏は次のように言われる。「武陵郡（郡治は湖南省常徳市）から昼夜兼行で嶮岨なる山中を二千里ちかく進軍し、五渓（雄・樠・酉・無・辰の五渓）の蛮夷を平定したというのだ。武陵郡治から二千里弱とは、討伐の対象となった五渓のけわしい山道も含む全行軍の道程である」。

この氏の論には次のような矛盾がある。

(1)　武陵郡治（常徳）から五渓の中心部たる「沅陵（辰州）―辰渓」に至るまで、約一五〇〜一八〇キロメートル（魏晋朝短里、約二〇〇〇里、長里、約三五〇〜四〇〇里）[12]だ。ところが、

図1

武陵郡治から五渓中の最深部（省渓―晃県）まで測定（「直線距離」でなく、川沿いに測る）しても、その距離は上の約二倍、つまり「長里」では「七〇〇〜八〇〇里」程度にすぎない。とうてい「垂㆓二千里㆒」ではない。

(2) これに対し、山尾氏は〝この「二千里弱」は五渓の山間を縦横に巡りゆき、諸方に討伐してまわった総計だ〟という。いわば〝不特定地点への四通八達〟の解釈をあてられる。しかし、上につづく次の文面を見れば、このような解釈は、とうてい成立不可能というほかない。

従㆓塞上㆒、斬㆘悪民・懐㆓異心㆒者・魁帥百余人及其支党凡千余級㆖。

すなわち、鍾離牧は「垂㆓二千里㆒」の行軍ののち、呉軍側の「塞」に到着し、その「塞の上（ほとり）」から、五渓全域への掃討・殺戮の討伐戦を行なった――これがこの文面の語るところだ。それゆえ、五渓における呉軍側の「塞」の位置が「垂㆓二千里㆒」という行軍の終点なのである。

(3) 以上を要するに、武陵郡治を出発して五渓の中心部（沅陵―辰渓）の塞に到着する行程として、ピッタリ妥当する距離「垂㆓二千里㆒」（魏晋朝短里）を、ことさら伸縮自在な〝四通八達〟読法をもって替える――ここに山尾氏読解の〝無理〟がある。

六

(四) 次に山尾氏は『三国志』中〝千里未満〟の記事についても、「長里」が妥当する、として次の三例をあげられた（氏の読み下しを注記つきのまま転載する）。

(1)（袁尚が、山東省平原県から河南省鄴県へ）西山（太行山脈の一支脈で、河南省武安県の南の滏山など）に

依りて来り、東、陽平亭（臨漳県の西、平陽城とも称す）に至る。鄴を去ること十七里。（魏志、袁尚伝）

(2) 先主（劉備）江州に至り、北、墊江水に由りて涪（四川省彭水県）に詣る。成都（四川省成都市）を去ること三百六十里なり。（蜀志、劉障（ママ）伝）

(3) （孫堅）復、軍を大谷（洛陽東南の関。いまの水泉口）に進む。雒（洛陽）を拒ること九十里。（呉志、孫堅伝）

この三例について山尾氏は「これらすべてが、当時常用の尺度（一里＝約四三五メートル）によって、十分に理解でき説明できるのだ」と言われるだけである。肝心の論証を欠いている。今これについて考えよう。まず(1)(3)の記事において三つの困難がある。[13]

(a) (1)の「陽平亭」とか、(3)の「大谷」とかいう地名が、三世紀において、どの一点をさしたか。正確に―誤差なく―これを地図上に指定することはむずかしい。また「鄴」や「雒」のような著名な都市でも、三世紀当時の位置点（測定基点）を明確にし、それを精密に―誤差なく―確定することはむずかしい。

(b) ところが、「十七里」「九十里」といった少ない数値では、このような各々の誤差値は直ちに影響を及ぼし、〝測定値の不定性〟を与えざるをえない。

(c) ことにこれらは（(1)(2)(3)とも）地誌的記述ではなく、歴史的事件（軍の行動）の描写であるから、「軍営」（(1)袁尚、(2)劉備、(3)孫堅）の処点と「大都市」（(1)鄴、(2)成都、(3)雒）との間の距離をのべているものだ。（「二都市間距離」ではない。）この点を考えると、さらに誤差と不定性は増大せざるをえない。

それゆえ、これら(1)(3)の例は〝里単位測定の基準例〟としては、全く不適当であるといわざるをえな

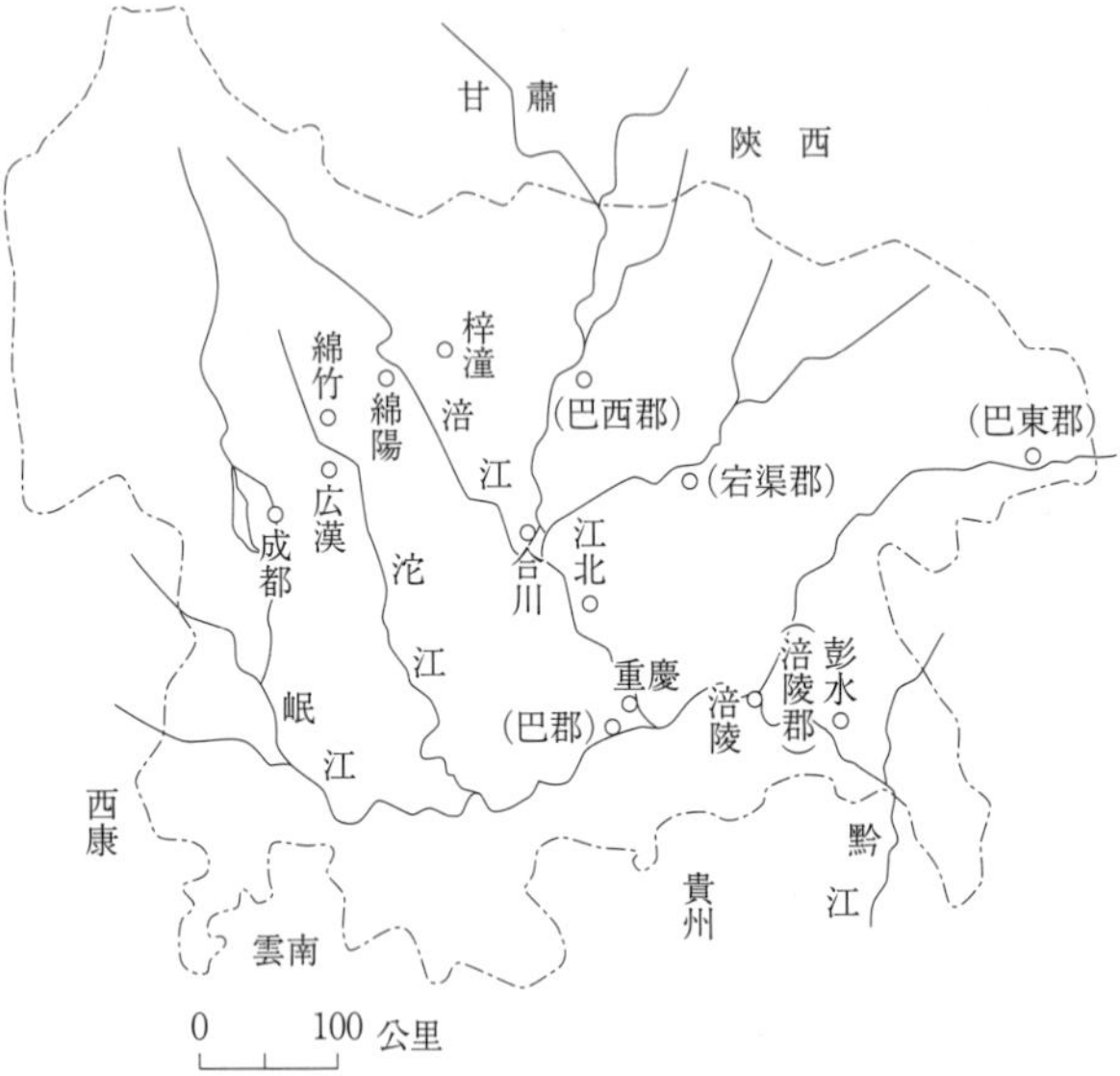

図2

い。

この点、問題にしうるのは(2)である。なぜなら「三百六十里」という数値は、一応現代の中国地図上に検証しうるであろうから。

(2)の原文を氏引用部分の前後と共に次に記そう。

> 先主至二江州一、北由二墊江水一詣レ涪。去二成都一三百六十里。是歳建安十六年也。璋率二歩騎三万余人一、車乗帳幔、精光曜日、往就与会。先主所レ将将士、更相之適、歓飲百余日。

ところが、氏はこの「涪」について、全然別の二つの地点を比定地にあてたままで論述しておられる。氏の誤断、もしくは錯覚であろう。

(A) 四川省彭水県（先記(2)、六五頁）

(B) 広漢郡涪県（同六六頁）

このうち、(A)は誤った比定だ。(B)が正しい。(A)のあやまりである理由を簡明にのべよう。

(イ) 先主（劉備）が「涪」に至る経路を見ると、巴郡（今の重慶近辺）内の江州（今の江北県）から墊江（今の合川県）へと北上している。だから逆方向、東南はるか彼方の「彭水県」に着く、ということはありえない。

(ロ)「成都―彭水県」間の距離は次のとおりである。

a　成都―重慶（二七〇キロメートル）

b　重慶―涪陵（八〇キロメートル）

c　涪陵―彭水（一〇〇キロメートル）〈合計四五〇キロメートル〉

これは各区間とも、地図上の「直線距離」であり、川ぞいに測ると、さらに大きい。これに対し、「長里」ですら〈三六〇里＝一五六・六キロメートル〉にすぎないから、彭水県は全く妥当しない。

次に(B)の正しい理由をのべよう。

巴郡―江州・墊江。

広漢郡―涪（有二孱亭一。莽曰二統睦一。）　（『漢書』地理志）（『後漢書』郡国志もほぼ同じ）

両書とも「涪」を広漢郡の「涪県」とする。ここは巴郡の江州・墊江の北西に当たり、涪江を北上してゆくべき地である（現在、四川省綿陽県）。

先主はまずこの地に至り、ここから南西、成都を去る三百六十里（漢長里で六〇里）の地に駐兵した。成都城内の劉璋は城外に出で、先主の軍を「郊迎」したのである。

A　将レ説二楚王一、路過二洛陽一、父母聞レ之、清レ宮除レ道、張レ楽設レ飲、郊迎三十里。　（『戦国策』秦策）

B　至レ蜀、太守以下郊迎、県令負二弭矢一前駆。

（注）　師古曰、迎二於郊界之上一也。　（『漢書』司馬相如伝）

これらは、都邑の地に他国より使を迎えるとき、これを城内へ直通せしめず、一旦郊外の地に車馬を駐めしめて、ここで相手を「郊迎」する、――そういう古来の慣例の上に立った表記なのである。(14)

この点、氏は「涪―成都」間を「三百六十里」(長里)と解された。しかし、ここは地誌的記載ではないから、事新しく両都市間の距離をここに記載する必要はないのである。

七

以上によって、山尾氏が『三国志』内の里数値記事に対して与えられた読解の、必ずしも妥当しえないことが判明した。しかし、わたしの再批判の中心は、この点にあるのではない。先にのべたように、山尾氏の論証方法そのものにあるのである。

すなわち、上の「四千里征伐」「反覆四千里」「去二成都一三百六十里」といった、その文面に対する解釈いかんによって「対応距離」の異なってくるような事例、すなわち〝不定要素をふくむ事例〟(15)をとりあげ、それに対してみずからの主観的な解釈を下し、その結果を基準にして、問題の東夷伝(倭人伝をふくむ)内の里数を虚偽と判定する、という、そのような方法である。

ことに東夷伝中の韓地は「方四千里」と記述され、この記述は朝鮮半島の地形よりして、ほとんど動かしがたい「対応距離」の明晰性をもつ。しかるに〝解釈による浮動性をもつ個所〟をもとに、地理的対応の「明晰な個所」を疑う。――ここに山尾氏の方法上、根本の誤謬がある。(16)

八

今新たに、『三国志』が「魏晋朝の短里」に依拠していることをしめす、明白な論証をあげよう。

㈠ 中国史書には「江東」の広さについて、〝古典的〟な表現がある。

於レ是項王乃欲三東渡二烏江一。烏江亭長檥レ船待、謂二項王一曰「江東雖レ小、地方千里、衆数十万人、亦足レ王也。……」（『史記』項羽本紀。『漢書』項籍伝もほぼ同文）

右は項羽の死直前の逸話として著名な文であり、『史記』『漢書』に共通する。ここにおいて江東は「方千里」として表現されている。これに対し、『三国志』においては、同じ江東が「方数千里」として表現されているのである。

瑜曰「……将軍以二神武雄才一、兼仗二父兄之烈一、割二拠江東一、地方数千里、兵精足レ用。……」（呉志第九、周瑜伝）

ここで注意すべき点は、上の『史記』『漢書』の文が陳寿にとって周知の典拠であった、という事実である。（それは現代においてすら、中国の古典中、屈指の〝名場面〟として人口に膾炙している。）したがって陳寿が呉志において、周瑜の言の中に「江東」の広さを叙するさい、この文は必ず想起されていたはずだ。その上、当時（三世紀）の『三国志』の読者（西晋の知識人）にとってもまた、この『史記』『漢書』中の亭長の言は〝共有の常識〟に属していたこと、これを疑う余地はない。このことはつぎのことをしめす。すなわち、陳寿は『史記』『漢書』の「千里」が『三国志』の「数千里」（五、六千里）と同一であること、その対応事実をここに明示しているのである。

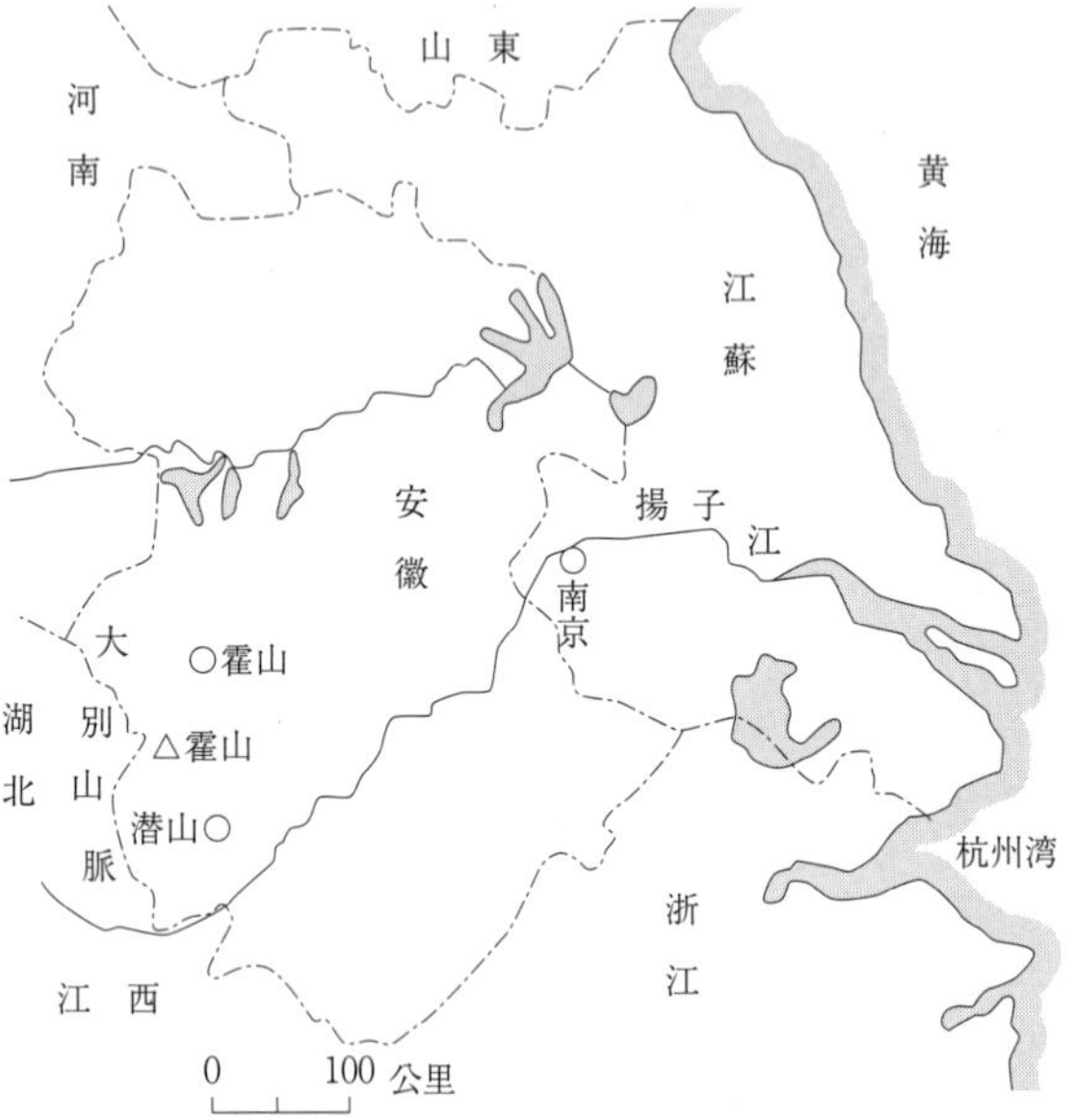

図3

(二) つぎに「十里代」でありながら、例外的に「明晰な実距離」を指定しうる例として、つぎの文がある。

成(梅成)遂将其衆就蘭(陳蘭)、転入潜山。潜中有天柱山、高峻二十余里。道険狭、歩径裁通、蘭等壁其上。(魏志第十七、張遼伝)

太祖の命をうけて、長社(河南省長葛県の西)に屯していた張遼が、天柱山にこもった叛徒、陳蘭・梅成の軍を討伐し、これを滅ぼした、という記事の一節である。その天柱山の高さが「二十余里」だというのである。この山の実名は「霍山」(一名、衡山)であり、安徽省潜山県の西北、皖山の最高峰である。(17)

其明年(元封五年)冬、上巡南郡、至江陵而東。登礼潜之天柱山、号曰南嶽。
応劭曰「潜県属廬江。南嶽、霍山也。」
文穎曰「天柱山在潜県南。有祠。」
(『史記』第十二、孝武本紀)

この「霍山」は高さ一八六〇メートル(海抜)だ。(18) これに対し、「二十余里」とは、メートルに直すとつぎのようだ。

短里（一里＝七五〜九〇メートル）

二三〜二四里＝一七二五〜二一六〇メートル

長里（一里＝四三五メートル……山尾氏）

二三〜二四里＝一〇〇〇五〜一〇四四〇メートル

つまり、霍山の実高は、魏晋朝の短里によると、ピッタリ一致している。[19] ところが長里によるときはエベレスト（八八四八メートル）を超える超高山となる。実際は霍山は群馬県の赤城山（黒檜山、一八二八メートル）と谷川岳（一九六三メートル）の間くらいの山なのである。その上、つぎの四点の条件が重要だ。

(1) その場所は、いわゆる〝夷域辺境〟ではなく、黄河と揚子江の中間、南京と洞庭湖の中点、という、まさに多くの中国人にとってもっとも明瞭な認識に属する位置に当たっている。

(2) その山の東方（安徽省）、西方（湖北省）とも、平野部であり、その間に屹立し、万人の注目をうけてきた著名な山である。

(3) 『史記』に武帝の巡行記事があるように歴史的にも著名な名山である。

(4) 「十里」「百里」などと異なり、「二十余里」というのは〝成語〟や〝誇張的な概数〟ではない。[20] すなわち、万人が日常見ている周知の山に対し、〝異常な誇張〟をもって表現すべきいわれは全くない。

九

ここで山尾氏の使用された〝ものさし〟ともいうべき「後漢書志」の劉昭註の性格について分析しよう。

今、この史料の各部分の成立段階を表示しよう。[21]

〔(a)司馬彪の後漢書志〕		〔(b)范曄の後漢書〕	〔(a)劉昭註〕
三世紀	四世紀	五世紀	六世紀

六世紀梁代の劉昭は、漢代の諸書（『呂氏春秋』『漢書』等）を引用し、これと自記の文を（a）に付加した。その（a＋a′）を（b）の末尾に添付したのである。この場合注意すべきは、この（a）（b）（a）とも、対象は一〜二世紀の後漢である点だ。したがって（a）中にあらわれる里数記事が「執筆対象」たる〝後漢の里単位〟にもとづくか、それとも「執筆時点」たる〝梁の里単位〟にもとづくか、それがこの輻輳（ふくそう）した史料に対してまず分析すべき問題でなければならぬ。

(1) この点、『漢書』西域伝中の里数値記事と比べよう。

（婼羌）去㆓陽関㆒千八百里、去㆓長安㆒六千三百里。

すなわち「陽関—長安」間は四五〇〇里であるが、これは劉昭註に「洛陽—長安」間を「九百五十里」とするものと、ほぼ対応する実距離である。

(2) 梁の沈約の『宋書』（州郡志一）に次の記事がある。[22]

（a）　会稽郡（去二京都一〈建康〉）一三五五里。
（b）　呉郡　（同　　右）五二〇里。
すなわち、「呉郡—会稽郡」間は八三五里となる。
ところが劉昭註では、
（a）　会稽郡（雒陽東）三八〇〇里。
（b）　呉郡　（同　右）三二〇〇里。
「呉郡—会稽郡」間は六〇〇里となっている。すなわち、『宋書』のものとは（長里に類するものの）同一単位ではないことが判明する。

以上によると、〝劉昭註は「執筆対象」たる後漢代の里単位によって記されている〟という帰結がえられる。また『宋書』と劉昭註の比較によって、〝各時代によって、それぞれ里単位に相異がある〟という公理が明白に知られるであろう。

しかるに山尾氏は、このような〝ものさし〟とすべき史料内実の分析をあらかじめ行うという、史料批判上、当然の用意を省略された。そして一挙に魏晋朝文献たる『三国志』の里数値に〝あてはめ〟ようとされたのである。氏のためにその不用意を惜しむほかない。

十

つぎに論証の厳密を期するため、「魏晋朝短里」の空間的および時間的「限界」について考えよう。

㈠「魏晋朝短里」という用語がしめしているように、この短里は原則として蜀朝・呉朝には関係が

ない。(23)

木牛者……特行者数十里、羣行者二十里也。……載二一歳糧一日行二十里、而人不二大労一。

（亮集載作木牛流馬法、蜀志第五、諸葛亮集、裴松之註(24)）

これは諸葛亮自身の文であるから、「蜀朝の里単位」にもとづく。この「日行二十里」はおそらく漢長里にもとづくものと思われる。(25)

㈡　同じく呉朝においても「短里」ではなかった、という可能性が高い。

玄菟郡在二遼東北一、相去二百里。

（『呉書』呉志第二、裴松之註(26)）

この用例は、山尾氏もわたしへの反論としてふれられた（六六頁）。しかしながら、これは「魏晋朝短里」とは別個の使用領域に属するものである。(27)

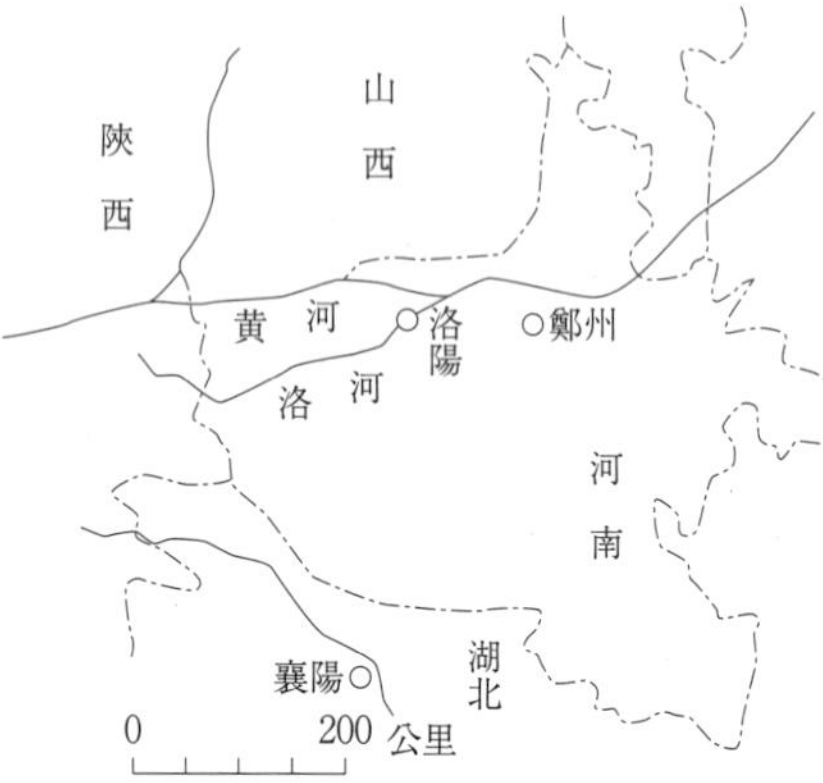

図4

㈢　次の問題は「魏晋朝短里」に対する、西晋と東晋との別である。

襄陽北去二河洛一千里。

（痩翼表『文選』沈休文「斉故安陸昭王碑文一首」李善註。及び晋書）

この襄陽は、現在湖北省北部に属し、河洛（黄河と洛水）より三五〇キロメートル弱（直線距離）、山にそって迂回したルート（たとえば洛陽―鄭州―襄陽）をとれば、ほぼ漢長里の「千里」（四三五キロメートル位）」に当たる。

痩翼（三〇五～四五）は東晋朝初期に仕えた人であるから、東晋はすでに「長里」に復していること

が知られる。また、

寿春、北接二梁宋一、平塗不レ過二七百一。[28] 西援二陳許一、水陸不レ出二千里一。

（伏滔「正淮論」『文選』註及び『晋書』）

も、「長里」にもとづく表記である。（伏滔は東晋の太元〈三七六～九六〉中に遊撃将軍となる。）

すなわち、「短里」は陳寿の死（二九七年）後十九年、西晋の滅亡（三一六年）をもって終結したものと見なされる。それゆえ「魏晋朝短里」は、さらに精密に言えば「魏・西晋朝短里」なのである。

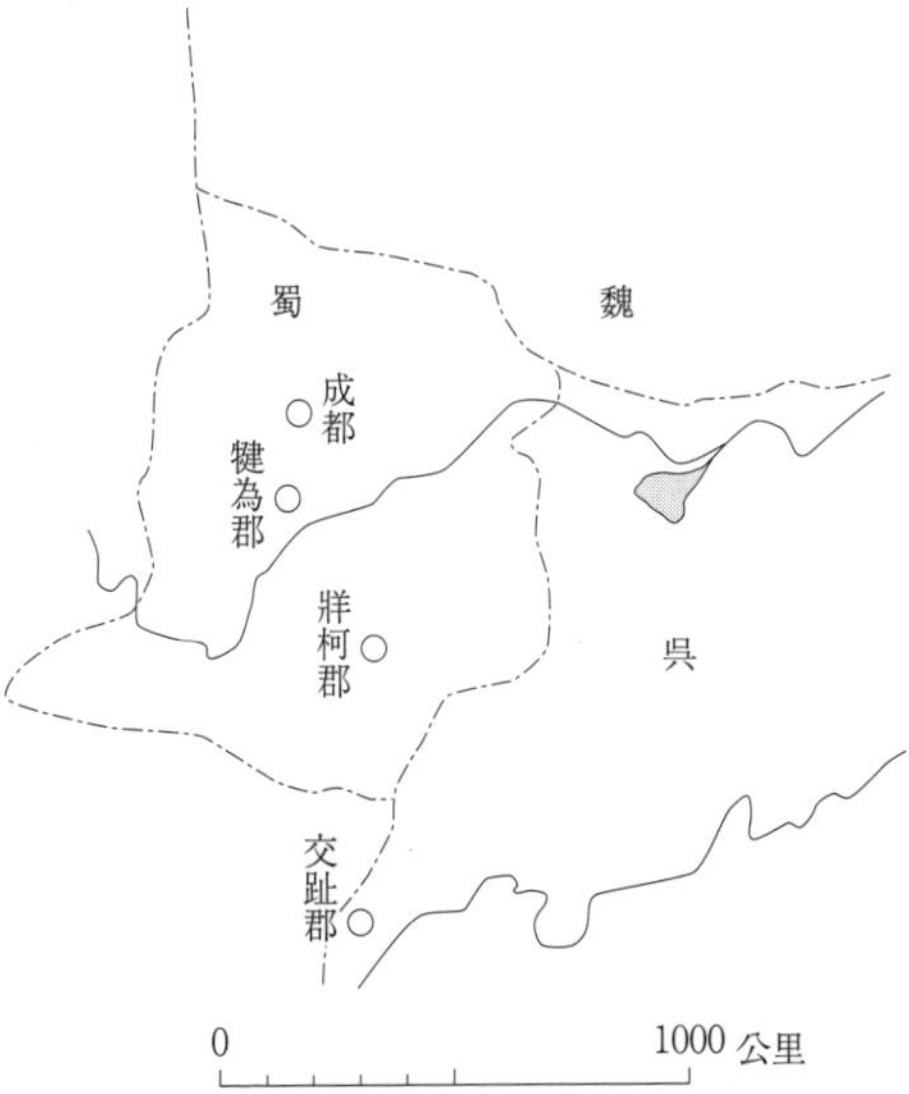

図５

㈣「短里」は東晋朝によって継承せられず、文字どおり短命に終わったのであるけれども、それが魏・西晋朝において確かに実在したことを証明するのは、有名な「三都賦」（西晋の左思の作）中の左の例である（『文選』第四、五巻所収）。

Ａ　於レ前則跨二躡犍・牂一、枕二輢交趾一、経途所レ亘五千余里。（蜀都賦）

Ｂ　列寺七里、俠二棟陽路一、屯営櫛比。廨署棊布、横塘査下・邑屋隆夸。（呉都賦）

Ａにおいては〝犍為郡治から牂柯郡治まで〟（「跨躡」は、またがりふむ）を「五千余里」だ、と記しているのであるが、この間三七五～三八〇キロメートル（直線距離）であるから、「魏晋朝短里」で「五千余里」にピッタリである（「枕崎〈のぞみよる〉交趾」は、この犍・牂の二郡がさらに南の交趾郡に臨んでいる、というのである）。長里では巨大、とうてい妥当しえぬ。(29)

Bにおいて「列寺」というのは中央官庁である。小さな公署は、次の「廨署」の方であり、これは呉都全体に碁盤の目の中の碁石のように散在している（碁布）というのだ。これに対し、呉都（建康）の中央部分には〝中央官庁が互いに棟を挾んで連なっている〟というのである。その長さ「七里」は、もし「漢長里」なら三〇四五メートルだ。誇張も度がすぎるであろう。（誇張なら「七里」などという半端な数を選ばないであろう。）ところが「魏・西晋朝の短里」なら五二五～六五〇メートルとなる。適正な値というほかない。(30)

この「三都賦」は当時（三世紀、西晋）の読者に歓迎され、〝洛陽の紙価を高からしめた〟のであるから、ここに現れた「里単位」はすなわち西晋時代に実在し、通用されたもの、と見なすほかない。そしてその同じ洛陽において、それと同時期に、陳寿は『三国志』を執筆していたのである。

十一

次に、山尾氏の立論中、注目すべき自己矛盾が露呈していると思われる一点がある。それは「陳寿は、朝鮮半島南部を、『方四千里ばかり』などとは、考えていなかった」（九四頁）という一句だ。（この主張は随所にくりかえされている。）

けれども、韓伝に「方可二四千里一」と陳寿は明記している。これはまぎれもない史料事実だ。しかるに陳寿は、その〝みずからの記述をみずから信用してはいなかったのだ〟。氏はそう主張されるのである。このような、失礼ながら〝奇怪な説明〟が必要となった、その原因は明らかだ。なぜなら、氏のように〝陳寿は一貫して「漢長里」に依っていた〟とされるとき、この「方可二四千里一」は〝実際の韓国面積の二五～三六倍もの途方もない巨大面積〟として見えざるをえない。そこで〝陳寿は、たまたま原資料にあった数値をもとに書いた。しかし、みずからはこれを信じてはいなかった〟という、いわば〝遁辞〟に走られたのである。

この点、実は従来の論者にとっても倭人伝読解上、〝不可避の難所〟があった。

（A）自レ郡至二女王国一万二千余里。

（B）計二其道里一、当レ在二会稽東冶之東一。（冶は治の「原文改定」）

同じく倭国の地理的位置を記述した、この二文の矛盾である。Aを「漢長里」をもって解すれば、遠く赤道近辺に倭国の位置を求めねばならぬ。これは当然の道理だ。それはとうてい〝会稽東冶の東〟（北緯二六度くらい）などという、〝なまやさしい位置〟ではない。だのに、なぜ陳寿は一方でAのように書きつつ、他方でBのように「推定する」のだろうか。ここに解きがたい矛盾があった。

けれども、従来の論者は「万二千余里」を漠然たる「誇張」「錯覚」「比率」「造作」の類と見なしたため、深くこの矛盾に目を注ぐことがなかった。この点、山尾氏は、問題に直面され、その解決として〝陳寿は先行者（これに王沈を擬せられる）のあやまった記事（七千余里〈帯方郡治―狗邪韓国〉、方四千里〈韓〉、万二千余里〈帯方郡治―女王国〉等）を、そのまま一方で記載しつつ、内心はこれを信憑せず、別の基準（当時の通念だとされる）からBの文を記した〟という不自然な「分離解釈」に陥られるほかなかったのである。

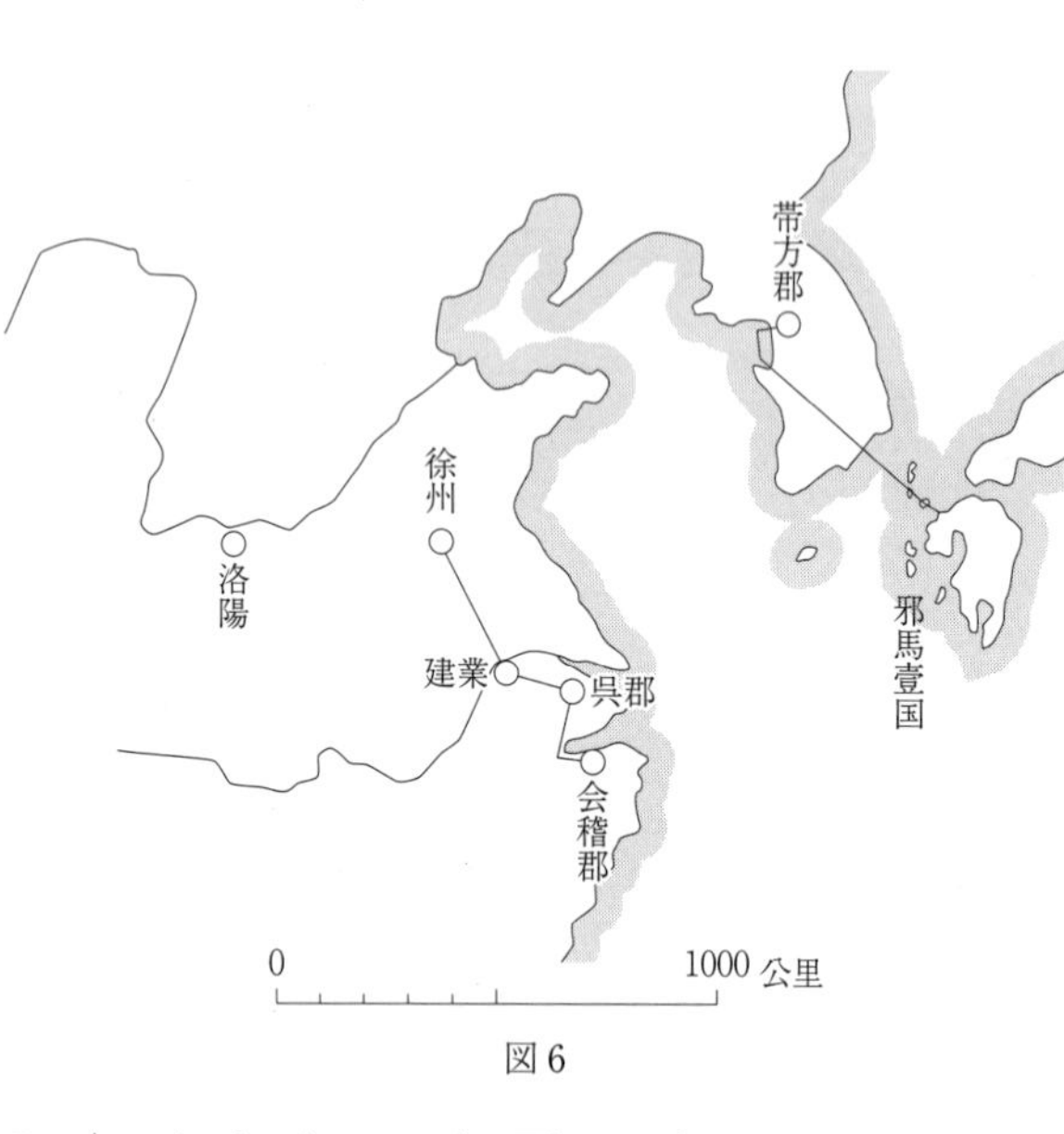

図6

しかし同一地点に対して、同一の著者による二つの地理記載があるとき、その両者を共に満足させる一点を求める、――これが文献解読の常道ではあるまいか。

これに対し、「魏晋朝短里」という概念でこれを見るときは、きわめて明晰な解答が与えられる。

㈠「方可二四千里一」について。これが韓国実面積に一致することは当然である。（倭人伝内数値も同じ。）

㈡「会稽東治之東」について。劉昭註によると、「彭城国（雒陽東）一二二〇里」とある。これを「呉郡（雒陽東）三二〇〇里」「会稽郡（雒陽東）三八〇〇里」からそれぞれ差し引くと、「彭城国―呉郡、一九八〇里」「彭城国―会稽郡、二五八〇里」となる。

これを今「魏晋朝短里」に換算（五、六倍）すると、「一万二千余里」は、〃彭城国の治（今の徐州近辺）から「呉郡治―会稽郡治」まで〃の間となる。

彭城国―呉郡治（九九〇〇～一一八八〇里）

彭城国―会稽郡治（一二九〇〇～一五四八〇里）

呉郡治は呉国の都であり、会稽郡治は会稽山麓にある。すなわち、この間こそ会稽国の中心部である。さて、実際の地図上において、この「彭城国の治から会稽郡治まで」の距離と「帯方郡治（今のソウル近辺）から九州北岸（博多湾岸）まで」の距離は相等しい（直線距離で五五〇キロメートルくらい）。もちろん、曲折した行路をとる点は共に大同小異と言えよう。(31)

したがって、中国大陸内部で「彭城国—会稽国中心部」が一万二千余里前後とすれば、これに対比して、倭国の位置を「会稽東治」（会稽国の「東治」の領域）の東に比定する。それはきわめて自然であると言うほかない。（「東」は大方向〈四分法〉による。）

十二

山尾氏の理解に反し、〝韓国の「方可㆓四千里㆒」は「漢長里」でなく、「魏晋朝短里」をもって理解すべきである〟—この命題への明白な論証を加えよう。

部従事呉林、以㆔楽浪本統㆓韓国㆒、分㆓割辰韓八国㆒以与㆓楽浪㆒。吏訳転有㆓異同㆒。臣幘沾韓、忿攻㆓帯方郡崎離営㆒。時太守弓遵・楽浪太守劉茂、興㆑兵伐㆑之。遵戦死。二郡遂滅㆑韓。（魏志、韓伝）

部従事（「部郡国従事史」郡国毎に各一人、文書を督促し、非法を挙げることを司る）の呉林が〝辰韓の八国を分割して楽浪に与えた〟ことが原因となって韓国側（臣幘沾韓）のいかりを買い、楽浪・帯方の二郡が攻撃された。そのため帯方太守の戦死という非常事態になったが、やがて二郡側は形勢を逆転し、これを滅ぼした、というのである。

ここで分割された「辰韓八国」は、当然「方四千里」の領域の一部である。その上、二郡と韓国側との間で展開された激戦は、当然「方四千里」の地域を「戦場」とするものであった。すなわち、韓国は〝もと楽浪郡の統治下にあった〟という歴史的由来をもつと共に、現実に陳寿をとりまく魏晋朝には、韓国を戦場として戦った将吏がいたのである。部従事呉林・楽浪太守劉茂をはじめ、彼等は西晋朝にあって、当然『三国志』の読者たるべき人々であった。この戦闘の経過を刻々受理した高級官吏も魏晋朝、陳寿をとりまく人々の中にいた。このような人々のさ中で、韓国を〝実面積の二五〜三六倍の、妄想的な巨大面積〟(漢長里の場合)として描く。そのようなことが果たして可能だろうか。——その答えは率直に「否!」である。

十三

以上によって山尾氏立論の基礎たる推定、

(一) 韓伝・倭人伝の里数値は、『三国志』全体の里数値に対し、孤立した別種の史料であり、

(二) その史料(「王沈」によると推定)は韓国や倭国をあやまって「巨大面積・巨大里数値」で記載していた、

とする二点とも成立できないことが明らかとなった。それゆえ、これに対する氏の特異な解釈たる、〝陳寿はそれを内心信じていなかったにもかかわらず、この史料の巨大数値をそのまま記述した〟という論旨もまた、当然成り立ちえない。

さらに今回もまた、氏は〝解釈の不安定なケース〟でなく、〝対象距離の安定したケース〟に依拠して立論する、という正道をとられなかった。遺憾ながら、それを再び指摘すべき検証結果をえたのであ

る。

これに対し、韓伝・倭人伝の里数値は、『三国志』等、他の個所にも出現するものと同し、「魏・西晋朝短里」にもとづくものであることが明らかとなったのである。(32)

終わりに山尾氏が貴重な反論をよせられたことに感謝し、失礼の言辞にわたったことをおわびしたい。

補論　『華陽国志』の史料批判

本書は東晋（四世紀後半）の常璩の撰である。全十二篇中、最初の四篇（巴志・漢中志・蜀志・南中志）が地理志であるが、そこに次のような全七十二個の里数値記事がある。

(一)　郡治は、「去洛」として洛陽からの里数を書く。（二十三例）

(例)（巴郡、郡治、江州県）去レ洛三千七百八十五里。

(二)　代表的な県は、郡治からの里数を書く。（二十二例）

(例)（蜀郡、郡治、成都県）広都県、郡西三十里。

(三)　その他（二十七例）

(例)（江州県）大城周廻十六里。

これらについて一つ一つ検査すると、たとえば(一)の例について同区間を劉昭註で「三千七百里」と記しているように、両者ほぼ一致している。また(二)(三)も、検査しうるものはすべて（ただし、後出の異例を除く）「漢長里」によっている。これは、本論にのべたように、東晋は西晋と異なり、「漢長里」に復していたことが明らかであるから、不思議はない。（山尾氏のあげられた「涪県」の事例も、この一例である。

〈涪県—成都〉間を三五〇里とする。）

ところが本書中には注目すべき三つの異例がある。

①（巴郡）永興二年三月甲午望上疏曰「謹按二巴郡図一、経二境界一、南北四千・東西五千・周万余里、属県十四。……」（第一、巴志）

②（永昌郡）其地、東西三千里・南北四千六百里。（第四、南中志）

③（永昌郡）博南県、山高四十里、越レ之得二蘭滄水一。（同右）

上の①は、もし「漢長里」に従うと、南北一七四〇キロメートル、東西二一七五キロメートルという超広大な領域となる。これに対し、「短里」なら南北三〇〇〜三六〇キロメートル、東西三七五〜四五〇キロメートルとなって、巴郡（分郡以前。四川省の東半分）[33]の領域に一致する。またこの南北・東西を各「最長部」として計算すると[34]、周囲は一・二八万里となるから「周万余里」という表記も正確である。

この点、②の場合も、雲南省の西側三分の一くらいがこの永昌郡に当たっているから、これも「短里」によってよく妥当する[35]（図7）。

また③は、雲南省北部の高山、玉龙山（海抜五九五〇メートル）[36]のごときを指すとすれば、この地域は海抜約二〇〇〇メートル以上の高地の上にあるから[37]、この高山は当地（高地）上においては約三〇〇〇〜四〇〇〇メートルの間となる。ところが、四十里は「短里」で三〇〇〇〜三六〇〇メートルとなり、ほぼ符合する。これに対し、「漢長里」では一七四〇〇メートルという、エベレストの海抜高の約二倍という空想的な高さとなってしまう。

以上、三例は明らかに「短里」に属し、「漢長里」に属しない。

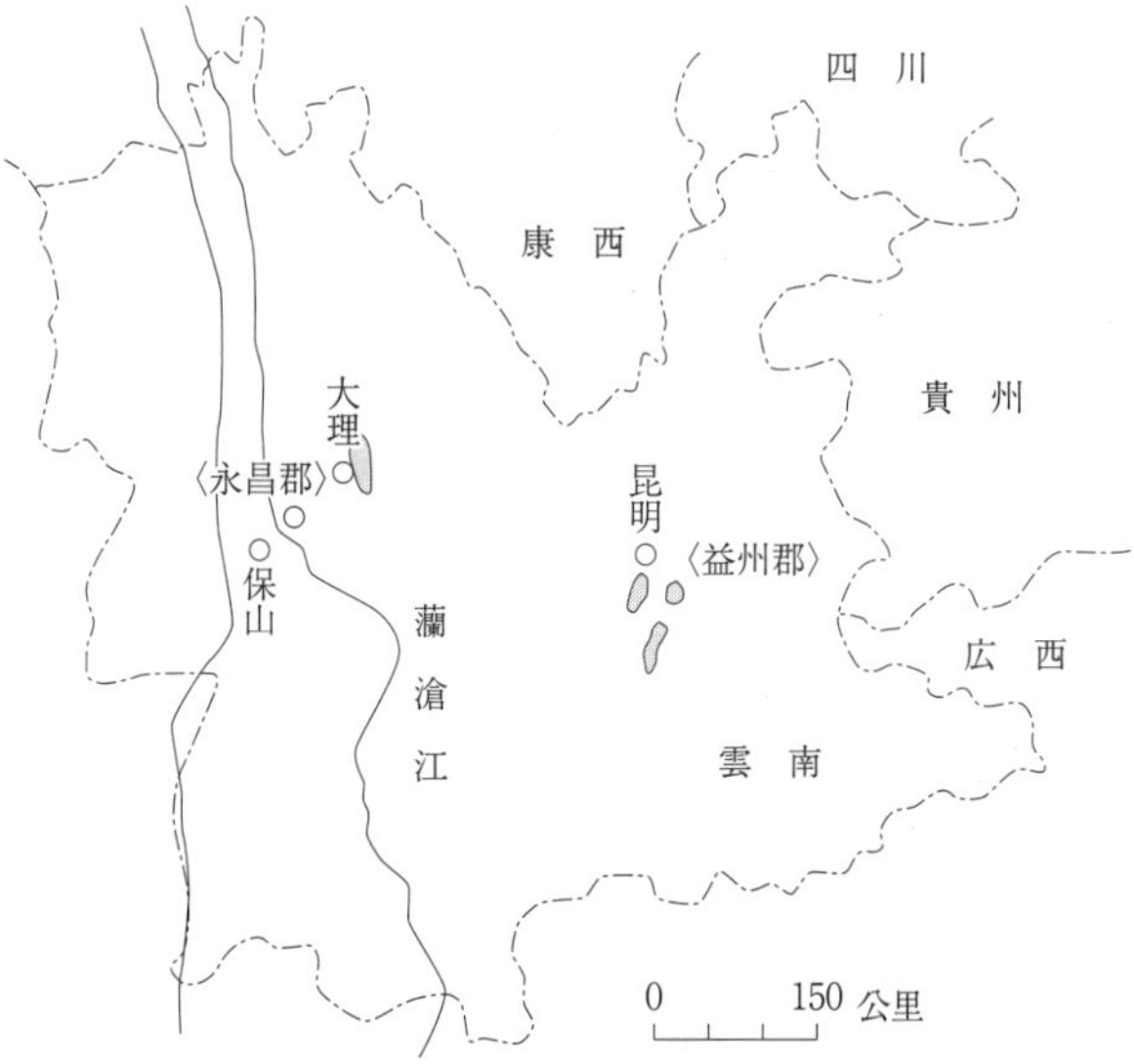

ことに①について注目すべきは、
第一に「巴郡図」という地図に照らした計測であること。
第二に巴郡の太守より天子への上疏中の文言の直接引用であること。
この二点とも、史料としての信憑性が高いことをしめす。さらに注目すべき第三点は、後漢の永興二年（一五四）という年時である[38]。ここから果然、わたしの指摘する「魏晋朝短里」（陳寿によって『三国志』に採用されているもの等）は、その実、後漢末期（桓帝）のころよりすでに成立していたのではないか、という興味深い問題が浮かび上がってくる。

　けれども今は、この数少ない事例から敢えて確言するを避け[39]、次の点のみを明確にしておこう。すなわち、少なくとも東晋末期（本書成立時）以前に、すでに「漢長里」とは別種の「短里」（漢長里の約六分の一）が存在し、その「短里」にもとづく地図や史料が存在していた――この疑うべからざる事実である。

図７

注

(1) 三国志現存諸版本の文面をさす。

(2) ①「邪馬壹国の諸問題」(上下)—尾崎雄二郎・牧健二氏への再批判—〈『史林』55—6，56—1、昭和四十七、八年〉②「邪馬壹国論—榎一雄氏への反論」(全十回)〈読売新聞夕刊、昭和四十八年九月十日〜二十九日〉③「邪馬壹国の論理性」—「邪馬台国」論者の反応について—〈『伝統と現代』第二六号、昭和四十九年三月〉④『続日本紀研究』第一六七号所載、久保泉・角林文雄氏論文に対し、再批判論文を発表。

(3) 一里＝七五〜九〇メートル

(4) 講談社新書(昭和四十七年七月)

(5) 『立命館文学』第二六〇号、一九六七年二月

(6) 「後漢書志」劉昭註で三六〇〇里。

(7) (イ)「用レ奇」すべきは、往路や還路でなく、遼東郡の戦闘領域内の問題である。(ロ)「役費」問題が群臣の論議をまねいたのは、必ずしも往・還路の問題だけではない。それは「一定の距離」であり、ほぼ明確に「算定」しうるものであった。これに対し、計算上〃不確定の困難さ〃を与えたのは、現地(公孫淵の直轄領たる遼東郡内)における滞在日数である。ここに群臣の憂慮があった。それが長びけば長びくだけ、〃四万人への補給〃のための費用は増大し、計算しがたいのである。(ハ)これに対し、明帝は、あらかじめ予測しがたい戦闘地内の戦闘状況の推移に対し、まず司馬懿の「用レ奇」すなおち臨機応変の対応力に信頼しつつも、(それだけでは群議とどめがたいから)結局のところ〃司馬懿の力量に任せよう〃という、彼への信頼に依拠する決断を下した。そしてこの明帝の根本姿勢は、遼東郡到着後の初期の渋滞の際、再び明示されることとなったのである。(ニ)こうしてみると、第一回の明帝の言葉の中で「征伐—用奇—任力」といっているのは、一貫して現地(戦闘領域)内の問題であることがわかる。すなわち「四千里征伐」の「四千里」は「戦闘領域」の指摘である。

(8) 「三千六百里」は概数では「三千数百里」である。

（9）　山尾氏は次の二文を「淵、在長安」説の証拠としてあげておられる。①（建安十六年十二月）（太祖）留二夏侯淵一屯二長安一。（魏志第一、武帝紀）②（建安十八年十一月）（太祖）使二夏侯淵討一レ之。（同上）この中、②は別段、夏侯淵の居所を指定した文面ではない。だから、①を根拠として②を理解されたのであろう。この①は「夏侯淵を留めて長安に屯せしむ」という文だから、確かにこの時点では、淵は長安に駐留している。

ところが、氏の看過されたのは、次の記事だ。

（建安十七年）太祖乃還レ鄴、以レ淵行二護軍将軍一、督三朱霊・路招等屯二長安一。（魏志第九、夏侯淵伝）

〔太祖乃ち鄴に還り、淵を以て護軍将軍に行せしめ、朱霊・路招等の長安に屯するを督せしむ。〕

この「屯二長安一」とは誰の行為だろうか。一応二つのケースが考えられる。

(a)　〝朱霊・路招等を督する〟と〝長安に屯する〟の二つとも淵の動作。

(b)　「屯」の主語は「朱霊・路招等」であり、「督」は「朱霊……長安」の全体にかかる。（I see him run,〈彼が走るのを見る〉の、seeと同じような用法）。このいずれが正しいか、類例を見よう。

（建安二十五年）権以二陸遜一為レ督、督二朱然・潘璋等一以拒レ之。　（呉志第二、孫権伝）

この場合、つぎの三段の関係が表現されている。

〈A〉孫権――〈B〉陸遜（督）――〈C〉朱然・潘璋等（「拒之」の実際行為）

この点、問題の文も同じだ。

〈A〉太祖――〈B〉夏侯淵（督）――〈C〉朱霊・路招等（「屯長安」の実際行為）

ここにおいて〈B〉も当然〈C〉の行為に関係している。しかし、実際行為上でなく、あくまで「督」が〈B〉にとっての直接行為なのである。それゆえ右の(a)(b)の両解のうち、やはり(b)が正しいことがわかる。この理解をさらに確定するのは、次の二つの論点だ。

〔その一〕　山尾氏がすでに①で指摘されたように、「建安十六年十二月」時点では、たしかに「屯二長安一」の実際行為者は淵だ。しかるに「建安十七年」に再び太祖が淵に「屯二長安一」を命じた、とするなら、無意味な重複命令となろう。今回（建安十七年）は単に「朱霊・路招等を督せしむ」というだけの文言でいいはずなのである。この点から見ても、建安十七年に「屯二長安一」を命ぜられているのは「朱霊・路招等」であり、夏侯淵は「都」（洛陽または許）にあって、彼等に対する「督」を行うように委ねられたのである。

〔その二〕　この論点を決定的ならしめるのは、「護軍将軍」の職務内容である。

(1)　護軍都尉、秦官、武帝元狩四年、属二大司馬一、成帝綏和元年、居二大司馬府一、比二司直一。哀帝元寿元年、更名二司寇一、平帝元始元年、更名二護軍一。　（『漢書』百官公卿表）

(2)　秦有二護軍都尉一、漢因レ之、……魏初因置二護軍将軍一主二武官選一、隷二領軍一。　（『通典』、職官、勲官）

このいずれによってみても、「護軍将軍」は、中央（都）にあって、軍政・司直の中枢に任ずる大任である。太祖は鄴にある間、いわば自分の〝身代わり〟として淵にこの都における大任を託したものと思われる。したがって淵の居所は当然天子の居する「都」（洛陽もしくは遷都中の許）でなければならぬ。（「鄴—洛陽」間と「鄴—許〈許昌〉」間はほぼ同一距離）

(10)　この場合、片道四千里である。

(11)　山尾氏は「平魏将軍領武陵太守と為す。往きて郡に之（ゆ）く」と読んでおられる。今の論点に大異はない。

(12)　「長里」は山尾氏の「一里＝約四三五メートル」による。（氏は一方で「一里＝四一五〜四五〇メートル」の誤差値を指定しておられる。）

(13)　前著一四二〜三頁参照

(14)　新著『失われた九州王朝』五九、六〇頁参照

(15)　わたしはこれを前著（一四三頁）で(R)と分類。

(16)　前著一五五頁参照

(17)　中国には山東省・浙江省等各地に「天柱山」がある。ここは潜山中であるから、指定できる。

(18)　世界大地図（小学館『大日本百科事典』別巻）大別山脈。

(19)　もしこれを山麓より山頂付近までの〝道路距離〟と解しても、大異はない。なぜなら、この地帯は海抜四〇〇メートルくらいの丘陵部の上にあるから（中国地理新図集、一九六九）その高地上において、今かりに四五

度の勾配で考えると、直高一三二五メートル、勾配一八五五メートルとなろう。

(20) 山尾氏は「成語」「文飾」「大数」「誤解」の四点をもって、「漢長里」と異なる数値のあるべきをことわっておられる（同書六五頁）。けれども、ここにあげた二例は、いずれもこの類の概念をもって「弁明」しえざる性格の史料であるというほかない。

(21) 梁の劉昭は、范曄の『後漢書』に欠けていた「志」を補った。そのさい、司馬彪（三世紀、西晋）の撰した簡要な「後漢書志」に対し、あらたに引文・註記をほどこして、これにあてた。現存『後漢書』（廿四史百衲本、宋紹興刊本）末尾に付された「後漢書志」（全三十巻）がこれである。

(22) 『宋書』の対象は東晋の義熙元年（四〇五）から南朝劉宋の大明八年（四六四）まで。完成年代は斉の永明六年（四八八）。

(23) 前著一五八頁六行目

(24) 「木牛流馬」は、諸葛亮が牛馬に象って創造した機械仕掛けの兵糧を運ぶ車。

(25) 「臣聞、古者師行三十里、吉行五十里。」（『漢書』王吉伝、上疏）

(26) これに対し、「後漢書志」劉昭註によると、(a)遼東郡（雒陽東北、三千六百里）(b)玄菟郡（雒陽東北、四千里）であるから、〈遼東郡治—玄菟郡治〉間（b—a）は四〇〇里となる。（呉書と二対一）

(27) 呉朝の採用した「里単位」が問題となろう。

(28) 『晋書』では「七百」が「七日」となっているが、『文選』註の「七百（里）」の方が正しいと思われる。

(29) 交趾郡は呉に属し、その領域は蜀都賦の範囲外。

(30) 「三都賦」（蜀・呉・魏の三都の賦）の冒頭には、作者（左思）の作賦の方針が書かれている。「賦㆓三都㆒、其山川城邑則稽㆓之地図㆒、鳥獣草木則験㆓之方志㆒。……何則発㆑言為㆑詩者、詠㆓其所㆑志也、升㆑高能賦者、頌㆓其所㆑見也。美㆑物者貴㆑依㆓其本㆒、讃㆑事者宜㆑本㆓英其実㆒。匪㆑本匪㆑実、覧者奚信。」（三都賦序）左思はこの三都賦を作るとき、「地図」と「方志」（地方誌）をもとにして検証した、といっている。その理由は、「詩」の場合は〝表すところ〟すなわち作者の主観性の表現であるのに対し、「賦」の場合は〝見る所〟すなわち客観性の反映でなければならぬからだ、というのである。そしてそういう現地の基本的事実に依拠しなければ、その現地を覧ている読者（現地の人や現地に行った人）がどうして信じるだろう、と反問している。左思は、蜀呉平定後の西晋の都洛陽においてこの「三都賦」を書いた。このとき洛陽の読者は、蜀・呉討伐の戦いに実地に参加した人々（将吏・兵士）であったから、この論旨は切実性をもっている。（さらに蜀呉の知識人にも読まれるであろう。）こうしてみると、この「三都賦」中の「五千余里」や「七里」は実地の地図上の事実を背景に書かれたもの、と見なすほかない。

(31) もちろん、彭城国治が陳寿の実際の測定基点であった、というのではない。しかし、今、劉昭が「漢長里」によって記した数値をかりに「短里」に換算してみると、この点からも、陳寿が「其の道里を計るに」と前提して「会稽東治の東」と推定した、その比定の根拠の空虚でないことがわかるのである。

(32) わたしの論証の中において、①「R」に属するもの（注15）は、あくまで〝解釈によって対象距離の異なるもの〟である。すなわち、「不定」にして基準にすることのできぬものである。②これに対し、韓国の「方可二四千里一」や江東（及び荊州）の「方数千里」や天柱山の「高峻二十余里」等は、〝安定した対象距離〟をもつものである。そして問題の「倭人伝中の里数値」は、この②と共通しているのである。さらに、論証の厳密性のために付言すれば、『三国志』の中にも、「千里駒」（魏志第九）といったように、前代（『戦国策』『史記』等）から、成語化した形でそのまま入っているものもある。同様に、「R」中、何等かの理由で、「漢長里」の形のものが残存している場合もありえよう。しかし、それは上にのべた「論理の骨格」と矛盾するものではない。

(33) 巴郡・巴東郡・涪陵郡・巴西郡・宕渠郡に分郡。

(34) 対角線を南北四千・東西五千とする菱形。

(35) 東西二二五～二七〇キロメートル、南北三四五～四一四キロメートル。

(36) 「中華人民共和国地図」一九七一、北京

(37) 「中国地理新図集」一九六九

（38）上疏者、望（秦山但望・巴郡太守）は後漢の桓帝（一四六〜一六七）の時の人。
（39）依拠史料の成立時点の分析等、史料批判が必要であるが、本書のみからは析出しがたい。

〈依拠地図〉

「中国歴史地図」（正中書局印行、中華民国五十二年三月）。「中国地理新図集（自然人文分類図解）」（編製者、梁蘄善。中国地理模型製造社出版、一九五六年八月初版、一九六九年四月増訂三版）。「中華人民共和国地図」（一九五七年六月第一版、一九七一年十二月北京第一九次印刷）。「世界大地図」（小学館『大日本百科事典』別巻。昭和四十七年三月第一刷）

III

塔原廃寺の瓦

『翰苑』と東アジア

太宰府天満宮に張楚金の『翰苑』第三十巻が蔵されている。唐の顕慶五年（六六〇）、つまり白村江の戦いの三年前に成立した本だ。だが、この倭国の項の研究は少ない。まして他の蕃夷の国々（十四国）の記事には多くの貴重な史料が含まれているが、見すごされてきたようだ。

たとえば、最近よく議論される「任那」問題。これを〝まぼろしの存在〟〝架空の国名〟であるかに見なす人々がある。しかし同書の新羅の項にその実在が次のように明記されている。

地、任那を惣ぶ。〈雍公叡註〉今、新羅の耆老に訊くに、云う『加羅・任那は、昔新羅の為に滅ぼさる……』と。

この雍公叡の註は、太和五年（八三一）以前に成立していたとされる。

次に、三韓の項で気付いた新しい問題に目を転じよう。「境は鯷壑に連なり、地は鼇波に接す。南、倭人に届き……。〈雍公叡註〉鯷壑は東鯷人の居、海中の州なり。鼇波は海を倶にするなり。（海を）有するなり」

「鼇波」は東海のことであるから、ここは日本海に当たる。そのかなたに海中の州があり、そこに東鯷人の居があった、というのだ。「鯷壑」の「壑」は地下の住居（あなぐら）のことだから、弥生期の住居の類ではないかと思われる。

さて、『漢書』地理志にこの東鯷人は、左記のように倭人と好一対で現れる。

○会稽海外、東鯷人有り。分かれて二十余国を為す。歳時を以て来り献見すと云う。（呉地の項）

○楽浪海中、倭人有り。分かれて百余国を為す。歳時を以て来り献見すと云う。（燕地の項）

しかし、東鯷人は『後漢書』では倭伝内に書かれ、『三国志』では姿を消す。つまり三世紀に突如跡を絶った、なぞの民族なのである。わたしは先に右の倭人を、筑紫を原点とする銅剣・銅矛（どうほこ）・銅戈（どうか）圏の国々だと見なした（古田著『失われた九州王朝』）。では、東隣の銅鐸圏の国々は全く大漢帝国に無関心だったのだろうか。そんなはずはない。――そこが東鯷人（海上、東のはしの意か。「是＝てい＝」は辺・尽の義）の国だったのである。いずれ改めて詳報するつもりである。

銅鐸人の発見

従来の研究の大きな欠落

日本の古代史に興味を持つ人なら、誰でも周知の一節がある。

楽浪海中に倭人有り。分かれて百余国を為す。歳時を以て来り献見す、と云う。

『漢書』地理志（燕地）の文である。倭人が中国の正史にハッキリと姿を現した、最初の一ページだから、古来多くの学者たちがこの一節に目を注ぎ、議論をくりかえしてきたのは当然だった。

ところが、最近わたしは探究の途次、従来の研究方法には、一つの盲点、もしくは大きな欠落部分があったことに目を注がざるをえなくなったのである。

それは、従来はいつでも右の一節だけがいわば〝引き抜かれて〟取り扱われてきたことだ。その結果、この一節が『漢書』全体、ことに『漢書』地理志の中でいったいどんな位置を占めているか、この問題が取り落とされてきたようである。その証拠に、たとえば『漢書』地理志の中には、右のような夷蛮の地域からの貢献記事が他にもあるのかどうか。——つまり、これは数多い貢献記事の中の、その一つにすぎないのか。それとも、貢献記事はこの倭人項だけなのか。——この問いに今すぐ答えることのできる人は、おそらく多くはないのではあるまいか。

その原因はほかでもない。現在、日本の古代史について書かれた学術書や一般書はおびただしい。そしてその先頭に右の一節が出てくることも珍しくない。しかし、にもかかわらず、右のような〝出典全体の中の位置づけ〟については、ほとんど論及されていないからなのである。

それでも人々は言うかもしれない。〝いや、それは書かれなくても分かっている。きっと数多くある貢献例の中の一つにちがいない。だって、この項は「倭人」のことだから、日本の古代史学者から注目されただけだ。当の、大漢帝国の側にとってみれば、東方の倭人のことなど、おびただしい四辺の夷蛮の中の微々たる一つにすぎないにきまっているではないか〟と。これはおそらく、現代人の典型的な回答、常識的な反応なのかもしれぬ。

しかし、問題は「通念」ではなく、実証だ。そこで調べてみた。ところがその検査は、常識的な回答をキッパリと否定し去ったのである。〝多くの中の一つ〟(one of them) でもなければ、〝たった一つ〟(only) でもなかった。それは、「二つの中の一つ」であった。

その「二つ目の事例」を述べる前に、まず注目してほしい文がある。『漢書』地理志、倭人項のすぐ前だ。

> 然るに東夷、天性柔順、三方の外に異なる。

つまり、東夷は三方の夷蛮(西戎・南蛮・北狄)とはちがっている、というのだ。「天性柔順」というほめ言葉。これは要するに〝中国の天子に対して忠節だ。きまった年に貢物を絶やさず持ってくる〟という意味だ。これに反するのは、たとえば北方の匈奴や鮮卑だ。彼等は漢帝国にとって宿痾(しゅくあ)とも言うべき敵手だった。だから「天性柔順」どころではない。

だが、問題は彼等「敵手」だけではない。肝心の東夷についてすら、他に「歳時貢献」記事がないのだ。中国の東北地方、朝鮮半島の各地の各民族についても、いっさい「歳時貢献」記事はない。

元来、右の「東夷論」の記事は、朝鮮の記事につづいている。殷の箕子が、殷の道が衰えたため、朝鮮に行き、「礼義」や「田蚕織作」を教えた。はじめその地の民は盗人がなく、〝蔵を閉じることがない〟くらいだったが、中国の賈人（商人）が行くようになり、盗人が現れ、風俗が薄くなってきた。そこで、かつて「犯禁」（犯してならぬ掟）は「八条」だったのに、今は「六十余条」にまでなっている、という。つまり、朝鮮は「中国」化して〝本来の純朴さを失うに至った〟地域として描かれているのである。

これに対し、今（『漢書』執筆時）に至る「天性柔順」の代表者、いわば〝模範生〟として描かれているのが、倭人の「歳時貢献」記事だ。

『漢書』地理志の中に「分野」という描き方がある。中国全土を次の各地域に分けて描く方法だ。

秦地・魏地・周地・韓地・趙地・燕地・斉地・魯地・宋地・衛地・楚地・呉地・粤地

倭人の「歳時貢献」記事は右のうち、燕地に属している。燕は中国の東北、遼東半島付近まで広がった地域だ。したがって楽浪郡に属する倭人のことがこの燕地の中に出てくるわけである。

この倭人項と並ぶ、問題の「歳時貢献」記事は「呉地」にあらわれる。

会稽海外、東鯷人有り。分かれて二十余国を為す。歳時を以て来り献見す、と云う。

倭人の場合とまったく同じスタイル（文体）だ。ちがうところは「楽浪海中」と「会稽海外」のちがい。「百余国」と「二十余国」のちがいだけだ。一方が燕地、他方が呉地の、それぞれ末尾に出てくる点まで一致している。

なかんずく、史料事実の上でもっとも大切な点、それは『漢書』地理志の中に、この二項目しか「歳時貢献」記事は存在しない。——この一点だ。[1] だから、当の文献の実態に即して探究しようとする研究者なら、〝この二項目をペア（一対）にして扱う〟——これが必然の方法でなければならぬ。しかるに、研究史上の事実は、遺憾ながら〝倭人項だけのピック・アップ〟と〝東鯷人項の無視〟であった。

これがわたしには、従来の研究のふしぎな欠落部分だ、と思われたのである。

その「魚偏」の意味

では、この「東鯷人」の居所をしめす「会稽海外」とはどこだろう。

倭人項の「楽浪海中」と比べてみよう。当時、朝鮮半島や倭人の国々は楽浪郡の治下にあった。だから、九州、ことにその北岸などは「楽浪海中」というにふさわしい。ところが、九州（南岸）のさらに南、たとえばフィリピン群島などになると、これは「楽浪海中」とはいいにくい。もしかりにこれが「楽浪郡治下」にあったとしても、「楽浪海外」となろう。

これと同じく、「会稽海外」の場合。「九州（西岸）→沖縄諸島→台湾」という、会稽郡に向かって東シナ海をはさんで直面する、弧線内（会稽郡から見て）の国々なら、もしかりに「会稽郡治下」にあったとしても、やはり「会稽海中」であって、「会稽海外」とは言いにくいのではあるまいか。

その点、フィリピン群島なら、もしこれが「会稽郡治下」にあれば、たしかに「会稽海外」とは言いえよう。しかし、今の場合は「東鯷人」だから、はるか南方のフィリピン群島では妥当しない。

こうしてみると、実際の地図の上で残るところは、九州（東岸）の、さらに東なる領域、つまり日本列島の本州（及び四国）しかない。――こういう、抜きさしならぬ〝方向指示〟がいわば論理的に浮かんでくるのである。

実は、このような「方向指示」は、ほかの方法からも、同じくさししめされる。それは、「東鯷人」の語義である。「鯷」の〝つくり〟である「是」が「ゼ」「シ」と読むことはよく知られている。これは「よい」という意味や「これ」という代名の辞に使うときだ。ところが、「テイ」と読むときはちがう。

是――ふち。さかい。はし。

（是月）是、月辺なり。魯人の語なり。正月の幾尽に在り。（『春秋公羊伝』僖十六、何休註）

このように、「是」は「辺」「尽」の義だ。つまり〝一番端っこ〟という意味なのである。では、「魚偏」はなぜついたのだろう。

これについて絶好の例がある。「高句麗」と「高句驪」の比較だ。三世紀の『三国志』ではすべて「麗」だが、五世紀の『宋書』ではすべて「驪」だ。なぜ、『宋書』は「馬偏」をつけたか。その理由は宋書の次の文面が語る。

（元嘉十六年〈四三九〉）太祖、北討せんと欲し、璉に詔して馬を送らしむ。璉、馬八百匹を献ず。（『宋書』高句驪伝）

（高）璉は高句麗の長寿王（好太王の次の王）だ。このように馬が特産物として「献上」されたから、宋（南朝劉宋）側は「馬偏」をつけたのである。

右の例から見ると、この「東鯷人」は魚を自国の特産物として「献上」したのだろうか。それはともあれ、中国側が彼等を東なる海の中の国としてとらえていたため、「魚偏」がつけられた、そのことには疑いがないと思われる。すなわち、この呼称は「海上、東の一番端っこの人」という意味をもつ。

そうすると、ここであらためて問題となるのは、燕地に、属する「倭人」との関係だ。倭人は当然「東夷」の中の一員だ。つまり、中国から見て「東」に位置する。ところが、「東鯷人」は、〝その倭人の、さらに東に位置していた〟——これが語義から見た中国側の認識である。この名前のつけ方から見ると、そう考えるほかない。いや、もっと言えば、特に〝東の端っこ〟と言ったのは、東夷に属し、中国の東方海上の島に住むとされる「倭人」を〝物差しの原点〟にして、それよりもさらに〝東の一番端っこ〟と言った、と見てもいいであろう。『漢書』地理志中の好一対のこの二つの記事をセットにして見つめるとき、どうしてもそのように考えるほかはないのである。

すなわち、史料としての性格上、「倭人」と「東鯷人」は同種の史料、いわば〝一蓮托生の史料〟なのだ。これを従来は、バラバラに切りはなしてかえりみることがなかったのである。

このような論証に対して、従来の論者は言うだろう。〝中国側が記録していると言ったって、要は正体不明、実体のさだかならぬ辺境の民のことだ。それをいちいち二十世紀のわたしたちの知っている地図と照合して、理くつをつけること自体がおかしい〟と。——そうだろうか。

史料内容に注意してほしい。これは突発的、一回的にやってきた夷蛮のことではない。また、中国人が漂流して偶然流れついた不可思議な風の冒険譚でもない。〝歳時をもって来り献見していた〟民族に対する、中国側の正史の記載なのである。それなのに、その中国側の記録をそんなに無視または軽視していいものだろうか。

〝どうせ、そんな記事は、手前味噌、つまり中国が夷蛮にたてまつられていたことをしめすための、適当なデッチ上げだ〟——そう言うなら、この「歳時貢献」の記事が「倭人」と「東鯷人」の二つしかない、この〝貧弱さ〟という鮮明な事実をどう説明できるのだろう。もし中国側の自己宣伝のためのデッチ上げなら、もっとたくさんにぎやかに作りそうなものではないか。

本来、漢帝国が大義名分の原点〝中華の国〟であることは、当時の班固（『漢書』の著者）や漢代の人々にとっては、自明のことだった。それなのに、苦しい〝虚構のから宣伝〟をあえてする必要があったとは、わたしには容易にうなずくことができないのである。

また、史料性格に注意してほしい。好一対の、片方の倭人記事には疑いをいだく人はない。つまり、史料としての信憑性が高いのである。それなのに、片方の東鯷人記事だけは〝いいかげん〟視するとは！

史料処理の方法として、文字通り〝片手落ち〟であり、恣意的であるとしか言いようがない。――わたしには、そのように思えるのである。

青銅器分布と倭人の位置

倭人と東鯷人。この二者の、相対的な「地理的位置関係」が浮かび上がってきた今、あらためて「倭人」の地理的位置を確定しておこう。

この点、実はややこしい紛議を経る必要はない。前漢から後漢にかけて、つまり紀元前三世紀末から紀元後三世紀初頭にいたる時期の、日本列島の考古学上の出土物分布図を一瞥すれば、ハッキリする。それは、有名な二大青銅器圏の時代だ。西なる銅剣・銅矛・銅戈圏（以下、銅矛圏と略称する）と、東なる銅鐸圏である。この分布図から見ると、『漢書』地理志にいう〝倭人百余国〟が、右の銅矛圏に相当する。――この命題は誰しも、容易に想到しうるところであろう（たとえば藤間生大氏著『国家権力の誕生』昭和二十六年刊参照）。

この場合、考古学的分布図と文献との対比という方法の確かさについて吟味しておこう。

一方の青銅器分布図は、一に「出土物」としての確かさ、二に「量的分布」という事実の統計学的確かさをもつ。これと同時に、『漢書』という文献の場合も、一に中国の正史としての確かさ、二に「歳時貢献」という量的頻度性から来る中国側の認識の確かさをもっている。

それゆえ、この二者を結合して理解する、という今の方法は、決して恣意的ではない。むしろ必然である。

その上、右の認識に対する「画竜点睛」の事実がある。それは、志賀島出土の金印だ。

これは建武中元二年（五七）、後漢の光武帝から与えられた。「金印」は、その性格上、相当に広大な領域の、夷蛮諸部族統合の王者に対して与えられるものだ。そういう中国側（光武帝）の認識は、班固が『漢書』に書いたような「倭人百余国、歳時貢献」という前漢来の事実を背景としていると思われる。なぜなら、班固が書いたのが主として前漢の歴史であるのに対し、その前漢終結後、ほどなくて（約五十年）、後漢の光武帝の金印授与が行われたからである。

してみると、先ほどの理路に従えば、この金印は、当然銅矛圏の中心地域に出土せねばならぬ。――その通り。銅矛類の出土最密集地、やがて鎔笵（鋳型）出土の過密地、「筑紫矛」の名の高き地、すなわち博多湾岸の、その湾頭に当たる地点、志賀島に出土したのである。

こうしてみると志賀島の金印は、銅矛圏の中心地、倭人権力の中枢、――それをさししめす黄金の道標なのであった。

倭の五王は九州筑紫の王者である

このような認識は、日本列島における漢代相当の出土品分布図（青銅器圏）を虚心に見つめる限り、それは自明の結論であるとわたしには思われる。しかし、わたしがこのような結論にはじめて到達したのは、必ずしも右のように中国史書と日本列島の青銅器分布図とを対応させる、という方法ではなかった。それは〝各代の中国史書内の倭人記事を一貫して厳格に理解する〟という方法だった。

今、それを簡明に要約しよう。

『宋書』は五世紀の中国史書である。同時代史書として、その史料的信憑性は高い。その倭国伝に倭の五王の記事があり、その末尾に有名な倭王武の上表文がある。

東は毛人を征すること五十五国、
西は衆夷を服すること六十六国、
渡りて海北を平らぐること九十五国。

これは、倭王武が自己の王朝の先祖伝来の発展史をのべている個所だ。この文で、武は「臣」という言葉を自称として二回も使っている。つまり〝自分は中国（南朝劉宋）の天子の「臣」だ〟と言い、みずからの領域を中国の天子所属の「藩」と自称しているのである。つまり、この文面の大義名分上の原点は、当然中国の方にある。けっして倭国ではない。すなわち、右の文面の「夷」とは、中国の都（建康、今の南京）を原点とする「夷蛮表記」なのである。

これは、のちにみずから「日出ずる処の天子」と称した『隋書』俀（たい）国伝（七世紀前半）の多利思北孤（たりしほこ）

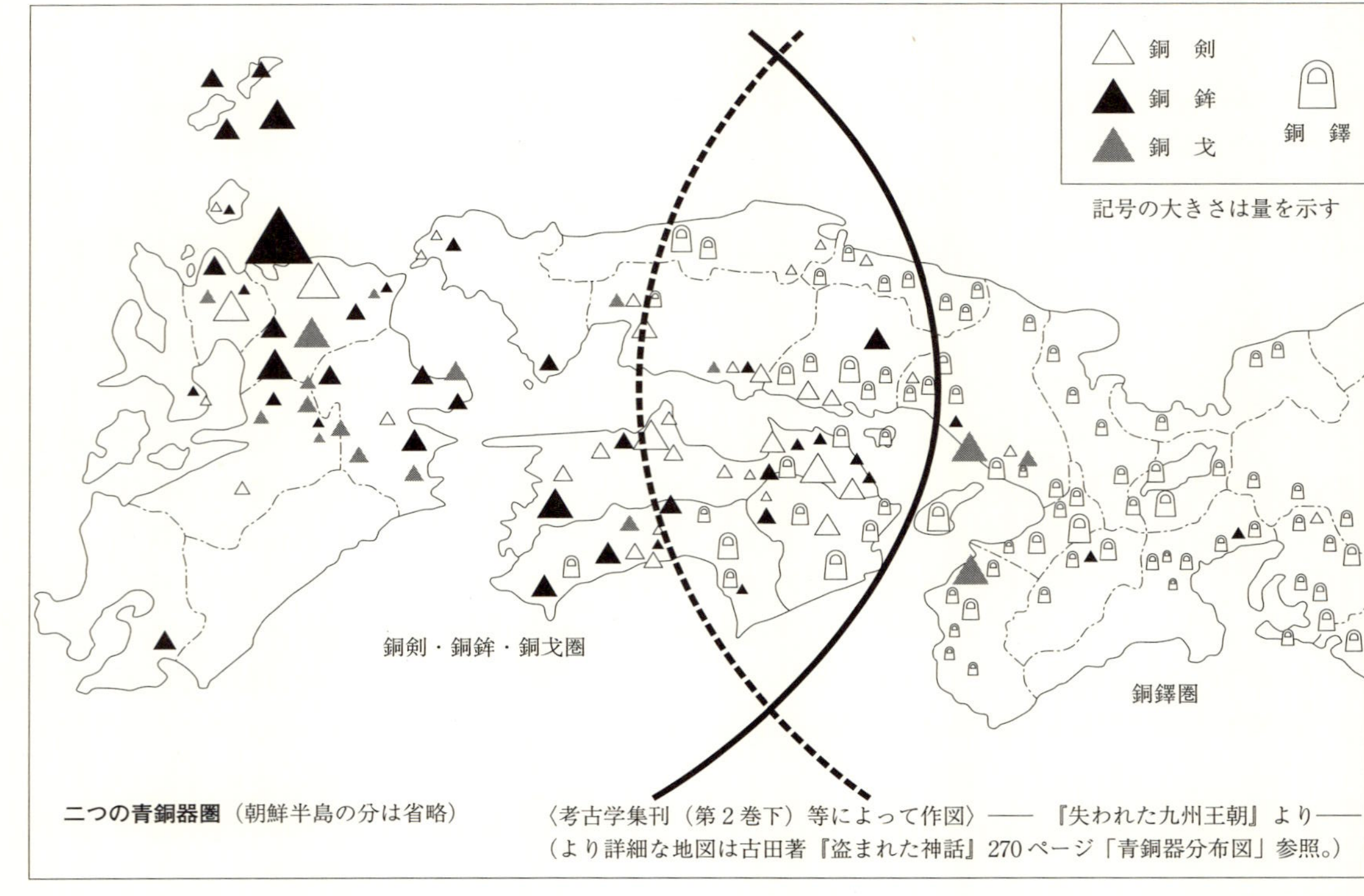

二つの青銅器圏（朝鮮半島の分は省略）

〈考古学集刊（第２巻下）等によって作図〉――『失われた九州王朝』より――
（より詳細な地図は古田著『盗まれた神話』270ページ「青銅器分布図」参照。）

ですら、中国の使者（裴世清）に相対しては、率直に「我は、夷人」とのべている事実から見ても、当然きわまる理解なのである。

こうしてみると、従来この文面を近畿天皇家を原点とする「東の毛人」「西の衆夷」というふうに読解してきたのは、この文の拠って立つ大義名分とそれに厳格に従った用字法を乱暴に無視し、歪曲した読解だ、というほかないのである。

これに対し、中国の天子の居する建康を原基点とする正しい位置づけから見るとぎ、〝西なる衆夷〟と言っているのは、倭王みずからの都する地の周囲、すなわち九州である。〝東なる毛人〟と呼んでいるのは、瀬戸内海領域の西半分（強）だ（国の数の比較から）。また「海北を渡る……」と言っているのは、自国（倭国）の都の地から見てストレートに朝鮮半島を「北」として指示しているのだ。このような論証から、通説に反し、「倭の五王」は九州筑紫の王者だ、という結論にわたしは到達した。

さて、この立場から、歴代の中国史書をもう一度見直してみよう。『漢書』地理志の「倭人百余国」に対し、『三国志』では「三十国」だ。ところが、右の『宋書』で日本列島部分は「六十六国プラス五十五国」で計百二十一国、つまりまさに「百余国」なのである。

『宋書』冒頭の「倭国は高驪の東南、大海の中に在り。世々貢職を修む」の文は、『漢書』『三国志』という中国の正史記載を「承述」（前書をうけてのべる）したものであることは、疑う余地がない。とすると、右の「漢書百余国」「宋書――百二十一国」の数の一致は、決して偶然ではないのである。

以上の論証から、前漢代の「百余国」とは、九州の筑紫を中心として、東は瀬戸内海西半分（強）の領域だ、と判定したのである。（この点、詳しくは古田著『失われた九州王朝』第二章参照。）

これはわたしの論証、つまり論理の積み重ねの結論だ。しかし、それは先にのべた、もっとも直截（ちょくせつ）

な観察、すなわち直観的理解とピッタリ合一しているのである。

貢献記事の史料性格

以上縷々のべてきた。しかし、結論は一つだ。『漢書』地理志にいう「百余国」とは、筑紫を原点とする銅矛圏の国々だったのである。してみると、その倭人の〝さらに東の端っこ〟の人、「東鯷人」とは誰か。ここに当然浮かび上がってくるのは、銅鐸圏の国々だ。それ以外にない。（関東・東北の「非・二大青銅器圏」の領域の人々は、未だ中国史書に姿を現していないようである。）

人間の〝もっとも自然なる直観力〟をもって考えてみよう。銅矛圏の人々が「歳時貢献」しているのを脇目に見て、銅鐸圏の人々が大漢帝国に対して無関心でありつづける。そんなことがいったいありうるだろうか？——ない。

「歳時貢献」とは、単なる〝気まぐれ〟や〝趣味〟の問題ではない。いわば、すぐれて政治的・軍事的な「安全保障」の問題なのだ。〝大漢帝国の傘の下に入る〟そういう政治行為だったのである。

この点、東夷以外の「三方」が漢に「歳時貢献」していないのは、必ずしも「天性」が「柔順」でないせいではない。中国の〝中原〟にあった夏・殷・周の黄河流域国家が、秦の大統一を経て新たなる大漢帝国として、いわゆる世界史上の「古代帝国」の常として、「帝国主義的膨張」をはかるとき、陸つづきの「三方」の夷蛮の国々は、絶えざるその圧迫に苦しみ、これと激突をくりかえさざるをえなかったのである。よって「歳時貢献」というような、安定した関係には容易に到達しえなかったのである。（後漢期になると、たとえば「南匈奴」が分裂して「帰順」するようになる。）

この点、日本列島の場合はちがった。海をへだてているため、このような激突と摩擦は生じなかった。ために、右のような「歳時貢献」という、安定した政治関係を早くから定着させることができたのである。

そしてその日本列島から、二つの異なった政治・文化圏の国々が別々のルート（一方は燕地、他方は呉地）を通って「歳時貢献」していた。

それらを包括して、班固は「東夷、天性柔順」と書いたのである。「東鯷人」も、もちろん「東夷」に属する。西戎や南蛮や北狄ではない。第一、倭人ひとり「模範生」なら、「倭人、天性柔順」と書けばいいのであって、「東夷、天性……」という表現はにつかわしくなかろう。

特に今、注目すべきは東鯷人貢献記事の史料性格だ。倭人貢献記事と同じ条件がここでもあてはまる。一に、『漢書』という中国の正史に記録されている、という確かさ。二に、「歳時貢献」という量的頻度性にもとづく中国側認識の確かさ。――この点、倭人の場合とまったく同一だ。

青銅器出土物（銅鐸）の分布についても、一に出土物としての確かさ、二に出土物の「量的分布」という事実の統計学的確かさ、という二点とも、先の銅矛圏の場合と変わるところがない。

そしてその分布圏が、中国から見て東方に当たる銅矛圏の、さらに東の端にあたっていること、その事実もまた、疑うことができない。

突然消えた二つの存在

以上、前漢代を対象とした『漢書』を主な依拠文献として考えてきた。ではそのあと、中国史書にお

いて「東鯷人」はどうなるのだろう。まず『後漢書』、(倭伝)

会稽の海外に、東鯷人有り。分かれて二十余国を為す。

記事内容は『漢書』をうけついでいる。新味はない。新味があるのは、この東鯷人記事が倭伝の中に入っていることだ。同じ倭伝の中でも侏儒国や裸国・黒歯国の場合は、『三国志』でこれを倭人伝の中に扱っているものを、そのままうけついだ、と言える。これとちがうのが東鯷人だ。范曄の新たな判断で、倭伝の中に入れられたのである。

つまり、范曄は五世紀時点(倭の五王の通交の頻繁だった南朝劉宋の時代)の判断で、この挿入を行なったのである。ズバリ言えば、〝東鯷人は広い意味で倭の一部だ〟と見なしているのである。(2)

これに対し、興味深いのは『三国志』だ。ここでは『漢書』の倭人記事十九字は一挙百五、六倍に飛躍的増大し、二千八字の倭人伝となっている。ところが、これと好対照なのは東鯷人記事だ。一字もない。いっさい姿を消しているのである。

そしてこのあと、中国代々の正史にも全く姿を見せないのである。この点にこそ、東鯷人が倭人に比して、歴史家に〝冷遇〟されてきた真の原因があるのであろう。けれども、わたしには逆にこの点にこそ、東鯷人が不可避の注目を浴びねばならぬ、真の理由がある、と見える。

なぜなら、中国史書の記録するところ、東鯷人は前漢から後漢にかけて、つまり前二～前一世紀頃から三世紀頃までは「歳時貢献」していた。つまり、その存在が定期的に認識されていた。ところが、三世紀頃になって、ハタと「歳時貢献」がなくなってしまった。そういう形だからである。

この〝東鯷人の出現と消滅の絶対年代〟は、まさに銅鐸圏の消長にほぼ対応している。(3)銅鐸圏もまた、(早ければ)前二～前一世紀前後から三世紀までは、確かに存在していたが、なぜか、それ以後、ハタとその存在を消した謎の古代文明圏だからである。

すなわち、中国史書上と、日本列島の古代出土物上と、共に三世紀頃に至って突如消えてしまった存在。それが一方で東鯷人であり、他方で銅鐸なのである。

なお、ここで東鯷人出現の下限について、より精細な吟味を行なってみよう。

『三国志』の場合、「魏→西晋」の関係が、〝禅譲〟であり、朝廷文書が安全に継受されているのに対し、「呉→西晋」の場合は「討滅による併合」の関係だ。だから、「呉志にないから、三世紀前半に東鯷人の呉国入貢はなかった」と断ずることは、史料性格上、無謀であり、妥当性をもたない。(4)(この点、四世紀の『晋書』、六世紀の『梁書』『陳書』の場合も、この見地は不可欠である。)

しかし一方、陳寿はいっさい東鯷人の貢献にふれることがないから、少なくとも三世紀後半の西晋の統一(二八〇年)以降には、東鯷人の歳時貢献はなかったものと見られる。なぜなら、倭人の例を見ると、壹与の西晋入貢が倭人伝末尾に(実年代抜きで)壮麗に描写されているからである。

以上の吟味によって、「東鯷人蒸発」時点は、二二〇年(後漢滅亡)と二八〇年(西晋統一)の間にあると見なされる。

私はこう結論する

以上のべたように、「東鯷人=銅鐸人」という等式は、『漢書』『後漢書』『三国志』という、三代の中国史書と、日本列島の青銅器分布図との対応から、必然的に導き出される結論だ。

ところが、さらにこれを裏打ちする史料をわたしは新たに見出したのである。

七世紀（顕慶五年、六六〇）、唐の張楚金のしるした『翰苑』だ。これは三十巻の書（『旧唐書』経籍志等）であるが、中国側には現存しない。ただ、末尾の第三十巻だけが日本にあった。太宰府天満宮現蔵である。もと「男爵」だった西高辻家の伝来という。その内容は蕃夷部だ。

匈奴・烏桓・鮮卑・夫余・三韓・高麗・新羅・百済・粛慎・倭国・南蛮・西南夷・両越・西羌・西域〈後叙〉

この中には貴重な史料が多い。倭国項・新羅項・高麗項等については改めて書こう。（従来の、この倭国項〈及び註〉についての理解には、大きな誤解がある。）今の問題は「三韓」の項の冒頭だ。

境は鯷壑（ていがく）に連なり、地は鼇（ごう）波に接す。南は倭人に届き……。

〈註雍公叡〉鯷壑は東鯷人の居、海中の州なり。鼇波は海を倶にするなり、（海を）有するなり。

まず「連なる」と「接する」の用法を見よう。「A→B→C」と相並び、〝AはBに接し〟、〝BはCに接し〟ているとき、〝AはCに連なる〟というのだ（図参照）。これが『翰苑』（第三十巻）頻出の表記方法である。（「届く」も、「接する」の一つ、〝少しはなれてはいるものの、中間に他国の介在しないケース〟である。）

次に単語の用法。「鼇波」は、東海の蓬莱山のある島を「鼇山」というように、〝東海〟のことを指している。ここでは、三韓の〝東の海〟だから、日本海のこととなろう。

「鯷壑」は註（雍公叡、おそくとも太和五年〈八三一〉以前に成立）にいうように〝東鯷人の居〟だ。「壑」（㕡）は「ガク」と読み、普通「たに」のことだが、ここはもう一つの意味「地下住居」「あなぐら」のことであろう。

壑――いわや。あなぐら。（『左氏』襄三十、註）

壑谷、窟室なり。

してみると、これは中国人から見て「住居」とか「居室」とか言えるものではない。つまり、弥生期の竪穴・横穴住居の類ではあるまいか。通釈しよう。〝三韓の地は、東の海に接し、その向こうは、東鯷人の地（地下住居）に連なっている。南は倭人の国に届き……〟こういう意味だ。

これを註の方で見よう。〝「鯷壑」とは、東鯷人の居であり、彼等は海中の州に住んでいる。「鼊波」というのは、三韓の地と東鯷人の地と、両者の間にこの海があり、両者この海を共有しているのである〟と。

では、この東鯷人の地はどこだろう。当然日本列島の本州（日本海岸）しかない。一方、朝鮮半島の南、九州は、倭人の地なのであるから（「南、倭人に届く」）。では、東鯷人圏の全体はどの領域だろう。この東鯷人の居は、『漢書』『後漢書』にある通り、「二十余国」だ。『翰苑』の記述が本文・註とも、右の二史書を「承述」していることは疑いない。では、この「二十余国」は全部、本州の日本海岸に面してズラリと並んでいたのだろうか。それはありえない。

なぜなら、彼等東鯷人は、『漢書』地理志の「分野」が「呉地」に記載されていることから判明するように、〝呉地（会稽郡治）を経過して〟洛陽・長安へ向かっていた。

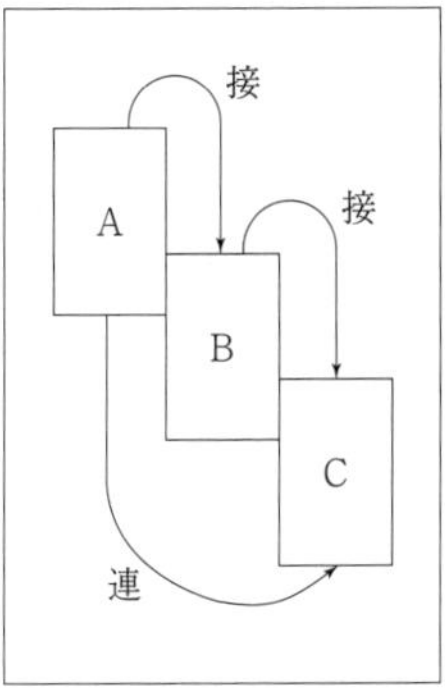

もし、日本海岸だけの国なら、これは考えられない。とすれば、当然この「二十余国」は〝日本海岸から太平洋岸にまたがって〟存在しているのだ。すなわち、やはり銅鐸圏である。（「二十余国」という数値は、〝淡路島以東〟の「純粋」な銅鐸圏だと思われる。先の「倭人」の「百余国」が〝淡路島以西〟であるのと比較すると、「百対二十」の数値からも、そのように考えられる。）

この東鯷人は銅矛圏の「倭人」とは、必ずしも〝友好的〟ではなかったようである。したがって倭人が朝鮮半島経由の燕地を通って漢の都に貢献したのに対して、東鯷人は四国・九州の南方海上を通り、沖縄諸島を経由して呉地に渡り、洛陽・長安に至る、という遠大なコースをとったものと思われる。倭人の朝鮮半島経由コースですら、容易な道のりではない。しかし、この東鯷人のコースは、一段と激浪と苦難に満ちたものであったであろう(5)。

以上をまとめよう。

(一) 『漢書』地理志の倭人と東鯷人との「歳時貢献」記事は、ワン・セットの史料として扱わねばならぬ。

(二) 中国の正史に記載された「歳時貢献」という史料の性格上、両記事の信憑性は高い。

(三) 東鯷人は、少なくとも三世紀後半には、中国史書の上から姿を消した(6)。

(四) この両者の史料事実を前漢・後漢期の日本列島内の青銅器分布圏と対応させると「倭人＝銅矛圏」、「東鯷人＝銅鐸圏」となる。

(五) 翰苑の三韓項の東鯷人記事も、右の帰結を裏づけている。

注

(1) 他にもう一つ、黄支国の貢献記事が、地理志末尾にある。しかし両者のような「歳時貢献」の文体ではない。

(2) 左思（三世紀）の魏都賦は曹丕（そうひ）（魏の文帝）即位以前のこととして、「東鯷、序に即（つ）く」と記している。後漢最末に東鯷人入貢のあったことをしめす史料である。

(3) 銅鐸の下限（三世紀）がほぼ一定しているのに対し、上限は前漢期とするものと後漢期とするものがある。もしかりに後者に従えば、『漢書』段階の東鯷人は〝銅鐸作製直前期の、同圏の国々〟ということとなろう。

しかし前者の場合は、まさに直接に相応する。

（4）この点、興味深い問題を提起するのは、山梨県上野原出土の、呉の赤烏元年鏡と兵庫県安倉出土の（赤）烏七年鏡である。

（5）もし、郡治までのときは、それぞれ楽浪郡治（平壌付近）及び会稽郡治（蘇州付近）まで。

（6）この点、最近大羽弘道氏『銅鐸の謎』では銅鐸の七世紀作製説が立てられているが、遺憾ながら本稿の帰結のしめすところ、否定されざるをえない。

金印の「倭人」と銅鐸の「東鯷人」

嵐山や苔寺へつづく、竹藪の長い岡がある。その一隅をなす朝夕の散歩道を歩きながら、わたしはいつも考えてきた。

それは、わが国の古代史の本をあけると必ずぶつかる、あの不審な一ページのことである。日本列島の弥生期の遺跡から出土する二種類の青銅器。

銅鐸、そして銅剣・銅矛・銅戈。

この存在について書いていない教科書（高校）は、まず無い。

一方、日本列島の人々は当時「倭人」と呼ばれていた、と。これも必ず出てくる。

そこで、子供はわたしに質問する。〝銅鐸圏の人々も、銅剣・銅矛・銅戈圏の人々も、どちらも「倭人」なのか？〟と。

このむき出しの問いに、一体どう答えたらいいだろう？　わたしはギョッとして藪下道で立ちどまってしまう。

思えば、銅鐸は「楽器」の形をしている。銅剣などは「武器」の形である。だが、それはいわば〝出身〟をしめすものだ。実際の使い道が、当時の「神聖な祭器」であったこと、それは疑いない。とすると、一方は平和的な祭器、他方は攻撃的な祭器。このあまりにも異質のシンボルをかかげる人。このクッキリしたちがいを無視して漢代の中国人は、どちらもひっくるめて「倭人」、そう呼んでいたのだろうか？　けれども古代社会の中で、この二つの神聖なシンボルは、選挙戦のときだけ幅をきかせるような現今のシンボル・マークなどには及びもつかぬ、重大性をはらんでいたのではないだろうか。こう考えると、予供の問いに対して、〝そう、両方とも「倭人」だ〟などと、わたしにはとても答えることはできなかった。

古代史の中の空洞

そのうち、ある朝、気づいた。子供の目がピシッと率直に結びつけた二つのもの。一つは青銅器、一つは倭人。この二つは〝出所〟がちがうのだ、と。青銅器の方は、日本列島の土の中から出てくる。実物はまぎれもない。だが、「銅鐸」という呼び名は、後代人のつけた名前にすぎぬ。

しかし、「倭人」の方はちがう。紀元前後の弥生時代に、その時代の中国人がそう呼んでいた、〝生（なま）の呼び名〟なのである。

楽浪海中に倭人有り。分かれて百余国を為す。歳時を以て来り献見す、と云う。

これは後漢（一世紀後葉）の班固の書いた『漢書』地理志に出てくる。

〝だが……〟わたしは竹の葉を洩れる日の光の条（すじ）を目で追いながら、こう考えた。〝『漢書』地理志の中では、「倭人」以外の民族はいったいどうなっているのだろうか。そうだ。全部抜き出してみよう。そしてその中に「倭人」記事を置いてみよう。そしたら、もっとハッキリするかもしれない〟と。

早速、飛んで帰って、調べてみた。

すると驚いたことに、この種の記事は「倭人」以外に、たった一つしかない。

会稽海外に東鯷人有り。分かれて二十余国を為す。歳時を以て来り献見す、と云う。

先の「倭人」は「燕地」（中国の東北地方、遼東半島に至る）の項に出てくる。が、この方は「呉地」（揚子江、河口の南）だ。倭人は楽浪郡治（ち）（今の平壌付近）を通して貢献した。この東鯷人は、会稽郡治（今の蘇州付近）を通して貢献している。

わたしに意外だったのは次の二点だ。

第一。わたしは思いこんでいた。〝何しろ、大漢帝国のことだ。数多くの周辺の民族が当然「歳時貢献」（定期的に貢物をもってゆくこと）していただろう。倭人も、その中の一つにすぎなかったにちがいない〟と。何の証拠もない。一つのムードとして、そう感じていた。だが、〝百の思いこみより、一つの調査〟だった。事実は、わたしの先入観をうち砕いたのである。

第二。「東鯷人」記事は、先の「倭人」記事とスタイル（文体）が全く同じだ。つまり、この二つはワン・ペア（一対）の史料である。とすると、いやが応でも〝この二つをセットにして〟理解しなければならない。それなのに、従来は「倭人」記事だけを、勝手に〝切り抜いて〟使ってきたのだ。これは不自然だ。——わたしはそこに、日本古代史の中に横たわる重大な空洞をかいま見た思いがしたのである。

孔子は知っていた

この時以来「東鯷人」は、わたしの頭の中を離れなかった。だが、なかなか解けない。第二字「鯷（なまず）」

が難関だった。〝東のなまずの人〟では何とも奇妙だ。だが、ある初夏の昼下がり、ふと大漢和辞典をめくっていて、ついに解けた。

そのヒントは「高句麗」という国名にあった。『三国志』は全部この字面だ。ところが別に「高句驪」という字面がある。『宋書』（五世紀）ではすべてこの形。このとき、中国側（南朝の劉宋）は高句麗に八百匹の馬を求め、「献」ぜしめている。だから、特産物を示して「馬偏」をつけたのだ。

このヒントから考えてみた。「鯷」から「魚偏」を除いた「是」。この字の音は普通「シ」とか「ゼ」だ（意味は〝これ〟〝よい〟）。だが、「テイ」と読むときはちがう。「辺」や「尽」と同じ、一番はしっこという意味なのである。とすると、「東鯷人」とは、〝東の一番はしっこの人〟という意味になるではないか。わたしの目の前は開けた。――〝これだ。「魚偏」は特産物のたぐいだ。要するにこれは「東の海の一番はしっこの地（島）に住む人」という意味なのだ〟

「倭人」の方が〝東の海の島〟に住んでいること、それは中国人には早くから知られていたようである。

なぜなら、右の倭人記事の直前に、班固は孔子の言葉を引いている。それは中国に道が失われたら、桴（いかだ）に乗って海に浮かび、東夷（九夷）の国へ行こうという趣旨だ。そして例の「楽浪海中に倭人有り……」へとつづくのだから、東夷（朝鮮半島より日本列島にかけての民族の呼び名）の中でも、半島部分でなく、「海中の島」が目ざされていたことになる。それでなければ、「海に浮かぶ」という必然性はない。つまり、〝孔子は「倭人」のことを知っていた！〟のだ。

こうなると、『論衡（こう）』（後漢の王充著、班固と同時代）の「（周の時）倭人鬯艸（ちょうそう）を貢す」（巻八）とか「暢（ちょう）草、倭より献ず」（巻一三）とか「成王の時〈前十一、二世紀〉倭人暢を貢す」（巻一九）といった類の記事も、むげにはばかにできなくなってきそうだ。（「鬯艸」「暢草」は〝祭酒に使う香りのよい草〟。）

なぜなら、孔子が「中国に道が失われたら」と言うとき、「道」というのは「周の天子への忠節」が根本だ。春秋末期、諸侯が実力を失った周の天子を軽侮していたのを嘆いている。だから、先の孔子の言葉は〝そんな中国より、周の天子のもとへ東海の島からはるばる素朴な献上物（暢草）をもってくるような「道」ある民、倭人の島へ行って教化しよう〟――そういう意味だと考えると、ぴったりするではないか。

最近、中国本土で烈しい批判（批林批孔）にさらされている『論語』だから、かえって日本の方がよく読まれているのかもしれない。とすると、今こそ〝御本人の「大予言」の成就のとき〟とさえ思われてくる。

冗談はさておき、焦点はこうだ。〝「倭人」は「東海の島」に住む民族だ。ところが「東鯷人」は、その〈倭人よりさらに東のはしっこ〉に住む民族だ〟と。これが字の意味から見て、またこの二民族がワン・ペアになっている点から見て、避けることのできない結論である。（詳しくは『歴史と人物』昭和四十九年九月号、古田「銅鐸人の発見」及び『盗まれた神話』朝日新聞社刊、参照。）

では、基準となる「倭人百余国」とは、どこだろう。わたしたちは、それを知るためのまぎれもない黄金の鍵（キイ）をもっている。ほかでもない。志賀島の金印だ。（「漢の委奴の国王」と読む。古田著『失われた九州王朝』第一章参照。）金印は、一部族の首長に与えられるものではない。諸部族統合の王者に与えられるものだ。すなわち「倭人百余国」の統一者に与えられているのである。これこそ、筑紫を原点（最密集出土地）とする銅矛・銅戈圏（福岡県より大分県へ）、さらに銅剣圏（瀬戸内海周辺）、これらの領域だ。すなわち、先の武器型祭器圏、これが「倭人百余国」なのである。その統合の王者の首都圏に当たるのが、志賀島をふくむ博多湾岸とその周辺だ。（光武帝の「金印授与」〈西紀五七年〉のとき、班固は二十六歳。）

このように「倭人百余国」の位置がハッキリしてみると、先の問い〝倭人の、さらに東のはしっこに当たる、とされる「東鯷人」とは何者か〟――その答えは、もはや疑う余地もない――〝銅鐸圏の人々〟である。

神聖な音楽を献上

東鯷人と銅鐸人との共通性は地理的位置だけではない。最大の魅惑点、それは消滅時期が一致することだ。銅鐸が三世紀（初・中葉から末葉にかけて）に消滅する。これは考古学上、有名な事実だ。ところが、東鯷人も同じなのだ。『漢書』と『後漢書』に出現し、「三都賦」（西晋、左思著）に後漢末の貢献記事があるのを最後に、プッツリと「蒸発」してしまうのだ、三世紀後葉に成立した『三国志』には全く姿を現さぬのである。〝なぜ、銅鐸人は三世紀に消えたのか？〟この世紀の大量蒸発事件こそ、日本古代史の秘密を握る鍵だ。（別の機会にのべたい。）

一つ、楽しい話がある。その入り口は〝「東の一番はしの人」という意味をあらわすのに、なぜこんな風変わりな字を使ったのか？〟という問いだ。「是」は魯国（孔子の故郷）の方言だという（『春秋公羊伝』）。なぜ、「東辺人」とか「東極人」という、普通の字を使わなかったのか。

そのヒントは、次の言葉だ。まず「鞮韈氏」、これは〝四辺の夷蛮の献上する音楽を司る官〟（『周礼』）だ。次に「鞮訳」というのは〝夷蛮の歌詞を翻訳すること〟だ。つまり「是」という字は、

〝四辺の夷蛮が中国の天子に献じた音楽〟に関係した文字なのである。ここに、「東鯷人」は特産物の「魚」だけでなく、〝自己独特の民族的楽器による音楽を「献上」したのではないか?〟という問題が浮かび上がってくる。そう!「神聖な楽器」としての銅鐸だ。

だが、今は歩を返して再び倭人の行方を追うてみよう。

一世紀中葉に「倭人百余国」を代表して金印を授与された「委奴国王」。彼の後継者は百五十年のあと、三世紀にはどうなっていただろうか。消え去ったか? 否。移転したか? 否。同じ博多湾岸とその周辺を首都圏とし、著名な女王を「共立」していた。その名が卑弥呼。そしてその首都圏は「邪馬壹国」と呼ばれたのである。

今は、さらにその最中心部を指定することができる。それは「須玖遺跡——太宰府——基山——朝倉」の線だ。つまり、もとの筑紫郡・朝倉郡を中心とする地帯である。そして首都圏を挾(はさ)む二つの重要地域がある。東は香椎宮から宗像神社に至る領域。西は糸島郡。この両者とも〝博多湾岸の首都圏にとっての「聖域」〟だった。

わたしにとっても、今まではまだ精細には確定できなかったこれらの問題が、意外にも、『古事記』『日本書紀』の分析を通してクッキリと浮かび上がってきたのである。

補　この点、わたしの本『盗まれた神話——記・紀の秘密』(朝日新聞社刊)に詳述されている。

七支刀と年号の論理

過日、石上神宮（奈良県天理市）の七支刀が公開された（昭和四十九年十月二十五日～三十日）。わたしは四十七年秋、精査の機会をもったが、今回ふたたびこれに接する喜びをえた。秀抜なその姿に「これが本当にあの古代刀か？」と驚きの声を発する参観者がいたほど、それは生新な黄金の象眼の輝きを放っていた。

この七支刀のもつ歴史的意義については、長らく『日本書紀』の神功紀の七枝刀記事にもとづいて読解され、評価されてきた（たとえば福山敏男説）。これは〝百済王が倭王に七支刀を献上した〟とするものである。（銘文の泰和四年を東晋の年号〈三六九年〉とする。）

*　　*　　*

ところが近年、逆の解釈が出された。〝この刀は百済王が倭王に下賜した〟とするものである（金錫亨説――泰和四年は百済の逸年号〈史書に伝えられていない年号〉とする）。「献上」と「下賜」では正反対だ。それだけではない。東アジアの政治情勢への理解も逆転する。

前者の場合、近畿天皇家がほぼ日本側の統一を成就し、百済をも服属させていたこととなる（従来の日本側の理解）。これに対し、後者の場合、日本列島は百済など朝鮮半島の国々を本国とする、その「分国」（いわば古代的植民地）だったというのである。

わたしは右二説のいずれにもくみすることができなかった。両者とも、それぞれの先入見もしくは理論（一は『日本書紀』天皇中心主義、一は分国論）に立ってこの銘文を読む。しかし、肝心のこの銘文自体には「献上」をしめす語句も、「下賜」をしめす語句も、共にないのだ。この点、金氏が「宜供供侯王」の「供」の字を「与える」という意味だとして、倭王に下賜した「下行文書」の一証とされたのは、史料処理上、穏当でない。

したがって、東晋の天子を原点とし、倭王と百済王は大義名分上、あくまで対等の立場にいる。すなわち、両者とも中国の天子の下における侯王なのである。一方、この時点において百済王は、この異形刀を倭王のために特鋳して、倭王に贈り、もってその歓心を求める（政治的）必要があった。――わたしは以上のように解したのである（古田著『失われた九州王朝』参照）。

これに対し、近来「金理論の修正説」が学界に現れている。一は上田正昭氏、一は李進熙氏によるものだ。

＊　＊　＊

上田説では、一方では、泰和四年は従来説通り東晋の年号としながら、他方では「百済王から倭王への下賜」という点は、金氏に従うのである。つまり、倭王を〝百済王に服属する侯王〟と見なすのだ。

しかし、この上田説には、重大な問題点があると思われる。なぜなら「東晋の年号を用いる」という行為は、すなわち東晋の天子の服属下に自分（百済王）をおくことである（「正朔を奉ずる」という）。この点たとえば現代のわたしたちが西暦を使うのとは全く話がちがう。この場合は、西暦を使ったからといって、別段自分が「イエスの誕生」を原点とする時の計算に従うクリスチャンだ、と表明しているわけではない。要するに、多くの国々に共通した「絶対年代」のものさしとして、いわば便宜的に使っているだけなのだから。このような現代日本の一種安易な使用法でもって、古代中国年号の大義名分の論理をおしはかり、混同してはならないのである。

だから、この東晋の年号を用いた銘文は、必ず東晋を原点（天子）として読むべきなのだ。すなわち「侯王」とは「東晋の天子の侯王」なのである。それなのに倭王と同じ「王」の称号をもつにすぎぬ百済王を原点として、倭王を〃その百済王の侯王〃と見なす。――ここに上田説には大義名分上の大きな矛盾点が存在するのではないだろうか。

これと同じことは、李説にも言える。李氏の場合、泰和四年を「北魏の年号」（四八〇年）とする。とすれば、右と同じ論理によって〃倭王は北魏の天子の配下の侯王〃とならざるをえない。それなのに李氏は、内容面では金氏に従って、百済王原点主義（百済王の「侯王」としての倭王）の読み方をされる。すなわち論理の骨格において、上田説と同じ矛盾を犯しているのである。この点、実は金説の場合、この矛盾はなかった。なぜなら、泰和四年を「百済の逸年号」としたからである。これなら当然、百済王を原点として読むべきだ。（ただ百済王と倭王と、両者対等の「王」の称号である点は、明らかに矛盾している。）

この〃年号のもっ論理性〃を上田・李両氏の修正説では「留意」されなかったようである。ために年号だけ、東晋や北魏へと切りかえながら、そのあとの百済王原点主義だけ保存しようとされた。ここに両修正説の陥った根本の論理矛盾があるのではあるまいか。

＊　　＊　　＊

なお、わたしは一昨年七月、李氏にお会いしたさい、氏の「一→六」（銘文の日付）への日本側「手直し」説を直接お聞きした。それでその秋、本刀を検証したとき、この一点に注意を集中したが、遺憾ながらついに「改削」のあとを見出すことができなかったのである。

しかしながら、李氏の提唱された総合的な科学調査（毎日新聞、昭和四十九年十月二十一日夕刊）には、貴重な提案として心から賛意を表したい。もとより、神宮側にとって本刀は、何よりも「信仰上の霊刀」であるけれども、それは真の科学的検証によっていささかも傷つけられる恐れはない。むしろ、日本中の真摯な注目を一段と深くうけるものと信ずるからである。

《なお、二つの対照史料をあげる、その一は倭王武の上表文（四七八年）。ここで南朝の天子の「臣」と称している倭王が「北魏の天子の侯王」であった可能性はない。その二は高句麗好太王碑文。ここでは「永楽」という高句麗の年号が使われ、「（好）太王――新羅王」というように、称号も対等でない。七支刀の場合と好対照である。》

（この論文は毎日新聞〈昭和四十九年十一月六日〉に「倭王への献上か下賜か」として掲載された。）

補　右の論証に対し、上田正昭氏（『日本古代学の始まり』昭50・8・20刊、一六二頁）は、前涼の王の例をあげ、これは「正朔を奉らず」して「東晋」の中国年号を用いたものとして反論された。しかし、これ（前涼の例）は、いわゆる「西晋の滅亡」（建興四年、三一六）後も大義名分上、西晋終結の立場をとらず、依然、西晋年号（「建興」）を用いつづけた例であるから、上田氏の誤読（もしくは誤記）のようである（『晋書』五十六、張駿伝）。また氏は「倭王が東晋の配下の侯王であった証拠」はない、と言われるが、『晋書』（帝紀・列伝）によると、西晋（泰始）にも東晋（義熙）にも、倭国は朝貢している。（『宋書』はその間の状況を「世々貢職を修む」と要約している。）それゆえ、氏の判断は史料事実に反する。（なお、氏の場合、右の「東晋」を「西晋」と訂正されても、わたしへの反証とはとうていなりえない。これらの点、後日詳記する。）

〈一九七五・八・二〇追記〉

九州王朝の古跡

ここ数年来、年と共に九州と縁が深まってきた。もともと、ここには何の地縁もなかったわたしだが、古代史探究の旅をしているうちに、どの支線に乗っても、その行き先が同じ終着駅へと向かっているのに気づいた。……筑紫だ。

むろん、日本列島の各地はそれぞれ悠遠なる自己独自の歴史をもっている。その中の一点だけが、特別に古代史の究極点だ、などということはありえない。これは自明の理だ。だが、『三国志』『宋書』『隋書』や『古事記』『日本書紀』という古代文献（権力者側の記録）の表記を忠実に辿るかぎり、倭国の中心点は、どうしても筑紫とその周辺へと導かれてゆくのだ。

三世紀の女王卑弥呼の国、邪馬壹（やまい）国から五世紀の倭の五王、七世紀の俀（たい）王の多利思北孤（たりしほこ）まで、いずれも筑紫に中心をもつ九州王朝だった、とわたしが論証したとき（『「邪馬台国」はなかった』『失われた九州王朝』）、この本を読んで後、こう言った人がある。

「りくつではその通りだが、どうも信じられない」と。学問はりくつでなく信仰の問題になってしまったのだろうか。

これは、反論もせず、わたしの論証をうけ入れようともせぬ人々に共通の心情なのであろう。

「だが」と人々は問うであろう。「実際の遺跡において、その九州王朝なるものをしめす跡は残っているのか」と。これはもっともな問いだ。その跡のいくつかを辿ってみよう。

まず、太宰府のそばに出来た九州歴史資料館を訪ねてみよう。ここには大宰府跡出土の瓦が数多く陳列されている。この地にふさわしい出土物だ。ところが、問題はそれと並んで陳列されている、より古形の瓦だ。「塔原廃寺の瓦」と説明されている。塔原とは太宰府付近（筑紫野市）の地名である。

ここで注意してほしいのは、これほどの瓦が出土しながら、その寺の「名前」がないことだ（「――廃寺」というのは、現代の命名）。ところでわたしは、〝どうしてそれが「寺」だったとわかるのか？〟と子供から聞かれて愕然としたことがある。確かにそうだ。「寺」だという証拠はない。「官庁」かもしれないではないか。――では、それは何物だろう。

次にその南、基山に登ってみよう。ここにはかつて堂寺が峰々谷々に連なっていた、という。ちょうど後代（平安朝）の比叡山のように。その礎石や地名（たとえば「いものがんぎ」）が残っている。

不思議なのは頂上の城跡の〝門の名〟だ。「北帝門（北の御門＝みかど）」「仏谷門」「萩原門」――萩原門は分かる。下の萩原村につづくのだから。しかし、「北帝」や「仏谷」とは一体何だろう。近畿にはこんな門の名はない。だから、これは近畿天皇家の模倣ではないのだ。

ここで、わたしの本（『失われた九州王朝』）を読んだ人なら、『隋書』俀国伝の多利思北孤が〝日出ずる国の菩薩天子〟をもってみずから任じ、「天子」と「仏教」の二つを結びつけていたことを思い出すだろう。

その三つ。『日本書紀』欽明紀に不思議な記事がある。

○（欽明二十三年八月）（天皇は狭手彦を遣わして、高麗を伐たしめ、その戦利品として「鉄屋」をえた、との記事のあとに）〈A〉鉄屋は長安寺に在り。〈B〉是の寺、何れの国に在りということを知らず。

いかにも「長安寺を知らぬやつは、もぐりだ」と言わんばかりの口ぶりだ。（A――旧注）

ところが、『書紀』の編者は一切、その寺について知る所がないのである。（B――新注）これはどうしたことだろう。ところが、

「朝倉社恵蘇八幡宮……社僧の坊を朝倉山長安寺といふ。（注）朝闇寺なるべし」（大宰管内志）

このように、筑紫の朝倉郡には問題の「長安寺」があったのだ（長沼賢海著『邪馬台と大宰府』参照）。

どうやら、わたしたちは筑紫のいたる所に九州王朝の遺跡を眼前にしながら、かたくなにこれに目をつぶってきたのではあるまいか。

Ⅳ

バルディビア出土の人物像（エバンス夫妻ら共著『エクアドル海岸部の早期形成時代』より）

「海賦」と壁画古墳

「海　賦」

〝歴史の女神は、奇跡のように、過去の未知の世界への扉を開く〟

このような不思議な経験を、わたしはこの一篇において読者に伝えたいと思う。

わたしの第一の本『「邪馬台国」はなかった』の最終章に「アンデスの岸に至る大潮流」の一節がある。

三世紀の倭人が南アメリカ大陸へ航行していた、という話だ。書いたわたし自身にとってすら、〝奇想天外〟な帰結だった。〝論理の筏〟によって、わたしはいわば、いやおうなくそこへと導かれたのである。ましてわたし以外の人々の目に、それが〝辟易すべきもの〟と見えたとしても、当然だ。

事実、わたしの学校時代の友人の中に、大真面目に〝あの一節だけは、……〟と忠告してくれる者さえあった。学者の中にも「三国志に殉じたもの」と嘲笑する人があらわれた。（藤間生大『邪馬台国の探究』）

けれども、月日を経た探索の中のある日、一つの史料がわたしの目をピタリとひきつけた。『文選』の中の「海の賦」である。（「賦」は心に感じたことを事実のまま詠じたもの。のち文体の名。）

『文選』は、六世紀梁の昭明太子の撰。それ以前の秀詩・名文を集成した本である。わたしはそのとき「魏晋朝の短里」問題（上掲書第三章Ⅱ〝『三国志』の「里」をしらべる〟参照）の実例を求めて、この本の中の「——里」という個所を抜き出していた。「洛陽の紙価を高からしむ」の故事で有名な、西晋の左思の「三都賦」の中に三個の「里」の用例を見つけた。それはまさに「魏晋朝の短里」を用いて記されていたのである（「五千余里」〈蜀都賦〉「数百里」〈同上〉「七里」〈呉都賦〉）。それはわたしにとって有意義な検証であった。ことに左思は「賦」の作り方について、つぎのように言っている。

余既に二京（西京—長安・東京—洛陽の二賦。班固と張衡）を摹して三都を賦せんことを思い、其の山川城邑は、則ち之を地図に稽え、鳥獣草木は、則ち之を方志（地誌）に験え、風謡歌舞は、各々其の俗に附き、魁梧長者（大徳の人）は其の旧にあらざるなし。何となれば則ち言に発し詩を為る者は、其の志す所を詠じ、高きに升りて能く賦する者は、其の見る所を頌し、物を美する者は、其の本に依るを貴び、事を讃する者は宜しく其の実に本づくべければなり。本にあらず実にあらずんば、覧る者奚ぞ信ぜん。（傍点古田、以下同じ）

すなわち、「地図」にもとづき、「実」にもとづくのが「賦」の特質だ、といっているのである。
より大きな発見は、そのあと、「海の賦」から来た。

これは、木華の作った「賦」だ。彼は西晋の楊駿府の主簿をしていたという。（楊駿は、恵帝の時、朝政を総ぶ。）『三国志』の著者陳寿と同時代で、史官の陳寿よりさらに〝中央〟に位置していたのである。
わたしの目を最初にひきつけたのは、つぎの句だ（巻末史料参照）。

或いは裸人の国に掣掣洩洩し、
或いは黒歯の邦に汎汎悠悠す。

わたしの第一の本を読まれた方は、すぐお気づきのように、この「裸人の国」「黒歯の邦」といわれているのは、『三国志』魏志倭人伝の中の「裸国・黒歯国」だ。「東南・船行一年」（倭人の「二倍年暦」だから、一倍年暦に直すと、「半年」に当たる）とあって、わたしの『三国志』全体と倭人伝の解読方法からすれば、南アメリカ大陸に存在した、と見なすほかないという、例の国だ。

次いで、わたしの目はつぎの一句に注がれた。

若し其れ、穢を負うて深きに臨み、
誓いを虚しうして祈りを愆てば、

これは、すぐ、わたしに『三国志』魏志倭人伝のつぎの一節を思い出させた。

其の行来・渡海、中国に詣るには、恒に一人をして頭を梳らず、蟣蝨を去らず、衣服垢汚、肉を食わず、婦人を近づけず、喪人の如くせしむ。之を名づけて持衰と為す。苦し行く者、吉善なれば、共に其の生口・財物を顧し、若し疾病有り、暴害に遭えば、便ち之を殺さんと欲す。其の持衰謹まずと謂えばなり。

有名な「持衰」だ。倭人独特の航海方法である。「海の賦」の方の「穢（きたないもの）を負うて」の一句も、まさにこれを指している。唐の李善註では、「穢を負うは、身罪有り、負荷（背に負い肩ににな う）するが若きは然り」といって、「穢」を「罪」という意味にとっている。しかし、〝罪を負うて深海に臨む〟というのでは、何のことか、意味が通じない。

しかも、右の一句のあと、右の行為の結果として、

帆を決り檣を摧き

というように、舟が難破の目にあう、といっている。

これは、倭人の航海信仰である「持衰」の話だ。タブーを破った場合は、直ちに海神の怒りにあって海難に遭う、といっているのだ。唐の李善は同時代（西晋）の『三国志』倭人伝の一節との対応に気づかず、「穢」を「倫理的な罪」に解した。ために意味不明の一文としてしまったのである。

この「海の賦」の重要な主題が「倭人」であることについては、つぎつぎと証拠が出てきた。

全体の構成から見てみよう。

「海」についてのべるために、木華はまず〝禹の聖績〟から説きはじめる。かつて禹は江河を治水し、河水は正流して海に入るようになった。そしてその海の水は、

蠻に乖き、夷を隔て、万里に迴互す。

といって、暗に〝禹の聖なる感化〟が夷蛮にまで及んだことを説いている。わたしは第一の本で、『三国志』倭人伝の首尾構想が「禹の東治」（会稽山に諸侯・夷蛮の王を集めて定めた礼制）をもとにして展開され、構文されていることをのべた。まさにそれと同じ発想でこの「海の賦」も展開するのだ。

しかも、注目すべきは「万里」の語だ。

墨の如く委面して、帯方東南万里に在り。　（『漢書』地理志、倭人項、如淳註）

という、魏の如淳註と同じ「万里」だ。陳寿が倭人伝で

郡より女王国に至る、万二千余里。

と書いたのも、如淳の記述が背景にある。そのことは第一の本（第三章Ⅲ、粗雑の論理）でのべた。

A　帯方郡治——狗邪韓国　七千余里

B
狗邪韓国――対海国　千余里
対海国――一大国　千余里
一大国――末盧国　千余里

を加えれば、倭国の本土、北九州に最初に上陸するまで、丁度「一万里」となるのである。（倭国内の陸地部分を、島内と北九州とも、二千里をさしひく。）

この「一万里」が「海の賦」にもあらわれている。同時代の『三国志』には「南蛮伝」はなく、「東夷伝」しかない。そしてその「東夷伝」の中で、〝海の彼方、万里〟にあり、とせられている夷蛮は、「倭国」しかない。このようにして、ここでも木華の筆先は「倭国」を指さしているのである。

この点は、さらにつぎの一句で確かめられる。

一越三千、終朝ならずして届る所を済う。

〝三千里の海を一気に越える〟といっているのは、先のB、つまり朝鮮半島から倭国までの海峡だ。〝海の彼方三千里〟に当たる個所は、『三国志』中、他にはどこにもない。だから、ここでも、大陸・朝鮮半島側から、倭国に向かう海路を指していることは、疑うことができないのである。

では、なぜ「倭国」へ行かねばならぬのだろう。その問いに答えてくれるのが、次の一句だ。

若し乃ち、偏荒速やかに告げ、王命急かに宣すれば、

「王命」とは、天子の勅命のことだ。

未だ王命ならず、故に爵を書かず。（『左氏』隠、元）

夏水に至り、陵に襄り、沿泝阻絶、王命急かに宣す。（『水経』江水註）

「偏荒」とは、遠い辺地のことだ。

つまり〝夷蛮のいる辺域の彼方から、あわただしい報告が入り、これに答えて天子の命が急速に出された〟というのである。その結果、

駿を飛ばし、楫を鼓し、海に汎び、山を淩ぐ。是に於て、勁風を候ち、百尺を掲ぐ。長綃を維け、帆席を挂く。濤を望んで遠く決れ、冏然として、鳥、逝く。鷸たること、驚鳧の、侶を失えるが如く、倏たること、六龍の、掣く所の如く、……。

華麗な表現だ。要するに〝すさまじいスピードで、その報告のあった地（倭国）へと、天子の命をうけた急使がかけつけた〟といっているのである。

しかも、それによって、事件はすみやかに落着した。

終朝ならずして、届る所を済う。

「終朝ならずして」とは、〝朝飯前〟という意味の熟語だ。（終朝は、夜明けより朝食までの間

終朝、緑を采る、一匊に盈たず。（『詩経』小雅、采緑）

〈伝〉旦より食時に及ぶ。終朝と為す。（「匊」は両手）

「済レ所レ届」について、『国訳漢文大成』や『全釈漢文大系』では、「届る所に済る」と読んでいる。これは、李善註に「爾雅曰く、済は度なり」「孔安国尚書伝に曰く、届は至なり」とあるのにもとづいた読みだ。しかし、この読みでは「至る」と「済る」という二つの〝移動をしめす動詞〟がダブるため、もってまわった、不明瞭な言いまわしになっている。

済――危難から助けすくう。

知、万物に周くして、道、天下を済う。（『易経』繫辞）

届（＝屆）――いたる、きわまる

遠しとして届らざる無し。（『書経』大禹謨）

〔伝〕届、至なり。

君子、届る所。

〔箋〕届、極なり。〈『詩経』小雅、采菽〉

「届る所を済う」と読む。「届る」は「極」とあるように、〝対岸に行き着く〟ことだ。つまり、〝三千里の海路を経た、その対岸（倭国）の地を済った〟といっているのだ。すなわち、先に〝はるか辺域の夷蛮の地からあわただしい報告が入った〟とあったのは、ほかではない。倭国の地からだったのだ。

それでは、このあわただしい事件とは何だろうか。「倭国から、洛陽への急使──→天子のすばやい使者派遣──→倭国の危難を救う」。このように劇的な事件が実際に存在しただろうか。

其の八年（正始八年、二四七）、太守王頎官に到る。倭の女王卑弥呼、狗奴国の男王卑弥弓呼と素より和せず。倭載・斯烏越等を遣わして郡に詣り、相攻撃する状を説く。塞曹掾史張政等を遣わし、因って詔書・黄幢を齎し、難升米に拝仮せしめ、檄を為りて之を告喩す。（『三国志』魏志倭人伝）

ここでも対応は恐ろしいくらいハッキリしている。倭国が狗奴国との交戦によって陥った危急を急告、それに対する中国の天子のすばやい反応によって危難が鎮静された事件について、木華は「賦」にふさわしく華麗かつ象徴的な手法で語っているのである。

もはや疑う余地はない。「裸国・黒歯国」の記事が「倭人伝」と「海賦」に共通しているのは偶然ではなかった。両文には同時代の記述として、見事な対応がしめされているのである。すなわち、「海賦」には、「倭」という文字が出されていない（これも「賦」の好む暗示的手法だ）ため、後代の注釈者（唐の李善や唐の五臣）は気づかなかった。しかし、今やまぎれもなく、「海賦」には「倭人」が重要な主題として登場しているのである。

ここでつぎのテーマに入る前に少し回り道をさせていただこう。

それは、「届る所を済う」といっているように、木華は〝三千里の海路の対岸〟という形で、救った地、つまり「倭国の都」を指さしている。倭人伝の方の記載から見ても、問題は〝首都に迫った危難〟であり、〝首都から遠くはなれた地に狗奴国の兵が来た〟というような、なまやさしい情況ではない。すなわちズバリ言って「倭国の都は、朝鮮半島の対岸、つまり九州の北岸にある」――そういう筆致を木華はしめしているのである。

〝一気に三千里を越えれば〟という表現を見よう。倭人伝では、魏使はかなり〝まわり道〟をとっていた。対馬南島・壱岐を半周し（「島めぐり読法」前の本第四章Ⅱ参照）、末盧国に上陸し、海岸ぞいに迂回して博多湾岸に入る、というコースだ。

それはいわば、当時のメイン・ルートであったろう。しかし、危急の今は、そんなまわり道ではない。ストレートに「狗邪韓国――博多湾」間の最短ルートをとっているようだ。

〝一挙千里〟――一気に千里に至るさま

〝一瀉（しゃ）千里〟――流れがそそいで一気に千里を走るさま

といった風に、「一越三千里」の表現は、漠然と〝一たび越える〟意味でなく、〝一気に越える〟という意味だ。木華の一見誇張した象徴的表現の底には、〝真実（リアル）な軍事情況に対応した緊迫した行動〟が存在している。

このような分析によって、つぎの二点が浮かび上がる。

（一）「三千里」「一万里」といった〝里数表記〟が、倭人伝と「海賦」に共通していること（同じ「短里」による)。

(二) 倭国の首都が九州北岸の位置に描かれていること。

この二点とも、わたしの前の本の論証を裏づけていたのである。

「海賦」の文脈の進行にもどろう。

このような倭国の事件の描写につづいて、先にあげた「穢を負うて深きに臨めば、……」の一節があらわれてくる。だから、もうこれが倭人の航海方法である「持衰」の描写であることは疑いない。

それなら、「倭人の航海」の描写はなぜここからはじめられるのだろう。その「航海の方向」がつぎの一句でしめされる。

是に於て、舟人、漁子、南に徂き、東に極る。

「徂く」は〃赴く〃の意味。「極る」は、〃極点まで至り着く〃の意だ。

徂――ゆく、おもむく。

西より東に徂く。　(『詩経』大雅、桑柔)

極――ⓐきわまる、つきる。

無極の野に遊ぶ。〈注〉極、尽なり。　(『淮南子』精神訓)

ⓑきわめる。

何れの路か、之、能く極めん。〈注〉極、竟なり。　〈『楚辞』東方朔、七諌、謬諫〉

ⓒはて。

極。四極。方隅の極なり。　(韻会)

漢字には「いたる」という字はたくさんある。「ノ」（右から左へまがりいたる）「止」（いたりとどまる）「氐」（底にいたる）「次」（ついでいたる）等、八十四個のいたると訓ずる文字が存在する（諸橋轍次『大漢和辞典』）。

これらの「いたる」に対し、「極」の場合は、「きわまる」「きわめる」「つきる」が通常の訓であるように、〝はるか行く手の極点に到着する〟という意味だ。

そこで「南に徂き東に極る」を解いてみよう。

〝ある程度、南方に赴き、やがて東に方向を転じ、その彼方の極点の地にいたる〟

これは重大な一句である。倭国（九州）から南方海上に向かい、やがて〝東に転ずる〟というのは、あとにも出てくるように、東に向かう海流に乗ずる、ということだ。そうすれば、もう方向を変える必要はない。ただひたすら海流によって進めば、その彼方には極点をなす大地がある、というのだ。（到着点が「小島」などでは、このような表現はできない。）

しかし、そこが最終の目的地ではない。

或いは黿鼉（げんだ）の穴に、屑没（せつぼつ）し、

或いは岑敫（しんごう）の峯に挂罥（けいけん）す。

東の極点に至ったあとの旅路にこそ、難所が待ちかまえている。

「黿鼉」とは、「あおうみがめ」と「わに」だと解するのが通例だ。だが、左の用例を見よう。

漦、化して玄黿と為（な）る。　（『漢書』巻二十七・五行志）

韋昭曰く「玄、黒。黿、蜇蜴也。蛇に似て足有り。」

師古曰く「黿は鼈に似て大。蛇及び蜇蜴に非ず。」

三国期、呉の韋昭が「黿とはとかげ類だ」と註したのに対し、唐の顔師古が反対している。しかし、韋昭註は魏晋代の註だから、西晋の木華の文を解するには、この方が適切であろう。そうすると、「黿」「鼉」ともに〝とかげ・わに類〟となる。とすると、これは海の動物だから、〝海とかげ〟の類となろう。（南米西海岸洋上のガラパゴス島に、今日でも、大きな海とかげが棲息していることは、よく知られている。）

「岑嶔（しんごう）の峰」とは、小石の多い、きりたった山だ。そのような断崖が海岸に突き出していて、船の難破をさそう、というのだ。

今日、日本の勇敢な青年冒険者たちの経験がしめすように、「日本列島→北アメリカ大陸（サンフランシスコ）」のコースの方は、むしろ〝容易〟だという。（堀江・鹿島・牛島の三人とも成功している。）かえってサンフランシスコ付近より、ペルー海岸に至る南北アメリカ大陸西海岸沿いの方がより困難なコースだといわれている。（このコースで挫折した青年たちの報告もある。）

こうしてみると、「海賦」の簡潔な描写は、意外に真実（リアル）な背景をもっているようである。そこでいよいよはじめにあげた、つぎの句があらわれる。

　或いは裸人の国に掣掣洩洩し、
　或いは黒歯の邦に汎汎悠悠す。

「掣掣洩洩」は〝風に任せてすすむさま〟、「汎汎悠悠」は〝流れにしたがうさま〟だ。海流に乗り、風の進行に導かれつつ、ここに至ることをしめしているのである。

　或いは乃（すなわ）ち萍流（へいりゅう）して浮転し、
　或いは帰風に因（よ）りて自（おのずか）ら反（かえ）る。

ここは帰り道のことをいっているようである。「或いはＡ、或いはＢ」の形は、〝ＡかＢかだ〟という意味だ。だから、場合によると、浮草のように流れて浮き転じ、潮流からそれて他の方向へまぎれこんでしまい、永遠に帰ることはできず、ある場合には、うまく帰りの風と潮流に乗ずることができれば、自然にもとのところ（倭国）へ反ってくることができる、といっているのである。

メキシコ北部の西海岸あたりから日本列島の方へ向かう海流があり、鹿島・牛島青年は、このコースによって成功している。また、他に赤道海流（および反流）もある。

簡明な対句表現による筆致の裏には、倭人の豊富な航海経験の中の挫折と成就、その辛酸の日々が横たわっているようである。

＊　＊　＊

以上のように、木華の「海賦」は、陳寿の倭人伝の内実と見事な対応をもつ、倭人航海史料であった。

従来は、唐代の注釈家をはじめ、日本の『文選』解釈家によっても、単に〝華麗な美文〟と見なされてきたにすぎなかった。これは『文選』が「科挙」の試験をはじめ、もっぱら〝名文選〟つまり〝造文・造句の模範〟としてだけあつかわれてきた、そのためであろう。三世紀において、倭人の報告をもとにした魏晋朝官人の記録である、という視点は全く見のがされてきたのである。

しかしながら、実体はすでに明らかにされた。わたしは前の本で「裸国・黒歯国」の所在を、太平洋の潮流の彼方に指定したとき、それはまさに〝論証力の冒険〟であった。『三国志』のしめす史料性格、その中を一貫する表記法。それに従うかぎり、このように解するほかない。――このような論理の導き以外に、わたしには何のささえもなかった。ために筆致はおのずから、その孤独を反映し、もって当代の学者に「三国志に殉じた」という嘲笑をうけたのも、不思議はない。

しかし、この「海賦」の〝発見〟によって事態は一変した。全く別個の、異系統の二つの史料が、同一の内容をしめしている。別系統の異史料の内実が一致するとき、それは真実と認められる。これは、歴史学における、論証方法の王道である。たとえ、旧来の常識の中になお踏みとどまろうと欲する人々があろうとも、この道理を変えることはできない。

海の四至

「海賦」がわたしたちに与えてくれる知識は、これだけではない。「海の四至」つまり、海の東西南北について、つぎのようにのべている。

爾(かく)も其れ、大量たるかな、
則(すなわ)ち、
南のかた、朱崖(がい)を淊(ひた)し、
北のかた、天墟(きょ)に灑(そそ)ぐ。
東のかた、析木(せきぼく)に演(およ)び、
西のかた、青徐(じょ)に薄(せま)る。

「南」について。
「朱崖」は南方、朱い崖の地。一説に海南島であるという（『漢書』地理志では「珠厓」）。「淊」は〝清い水のあふれるさま〟であり、「漬」と同じく〝ひたる、ひたす〟の意。（『広韻』釈詁二）
「北」について。

「天墟」の「墟」は〝山のふもと〟だ。

崑崙の墟は其の東に在り。（注）墟、山下の基なり。（『山海経』海外南経）

つまり、〝天のすそ野〟といった意味となる。「灑」は〝そそぐ〟〝わかれる〟である。〝北の方に「天のすそ野」といった感じの広大な陸地があり、その方向へ海の水は分かれそそいでいる〟というのだから、アジア大陸の東端都、シベリアの領域を指していよう。

「東」について。

「析木」は星次（天体の方角）だ。中国古代の天文学では、天体を十二の方角に分けて、「十二次」と呼んだ。〝日月の交合する、天の十二のやどり〟という意味だ。たとえば、

（星次）（十二支）

東――大火〈卯〉

西――大梁〈酉〉

南――鶉火〈午〉

北――玄枵〈子〉

東北――析木〈寅〉

といった具合で、その中に

がある。

今、析木の津に在り。（『左氏』昭、八）

（註）箕斗の間、天漢有り。故に之を析木の津と謂う。（「天漢」は、天の川）

寅、析木と曰う。（『史記』律書）

「演」は〝ながれる〟と読み、〝長流が遠く流れてゆく〟ことだ。

演、長流なり。（説文）

（段註）演の言、引なり。故に長遠の流為り。

つまり、〝東北の方角、天の彼方に長流が流れ、天（星次の津）に接している〟という表現である。これは黒潮が東北方向、ベーリング海峡の彼方へむかう長大な海流であることをあらわしているのである。

「西」について。

「青徐」は「青州と徐州」だ。今の黄河河口から揚子江河口にいたる中国大陸の海岸線を指している。

「薄」は〝せまる〟〝ちかづく〟の意だ。

以上によって「海」の輪郭を考えてみよう。

北方にシベリア大陸、東北方にベーリング海峡の彼方を指していることからもわかるように、「太平洋北半」のアウトライン（輪郭）がしめされている。

「南」は広漠とした海であるため（オーストラリア大陸などの認識はない）、西南よりの「海南島」で、いわば〝代用されている〟感じだ。

ことに注目すべきは、右の〝太平洋鳥瞰図〟の中心点だ。右の四点から、中心をなす視点（目の位置）を考えてみよう。

①朱崖（海南島か）を「南」としてとらえているから、目の位置（中心点）はそれ以北である。

②「黄河河口——揚子江河口」を西岸としてとらえているから、中心点はそれ以東である。

③シベリア大陸を「北」としてとらえているから、それより南、つまり海上である。

④黒潮を東北方向に流れる大長流と見ているから、黒潮の近くの海上である。

右の四点を総合すれば、「目の位置」は判明する。ズバリ言って、それは「倭国」だ。それも、「青徐の東」という限定から見れば、九州北岸がそれに当たる。

ここでも、博多湾岸がクローズ・アップされてくるのである。

けれども、ここで念のため、この「四至」についての従来の理解について吟味しておこう。もちろん、従来は右のような〝太平洋〟的規模の理解をしていたのではない。実体としては「青徐」の東にあたる近海、つまり黄海を中心に、せいぜい東シナ海くらいまでの規模で理解してきた（李善註・五臣註）。

しかし、その場合は、この「四至」表現は不審だ。なぜなら、黄海に中心視点をおけば、「北」は遼東郡（遼東半島近辺）であり、「東」は疑いもなく、楽浪・帯方の二郡だ。いずれも、魏晋朝治下のレッキとした郡治所在地なのだから、こちらだけ「天墟」だの「析木」だのと〝おぼめかして〟書く必要はない。（「西」と「南」は固有名詞で書いている。）だから、一見〝常識的〟な、ミニ視野の、「近海四至」説は、この際、成立できないのである。

さて、本題にもどろう。

太平洋規模の「四至」理解の場合、注目されるのは、「東」だ。言葉は「東」と書きながら、実際は明白に「東北方」を指す「析木」を使っている。これは一方では、〝黒潮が東北方へ向かっている〟という事実が根本だ。しかし他方では、「東」や「東南」には〝大陸〟があり、「極る」限りがある、という認識が先に出ている。その上に立って、〝東北方は限りがない。海が天に接している〟と言っているのである。つまり、〝ベーリング海峡の存在〟を知っているのだ。前につづいて、

経途、瀴溟として、万万有余なり。

「経」は〝たていと〟、「経途」は〝南北の道のり〟だ。

南北、経と為し、東西、緯と為す。（『正字通』）

則ち経緯を正督す。（周髀算経下）

犍牂を跨躡し、交趾を枕輢し、経途亘る所、五千余里。（左思「三都賦」蜀都賦）

（注）南北、経と為す。

最後の「蜀都賦」の例は、同じ西晋の例だ。「犍牂」は犍為郡（四川省宜賓県の西南）と牂牁郡（貴州省遵義府の南）。この交趾郡（今の北ベトナム）に臨む、蜀の二郡治間は、南北に五千余里の道のりだ、といっているのである。魏晋朝「短里」の実例である。

さて、「瀴溟」とは、〝水のひろく遠いさま〟であり、「万万有余」とは、一億里余りのことだ。これは当然、実際の距離ではなく、〝測定できぬほど広い〟〝無限だ〟という意味である。すなわち、〝南北は際限がない〟といっているのだ。「南」は海ばかりで、陸地（大陸）は認識されていない。「北」はベーリング海峡の彼方、やはり陸地はなく、天に接しているからである。

これに対して東西の場合はちがう。〝限りなし〟とは書かぬのである。それは当然だ。西には中国大陸あり、東には裸国・黒歯国をふくむ大陸の大障壁が連なって、限りをなしているのを知っていたからである。

「名」の論

このあと、木華は興味深い認識論を展開する。

将た、世の収むる所の者は、常に聞き、未だ、名あらざる所の者は、無きが若し。

且つ、世に聞くこと希なるは、悪んぞ、其の名を審らかにせん。
故に其の色を仿像し、其の形を靉靆すべし。

中国の「世」に存在するもので、いつもそれについて聞いているものに、「名」（その物の呼び名）のないものはない。これに反し、中国の「世」に存在せず、われわれ（中国人）が今までほとんど聞いたことのないものは、どうしてその「名」を明らかにできようか。（ところが、今、われわれの当面しているものは、中国世界以外で、中国の「名」のないものだ。）だから、便法として、その物の色に対して輪郭を似せ、その形のイメージについて、読者に知らせるようにしよう。

これが木華のとった方法論である。中国の世の中の「物」を、中国の「名」で表現するのは、やさしい。しかし今は、中国世界以外のもの、中国の「名」のないものを中国の文字（類似した物の「名」）で表現しようというのだ。ズバリゆくはずはないが、イメージだけは伝えられるだろう、というのだ。異質の世界の話を倭人から聞き、それを〝表現〟しようとする木華の意欲と明晰な概念を用いた「認識」論に、わたしは驚くほかない。三世紀までに深化された中国哲学の冴えをしめすものであろう。

異域の光景

このような前提のもとに、木華の描写する、太平洋の彼方の世界の光景を見よう。

其れ、水府の内、極深の庭には、

右の「極」は、先の「極レ東」（東に極る）、「深」は、先の「臨レ深」（深きに臨む）をうける。（以下、論旨を要約しつつ、それぞれの句を挿入しておく。）

そこには高い山脈の連なる島（崇島）があり、巨大な亀（巨鼇）が住んでいる。（この点、李善註・五臣註では、列仙伝にいう〝十五の巨鼇が五山を背負う神仙の島〟のこととする。しかし、先の木華の「ことわりがき」のように、中国の「名」を用いて、実在の異域の光景を描写しているにすぎない。）

そこには多くの生物（百霊）が住んでいる。この地の山脈の高大なことは、南から吹いてきた風（凱風）をまきあげて南へ送りかえし、北からの風（広莫の風——中国で蒙古方面からの風をいう）がやってきて、この山脈に当たり、また北へと向かわしめるといった趣である。（北の大陸——西海岸——は、中国にとっての蒙古のように荒れた土地であることを示唆する。）

その果てにはジュゴンの類（鮫人）が住み、鱗甲をもつ変わった（異質）生物がいる。

朝もやの海岸の砂浜に朝日が射すと、もやのあやどりが美しく、大きな貝類（螺蚌）の模様もきららかに照り映えている。

夏も消えぬ万年雪（陽氷）や物陰に燃えつづける火（陰火）、さらに地底（九泉）から天にふきあげるような大火山。そこから赤い炎が舞い、濃煙がまきあげられている。

そこには海を横断する巨大な鯨（横海の鯨）がおり、大舟を飲みこむほどの大きさだ。波を吸うと、あたりが一面に吸いよせられ、その海水を吹くと、すさまじい光景だ（百川倒に流る）。その鯨が海岸にうちあげられ、塩の濃縮された場所（塩田——塩湖の類か）で死んでいると、巨大な鱗が空を刺し、遺骸は山岳のようで、流れた膏は淵のように見える。

そしてそのそばのきりたった断崖や砂石の岸辺には、「毛翼」（後述）がいて、ひなを生み、卵から子の禽が出る。一緒に群れをなして飛び、群れをなして水を浴びる。共に飛び立つときは、羽ばたきの音がまるで雷のようで、群れて乱れ飛ぶときは、まるで林のようだ。お互いに羽をならし、とても変わった、不思議な音をたてる。

最後の「毛翼」が問題だ。これは中国の「成語」ではない。無論「毛」も「翼」も、中国の「名」である。それを使って「毛翼」という造語を行い、読者にイメージを喚起させようとしているのである。「羽」でなく「翼」だから、これは雀や燕のような小鳥ではない。わし、たか、コンドルといった猛禽だ（ひなに「禽」の字を使っている）。また形態上、「毛」が特に目立っているようである。右の猛禽類の中のどれか。決め手がある。「群生」を特徴としているらしく、群れた行動の描写がいちじるしい。ところが、わしやたかは孤高で、単独行を好むものが多い（少なくとも「群生」を特徴としない）。それに対し、コンドルはちがう。三、四十羽の「群生」を特徴とする。この点から、「毛翼」とは、ほかでもない、〝コンドル〟だ、ということが判明する。

コンドルはえりに「白色綿羽の首輪」が目立つ。「毛」だ。（その雛も、「綿羽」におおわれている。）その上、死んだ鯨のそばの断崖に棲息しているように描かれていることも、「死肉食」を特性とするコンドルにぴったりだ。

　カタツムリになるよりは
　雀のほうがいい
　そうだとも
　もしなれるなら
　そのほうがいい

これは〝サイモンとガーファンクル〟の歌う古インカ民謡だ。子供のレコードでわたしはそれを聞き、その素朴な旋律を愛していた。

「海賦」の探究に没頭していたある日、わたしはその単調で尽きぬ魅力をもった旋律をひとり口ずさんでいるうち、偶然、この歌の題が「コンドルは飛んで行く」〝El condor pasa〟であったことに想到した。

〝アンデスにはコンドルがいる！　あのコンドルこそここに書いてある「毛翼」ではないか！〟——そこで調べてみた。やっぱり、そうだった。コンドルは、南アメリカ西海岸、アンデス山脈の特産だった。この誇り高い猛禽は、自己の住地を変えようとしないのである。

さらに、この〝「毛翼」はコンドルである〟という命題は、つぎの点からも裏づけられる。

㈠この字面から、わし、たか、コンドルの類の猛禽であることは確実だ。

㈡ところが、わしやたかにはそれぞれ「鷲」「鷹」といった、中国のレッキとした「名」がある。（他にも、各種属別にさまざまの「名」〈漢字〉があてられている。）だから、そのような類なら、そういう中国の「名」で書けばいい。「毛翼」などという、新しい造語にたよる必要はないのである。

㈢それゆえ、この猛禽は、わしやたかとは別の、一種異彩をはなった猛禽である。それは、右の生態描写から見ると、〝コンドル〟以外にない。

では、この事実は何を意味するだろうか。コンドルの生態をピッタリと伝えている「毛翼」。その描写がここにある、ということ。それは、とりもなおさず、ここで描かれている土地が、ほかでもない、アンデスの地だ、ということだ。

わたしが、『三国志』魏志倭人伝に対する〝真正直な〟解読によって導かれた、論理的冒険の到着地——その断崖にコンドルがしっかりと羽ばたいていたのである。

喬山の帝像

木華の描写は、さらにすすむ。

荒波に舟を転覆されるような心配のない、天地晴朗の日をえらんで、舟で出発すると、中国でいう「蓬萊島」（神仙の住む蓬萊山があるという海上の島〈『列仙伝』〉）のような島に到達する。そこには高い山（喬山）があり、その山に王者の似顔（帝像）が刻まれてある。中国には「喬山」に「黄帝の像」――「像」は、似るの意――がある、という伝説がある。その「名」を用いたもの。やはり、太平洋の彼方の、実在した状況を中国の「名」で表現したものである。

わたしの友人は、この話を聞いて、〝イースター島だ！〟と言った。この島の断崖に、一定の方角をむいて、数多くの巨大な人面が刻まれていることは有名だ。これは当然、一個の「文明」の産物だ。それゆえ、この人面の像が、その文明の中枢をなす権力者、つまり王者の像だ、ということは疑う余地がない。そしてこの「海賦」の描写は、恐ろしいほど的確に、この島の存在を指さしている。

このような描写ののち、木華は言う。〝水の徳（坎徳）は、きわまりないものだ。その海の茫茫たる彼方に、どんな不思議があっても、怪しむにたりない。それゆえ、この海を「往来」するとき、どんなものがあり得、どんなものがあり得ないか。軽々しく慮り去ることはできない〟と。

木華は、倭人のもたらした異質の世界の報告が真なること――それを、賢明にも、軽々しく否定せず、文字をもって記録にとどめたのである。

馬銜とはなにか

さらに、「海賦」は貴重な玉を蔵していた。

海童、路を邀り、
馬銜、蹊に当たる有り。
天呉、乍ち見えて、髣髴、
蝄像、暫ち暁れて、閃屍たり。

これは倭人の航海信仰「持衰」についてのべた、「若し其れ、穢を負うて深きに臨み、誓いを虚しうして祈りを愆てば、」に直結した記事だ。

倭人の信仰では「持衰」のタブーを犯すと、四海神の怒りに触れ、難船するというのだ。

羣妖遘迕して、眇䁾として、冶夷、帆を決り檣を摧き、戕風、悪みを起こす。廓如として霊変し、惚怳として幽暮なり。

その海神の内実を、ここに表現された「名」から、たどってみよう。

まず、「海童」は〝海中から童子の姿をした人物〟があらわれるものだ。もっとも、「童」は〝奴婢〟のことにも使う。だから、〝子供〟には限らない。

童手指千。（註）猛康曰く、童、奴婢なり　（『漢書』貨殖伝）

つぎに「馬銜」――この造語には出典がある。

帝堯、政に即き、龍馬、甲を銜む。赤文緑色、帝王の録有り。興亡の数を紀す。　（『尚書』中候）

右の「龍馬銜レ甲」（龍馬、甲を銜む）、つまり、中国の有名な「龍馬」の「名」を利用しているのである。

龍にして形、馬を象る。故に馬図と云う。是れ、龍馬、図を負いて出づ。

（『礼記』礼運、河、馬図を出す、疏）

このように「馬銜」は、中国でいえば「龍馬」にもっともよく類似している。しかし、「龍馬」にはない、大きな特徴をもっている。それは、唐李善註の中に引用された、つぎの文でわかる。

善曰く、「陸綏の海賦の図に曰く、『馬銜。其の状、馬首一角にして龍形。』」

陸綏は、南朝劉宋（五世紀）に「画聖」と称された、有名な画人だ。彼に「海賦図」という「海賦」の内容を画にあらわした作品があった。それには文章で解説も付せられていた。その中の「馬銜」の解説が、李善註に引用されているのだ。

これによると、全体は〝龍の姿〟をしているが、首は〝馬の首〟をしている。そしてその首に「一角」がついている。つまり〝一角獣〟だ。これが、重要な鍵である。

つぎの「天呉」――これは、中国の「名」。つまり、でき合いの言葉だ。

朝陽の谷、神有り。天呉と曰う。是れ、水伯為り。其の獣為るや、人面八首、八足八尾。皆青黄なり。

（『山海経』海外東経）

しかし、この場合も、中国の「名」を利用して、イメージを喚起しているだけだ。当のもの（右の「水伯」）それ自身を指しているのではない。つまり、「人面八首」「八足八尾」がイメージのポイントだ。

最後に「蝄像」。――これも中国の「名」だ。

まず「蝄蜽」について。

木石の怪、夔・蝄蜽と曰う。

（註）蝄蜽、山精なり。好んで人声を斆して人を迷惑せしむるなり。　（『国語』魯語下）

つまり、「蝄蜽」とは、〝人を惑わす山びこ〟のことだ。これを〝怪神の仕業〟と考えたのである。「蜽」は、〝一対をなす〟という「両」の字に「虫」偏をつけて、怪物視した文字だ。

これに対して「蝄像」の場合。

仲尼曰く「丘、之を聞く。『水の怪龍、罔象。木の怪夔、魍魎。』」　（『国語』）

韋昭曰く「罔象は人を食す。閃屍として暫見するの貌。」　（註）

右はいずれも、李善註に引くものだ。『国語』の用例によって、「罔象」が〝水中の怪龍〟をしめす、中国の「名」であったこと、「魍魎」（＝蝄蜽）と同類のものであることがわかる。

つぎの韋昭は三国期、呉の学者だ。ここでは、「海賦」の〝蝄像は、しばらくあらわれたかと思うとすぐ消えてしまう〟という、木華の説明とよく共通している。

さて、「蝄像」の「像」は〝相似る〟という意味だから、〝相似た姿が一対になって現れる〟という意味だ。

蜃気楼

〈ヴィシスの現象〉

海面が空気の温度に比べて著しく低い場合。遠方の船が上下倒立して重なったように見える。

〈ジュランヌの現象〉

水平方向に温度差がある場合で、遠方の山や船が左右二つ並んで見える。

（平凡社『世界大百科事典』）

海上の蜃気楼現象にまどわされて針路を失う、――それは航海中の漁師にとって大きな恐怖だったであろう。その戦慄の経験が「怪神」信仰の源泉だったのではあるまいか。

わたしたちは今、魏晋朝の文献において、三世紀倭人の航海信仰に触れた。ところが、思いもかけず、現地北九州の古墳の壁画において、その〝生の姿〟を眼前にすることとなったのである（口絵一頁参照）。

この画について、金関丈夫氏が特異な解釈を与えている。（「竹原古墳奥室の壁画」）

中央の怪獣は、中国の「龍馬」だというのである。その頭の上に接着したような位置にある、細長い物は「小舟」だという。下方にととのった朱色の舟があり（前と後に切れ目のある形の舟）、さらに下方に波がある。これらは「水辺」であることをしめすのだ、という。

その波の左上方に立っている人物は馬丁（馬司）で、彼にひかれて中央にいるのは馬だというのである。中国には〝龍の種を得て、駿馬を作る〟という「龍媒思想」があって、その中国思想にもとづいて描かれた画だ、というわけである。（「龍媒思想」の古い典拠として、金関氏は「天馬徠、龍之媒」〈『漢書』礼楽志〉をあげている。）

一方、下の舟の右側に立っている、黒と朱の五重の旗のようなものは、九州の古墳に多く見られる運続三角文で、神聖な標式である。

そして両側の〝うちわ〟のような長柄のものは、貴人を下婢がかくすときに使う〝さしば（翳）〟であり、この「神聖な交媒の儀式」のさまを隠すものだ、というのである。

（なお、森貞次郎『竹原古墳』は、個々の図像については、金関氏とほぼ似た解釈をとりつつも、全体については、中国の「長生不死」の神霊思想をしめすもの、としている。）

これに対して分析しよう。

まず、最初に指摘しておきたいことは、典拠の『漢書』に対する、金関氏の読解のあやまりだ。右の「礼楽志」中の詩句の題が「太初四年、宛王を誅し、宛の馬を獲て作る」とあるように、宛の駿馬を得て「天馬が来た。これはやがて、龍のあらわれる前兆〈媒介〉だ」といって誇っているのである。その直前の「元狩三年、馬、渥洼水の中に生まれて作る」の詩に「天馬下る。……龍、友為り」とあるのと同じだ。応劭の註に、

天馬は乃ち神龍の類、今、天馬已に来る。此れ、龍の必ず至るの効なり。

といっている通りである。（龍の出現は、天子の善政の証拠とされた。）しかるに金関氏は「龍之媒」を「雌雄交媒」の「媒」と誤解されたようである。

さて、本題に入ろう。

まず、最も重大な鍵は、龍馬らしき物の頭の前に突き出た「小舟」と称されるものだ。このいわゆる「小舟」説に対する、疑いをのべよう。

第一、画中の最上端にある点、「舟」としては、位置が不自然である。波とはなれすぎている。

第二、ⓐ下方の「朱の舟」は、左右均斉のとれた美しい舟だ。これに対し、もしこれを舟とすれば、あまりにも左右ふそろいで、不細工だ、というほかない。

ⓑ九州の古墳壁画には、数多くの「舟」が描かれているけれども、こんな〝左右ふそろいの舟〟はない。

ⓒしかも、この画の作者は、左右のさしば状のものや波を見ても、すべて左右対称に描いている。すなわち左右の均衡感覚を重んじているのである。

右のⓐⓑⓒのいずれからも、これを「舟」と見ることの不自然さがわかる。

このような〝不自然さ〟に加え、決定的な問題は、竜馬らしき物の頭部と、この「小舟」らしき物とは、接続しているのではないか、という疑いである。

わたしはこの疑いを確かめるため、現地におもむいた。案内して下さった清賀俊吉さんの御好意を得て、画の至近距離で、同行の高橋徹さんと共に光学拡大鏡で検査した。ところが、そこは明白につながっていたのである。

この点、赤外線写真等、各種の写真を撮り、その状況を確認しえたので、その写真を口絵に掲げた。それについて説明しよう。

部分図1について。

(一)頭部と「小舟」状の物体との間は、明らかにつながっている。これが従来〝はなれている〟と見られてきた理由は、つぎの四点だ。

①右の中間部に岩の剝落した部分があること。(至近部から見ないと、認識しにくい。)

②右の中間部から火焔を吹き出して、その炎が「小舟」状の物体の上下の側面をおおうていること。

③右の二点によって、コントラストのつよく出やすい黒白写真(石室内の光源の位置等も影響する)では、右の中間部が一見、「空白部」であるかのように見えやすかったこと。

④この怪獣を中国の「竜馬」と見なすと、中国の「竜馬」には、このように異様に長い突起物は存在しないため、この突起物を「別の物体」として、〝切り捨て〟なければならなかったこと。

(二)さらにつぎの事実が見出された。

①火焔は突起物の左前の側面には存在しない。(この朱色が「小舟」の縁(ふち)どりでないことをしめす。)

②突起物の左側の先端が〝右巻き〟に巻いている。この怪獣の尻尾(しっぽ)の先端が左巻きに巻いているのと

対照的である。

部分図2について。

これはフイルターを装置して写したところ、明らかに火焰部分の下において、頭部と突起物とが接続していることが検出された。

以上によって、突起物を「小舟」と見なしてきた従来の説（金関説をはじめ、すべての学者の所見）があやまっていたこと、それはもはや疑えなくなったのである。

補　この壁画は、四季の温・湿度の変化によって濃淡が著しく変化する。画面全体をおおうた水膜のためだという。そして春秋二回、もっとも鮮明に浮き上がって見える時期がある（榊晃弘氏による）。この時期に撮影した場合、右の一角は完全に怪獣とつながっている。（たとえば榊氏の『装飾古墳』朝日新聞社刊のカバー写真。）これが〝切れて〟見える写真は、不幸にも「撮影時期」が〝悪かった〟のである。

では、この突起物は何か。もうお判りと思う。これは、この怪獣の角である。ここにいるのは、まぎれもない一角獣なのである。陸綏の「海賦の図」に「馬首一角」と書かれた、その怪獣（実は「海神」）がここに描かれているのである。つまり、——これが「馬銜」だ。

つぎのポイントは、波の形だ。これは、深海の高波である。けっして池辺や岸辺のさざ波ではない。この点、「水辺の儀礼」説に矛盾する。その上、奇妙なのは、四つの波頭のうち、左二つと右二つが〝対称〟になっていることだ。この点が従来の「唐草模様」説（斉藤忠『古墳壁画』）を生んだ理由だ。しかし、それにしては、波頭があまりにも高い上、〝模様風〟でない、全体の図柄にもそぐわない。

ところで、左右を大きく区切っているさしば状のものも、明らかに「左右対称」をなしている。つまり、「さしば状のもの」と「波」とは、ともに「左右対称」の形で描かれているのだ。これは、ジュランヌ現象だ。つまり、——これが「蜩像」なのである。

こうなってくると、「馬銜」と「蜩像」に囲まれた形の、いわゆる「牽馬(けんば)」(人間が馬を牽(ひ)く)と称されてきたものも、再検討が必要になろう。

まず、人物。この人物は、高波をひとまたぎにする感じで、舟よりはるかに大きい。九州古墳壁画では、人と舟のバランスはよくとれているのが通例だ。だから、これは通常の人間ではない。——「海童」だ。

そうすると、当然、残る一つ。中央の馬状のものは、「天呉」ではないか、ということになろう。これについて、至近距離から光学器具を用いて精細に検視したところ、丸い顔をしており、その丸い顔の周囲に、小さな丸い顔がぐるりと取り囲んでいる形跡が見られたのである。ちょうど、観音像の一種にあるような具合に(右図参照)。

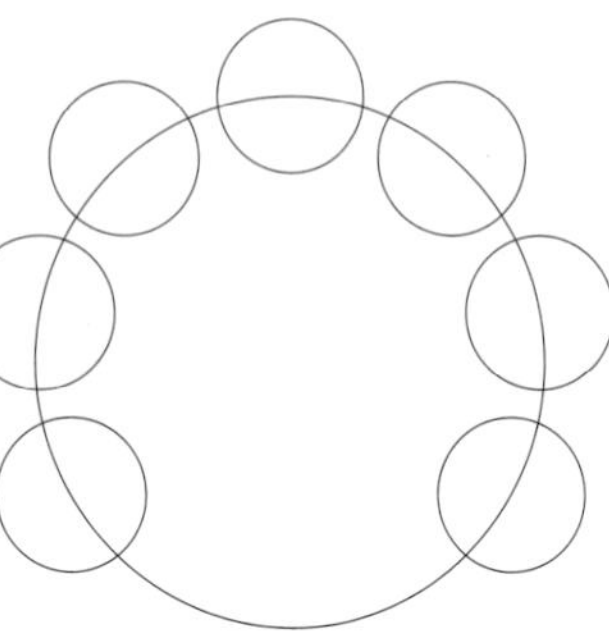

同行の高橋さんが周囲の小さい顔の方に、朱で、何か書きこんだ跡のあることも発見された。

また、注目すべきことは、尻尾(しっぽ)が数条に分かれていることだ。いわば「九尾の狐」といった風に、いくつものしっぽがふさふさと長くたれているのである。

さらに、従来、〝これは足の短い、日本古来の馬だ〟と言われてきた(森貞次郎『竹原古墳』)が、実は、前足はきわめて長い。下の朱の舟の前端まで達しているのだった。途中の関節の下に、顔料の剝落があるので、見あやまられてきた、ということも判明した。(これらの点は、榊晃弘氏の撮影による『装飾古墳』昭和四十七年三月、朝日新聞社刊の表紙カバー写真にも、ハッキリとあらわれている。)

すなわち、これは疑いもなく、「天呉」なのである。
従来、「馬づら」と見られてきたのは、実は「海童」の左手の先の部分だった。これは、「海童」の右手の長さと比較すれば、明白だ。

このように検証してみると、この竹原古墳には、「海賦」に記録された、倭人の航海信仰がそのまま記されている。五連の旗は、当然、運続三角文だ。神聖なる神々にささげる「持衰」に関連しているのではあるまいか。

＊　＊　＊

図柄の全体を考えてみよう。

重要なことは、この「四海神」は倭人にとってけっして単なる〝怪獣〟でもなければ、〝危害のシンボル〟でもない、ということだ。むしろ、逆だ。〝危難の航海を守る、倭人の守護神〟なのだ。倭人が「持衰」のタブーを守る限り、守護してくれるのだ。だからこそ、「持衰」のタブーを軽視したとき、荒れ狂って「神罰」を加えるのである。

この画は、連続三角文の五連旗があざやかにしめすように、朱の舟は高波にゆられ、大きく傾斜しつつも（普通の九州古墳壁画の舟は水平に描かれている）、守護神たる四海神に守られつつ、安全に進行しつづけているのだ。

この朱の舟こそ、この竹原古墳の被葬者のシンボルであろう。

天呉（諸橋轍次『大漢和辞典』より）

この死者は、生前、航海王として深海の危難を恐れず、活躍しつづけていたもの、と思われる。

『隋書』俀国伝に、「葬に及んで屍を船上に置き、陸地之を牽くに、或は小轝を以てす」とあるように、「朱の舟」を送葬儀礼に結びつけて理解することも可能である。だが、他の古墳にはこのような画を描いていないから、やはりこの被葬者の生前の活躍と生き方を反映しているのであろう。

「海賦」の史料価値

「海賦」の記述によって、竹原古墳の壁画の意味が解けた。——このことは何を意味するだろうか。

第一に、「海賦」の信憑性の問題だ。

〝この賦は倭人を中心主題にしている〟という、わたしの理解が正しかったことを裏づけているのだ。その上、木華が倭人から聞いて書いた、その内容の信憑性の高いことがしめされている。

第二に、地域性の問題だ。

三世紀の「海賦」と竹原古墳（考古学者は、これまで六世紀末ないし七世紀初頭のもの、と見なしてきた——森貞次郎「竹原古墳」六世紀末、小林行雄『装飾古墳』七世紀初め。ただし、この古墳を「竜馬」のような中国思想の影響下のものと考えていた）との一致は、この倭人の航海信仰を数世紀間伝承してきた文明圏がこの地帯（北九州）であること、竹原古墳の被葬者は、この航海信仰圏の中の一権力者であったこと、この二点をしめしている。

そこで倭人に関する新史料として見直さるべき、この「海賦」の成立について、調べてみよう。

今書七志曰く「木華、字は玄虚。」

華集曰く「楊駿府の主簿為り。」

傅亮の文章志に曰く「広川の木玄虚、海賦を為す。文甚だ儁麗、前良を継ぐに足る。」

右はいずれも李善註に出ているものだ。その中で注目されるのは、木華が「楊駿府の主簿」だった、という記事だ。主簿とは、各署にあって文書帳簿を管理する官だ。楊駿は西晋第一代の天子、武帝（二六五～二九〇年）の寵妃、武悼楊皇后の父として権勢をふるった。しかし、武帝の死とともに、第二代恵帝の妃、賈后の宮室クーデターによって誅殺された。そのとき、

観等、賈后の密旨を受け、駿の親党を誅し、皆、三族を夷ぐ。死者数千人。又、李肇をして駿の家の私書を焚かしむ。（『晋書』列伝十、楊駿伝）

という。右の文の直前、この変に楊駿府の主簿が関与しているさまが書かれているから、木華の書、さらに木華自身も、あるいは変に没したのかもしれぬ。

『三国志』の陳寿は、この事件のあと七年目（二九七年）に没しているから、木華とは全くの同時代人であった。陳寿が旧「蜀」人として〝外様〟的な位置にある史官であったのに対し、木華は朝廷内の中心官僚であった。

さて、「海賦」の成立した時点を考えてみよう。この賦の中で注目すべき歴史事実は、魏の正始八年（二四七）の倭国救援記事だ。これは卑弥呼晩年の大事件であった。このとき倭国へ派遣した魏使が、〝新世界〟の話にじかに接した中国人であるようだ。その魏使の報告に、木華は魏朝廷内の中心の記録官僚として接し、それが「海賦」の材料となったのであろう。

このあと、倭国の大朝貢がある。泰始二年（二六六）、壹与の西晋への遣使だ。『三国志』魏志（倭人伝）の末尾を飾っている。ところが、「海賦」はこれに一切ふれていない。もし、木華が西晋の官人に

なったあとだとしたら、〝過去（正始八年）のときの報告にもとづいた話だから〟というだけではわりきれない。やはり、〝その倭国から、その後、晋の天子へと、壮麗な遠夷朝貢があった〟ことを示唆するはずだ。それがない。

このように考えると、この「海賦」の成立は、「正始八年（二四七）〜咸熙二年（二六五、魏の滅亡）」の十八年間の中であったことが判明する。これに対し、『三国志』の方は元康七年（二九七、陳寿の死）以前の成立である。

247 救倭急使
265 魏の滅亡
（247〜265）「海賦」成立
266 壹与奉献
274 陳寿上表（諸葛亮集）〈泰始十年〉（三国志，蜀志所収）
297 陳寿死
（274〜297）

ここで一つの問題がある。先に異系統の二つの史料の内容が一致している、といった。だが、両者とも同じ魏晋朝の官人の記録だから、両者の依拠史料は同一史料ではないか、という問題だ。

依拠史料→海　賦
依拠史料→三国志

こういうケースなら、内容が一致するのはあたりまえだ。〝異系統〟とはいえない。

しかし、幸いにも、両者の内容を比較すると、それぞれの依拠史料は別々のものであることがわかる。

なぜなら、『三国志』には、裸国・黒歯国の認識として、

1　女王国の東南
2　船行一年

の二点だけを記している。ところが、「海賦」では、第一に、「全体方向」が倭国から東南に当たる、とは明記されていない。(「南に徂き、東に極る」は、サンフランシスコ付近までだから、終着点(裸国・黒歯国)への方向については、わからない。)

第二に、「全所要日数」については、全く書かれていない。

「海賦」がそれを知りながら、カットしたとは考えられないから、この時点(正始八年)の報告では、まだこの二点への認識はなかった、と見るほかない。その後(おそらく泰始二年)、倭国からさらに明断な報告が到来し、その記録が陳寿によって『三国志』に記載されることとなった。

したがって、「海賦」と『三国志』の記事は、同じ倭国からの報告によるものであっても、約二十年を経た、異なった時点の別記録がそれぞれの依拠史料となっているもの、と思われる。

珍敷(めずらし)塚

倭人が太平洋を横断し、南アメリカ大陸まで至った。それが事実なら、倭国側にも、何かその〝痕跡〟でもあるはずではないか。——そのように考える読者もあろう。

わたしはこの点につき、同じ九州古墳壁画の中に注目すべき、異様な画が存在することを指摘しておきたい。それは珍敷塚と呼ばれる古墳の壁画である(口絵二頁参照)。

この画の全体について、今まで統一した説明はなされていないから、端的にわたしの理解と「想像」をのべさせていただきたい。

まず、明断な形で描かれているのは、左端の舟と人だ。舟の先頭(右のへ、さ、き)には鳥がとまっている。（「天の鳥舟」といわれる。）

人と鳥の間には、帆を張る柱のようなものが二本立っている。人のろの向きからいっても、左端は舟の後尾である。舟の上には、太陽のようなものが輝き、太陽のまわりを同心円状の円環がつつんでいる。この円環中には、一定の間隔で星のようなものが並んでおり、この「太陽」と「星の円環」は、倭人にとって、天体全体のシンボル（記号）ではないか、とさえ思われる。天体といえば、この画全体の上部を左端から右端までつづいている〝帯状の連なり〟は、やはり中に星状の点をふくみ、天空にかかる銀河系（天の河）のような印象をもっている。

さて、人を乗せた〝天の鳥舟〟は、太陽や星の運行に導かれつつ、今、巨大な陸地に到着した、——わたしにはそのように見える。その〝陸地〟はどんな姿をしているだろう。

靫の種類（日下八光著『装飾古墳』より）

王塚古墳

王塚古墳

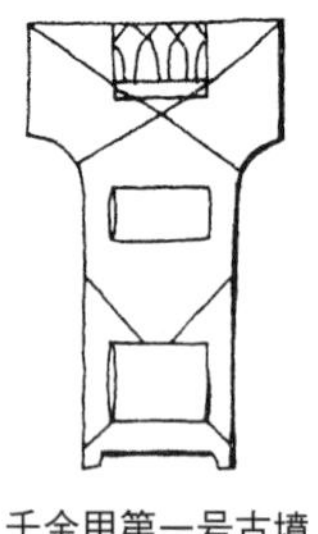

千金甲第一号古墳

日の岡古墳

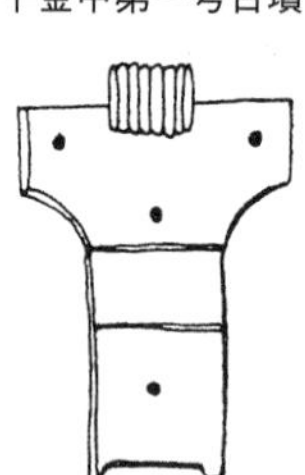

城本横穴

五郎山古墳

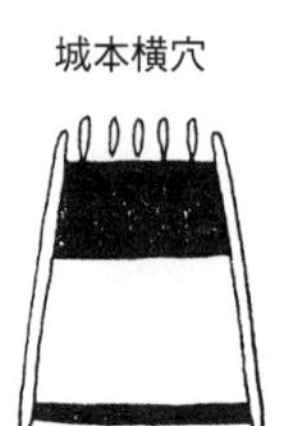

塚花塚古墳

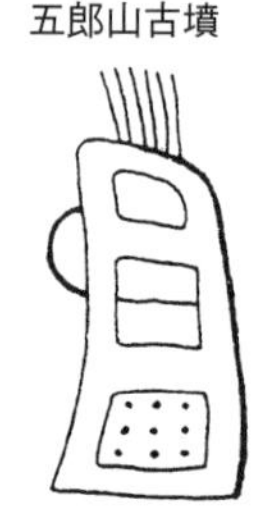

珍敷塚古墳

そこは巨大な靫(ゆき)状文と、蕨(わらび)手状文とを用いて〝抽象化〟して描かれている。

九州古墳壁画にあらわれた「靫」の例を右にあげよう。

「靫」とは〝矢づつ〟だ。形の上から、考古学上そう呼ばれている。しかし、「靫」そのものではないことは、左の上図五郎山古墳壁画で、人間が「靫」状のものより、ずっと小さく描かれていることからもうかがえる。

わたしには、これは塞(とりで)、つまり城塞や宮殿をしめしているように思える。

この点、「わらび手」状文(もん)の場合も同じだ。けっして「わらび」そのものではない。しかも、九州古

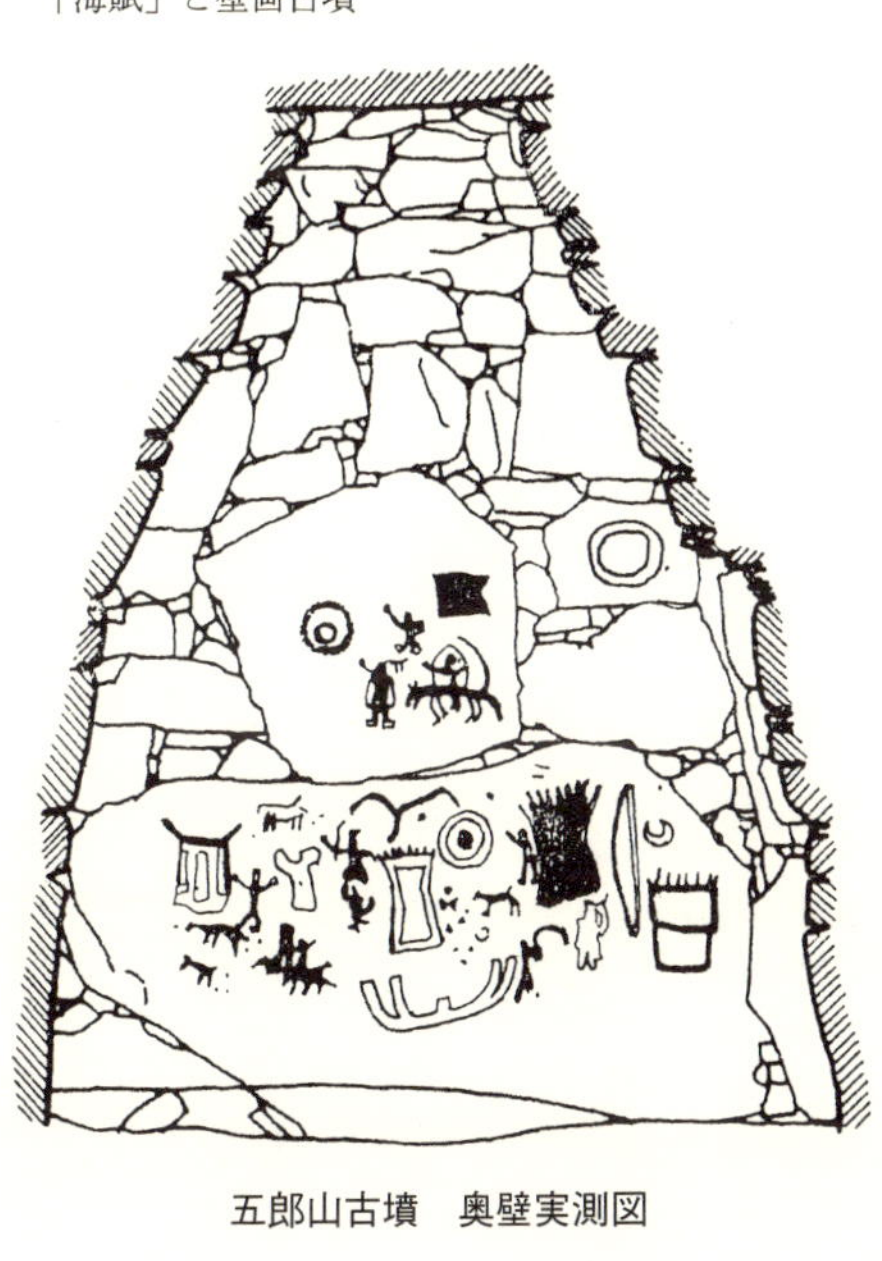

五郎山古墳　奥壁実測図

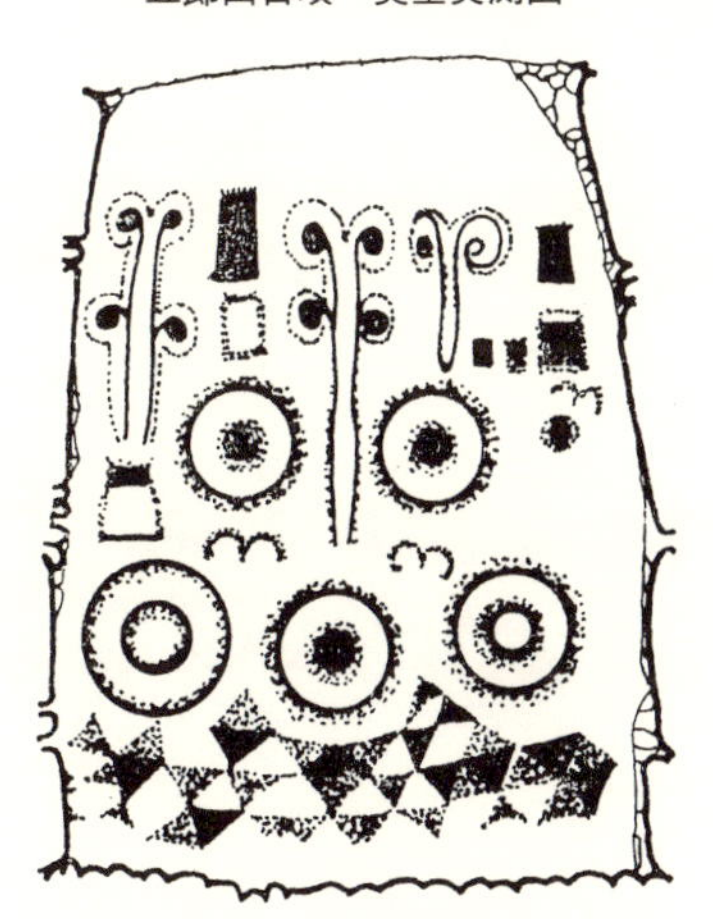

塚花塚　奥室奥壁文様
日下八光著『装飾古墳』より

墳壁画の場合、「同心円」状文と並置されていることが多い（塚花塚古墳等、前頁下図参照）。わたしにはそれらは宗教的、祭祀的意義をもつシンボルのように思われる。倭人の、神霊を祭る信仰的世界の主要な表現形式となっているようである。

珍敷塚古墳壁画の場合も同じだ。同心円状文めいたもの（太陽と星の円環）のそばに、思い切って巨大、かつ壮麗な形で描かれている。（この画の上方、別の石にいくつもの同心円が描かれている。その一つは、右の〝太陽と星の円環〟と全く同じ長さの直径、同じ大きさの中心円をもっている。）

＊　＊　＊

わたしの理解はこうだ。

太陽と星の運行に導かれた長途の船旅ののち、ついに到着した〝陸地〟。そこには巨大な城塞や宮殿が幾重にも連なる国があった。（画の中では、三重に描かれている。）そしてそこには、太陽を祭る、壮大な宮殿があった、と。

画の右側の方に目を転じよう。

そこでまず注目されるのは、右上の角から斜め下方に向けて長い一線が画されていることだ。はじめ、わたしは、あとからついた岩の傷跡かと思った。ところが、至近距離から光学拡大鏡で観察したところ、驚いたことには、顔料の色で、明暗の両側にこの一線でハッキリ描き分けてあるのだ。岩の地肌や割れ目のせいではなかったのである。

では、この一線を描いた「画家」の、制作意図は何だろう。（以後、この斜線を「α線」と呼ぶこととする。）

このα線の役割は、画の図柄から、すぐわかる。なぜなら、このα線から下方は、上方と図柄が一変しているからである。下方の特徴は、巨大かつ異様な動物がいくつも描かれていることだ。

まず、かつて「ひきがえる」だ、とされた動物がいる（「古墳壁画よりガマを発見」『史林』33―3、昭和二十五年）。だが、そうだろうか。輯安舞踊塚の天井部分壁画の「蟾蜍図」（左上）と比較すれば、すぐわかるように、「月」をあらわすとされる「ひきがえる」は、月の中にいるのが普通だ。

これは中国の伝説において、「ひきがえる」や「兎」は月の中にいるとされている、ことからも当然だ。これは月面の黒い模様から生まれた伝説であろう。

日中、踆烏有り。而して月中、蟾蜍有り。（『淮南子』精神訓）

月中の獣、兎・蟾蜍なり。（『論衡』順鼓）

輯安舞踊塚天井部壁画　蟾蜍図

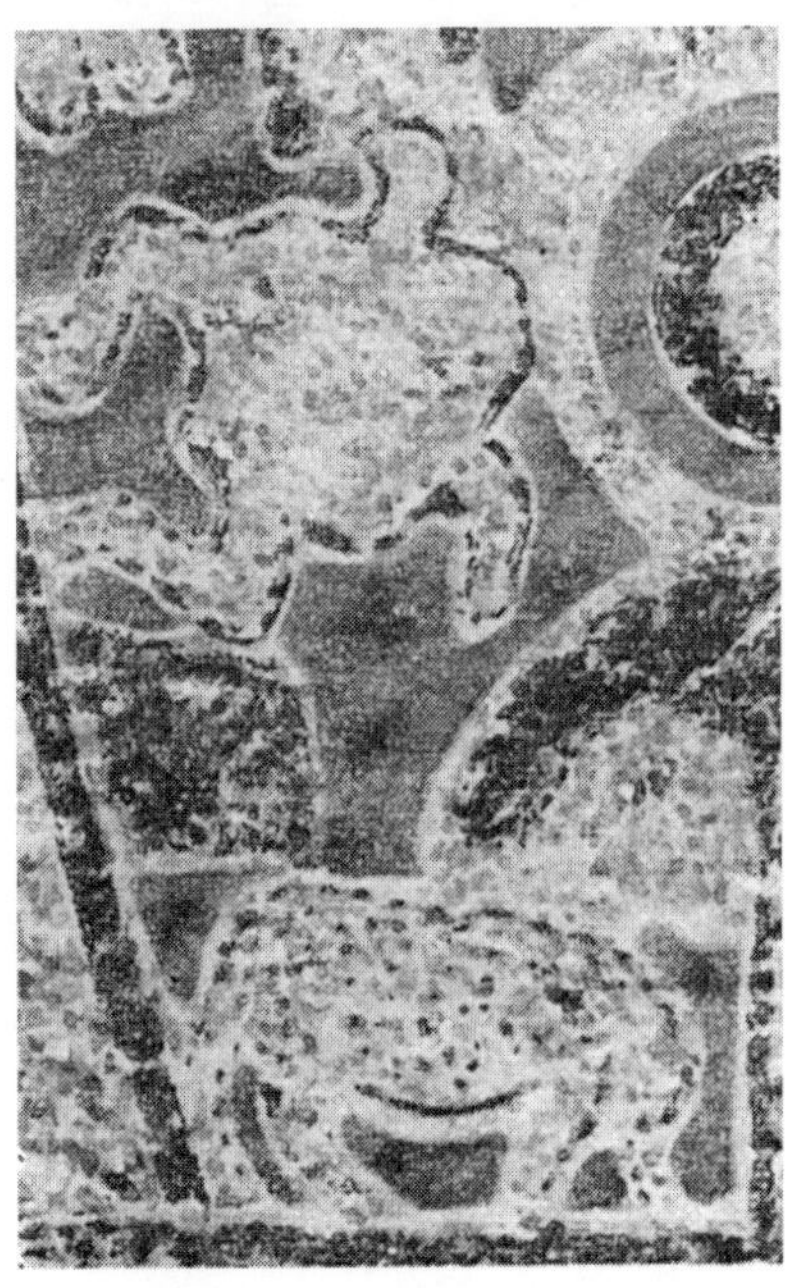

珍敷塚古墳の「ひきがえる」（模写）
―日下八光著『装飾古墳』より―

けれども、「月外のひきがえる」も、全くありえないことではない。

羿、無死の薬を西王母に請う。姮娥、之を窃み、以て月に奔る。是れ、蟾蜍と為す。

（『後漢書』天文志、註）

だから、〝月に奔って行く途中〟を描いた、とすれば、「月外」でもいいこととなろう。

一九七二年発見された長沙馬王堆古墳の彩絵帛画（幡）では、三日月のような図柄のそばに「ひきがえる」が描かれている。円月なら、当然「月中」となる位置だが、三日月だから、一応「月外」ともいえる。

しかし、このような例から、珍敷塚の場合を「月――ひきがえる」の中国思想と見るには難点がある。なぜなら、先の『淮南子』の例のように、「月――ひきがえる」は「日――烏」と一対をなすものだ。馬王堆の場合にも、「日――烏」と一対（着物の両そでにそれぞれ日と月を配している）であり、日の方はハッキリと「日中」に烏がいる。

これに対し、珍敷塚には画の左端に、例の太陽状のものがあるのに、烏など全く出現していない。「天の鳥舟」のへさきの鳥は、太陽にはソッポをむいている。全く倭人の航海習俗の中の鳥なのである。それに「ひきがえる」状のものは、月といわれたものの、全く外にあるうえ、大きさが全然ちがう。「月」にとても入りきらない大きさだ。

このようにしてみると、この「ひきがえる」状の動物に中国思想を「発見」しようとするのは、とても無理だ、というほかない。

つぎに、この「ひきがえる」状動物の右下（「月」の真下）に大きな鳥のような物がいる。両翼をひろげて、こちらを向いている。その下の岩壁のような所にとまっている、といった感じだ。

また「ひきがえる」状動物の左下に異様な動物がいる。一番右の城塞の右壁にうずくまっている様子である。また、その下の地上にも巨大な動物がはっている。

要するに、α線の下方には、さまざまの巨大で異様な動物たちが棲息しているさまが描かれているのだ。

しかも、このα線下方の世界は、α線上方の世界とは別の世界ではない。なぜなら、右端の城塞や中央の城塞は、α線の上・下にまたがっている（画の右上方部にも、α線の上下にまたがった物体が描かれている）。

すなわち、左端の「天の鳥舟」が到着した、この異質の大地に棲息する、巨大で異様な動物たち。それらを一個所にまとめて描く手法――それがこの「α線効果」なのである。

このように考えてくると、わたしにはおのずから浮かびあがってくる「名」がある。「崇島」「巨鼇」「黿鼉之穴」「岑嶅之峯」「横海之鯨」「毛翼」等。

倭人が「一年（半年）の船行」ののち到着した、という大陸の岸に棲息していた、と記録されているこれらの巨大で異様な動物たち。それらについて〝倭国内部に伝えられた知識〟がここに壁画として姿をあらわしている。――竹原古墳の例から見ても、わたしには、これがあり得ないこととは思えないのだが……。読者はどのように感ぜられるだろうか。

もちろん、文献の場合とちがい、絵画の場合の解釈は、解読者の〝主観性〟をまぬかれ得ない。わたしの解読はあくまでわたしのものにすぎぬ、とも言えよう。

しかし、少なくともわたしは今、つぎのことを確言できる。

その一つ。倭人の太平洋横断と南米大陸「発見」と帰来、という問題について、〝それなら、倭国側にも何か残っているはずだ。だのに何もないではないか〟と言うことはできぬ、ということだ。なぜなら、もし学問的な厳密性の上に立って、それを言おうとする論者があれば、その人々には、〝この珍敷塚壁画は、それとは全く無関係だ〟という、きびしい論証が課せられるであろうから。

この珍敷塚古墳壁画が、それの倭国内伝承を反映している、という可能性は容易に否定できない、とわたしには思われる。

その二。同様に、〝もし、それが事実なら、わたしたち（日本人）の中に、それが祖先から今に伝承されているはずだ。だのに、今、そんな伝承は見当たらないではないか〟という反論は全く成立できない。なぜなら、竹原古墳壁画も、珍敷塚古墳壁画も、共に過去に実在した信仰や説話を語っていることは確実だ。これは疑うことはできない。だのに、現在のわたしたち（北九州の人々もふくめて）は、それらを一切、説明できない。それだけではない。九州古墳壁画にみちみちている同心円文様、わらび手文様、連続三角文様。それらは、これらの古墳の作られた時代には、その地の人々にとってもっとも貴重な知識、その文明圏共通の常識であったはずだ。これも疑うことはできない。

だのに、わたしたち（この当時の人々の子孫である北九州の人々もふくめて）は、一切それを説明できない。それも不思議ではない。わたしたちに与えられている古代の知識といえば、『古事記』『日本書紀』『風土記』のような近畿天皇家によって提供された認識だけだ。そしてその認識は、これらの古墳を中心とした文明とは異質だ。いわば「共通の言語」をもたないのである。

そういう根本の事実に対する批判を行わず、〝もし、そういうことがあったなら、二十世紀のわたしたちも、知っているはずだ〟と称するのは、ひっきょう〝無知の上に立つ独断〟にすぎない。これが珍敷塚の与える教訓だ。

この珍敷塚の現況について語っておきたい。町役場（福岡県浮羽郡吉井町）に連絡し、現地（富永西屋形の県道の傍）に行くと、隣家のあずかっておられる鍵によって簡単に〝なか〟に入れる。〝なか〟とは、〝古墳のなか〟ではない。荷物置き場、または大きな自転車置き場、といった印象の、粗末な建物の〝なか〟だ。そこに日本列島の貴重な宝、珍敷塚古墳壁画の大岩が一枚、おいてある。むしろ〝ほうりこんである〟といってもいい状況だ。わたしたちが観察している間、近所の子供たちがたくさん入ってきて、この壁画の岩面を手でこすってみようとする好奇心をおさえかねる様子だった。懸命に制止したけれども、〝いつも馴れている〟といった感じだった。

昭和二十五年、採土工事の際、この古墳にぶつかった。古墳は完膚なきまでにこわされた。ただ奥壁の〝岩画が変わっていた〟ので、とっておかれた。それがこの〝大きな自転車小屋〟に「保存」されているのである。

高松塚古墳の保存に国や学界や各界のはらった努力と、これとの落差。ハッキリ言って、この差別はどうしたことだろう。

昭和二十五年と四十七年（高松塚）という発見時点のちがいのせいだ、とはいえない。なぜなら、昭和四十七年の時点においてなお、珍敷塚壁画は、〝大きな自転車小屋〟の中に〝ほうりこまれている〟のだから。

それだけではない。〝九州では壁画古墳は、現在も道路工事などの際、つぎつぎと見つかっているが、金も人も足らず、結局つぶされてしまうほかない〟――九州の若い考古学者はわたしにそう語ってくれたのである。

＊　　＊　　＊

高松塚壁画と珍敷塚壁画と、いずれが日本民族にとって、より貴重な遺産であるか。——それをきめるのは、現代のわたしたちではない。それは後代の日本人と世界の古代史研究者の手にゆだねられている。

謎の一点

珍敷塚壁画について、まだ不明の一隅がある。画の右上方部分、右の城塞のさらに右に描かれているところだ。その城塞のすぐ右に、一人の人物が〝空に浮いて〟いる。その右に何か人間より大きなものが、これも〝空に浮いて〟いる。何か、左端の「天の鳥舟」の中の〝帆を張る二本の柱〟を一層大形にしたような感じだ。これは人物ときわめて接近しているから、両物体（人間と物体）の間には、何か関係があるかもしれないが、上部がうすれているので、ハッキリしない。（この二者の、さらに右側にもう一つ何か描かれているが、これはうすれてしまって全く形が判断できない。）

これが何か、不明だ。たしかに不明だが、同じ〝不明さ〟をわたしは「海賦」の中に発見している。

> 羣仙、縹眇として、玉を清涯に餐い、阜郷の留舃を履み、羽翮の襂纚たるを被る。天沼に翔り、窮溟に戯れ、有形を無欲に甄し、永く悠悠として、以て長生す。
>
> （「喬山の帝像」の直後につづく。）

ここに浮遊しているのは何者だろうか。無論、中風の「名」で書かれている。「安期」という仙人。彼が立ち去るとき、故郷の「阜郷」に遺したという赤いくつ（留舃）。それらの故事に出てくる「名」が利用されていても、それは実在する実体のイメージを喚起するため。——それが、「海賦」における表現のルールだった。とすれば、この浮遊する〝実体〟は何か。――わたしには不明だった。ところが、この珍敷塚壁画にも、同じ〝不明〟の物をわたしは見出すのである。〝浮遊する人間〟を。

わたしは今、両者の共通性を指摘することで満足しよう。そして読者の中の誰かが、この謎を解き放ってくれることを望んでいるのである。

倭人の南米大陸への航行について
――その史料と論理――

〈本稿は英訳論文の原文としてまとめられた。したがってわたしの従来の論文・著書の内容と方法の要約を含んでいる。〉

一

科学は時として既成の常識に反し、全く新しい概念へとわたしたちを導くことがある。この論文では、次の命題が学問的に有意味であることが論述される。すなわち、――〝三世紀以前、倭人は太平洋を越えて航海し、南アメリカ大陸西岸に到着したことがある〟と。

この種の命題は、かつてわが国の研究史上において論ぜられたことがなかった。その理由は、第一に、『古事記』『日本書紀』（八世紀初頭に、天皇家の史官によって編集されて成立した歴史書）がわが国の従来の歴史知識の主要な源泉とされてきたこと。第二に、『三国志』（中国において三世紀に、『史記』『漢書』をうけつぐ「正史」として成立した歴史書）の中の魏志倭人伝に対して、従来の研究者は〝誇張と誤謬が多い〟という評価を下してきたからである。

しかしながら、研究の進展によってこの『三国志』に対する判断は、基本的な誤認の上に立っていることが明らかとなってきた。

㈠倭人伝の中に記載されている、一見巨大な里数値（たとえば「帯方郡治―女王国〈邪馬壹国〉」間の距離を一万二千余里と記載する）は決して誇大値ではなかった。なぜなら、三世紀の魏・西晋朝においてはその里数値は漢代の約六分の一の里単位にもとづく実定値をしめすものであった（古田著『「邪馬台国」はなかった』、および古田稿「魏晋（西晋）朝短里の史料批判」参照）。しかるに、従来の研究者たちはそのような「里単位の変動」という根本問題を顧慮しなかった。ために、たとえば右の「一万二千余里」という記載に対し、これを〝法外な誇大値〟であるかのように錯認したのである。

㈡同じく倭人伝中に倭人の寿命について「其の人寿考、或いは百年、或いは八、九十年」と記載されている。一方、『三国志』全体の中に年齢の記載されている中国人の事例九十名について調査すると、その平均は五十二・五歳である。そしてこのうち、特に高齢者であるため記載された例を除いてグラフ化すると、「三十代と四十代」が頂点となっている。

また一方、日本列島に出土する弥生人の人骨に対する調査も、当時の倭人の寿命が決して平均九十歳前後もの長寿ではなかったことをしめしている。このため、従来の研究者たちはこのような倭人伝の記述に対しても、誇大にして信用できないものと見なしてきたのであった。

しかしながら、『三国志』とほぼ同時代に成立した『魏略』（魚豢）の記事によると、「其の俗正歳四節を知らず。但〻春耕・秋収を計りて年紀と為す」と書かれている。「正歳」とは中国の陰暦の正月、「四節」とは当時の中国で行われていた暦（景初暦・正嘉暦等の太陰暦）の体系をさしているのである。

ところが、このような「正しい暦の体系」を倭人は知らない。しかし、それに代わって別種の暦（年の算出方法）を倭人は慣例としている。すなわち、春耕と秋収の二点を計算してそれぞれを年紀（年のはじめ）とする、そういったやり方で倭人は年を計算している、というのである。

こうしてみると、先の倭人の寿命（平均約九十歳）の記載は、実はこのような方法で計算された寿命ではなかったか、という問題が浮かび上がってくる。

またこの点をさらに補強する史料がある。それは先にあげた『古事記』『日本書紀』においても、古代天皇の寿命がいずれもいちじるしい長寿として書かれている点である。その平均は八十七・五歳（『古事記』）、九十三歳（『日本書紀』）であり、先の倭人伝の記載と一致している（最高は百六十八歳〈『古事記』〉と百四十歳〈『日本書紀』〉）。

また朝鮮半島側の古典『三国遺事』（高麗の史書、十三世紀）にも、その中に収録された古記録「駕洛(からく)国記」には百五十八歳（王）、百五十七歳（王妃）の年齢が記載されている。この駕洛国は朝鮮半島南端であり、日本列島の九州北岸と海を隔てて相対峙している。

このような事例から見ると、日本列島とその近辺においては「二倍年暦」（一年に二回齢をとる、という計算方法）が行われていた、という事実を帰納することができる。このようにしてみると、先の倭人伝における陳寿の記述は、やはり「正確な現地取材の情報」を反映した記事であったことが判明する。すなわち、決してこれは〝誇大や不正確〟の記事ではなかったのである。

以上の二例によって、わたしたちは次の命題を認識することができる。〝三国志魏志倭人伝の記述方法は、真実(リアル)である〟と。

二

このような倭人伝の史料性格に対する認識は、わたしたちの注目を、倭人伝中の次の一節に向けさせることとなった。

又裸国・黒歯国有り。復た其の東南に在り。船行一年にして至る可し。

右の文において基準点となっているのは、当然、日本列島の倭国（九州北岸に都をもつ）である。ここから方角において東南、所要日数において一年の航海ののち、到達する地点とは、いずれの地であろうか。ただ、このさい、注意すべき点が四つある。

(1)この記事が倭人伝内に記されていることからすると、当然〝魏使（中国側から倭国に行った使者）が倭人からえた情報〟にもとづく記事であると考えられる。したがってこの「一年」も、倭人の「二倍年暦」にもとづく表記であり、通常の表記では「半年」に相当する、と考えられる。

(2)『三国志』（「倭人伝」をふくむ）内の表記のルールによると、方角は原則として「直線方向」をしめすのに対し、距離や所要日数は直線距離ではなく、〝実際の行路に従った計測にもとづく数値〟が使用されている（古田著『「邪馬台国」はなかった』参照）。これは〝その土地に至る実際の行路をしめす〟という実用的な『三国志』の記載方法から見れば当然といわねばならぬ。したがって右の文においても、「東南」は直線方向であるけれども、「船行一年」は決して直線距離ではなく、海流等による実際の航路に従った所要日数を記したものと見なされる。

(3)その航海の到着地点は、決して「小さな島」のようなものではなく、「巨大な陸地」つまり大陸にからである。

類するものであろうと思われる。なぜなら、もしこれが「小さな島」の類であったなら、右のような簡単な方角と所要日数の表示だけでは、到底その地点を指定するには不十分であり、かつ実際的でないであろう。そしてそのような〝非実際的な記事〟は、『三国志』全体の史料性格と表記のルールに反するからである。

(4)右のような大まかな指示によって必ずその地に「至ることができる」という確信の、もう一つの源泉は、次のような倭人の「実際の知識」にもとづいていると考えられる。それは〝いったん海流に乗ずれば、人は必ず一定の地点に運ばれてゆく〟という海流の知識である。すなわち〝海流のルート〟がそれである。

以上のような立場から、先の一文のさししめす所を地図上に検してみよう。その帰結はただ一つである。

(A)日本列島南辺より舟が黒潮に乗ずれば、必然に北太平洋海流に乗じてアメリカ大陸に到着せざるをえない。

(B)しかし、北米大陸は日本列島の東南に当たっていない。その上、「日本列島——北米大陸」間の所要日数は後述のように約三カ月である。

(C)これに対し、日本列島の東南方向の彼方に存在する大陸はただ一つ、すなわち南米大陸である。そしてここは後述のように日本列島からまさに〝ほぼ半年〟の航行地域に相当する。よって、右の一文の指定に妥当している。

次に航行日数についての記録をしめそう。

(一)まず「日本列島——北米大陸」間の横断日数について、最近の日本の青年たちによる実例をしめす。

（いずれもヨットによる）。
(a)堀江謙一氏　一九六二、西宮→サンフランシスコ。三カ月と一日
(b)鹿島郁夫氏　一九六七、ロサンゼルス→横浜。三カ月と十日
(c)牛島龍介氏　㊟一九六九、博多→サンフランシスコ。二カ月と二十日
　　　　　　　㊡一九七〇、エンセナダ〈メキシコ北端〉→博多。二カ月と二十七日
(二)一九四七年四～八月に、ヘイエルダールたちが筏のコン・ティキ号によっておこなった、有名な実験によれば、「南米大陸（リマ）→タヒチ島」間を約三カ月（三カ月と十一日）で航行している。
以上の二例から判断すると、「日本列島→北米大陸西岸→南米大陸西北岸」の場合、これを〝約半年の航行距離〟と見なして大きな誤差はないであろう。

このように、倭人伝中の一文は南米大陸西北岸を指している、と理解されるのである。

三

以上の分析は倭人伝中の一文に対する〝もっともストレートな理解〟である。けれども他面、「歴史上の事実」としてこれを見ようとする場合、一つの大きな問題点が残されている。それは、たとえ『三国志』の記述のしめすところがそのような帰結であったとしても、この一個の孤立した史料だけでは、その史実性は保証しがたいであろう。なぜなら〝異系統の二史料のさししめす点が一致したとき、はじめてそれを史実と見なしうる〟——これは歴史理解の基本的なルールであろうから。

ところが、さらに別種の史料が見出された。『文選』（梁の昭明太子撰、六世紀）に収録された「海賦」

（晋の木華作、三世紀）がそれである。この史料は従来はただ文学上の題材としてのみ扱われ、かつて歴史上の史料として検討されたことはなかった。しかし、その内容は明らかに三世紀の倭人に関する史料であった。まずその理由をのべよう。

(1)この史料には倭人の習俗である「持衰」の記事が現れている。

ⓐ若し其れ、穢を負うて深きに臨み、誓いを虚しうして祈りを愆てば、……　（「海賦」）

ⓑ其の行来・渡海、中国に詣るには、恒に一人をして頭を梳らず、蟣蝨を去らず、衣服垢汚、肉を食わず、婦人を近づけず、喪人の如くせしむ。之を名づけて持衰と為す。若し行く者・吉善なれば、共に其の生口・財物を顧し、若し疾病有り、暴害に遭えば、便ち之を殺さんと欲す。其の持衰謹まずと謂えばなり。　（『三国志』魏志倭人伝）

右のⓐⓑが同一習俗の表現であることを疑うことはできない。

(2)大陸（朝鮮半島南端）からこの国（倭国、九州の北岸）に至る距離が同一（三千里）である。

ⓐ一越三千　（「海賦」）

ⓑ狗邪韓国——対海国（千余里）
対海国——一大国（千余里）
一大国——末盧国（千余里）　｝三千余里
（『三国志』魏志倭人伝——要路）

ⓑの方が狗邪韓国（朝鮮半島。釜山近辺）から末盧国（日本列島、九州北岸・唐津近辺）までの間を途中経過の島々（対海国〈対馬〉、一大国〈壱岐〉）をふくんで詳細に書いているのに対し、ⓐの方は同じ海上ルートながら、直線的、概括的に描かれている。（ⓐが海上ルートであることは、「海賦」の文中に「海に汎かび」「帆席を挂け、濤を望んで遠く決れ」等とあることから明白である。）けれども両者、同一の海上距離の表

現であることは明らかである。

(3)卑弥呼を女王とする国（邪馬壹国）の危難に対し、中国（魏）が女王側の求めに応じて急援したという歴史的事件が書かれている。

ⓐ若し乃ち、偏荒速やかに告げ、王命急かに宣すれば、……終朝ならずして、届る所を済う。

（「海賦」）

ⓑ倭の女王卑弥呼、狗奴国の男王卑弥弓呼と素より和せず。倭載・斯烏越等を遣わして郡に詣り、相攻撃する状を説く。塞曹掾史張政等を遣わし、因って詔書・黄幢を齎し、難升米に拝仮せしめ、檄を為って之を告喩す。

（『三国志』魏志倭人伝）

ここにおいても、両者同一の状況が表現されている。

さて、「海賦」の作者木華（字は木玄虚）は魏晋（西晋）朝の中枢に位置した官僚（楊駿の府の主簿）である。ところが、『三国志』の著者陳寿も同じ王朝の史官である。つまり、両史料を書いた二人は、共に魏晋朝の史官である。したがって右の類似記述はすなわち同一の事実を背景にしていること、これを疑うことはできない。

いいかえれば、「海賦」のこれらの記事は、倭人に関する史料である。ここに日本古代史の研究は三世紀の倭国に関する新しい中国史料を、依拠文献として加えることができるようになったのである。

四

〝「海賦」は倭人に関する史料をふくんでいる〟——前節で証明されたこの命題は、わたしたちを次の問いへと向かわせる。それは、この倭人の史料は「海賦」全体の中でどのような位置を占めているか、という問題である。いいかえれば、それは「海賦」中の片隅に一つの挿話（エピソード）として顔を出しているだけなのか。それとも、「海賦」全体の中でなくてはならぬ重要な役割をになって出現しているのか、という問題である。

その答えは、まがうかたなく後者である。なぜなら、右の(1)のⓐの「持衰」記事のあと、倭人の数奇な航海の描写にうつり、その倭人の不可思議な経験の結果としての、海の彼方の未知の世界の見聞が記せられているからである。すなわち、この海賦は「倭人の東方への数奇な航海経験」を中国人（魏晋朝中枢の官僚）が記したもの、そういう性格の文献なのである。

右の「持衰」の記事のあと、「海賦」はまず次のように書く。

　是において、舟人漁子、南に徂き東に極る、

ここで「徂く」とは〝ある地点までおもむく〟の意であり、「極る」とは〝極点に到達する〟の意である。したがってこの舟人（倭人）は日本列島（九州）から南方の海上に出で、そこで東に方向を転じ、その東方の極点に到着する、というのである。この場合、この舟人を導いている真の動力は、当然、大自然の海流である。すなわち、日本列島南方から北米大陸西岸に向かっている、黒潮と北太平洋海流がそれである。

この後、この舟人の航海はさらにつづく。

　或いは、黿鼉の穴に屑没し、
　或いは、岑敫の峯に挂罥し、

海とかげの棲む所や、きりたった断崖のそばを通ってゆく、というのである。

その結果、彼等はついに終着点に着く。――裸国・黒歯国である。

或いは裸人の国に、掣掣洩洩し、
或いは黒歯の邦に、汎汎悠悠し、

そしてその帰途について、次のように記している。

或いは、乃ち、萍流して浮転し、
或いは、帰風に因りて以て、自ら反る。

すなわち、いったん潮流に乗ずれば、〝自然に故郷（倭国）に帰り着〟くことができるけれども、逆にいったんそのルートからはずれれば〝浮草のように風浪に翻弄される〟、そういう運命にさらされてしまう、というのである。

五

倭の舟人がこのような辛酸を経て辿りついた大地の光景について、「海賦」は種々の不可思議な描写をおこなっているのであるけれども、それらについての詳細な叙述は別の論文（「海賦と壁画古墳」）にゆずり、今はその中でもっとも印象的かつ重要な事例を一つだけあげよう。

若し乃ち、巌坻の隈、沙石の嶔に、
毛翼轂を産み、卵を剖りて禽を成せば、
鳧雛、離褷として、鶴子淋滲たり。
羣がり飛び、侶に浴し、……

この「毛翼」という動物について、次の特質が考えられる。
①鳥類の中の猛禽類に属する。
②「毛翼」という新語が造語されていることから分かるように、鷲や鷹などの、中国人既知の猛禽ではない。
③形態上、特異な羽毛がいちじるしい特徴をなしている。
④孤生でなく、群生する習性をもつ。
⑤他の動物の屍肉を食とするかに見える。（右の記述は、海岸にうちあげられて死んだ巨大な鯨の屍肉の描写につづいている。）

以上の特徴を総合すれば、わたしはこれを「コンドル」の描写であると考える。そしてこの猛禽は、南アメリカ大陸西北岸部を棲息地としていることは、周知の通りである。

六

以上によってわたしたちは知ることができる。『三国志』魏志倭人伝と「海賦」と、この両史料の記載する裸国、黒歯国は同一の領域を指していることを。そしてその領域は、いずれによってみても、南米大陸西岸部を指しているのである。


㈠両史料とも魏晋朝の史官の記述したものである。

㈡両史料とも「倭人からの報告」にもとづく記述である。

㈢しかしながら、両史料は個々に独立した別個の史料であり、一方が他方を転写した、というような同系の史料ではない。

したがって、魏晋朝の史官が倭人からこの東方の〝異域の大陸〟についての報告を再度にわたってえていた、という事実、すなわち「この種の報告が存在したという事実」は、これを疑うことができない。

七

しかしながら、このような倭人の報告が果たして客観的な史実の反映であるか、それとも倭人の〝興にまかせたお話〟にすぎないか、それは必ずしも即断を許さないであろう。なぜなら、ことが異常な事実であるだけ、わたしたちはこれを事実と判定するについては、決して慎重でありすぎることはないであろうから。

この問題に対応する、全く異質の情報がある。すなわち、エクアドルのバルディビア遺跡の発見である。これはアメリカのスミソニアン研究所のクリフォード・エバンズ氏、ベティ・ジェイ・メガーズ氏（エバンズ夫人）、エクアドルのエミリオ・エストラダ氏の三人が発見したものである。それは西紀前三二〇〇年頃の壺であり、その壺は、同じ時期（縄文期）の日本の壺（ことに九州の壺）と〝おそろしいほど似ている〟という。

クリフォード・エバンズ氏はその詳細な報告書『海岸部エクアドルの初期形成時代』の中で、両者（日本の縄文土器とバルディビア出土土器）の対照を詳細に行なっている。またベティ・ジェイ・メガーズ夫人はその著『先史アメリカ』の中で簡略な対照写真を掲載している（三一八～三一九頁）。

もっともわたしの注目を引いたものは、クリフォード・エバンズ氏の本の中の地図だ（三二二頁）。こ

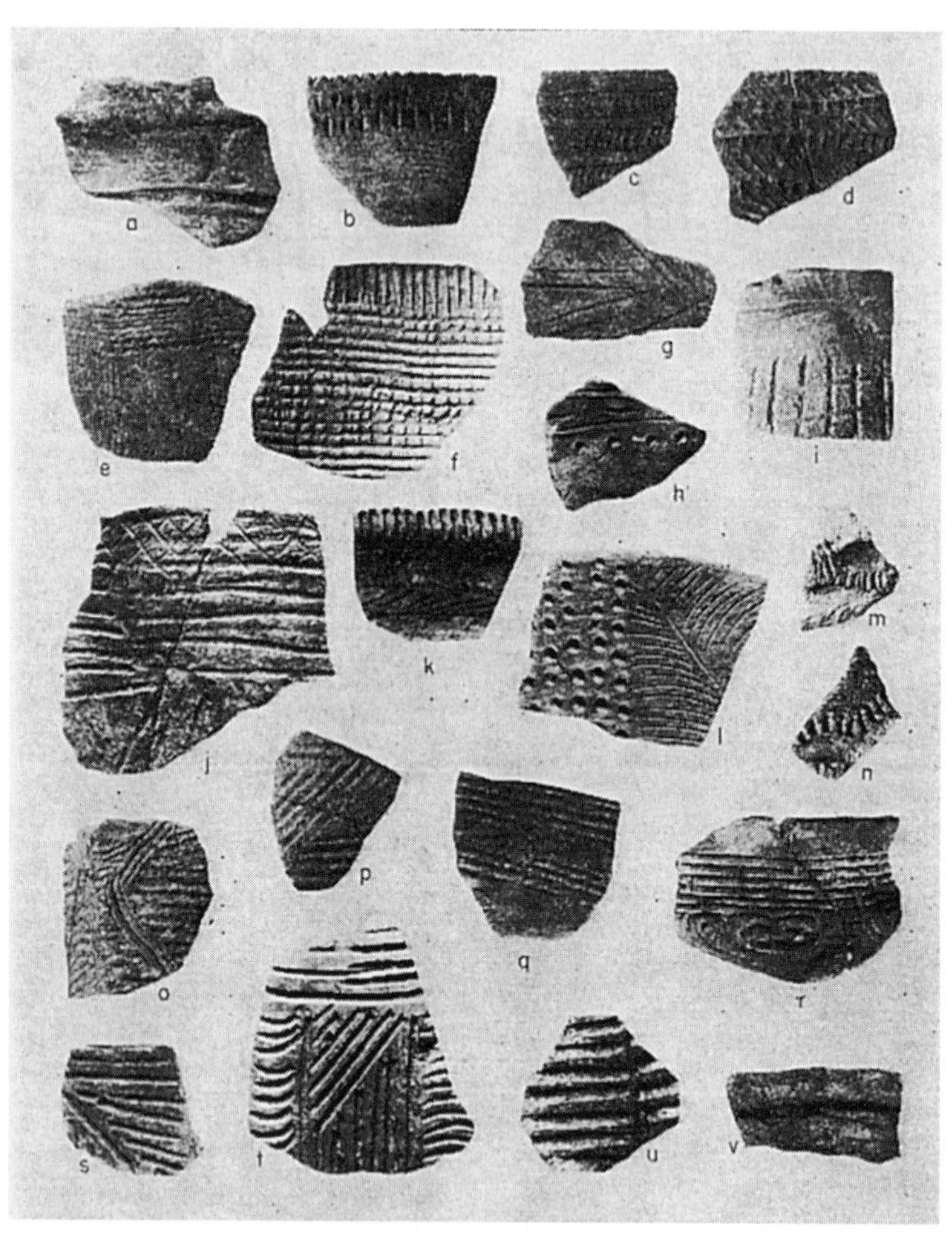

縄文土器の文様（ベティ・ジェイ・メガーズ著『先史アメリカ』より）

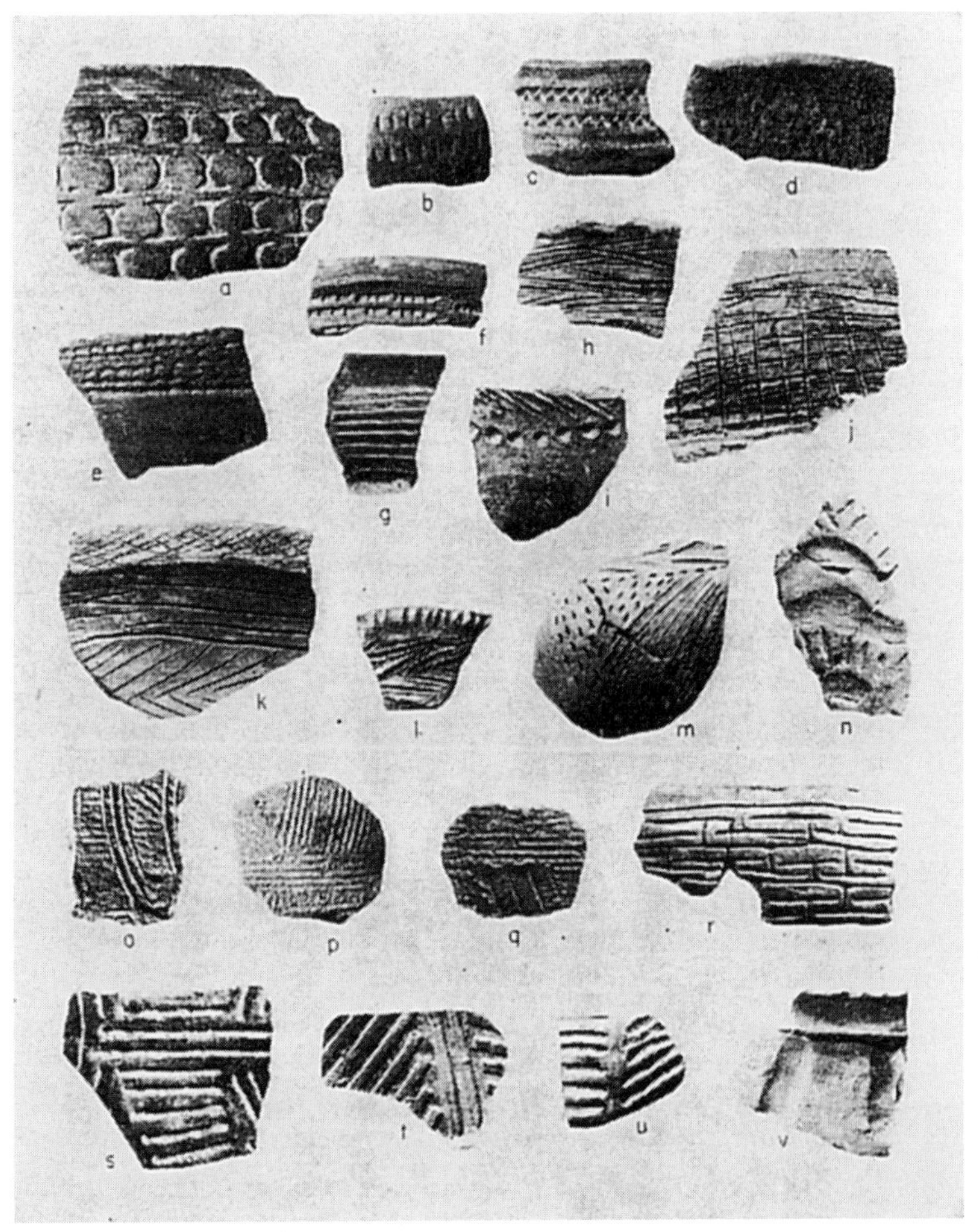

バルディビア遺跡出土土器の文様と

れとわたしが作製した図（次頁、『「邪馬台国」はなかった』所収）と比較してほしい。この方は『三国志』魏志倭人伝の解読結果に従って作製したものである。（このわたしの地図作製のさいは、「海賦」については未知であった。）

この両図はおどろくべく相似している（日本列島の九州→南米西北海岸）。そしてもっとも重大なことは、両地図は全く別個に独立に作られた、という点である。クリフォード・エバンズ氏の本は、わたしの『三国志』魏志倭人伝解読の時期（昭和四十二〜六年）以前の昭和四十年（一九六五）に発行（ワシントン、スミソニアン研究所刊）されているから、当然、氏がわたしの研究を知られることはありえない。またわたし自身も、——うかつながら——全くエバンズ氏の業績を知らなかった。わたしの本『「邪馬台国」はなかった』刊行（一九七一年）のさい、出版社（朝日新聞社）の方から、この情報をえ（『朝日ジャーナル』〈一九七一・七・二三〉の利根山光人氏の文「古代アンデスの謎」を提示していただいた）、それによって一九七〇年十月十六日号の『ライフ』の記事を知り、その後さらにクリフォード・エバンズ氏にお便りしてはじめて右の報告書を送付していただいたのである。（右のベティ・ジェイ・メガーズ夫人の著書〈一九七二、シカゴ、アルディン社刊〉は、一九七五年二月、エバンズ夫妻を直接訪問された崎谷（さきや）哲夫氏によってもたらされた。）

要するに、両図は全く相互に影響をうけあうことなく、別個に独立に作製されたのである。このことは、一方が出土遺物の比較から、他方が史料解読の論理的進行の中から、すなわち全く別種の方法から導かれたものであることをかえりみれば、むしろ当然であろう。

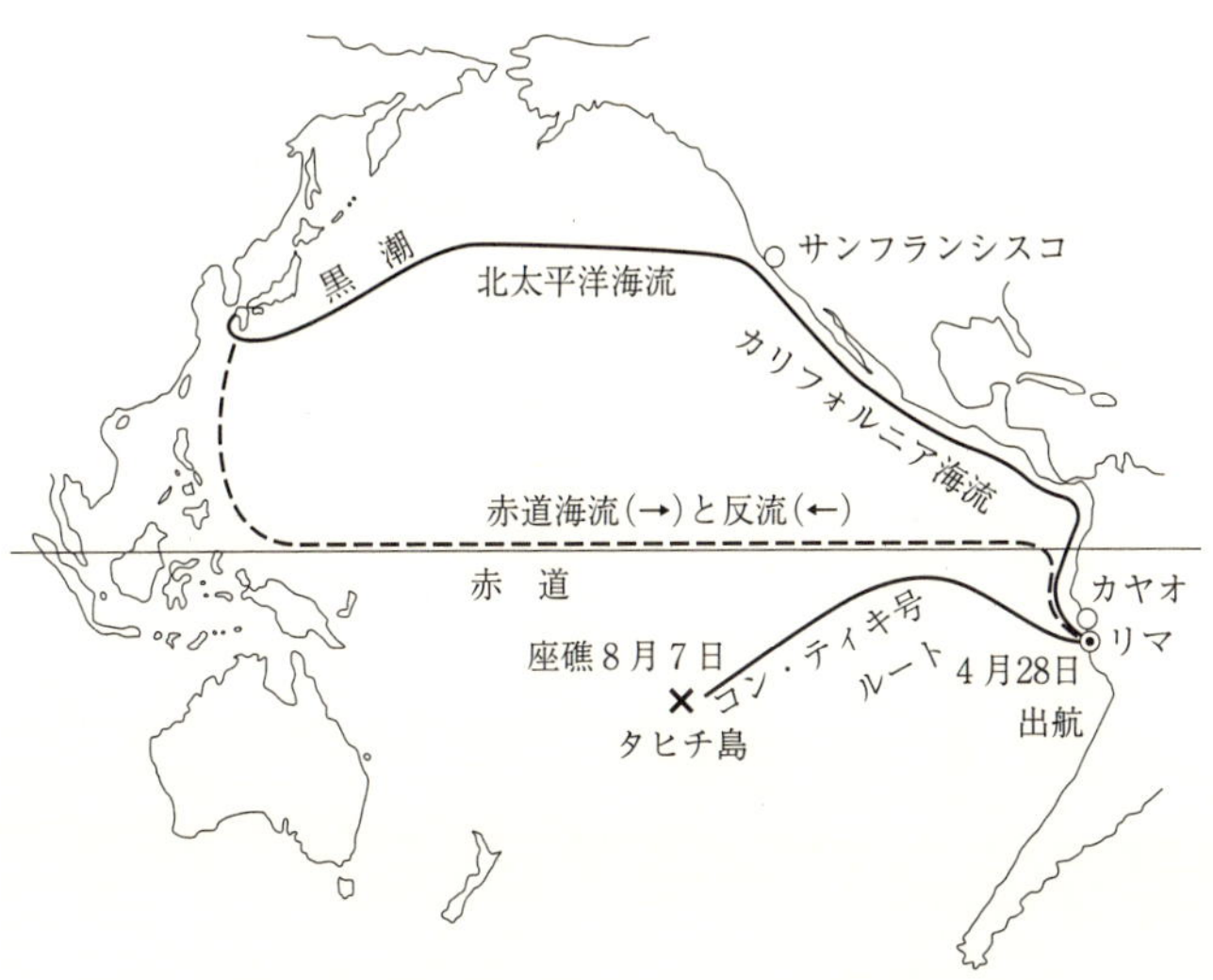

古田作製の倭人の太平洋航路とコン・ティキ号ルート
——『「邪馬台国」はなかった』より——

このような、全く異種の依拠史料が奇しくも同一の帰結（倭人の南米大陸西北海岸への接触）をさししめしたこと、これこそこの帰結が客観的史実であること——それを疑いなく証明したものなのであろうか。

しかし、わたしたちはこの結論に〝イエス〟の答えを与える前に今一度慎重にならねばならないであろう。

なぜならそれほどこの帰結は、深刻な影響を人類の過去の歴史の探究者たちに与えるであろうから。

したがって直ちに今、性急な結論を下す前に、なお未知な問題点を列挙しておこう。

1　「倭人の太平洋横断」に関する中国史料は三世紀（日本の考古学上では弥生期に属する）の史料であるのに対し、バルディビア遺跡の出土

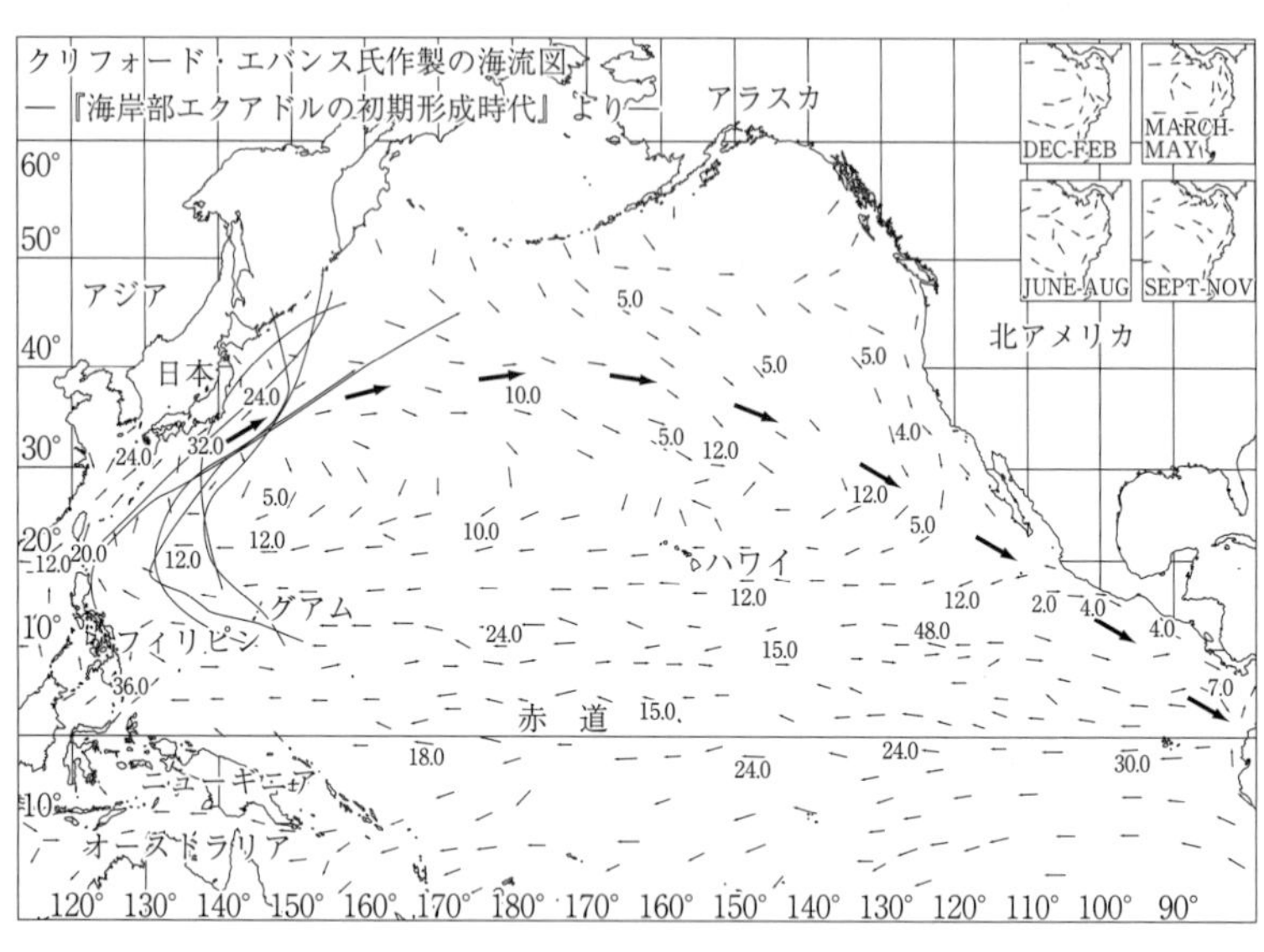

品（西紀前三二〇〇年頃とされる）は、「縄文期」に属する日本の土器に〝酷似している〟とされるのである。そこには両者、時期上の大差がある。

2　三世紀倭人の「太平洋横断」に関する報告も、それが〝現在（三世紀）の経験〟の報告であるか、それとも〝過去からの伝承〟の報告であるか、明らかにしがたいのである。

3　バルディビア遺跡出土の土器が果たして本当に日本の縄文人によってもたらされたものであるか否か、この点はエバンズ夫妻等の長期にわたる誠実な学問的努力の累積にもかかわらず、未だ日米両国考古学界一般の承認する所とはなっていない。

4　同じく〝『三国志』魏志倭人伝の記述が正確かつ真実（リアル）なものである〟との史料性格の認識、また〝海賊が三世紀倭人の報告にもとづく記録である〟という史料性格の認定、これらは――わたし自身は論証の道理の上から確信しているにもかかわらず――未だ日本古代史学界の共通認識として認められるには至っていない。

以上のような史料上の制約（1・2）や現今の学界状況（3・4）にもかかわらず、この稿の結論として、わたしは十分な確信をもって次のように述べることができると思う。すなわち、〝「倭人の太平洋横断とその南米大陸西北岸への接触」という命題は、決して詩人等の恣意的な空想ではなく、出土遺物や中国史料の印象的な徴証がさししめす真実（リアル）な帰結である。それゆえ、この課題に対する真摯な追究をおこなわず、この問題のしめす重大さを今後も無視しつづけるならば、それは一種の学問的怠慢にほかならぬであろう〟と。

この結論を明白に提示するために、この論文は書かれたのである。

エバンズ夫妻との往復書簡

1〈古田よりエバンズ氏へ〉

はじめてお便りをさしあげます。わたしは日本の古代史を研究しているものです。三世紀の中国の文献（『三国志』）の中に書かれている、日本人に関する記述の中で、わたしは一つの発見をしました。

それは、三世紀において、日本人たち（九州の北岸をその中心とする海洋王国の日本人たち。九州は日本列島の西端に位置する島です）が、アメリカ大陸に至る海流による「航路」を知っていた、という事実です。特に、南アメリカ大陸の西海岸に文明圏が存在していることを、三世紀の日本人たちが知っていたことがわかりました。

わたしが、純粋に文献の記述に対する精密な解読によって、この事実を認識することができたのち、偶然、あなたがたがエクアドルにおいて、日本の土器に酷似した土器を発見し、その報告をされたことを知りました。

わたしはあなたがたの発見を、第一に、日本の週刊誌『朝日ジャーナル』（一九七一・七・二三）の「古代アンデスの謎」（利根山光人氏筆・三六頁末）で知りました。さらに、昨年の『ライフ』誌（一九七〇・一〇・一六）の Karl E. Meyer 氏の報告（十二頁）により、あなたがたの注目すべき発見のことを知ることができました。

その結果、その発見に関するあなたがたのリポート（又は著述）をぜひくわしく知りたい、そのすべてにふれたい、とわたしは切願しています。

そこで直接、このお便りをさしあげるのです。ぜひ、一刻も早く、あなたがたの御返事に接したいと思います。また、あなたがたのリポート（および発見された土器の写真等）を、わたしの所へお送り下さるよう、お願いします。

送っていただく著述文献の代金並びに運送費などの諸費用については、当方ですべて支払わせていただきますので、御遠慮なく、その費用をお知らせ下さるよう、お願いします。

一九七一年八月七日

古田武彦

クリフォード・エバンズ様

（この日本文と同内容の英文を添えさせていただきました。――以下略――）

2〈エバンズ氏より古田へ〉

親愛なる古田さん

あなたの、古代の日本歴史上の記録に対する研究は、〝新世界への航海〟についての、興味深い情報をふくんでいます。それは、歓迎すべきニュースでした。なぜなら、わたしたちは、「コロンブス以前の時代を通して、アジアからアメリカへ、太平洋を越えての、数多くの接触があった」という事実を確信していましたから。

ことにメキシコとグァテマラにおいては、文化のすべての局面において、アジア的な特質とピッタリ適合した、非常に多くの類似点が存在しています。

わたしたちの意見では、「それ（アジア）と、これ（メキシコとグァテマラ）とは、別々の考案だ」というのでは、これらのおびただしい類似点を説明することは、不可能だ、と思われます。――多くのアメリカの考古学者たちは、その両者を別々のものだ、と思いこんでいますけれども。

もしあなたがあなたの発見を出版されるのでしたら、わたしはそれが英語でなされることを希望します。それによって、そんな航海が可能であったことを疑っている人々が、あなたの証言（evidence）を読むことができるようになるでしょうから。

別便で、わたしたちはあなたに、わたしたちの専攻論文を一冊、送りました。それは、紀元前三〇〇〇年頃、エクアドル海岸部へ、日本の中期縄文期の土器が渡来した事実に対する証拠（evidence）を詳述したものです。

その荷物の中には、もう一つ、それ以後の接触をとり扱った記事のゼロックス・コピーが入っています。これは、一見したところ、アジアの大陸本土からの渡来のようです。これらに対して代金はいりません。

それと共に、最近の一冊の本についてのパンフレットが入っています。（注）その本は、〝太平洋を越えての接触〟についての、各種の証拠を論じた、多くの記事をふくんでいます。あなたがこれに興味をもたれるかもしれませんので。

もう一つ、別の本は、『アメリカ探究』と題されています。この本は、太平洋を越えた接触についての一章をふくんでいます。それはおそらく、ロンドンのペル・メル・プレスによって数カ月のうちに出版されるでしょう。

わたしたちは望んでいます。この情報が、あなたにとって興味深いものであることを。そしてあなたが、自己の探究を続け抜かれるよう、あなたを勇気づけるために、役にたちますことを。すなわち、〝(アメリカ側で見出された)考古学上の証拠〟を、(アジア側から)文献的に確認しようとされる、あなたの探究の続行に、これが役立つことを望んでいるのです。

一九七一年八月十一日

クリフォード・エバンズ

(注)『人間は海を越える——コロンブス以前の接触の諸問題——』("Man across the sea—Problems of Pre-Columbian contacts")

著者〈Carroll L. Riley, Campbell W. Pennington, J. Charles Kelley, and Robert L. Rans〉ユニバーシティ・オブ・テキサス・プレス刊

3 〈古田よりエバンズ氏へ〉

わたしのお便りに対し、早速御返信をいただいた上、あなたの貴重な資料をお送りいただき、大変うれしく思っています。これらの資料はわたしにとって、とても興味深いものでした。

ことにわたしを驚かせたのは一〇三図(Figure 103)の地図(三五三頁参照)でした。そこには「九州より南米北部へ」の航路が描かれています。それはわたしが、あなたの研究を知ることなしに、純粋に中国側の文献(三世紀の日本人の航海知識を同時代の中国人が記録したもの)の追究によって到達した結論と同じルートをしめしていたのです。このルートは右の文献によると、〝半年の航行によって到達しうる〟と書かれています。

わたしの、この発見については、今年の秋、日本でわたしを著者とする一つの本が出版される予定です。出版されたら、直ちにその本をあなたのもとにお送りいたします。この本の最後の一章が日本人のアメリカへの航海知識の問題にあてられています。

なお、わたしはこの問題を、さらに精密な証拠で確定すべく論文を書くつもりです。それらも、それらが出来上がり次第、逐次わたしはあなたのもとにお送りすることをお約束します。

さらに、あなたの資料集の中の写真の数々は、今つきぬ魅力をもってわたしをひきつけています。わたしたち日本人が子供のころより見たり聞かされたりしてきた、なじみ深い縄文式土器とあまりにも酷似した数々の土器がエクアドルの海岸から出土した、この事実に驚嘆しています。ことに一二〇〜一二三図の中の数々の人物像は、あまりにも〝日本人らしい〟もしくは〝日本人好み〟の顔をしています。日本の考古学的出土品の中の「顔」についても、わたしたちは徹底的な再検討が必要だと思います。

また、お知らせいただいた本について、早速注文いたしました。その本の到着を待ちのぞんでいます。

いろいろ他にも申し上げたいことがありますが、今回は何よりも、早速御返信を賜わり、すばらしい資料によってわたしを勇気づけて下さったことに対し、厚い御礼を申し上げたいと思って、このお便りをしたためました。

一九七一年九月一日

古田武彦

クリフォード・エバンズ様

わたしの住んでいる京都では、紅葉の美しい季節です。御地ではいかがですか。この夏は突然お便りしましたのに、早速写真資料などお送り下さり、有り難うございました。

4〈古田よりエバンズ氏へ〉

前のわたしの手紙でお約束した、わたしの著書(注)が出版されましたので、お送りします。これは三世紀中国の歴史書『三国志』の中の「倭人伝」(三世紀の日本についての記録)の研究です。この本の第六章のⅢ「アンデスの岸に至る大潮流」の項は、三世紀日本人の知っていた南米西海岸部への航路について記述しています(同書三九九頁の地図参照)。

しかし、ここでは、本の紙数の関係上、極めて圧縮した形でしかのべることができませんでした。したがってこの問題(三世紀日本人の太平洋横断)について、わたしは独立した学術論文を書きたいと望んでいます。その際は英文の形でお目にかけることができれば、わたしのもっとも幸いとするところです。

御夫妻の御健康を西方より、はるかにお祈りいたしております。

一九七一年十一月三十日

古田武彦

クリフォード・エバンズ様

追伸

三世紀日本に存在した、高名な呪術的女王卑弥呼の国について、日本の読者の中で関心が高いため、学術的内容をもつ、この本が一般書の形で出版されたものです。(この国の国名は、従来言われていた「邪馬台国」ではなく、「邪馬壹国」です。なお、この本の出版社である、朝日新聞社は日本で最大の発行部数をもつ新聞社です。)

（注）『「邪馬台国」はなかった』（一九七一年十一月・朝日新聞社刊）

5 〈エバンズ氏より古田へ〉

親愛なる古田様

クリスマス直前に、わたしたちは、あなたの日本語の本を受けとりました。わたしたちは、あなたがそれを送って下さったのを有り難く思っています。わたしたちがその中で解読できる唯一の部分は、三九九頁の地図だけですけれども。

わたしたちは、大きな関心をもって将来の一つの出版を期待しています。その出版とは、あなたの研究の詳しい細目がしめされ、それによって、古代日本人がもっていた、南アメリカへの、この海上ルートの知識に対する、あなたの研究が、英語で読めるようになることです。

わたしたちが、この前あなたにお手紙を書いてのち、わたしたちは一人のアメリカの青年に会いました。彼は、一つの探検隊を組織しようとして努力しています。それは、アジアからアメリカへの旅行を、このルートに沿って、一隻の中国のジャンクでおこないたい、というものです。

彼は、今年の終わりごろ、日本や台湾や香港へ、予備的な旅行をするつもりだと思います。それは自分たちの計画の可能性をしらべ、より多くの背景をなす情報を得るためです。

わたしたちは、あなたのお名前と住所を、彼に知らせることについて、あなたの許可がえられることを望んでいます。それによって、彼はあなたとこのテーマについて話すことができ、おそらくあなたのアドバイスから、利益をうることでしょう。

今年も、あなたの研究の成功がつづくことを、心からお祈りします。

一九七二年一月二十八日

クリフォード・エバンズ

〈補注——古田〉ここに書かれている、アメリカの青年の計画が、昨年来報道された「タイキ号」の実験と、同一か否か、さだかでない。

6 〈古田よりエバンズ夫妻へ〉

あなたの一月二十八日づけのお便り、二月のはじめに大変うれしくいただきました。わたしの本も、無事お手もとにとどいたことを喜んでいます。

その上、アジアからアメリカまで、中国のジャンクによって、航海しようという、一人の勇敢なアメリカの青年についてのお知らせは、わたしを深く感動させています。これはヘイエルダールの実験におとらず、すばらしい学問的壮挙である、と信じます。ですから、この勇敢な青年が必要にして十分な準備をされますよう、くれぐれも御注意賜わりますよう、切にお願い申し上げます。

わたしの名前と住所をその方にお知らせ賜わりますことは、もちろんわたしの光栄とするところです。その方がもし日本に来られましたら、近年太平洋をヨットで横断した経験をもつ、日本の青年たちにお会いになるならば、有益な助言をお受けになれることと存じます。この点、もしこの方がそれをお望みならば、日本の新聞社（朝日新聞社）がこれらの青年に連絡または紹介の労をとってくれると思います。

この日本の青年たちが太平洋横断の経験について書いた本を(注)別便（航空便）でお送りします。御参考になれば幸いです。

何とぞ勇気と慎重さをもって事が行われますよう、遠く日本より切願いたしております。その方によろしくお伝え下さい。
また御夫妻の御研究の深化と発展をお祈りいたしております。

一九七二年三月十一日　　古田武彦

エバンズ夫妻様

（注）堀江謙一著『太平洋ひとりぼっち』（文芸春秋社）
牛島龍介著『犬と私の太平洋』（朝日新聞社）

7〈エバンズ夫妻より古田へ〉

親愛なる古田様

わたしたちは数日前、三月十一日付のあなたのお手紙を受けとりました。そして今日、二冊の本の入った小包をいただきました。

わたしは、あなたの手紙の写しをベルヒャー氏へ送っています。彼は、あなたが自分に会うのみならず、多くの助力を与えてくれるであろうと知って、とても喜ぶと、わたしたちは確信しています。

わたしたちは、日本の青年たちがすでにその横断をなしとげていたことを知りませんでした。わたしたちは、彼等の航海について、こちらの新聞・雑誌では、何も見ませんでしたので。

数年前、わたしたちは何人かの青年たちから、そんな旅行に関する問い合わせをうけたことがあります。しかし、彼等が、その企図への自分たちのアイディアを、仕遂（しと）げたかどうか、知ることができませんでした。

これらの本は大変興味深く見えます。それで、わたしたちが日本語を読めないのを、とても残念に思います。けれども、そこにのせてある地図は、その海のルートをしめしてくれています。

また、わたしたちは誰か翻訳のできる人を探そうと思っています。でなければ、少なくとも原文の要約をしてくれる人を見つけたいと思います。

あなたの関心と、あなたの御協力を深く感謝しています。もし、ベルヒャー氏が十分な経済的援助をうることに成功されれば、あなたはきっと、京都で彼に会うことができるでしょう。

心からご多幸を祈ります。

一九七二年三月十六日

ベティ・J・メガーズ
クリフォード・エバンズ

8 〈古田よりエバンズ氏へ〉

前回のお便り以来、御研究に大きな進展がおありになったことと存じます。

幸いにも当方では、古代日本人の南米大陸への航海に関する新史料を見出すことができました。その文献は「海賦」（それは航海の物語です）と題されています。わたしは、のちほど、それを英語に訳してあなたにお見せいたしたいと思っています。

さて、わたしはあなたに、崎谷（さきや）哲夫氏を御紹介いたしたいと思います。彼は朝日新聞社の編集部にいますが、今回は、彼自身の研究目的のためにハーバード大学を訪問する予定です。

恐縮ですが、氏を通して、その後の情報と材料について御教示賜わらば幸いです。つまり、『エクアドル海岸部の早期形成時代（注）』（"Early Formative Period of Coastal Ecuador"）と題された、あなたの本（前にお送りいただいたもの）の刊行以後の研究状況です。

またあなたが、一九七二年三月十六日付のお手紙でふれられたベルヒャー氏についての、最近の情報に関して、氏にお告げいただければ幸いです。

一九七五年二月三日

古田武彦

クリフォード・エバンズ様

(注)〈The Valdivia and Machalilla Phases〉Smithsonian contributions to anthropology, Volume I; Smithsonian Institution, Washington 1965.
著者〈Betty J. Meggers, Clifford Evans, and Emilio Estrada〉

9 〈古田よりエバンズ夫妻へ〉

研究にお忙しい毎日と存じ上げます。先日は友人の崎谷哲夫氏(朝日新聞社勤務)が貴方の研究所におうかがいいたし、有益なお話をしていただいたことを帰国後の彼から聞きました。またベティ・J・メガーズさんの興味深い著書『先史アメリカ』("Prehistoric America")を彼から受け取り、深く喜びつつ読んでいます。

さて、わたしは今年中にわたしの論文とエッセイを収録した本を出版するつもりです(仮題『古代史への疑い[(注)]』朝日新聞社刊行予定)。その中には、三世紀倭人の太平洋横断と南米大陸到着に関する、新しい史料と新しい論文も収録されます。それによってこの命題が決して単なる興味本位のテーマではなく、真摯(しんし)かつ学問的な追究の帰結であることを、学界及び一般の関心ある人々にしめそうとするものです。その史料と論文は英訳の上、お送りいたす日を期しております。

その本の中に、この数年間に貴方とわたしとの間に交わされた便り(往復書簡)を掲載いたしたいと思います。それはひとえにこの命題のもつ意義を研究者や多くの心ある人々に知ってもらい、それによって、より深くより広い研究が今後発展するための、よき刺激となることを期待するためです。

何とぞ右の趣旨を御理解いただき、右の掲載の御許可の御返事をお送りいただくことを切にお願い申し上げます。

一九七五年四月二十日　　古田武彦

クリフォード・エバンズ
ベティ・J・メガーズ　様

追伸

なお、右著書の収載論文中に、左の二写真を掲載させていただきたく、この点も、御許可お願い申し上げます。

1. "Early Formative Period of Coastal Ecuador", Smithsonian Institution, Washington. 1965. Figure 103.
2. "Prehistoric America" Betty J. Meggers. Figure 14, 15.

(注) これが、本書である。

10 〈エバンズ夫妻より古田へ〉

親愛なる古田様

あなたのお手紙への、わたしたちの御返事がおくれていましたのは、わたしたちの初期の文通のコピーを捜(さが)していたためです。

どういうわけか、わたしたちはそれを見つけることができませんでした。ですから、わたしたちはあなたが、そのコピーをわたしたちの所へ送って下さるならば、ありがたく存じます。それによってわたしたちは、わたしたちの今まで書いたことが、やはり今も正確であるかどうか、それを確認することができますから。

あなたは、アルゼンチンの学者、ワルター・ガルディニ（Walter Gardini）氏に会われたことがありますか。彼は今年、京都で暮らしています。彼は太平洋を越えた接触に対して深い関心をもっています。そして同一の関心をもった、日本の学者たちを求めています。

もしあなたが彼に会ったならば、あなたは多くの共通の関心を見出されることと存じます。彼の住所は次の通りです。――京都市左京区東町聖護院一〇、インターナショナル・ハウス。

あなたのお手紙に関するファイル（とじ込み）を見つけることができませんでしたので、わたしたちは、あなたが太平洋を越えた接触に関する、すべての記事のコピーをもっておられるかどうか、確かめることができません。

ベティは、『アメリカ探究』（"The quest for America"）と呼ばれる本に一章を寄稿しました。その章は、主としてマヤとバルディビアを取り扱ったものです。彼女はシャン―オルメク（Shang-Olmec）の類似点に関する、別の記事の抜き刷りをあなたにお送りするでしょう。それは先月出版されたものですが、彼女はその抜き刷りをうけとり次第、すぐさまあなたにお送りするはずです。

わたしたちの出版物から、あなたがあなたの指定された挿し絵を翻刻されること、それについて、わたしたちは許諾（permission）いたします。

もしあなたがお望みなら、わたしたちはあなたに十四、十五図の写真原版（8×10インチ〈約20×25センチ―古田注〉のもの）をお送りすることができます。それは翻刻するには、（本の写真から転写するより）よりよいでしょう。

わたしたちは、あなたのお仕事がうまくいっていることを知って喜んでいます。そしてわたしたちが、それにお手伝いできることを喜びといたします。三世紀における日本人の航海に関する、あなたの新しい証言（evidence）は、実に〝魅惑的〟というべきです。それは、ほぼ、マヤ古典文明の初期と、ぴったり一致するようです。

一九七五年四月二十九日

ベティ・J・メガーズ
クリフォード・エバンズ

11〈古田よりエバンズ夫妻へ〉

御親切なお便りをいただきながら、御返事のおくれたことをお許し下さい。親戚に重病の者あり、そのため、忙しい日々に追われておりました。

この前、お願いした、わたしの本の中に掲載させていただくお便り（あなたのわたしへの書簡）のコピーを同封いたします。これによってあなたの御許可をいただくことをお願いします。

また、あなたから御厚意をもってお申し出でいただきました、左記の写真原版、至急お送りいただければ、此の上なき幸せです。

1. "Early Formative Period of Coastal Ecuador", Smithsonian Institution, Washington. 1965, Figure 103.
2. "Prehistoric America" Betty J. Meggers. Figure 14, 15.

また、メガーズさんの論文をお送りいただきまして、ありがとうございました。とても興味深く拝見しています。

また、御連絡いただきましたワルター・ガルディニ氏に再度お会いし、楽しく話しあいをいたし、双方とも有益でした。ありがとうございました。

一九七五年六月三十日

古田武彦

クリフォード・エバンズ
ベティ・J・メガーズ　様

12 〈エバンズ夫妻より古田へ〉

親愛なる古田様

六月三十日づけの、あなたのお手紙と、わたしたちの初期の手紙を有り難くいただきました。

あなたの求められた写真を探すうちに、わたしたちは、それらの手紙の原文を入れたファイルを見つけました。そのファイルは、まちがった場所に置かれてあったのです。

あなたのお求めになった図版の写真を同封しました。また、それらの手紙類を見直すうちに、『アメリカ探究』の中のメガーズ博士の論文のコピーを、あなたがおうけとりになったかどうか、ハッキリしなくなりました。そこで、そのゼロックス・コピーを入れておきます。

もう、何カ月もの間、ベルヒャー氏からのお便りはありません。最後のお便りでは、彼はその航海のための資金を見出すのに、成功しなかった、とのことでした。

わたしたちの手紙から、御自由に引用なさって下さい。一九七一年に書かれたものだけが、〝太平洋を越える〟問題について、何らかの具体的な論評（concrete comment）をふくんでいるのですけれども。

わたしたちは、あなたの病気の御親戚がもう回復しておられることを望んでいます。そしてあなたの本の完成を祈っています。「アマゾニヤ」について、メガーズ博士の書いたものが、日本語に訳され、今年末までに出版の予定です。それは〝太平洋を越えての接触〟を論じているものではありません。むしろ、コロンブス以前と以後の時代における、アマゾンの低地帯の環境への順応の諸問題を扱ったものです。

御多幸をお祈りします。

一九七五年七月十七日

クリフォード・エバンズ
ベティ・J・メガーズ

13〈古田よりエバンズ夫妻へ〉

幸いにも、本日、七月十七日づけの、あなた方の、御親切なお便りをいただきました。

その中には、あなた方のお手紙の引用に関する、あなた方の許諾がのべられています。わたしの次の本には、あなた方とわたしとの間の、すべての往復書簡を掲載した一章がふくまれています。

その上、あなた方のお便りには、四枚のすぐれた写真が入っていました。それは明確かつ真実（リアル）です。日本の真摯な探究者はすべて、この〝太平洋を越える〟問題に、鋭い関心をもつこととなるでしょう。わたしは、そう信じます。

私は、『アメリカ探究』における、メガーズ博士の論文のコピーを有り難く拝見しています。その上、『アマゾニヤ』が日本語訳され、そして出版されることは、すばらしいニュースです。わたしは、その日を待ちに待っています。

わたしの病気の親戚——義兄——は、死にました。(注) 心から御心配いただきましたにもかかわりませず。彼は想像力豊かで創造的な科学者でした。わたしはその人を永遠に失いました。

そして今、わたしは徹底的にわたしの探究を仕遂げよう、そう願っています。あなた方の御親切はわたしを力づけてくれました。

わたしの次の本は、この秋のはじめ頃出版されることでしょう。——有り難うございました。

一九七五年七月二十一日

古田武彦

クリフォード・エバンズ

ベティ・J・メガーズ　様

注　一九七五年七月二日、永眠。井上嘉亀（神戸大学工学部、六十二歳）。

V

桜馬場遺跡出土の後漢鏡
（佐賀県県立博物館蔵）

神津恭介氏への挑戦状

――『邪馬台国の秘密』をめぐって――

神津さん。

はじめてお便りをしたためます。わたしがあなたを知ったのは、もう二十三年も前のことです。昭和二十六年、雑誌『宝石』に連載された『わが一高時代の犯罪』がそれでした。推理小説としては、学校（一高）の時計塔の上に残されたザイルのトリックという、きわめて簡単なものでしたけれども、軍国主義の辛い世相をバックに、その謎をめぐる一高生たちの青春群像が息づいていた――その作品の香りを今もハッキリと覚えています。

それは、わたしの読書歴の中で、青春の部の一ページに印された「名著」だった、といっていいでしょう。黒いマントと柏葉の帽子を身につけた白皙（はくせき）の一高生・神津恭介は、その鋭い推理力と潔癖な感受性によってあたかも「初恋の人」のように、わたしの中に焼きつけられていたのです。

ですから、このお便りは本来はいわば「ラブ・レター」であるべきだったのです。それが、何という運命のいたずらでしょう、「推理機械」の異名をもつ天才として描かれた、あなたの「後光」を無残にもひきはがす、という、皮肉な役割をひきうけさせられてしまったのですから。

一

ことのおこりは昨年の暮れ、高木彬光氏の著書『邪馬台国の秘密』を見たことからはじまります。数年前から、わたしは、偶然のいたずらで、古代史の世界に踏み入るようになっていました。そのきっかけはこの「邪馬台国」問題でした。「魏志・倭人伝」の中心国名「邪馬壹国」を江戸時代以来の学者が「邪馬臺（台）国」と書きなおし、「ヤマト」（大和、山門）と読んで疑いもしないでいることに、不審を抱いたことが動機でした。その結果、論文「邪馬壹国」（『史学雑誌』78―9、昭和四十四年）、著書『「邪馬台国」はなかった』（朝日新聞社刊、昭和四十六年）、『失われた九州王朝』（朝日新聞社刊、昭和四十八年）その他を相次いで発表していたのです。わたしの基本の立場は、「学者」であろうと、「素人」であろうと、真実の探究者としてはまったく対等だ、という一点にありましたから、極力有名・無名の多くの人々の「邪馬台国」論に注意をそそぎ、そこから学んできました。

ですから、昔なつかしい高木彬光さんのこの著書の広告を新聞で見かけたとき、すぐさま書店にかけつけた、その楽しくはずんだ心は察していただけることと思います。

ところが、息もつかず読みふけってゆくうちに、わたしは深い疑惑と憂鬱の中に、いや応なくひきずりこまれてゆくほかありませんでした。なぜなら、あなたは肝心の解決篇たる第十八章「これぞ真の女王の国」で、二つの解決のポイントをあげておられます。

「……残った二つの問題は、不弥国と邪馬台国の距離、そして『陸行、水行』の謎、この二つを合理的に解決できればいいわけだね?」これがあなたの投げかけた問いです。

そしてそれに対する解決方法の骨子は、左の四点でした。
①「水行十日・陸行一月」は帯方郡治（ソウル付近）から女王国までにかかった日数だ。
②帯方郡西海岸は水行、韓国内部は陸行だ（東南方向のジグザグ行路）。
③「一万二千余里」と「水行十日・陸行一月」は同一行路を指している。
④不弥国は女王国と相接している。

このあなたの回答に対して、ワトスン（シャーロック・ホームズの相手）役の松下研三氏は、次のような大げさな讃辞を献げています。

「おそれ入りました。神津先生……」研三は椅子から立ち上がって頭を下げた。「たしかにコロンブスの卵です。言われてみればそのとおり、どうしていままでの研究家がそこに気がつかなかったか、ふしぎでたまらないくらいですよ」……「まったくあなたという人は……毎度のことですが、完全に舌をまきました。あんまりショックが大きいんで、何とも言えないくらいですよ」……何だか頭がしびれてきた。眼尻があつくなってきた。芳醇なワインにでも酔ったような気持ちがしたのだった。……

これを読んでいるうちに、わたしは芳醇なワインどころか、メチル入りのカストリ酒を飲んだときのように気分が悪くなってくるのをどうしようもありませんでした。

その理由は、——あなたには言わずともおわかりでしょう。——この四点、いずれもわたしが『「邪馬台国」はなかった』の中で力説した論証そのものだからです。

もちろん、微細なちがいはあります。たとえばあとで詳しくのべますが——あなたが「余里」を「一割五分」と想定して「総計一万二千余里」のつじつまをあわせた点などです。（わたしの場合は「島めぐり読法」。）

けれども、それはいわば「部分的差異」です。「論理の根本」と「論理の全体」は、わたしの明らかにした右の四点そのまま、まったく模倣されきっていたのです。

それなのに、「どうしていままでの研究家がそこに気がつかなかったか、ふしぎでたまらない」とは、いったい何でしょう。その上、「コロンブスの卵」とは！

わたしはまじまじとこの活字を見つめ、深いためいきをつくほかありませんでした。

二

それでもわたしは、何とかして神津さんを〝唾棄すべき盗作者〟とは、見なしたくありませんでした。誰でも、自分の「初恋の人」が長い歳月ののち、やり手ばあの奸智にたけた姿で現れるのを正視したくはないでしょう。そういう心理でした。

そこで、これは神津さんがわたしの本とわたしの論証をまったく知らずにいて、偶然同じアイデアを思いつかれたのではないか、もしかしたら執筆者の高木さんも、出版社の方も、方法上同じわたしの説が先行していることを知られなかったのではないか。そう考えてみようとしたのです。

けれども、読みかえすうち、これを「偶然の一致」と見なすことは、到底できない。神津さんはわたしの本を見ている。少なくとも、わたしの解説の全体を知っている。――悲しいことですが、とうとうそういう結論に至るほかはなかったのです。念のため、その理由をあげます。

㈠最初（第三章三二頁）に「邪馬壹国」と「邪馬臺国」のちがいについて論じてあります。わたしが「邪馬壹国」の論文を発表したのは、四年前ですし、『「邪馬台国」はなかった』の出版は二年前のことです。それぞれ、『読売新聞』(昭和四十四年十一月十二日)や『週刊現代』(昭和四十七年二月十七日号)・『週刊言論』(昭和四十七年一月二十八日号)等にかなりの分量の記事が出ました。(別に、書評も各所に出ています。)ですから、執筆者の高木さんや出版社の方々がこれをいっさいお知りにならなかったとは、まず、考えにくいでしょう。

その上、この本(『邪馬台国の秘密』)の表紙には「壱」という字だけを大きく浮き出させてあります。これも、原文「邪馬壹(壱)国」が正しいとするわたしの説を装幀者が意識している証拠と、わたしには見えます。

神津さん、ハッキリ言いましょう。あなたはこれらの人々に〝「古田説」を知らない〟ふりをさせられているようですね!

(二)第五章(五八頁)で従来の九州説の「邪馬台国」候補地が十個あげられている最後に、

(10)筑前博多(はかた)　福岡県福岡市付近

とハッキリあります。つまり、〝博多説が最新の説だ〟と見なされているのです。博多説というのは、今のところ、わたし以外には見当たりませんから、ここでもわたしの説が明白に登場させられているのです。

(三)さらに末尾の第一八章(一八七～一八九頁)に、当の博多説に対するあなたの反駁が、三頁にわたってのべられています。(これはこの本ではかなり珍しい、多量の「反論」です。)ここでも、あなたがわたしの説を実際には〝強く意識させられている〟証拠がありありとしめされているのです。

以上、Ⓐわたしの発想の出発点たる「邪馬壹国」という中心国名、Ⓑわたしの論理進行上の四点の主柱、Ⓒわたしの博多という帰着点、――この三点ともにとりあげられているのです。つまり、わたしの説の首尾・骨格という、全体が明記されていることになります。

さらに見かえしてゆくうち、この本の中には随所にわたしの本からの「借用」の跡がとどめられているのに目をふさぐことができなくなりました。その二、三の例をあげさせていただきます。

「倭人伝」の中の年齢記載が一年に二回歳をとる、という一年二倍説によっているのではないか、とあなたが説き、「このあざやかな推論に、研三（ワトスン役の松下氏——古田注）は最初からぶちのめされたような気がしたのだった」（四二頁）とありますが、この問題は「二倍年暦」として、安本美典氏をうけてわたしが二つの本に詳述し、展開したテーマです。何が「たしかにいままでの学者たちに見られないような新鮮さと柔軟さ」（松下氏の讃美）でしょうか。

また韓国内陸行を魏使の「デモンストレーション」（一九一頁）と称するなど、わたしの使った表現そのままですし、さらに従来の地名あて（地名比定）の方法のあやまりを説くために、中心国名の改称された例として「江戸→東京」の例をあげておられるのも、わたしの説をすなおにうけついでおられますね、このように、特異な例から通常の例まで、よくもこれだけ再録して下さったという感じです。

東京大学の法医学教授である神津先生に、無位無職の野人たるわたしの説がこのように注目され、「利用」されるとは、まさに〝光栄の至り〟というべきでしょう。

が、このような事実から見ると、神津先生の〝空前の創意〟として絶讃されている先の四点は、やはり、わたしの説からの「無断盗用」である。——まことに〝胸を傷ましめる〟事実なのですが、人間の平明な理性に従う限り、わたしにはそう結論するほかはなくなってしまったのです。

三

〝待てよ！〟わたしはまだ未練がましく考えました。〝この表紙には、「長編推理小説」と銘打ってある。すると、登場人物と執筆者とは必ずしも同一の立場ではない。――これは小説鑑賞のイロハだ。とすると、高木彬光氏はわざと神津さんに「盗作」させたのではないだろうか〟と。

わたしには、にがい経験があります。三十代のはじめ、親鸞研究の論文を次々と発表しはじめていたある日、当時、京都市内の北白川に住んでいたわたしの家に、一人の訪問客があったのです。ある大学の助教授でした。彼は、何で来たのかといぶかるわたしに向かって、わたしの論文をほめちぎり、今どんな研究をしているのか、と聞くのです。わたしは「知己の言」としてこれを喜び、現在自分のとりくんでいる問題と論証の要点を語ったのです。にこやかにその人の辞し去ったあと、やがて発表された彼の論文には、わたしの語った内容がそのままのせられていたのです。わたしは自分の目を疑いました。しかし、その後の学会で彼がわたしの目を避けるようにして挙動するのを見たとき、わたしは彼の「犯意」を確認しました。彼は今はレッキとした大学教授に昇格しています。ある人に聞くと、学界ではこれに類したことは〝珍しくない〟のだ、と言います。

わたしが考えついたのはこうです。〝高木彬光氏は神津さんをわざと「盗作しながら、平然と自分の発想として語る背徳の学者」として描いたのではなかろうか〟と。とすると、高木氏は実は辛辣で鋭い作家なのではあるまいか。自分の大事な登場人物を一転して本質的に「堕落し切った学者」として描き去る。そしてそれに気づかないいっさいの読者をひそかにかげで冷笑している。アンドレ・ジイドの

『狭き門』について、そんな解釈を聞いたことがあります。きっと高木氏もその類の卓抜した大推理作家なのだろう。それでなければ、高木氏ともあろう人がいくら何でもこんな見えすいた「盗作」をするはずがないではないか。（現にこのごろは、わたしの知った人々から、高木氏の「盗作の犯意」についての疑いをしばしば聞かされるようになっていたのです。）

こう思いついてから、わたしは心が安まり、この〝ひっくりかえし〟の解釈にいささか「得意」にさえなっていたのですが、ある日、この本の表紙裏に「著者のことば」がついているのに気づき、再びうちのめされてしまいました。そこには次のように書かれていたのです。

この問題を解く唯一の鍵『魏志倭人伝』の原文に一字の修正もほどこさず、中学生にもわかる明快、科学的な論理でこの難題を解明した前人は皆無である。私は今、この厳正な方法で「永遠の謎」に挑戦した。おそらく謎の女王国はこの地点以外には求め得られないだろう。

明らかに高木氏は、自分の推理と神津教授の推理とを等号で結んでいる。残念ながら、わたしの買いかぶったほど、氏は鋭利な作家ではなかったようです。

四

事実がハッキリした今、わたしはいっさいの未練を捨て、新しい問題にとりくもうと思います。それは、わたしとあなたとの「差異点」についての検証です。

あなたがわたしの根本の解読の論理を「無断借用」しながら、別の地点（宇佐）に行き着かれた、その理由を今は吟味する時なのです。

第一に例の「黄道修正説」。〝古代中国人にとっての「方角」とは、春分・秋分の日に太陽の出てくるときを真東（まひがし）と考えたものだ。これは現代の磁石で計る真東から二三度二七分（約二三度三〇分）だけ北にずれている。〟この説が「科学に立脚」する「万人の認め得る修正」と称され、全篇各所にくりかえし強調されています。これこそ「神津先生の創意」と呼びたいところですが、実はこれにも先行者があります。野津清氏の『邪馬台国物語』（雄山閣刊、昭和四十五年）がそれです。くだくだしい説明より次の図（同書三九頁）を見れば一目瞭然です。けれども、あなたがこの本を見ていた、という証明がありませんから、今は一応「偶然の一致」としておきましょう。(注)

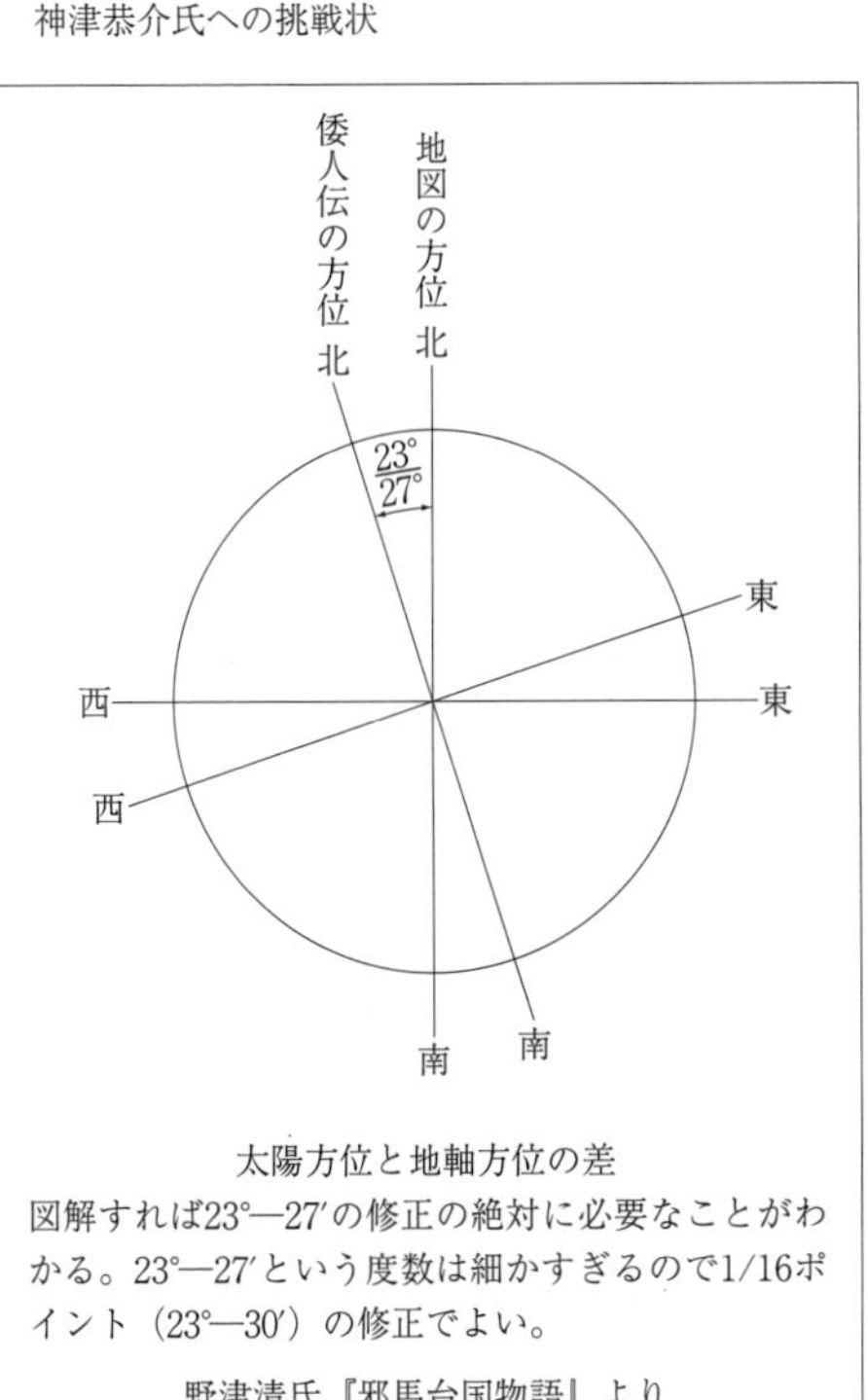

太陽方位と地軸方位の差

図解すれば23°—27′の修正の絶対に必要なことがわかる。23°—27′という度数は細かすぎるので1/16ポイント（23°—30′）の修正でよい。

野津清氏『邪馬台国物語』より

わたしはこの本の出る前から、当時佐世保税関支署監視船〝あさぎり〟の船長だった野津さんの文通をえていましたから、当然この説に当面していたわけです。しかし、中国側の史書の方角記事に次々と当たってみた結果、この見地を否定せざるをえぬこととなりました。今は煩（はん）を避け、もっとも典型的な例をあげましょう。それは「後漢書志」（梁の劉昭註）です。ここには各郡治の項に「首都洛陽

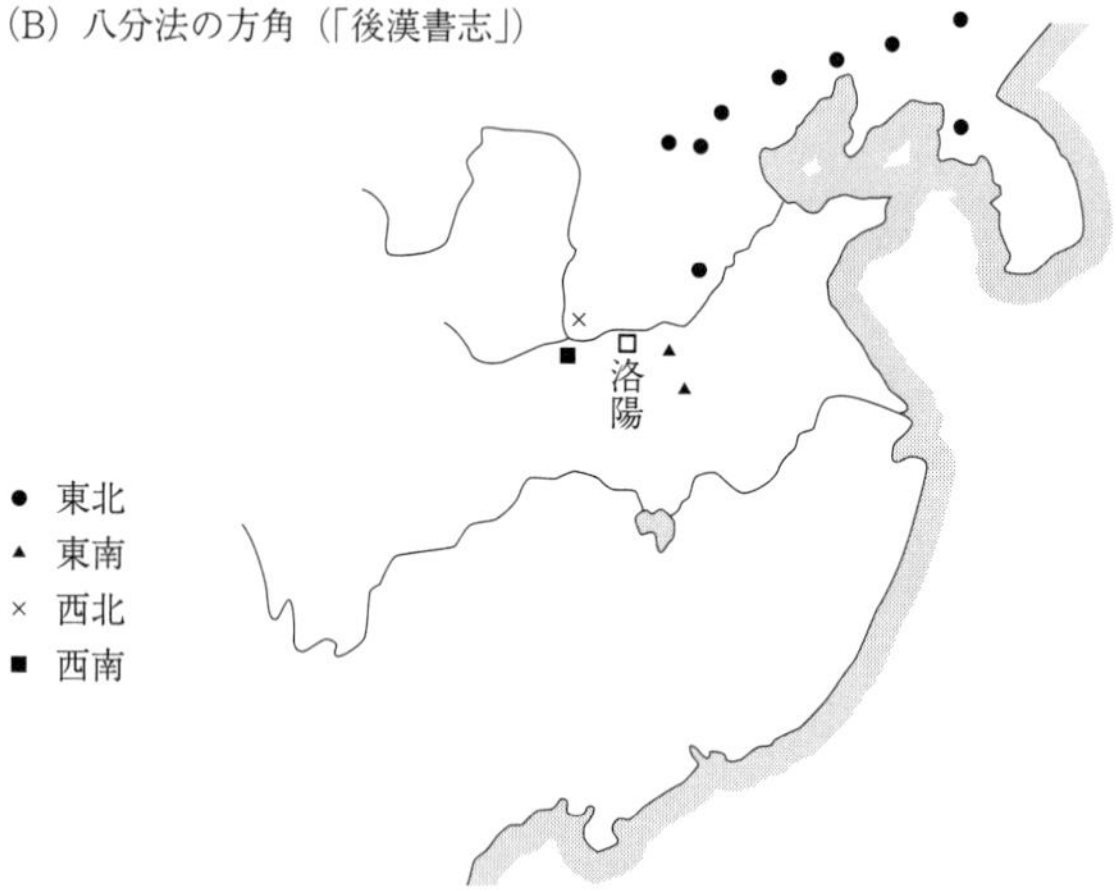

からの方角」が書いてあります。これを今、(A)東西南北の大方向（四分法）と、(B)東北・東南といった小方向（八分法）とに分けて図示してみます（右図）。

(A)では、「東、海に漸り、西、流沙に被ぶ」という古い成句のように、西側の山地部を「西」と表現し、東側の海岸部を「東」と表現する、という古典的な表記が守られています。

（A）四分法の方角（「後漢書志」）

洛陽

□ 東
○ 西
× 南
△ 北

（B）八分法の方角（「後漢書志」）

洛陽

● 東北
▲ 東南
× 西北
■ 西南

これに対し、(B)では「文字通りの方角」です。より新しい時点での記載法と見られます。全体として劉昭は、執筆時点の梁でなく、執筆対象の後漢を基準にした表記を行なっています。それは原点〈首都〉が建康〈南京、梁の都〉ではなく、洛陽〈後漢の都〉であること、そこに記された里数値が後漢の里単位にもとづくものであること、この二点からわかります。

今、問題にすべきは(B)図です。次の二点が注目されます。

(一)「東北」の諸点の分布が、今日の方角基準に合致していること。

(二)〈a〉(西北—一個)と〈b〉(西南—一個)の二点から見ると、東西の基準線は洛陽と右の二点の中間を結んだ線上、つまりほぼ黄河にそった一線上にある、と考えられる。すなわち、今日の方角基準に合致していること。

つまり、いずれから見ても、「二三度二七分のズレ」説は成立できない。これが結論です。

ところが、神津さん、あなたは「方法論の革命」とまで書かれているこの説を、『邪馬台国の秘密』の第二十七版目から「ミス」として認められたのですね。(サンケイ新聞〈昭和四十九年二月二十五日〉で知りました。)

もちろん、誰にでも〝思いちがい〟はあります。ですから、それを責めるつもりはありませんし、むしろそれをいさぎよくミスと認められたあなたに〝さすが！　神津さん〟と言いたいところです。

しかし、問題はまだ終わっていない、とわたしには見えます。なぜなら、法医学者である神津さんの本当のミスは、「黄道修正説」という〝アイデア〟を中国史書の豊富な実例の前にさらして検証しなかった、その一点にあるのではないでしょうか。

神津さんは「科学」という言葉を連発してたてにしておられます。しかし「科学」とは、〝みずから提起したアイデアに対する、あくなき検証〟です。「結果」ではなく、その「方法」こそが科学の生命なのではないでしょうか。

神津さん、あなたが「法医学の専門家」と称する科学者でしたら、〝検証なきアイデアを「科学」と称して公表した〟こと――それこそ、「思いちがい」以上に真にみずから恥ずべきことだったのではないでしょうか。

もっとも、わたしは神津さんとは異なり、「科学者」や「専門家」を自称する者ではありません。ただ一介の素人です。そしていつもそうありたいと思っています。ですからこれこそ、普通の人間のつつしみとして、〝自分のいだいたアイデアを検証もせずに誇示する〟ようなこと、それをキッパリと自分に拒否しているにすぎないのです。

五

次の問題に入らせていただきましょう。「宗像上陸説」です。これこそあなたの〝創意〟だ。今、わたしにはそう見えています。だから正面から批判させていただきます。

通常の説は（わたしも含めて）唐津をふくむ東松浦半島を魏使の九州本土上陸の第一歩の地と考えています。ところが、あなたは〝独創的〟にも宗像に上陸することとされたのです。その根拠としてあなたは次のように言っておられます。

「……もう一度言うが、あそこの原文には方位方角の指定はなかったんだ」（一四七頁）

つまり、「壱岐→末盧国」の場合、方角指定はないから、「千余里」という距離さえ満足させれば、真東にあたる「壱岐↓神湊（宗像）」という航路をとってもいいのだ、といわれるのです。

これは、失礼ながら、「倭人伝」の文面に対するまったくの不注意です。「対海国」（対馬、南島）と「一大国」（壱岐）の二個所とも、「南北に市糴す」の一句があります。〝島内〟のことでしたら、南北にだけ市糴（物資の交流）する、というのは道理にあいません。ですから、これはこの両島を二つの中間点にして、「狗邪韓国↓末盧国」の間が「南北の交通路」として周知の主要交易幹線路だったことをのべているのです。

このような周知の通路だったからこそ、末盧国以降のような「方角指示」は省かれているのです。否、明記された二つの「南北市糴」という方角指示との重複を避けたというべきでしょう。（「対海国」と「一大国」との間の「南」は「瀚海」の位置指定ですから、両島間の方角指示はありません。）

ですから、「一大国」の項に「南北市糴」として方角が明示されているのに、これを無視して〝真東に航路をとる〟などということは、許されることではありません。たとえ「狗邪韓国―神湊」を一直線で結べば、大方向（四分法）では南北だ、と強弁してみたところで、「一大国」の一点から「真東」に転ずるものを、その当の個所で「南北――」と指示することなど、到底無理な相談です。

また、あなたは『日本書紀』の「海北道中」（神代上、第六段、第一・三、一書）を右のルート（狗邪韓国―対馬―壱岐―神湊）が古代航路として著名だった例のように書いておられますが（一四七頁）、そんな証拠は『日本書紀』のどこにあるのでしょう。宗像神社の遠つ宮、中つ宮、辺つ宮に当たる記事が第二、一書に出ていますから、この沖の島経由ルートについてはよく説かれる所です。これに反し、あなたが自分の想定されたルートを〝『日本書紀』に固有名詞を残すような、特定の航路〟などと言われるのは、これこそあなたの「創作」と言われてもしようがないのではないでしょうか、（もちろん、舟が時あってこのような航路をとることが不可能だ、とわたしは言っているのではありません。このコースについて、〝「海北道中」という古代航路が厳存したのだ〟と称しておられることに対して異議を提出しているのです。）

明白な方向指示を無視された上、「周知の特定航路」まで〝創作〟し、「完全に頭の下がる思いだった」と松下ワトスン氏に言わせる。――わたしとしては、微苦笑するほかはありませんでした。

六

つぎに問題としたいのは、〝地名比定の無視〟というあなたの方法です。これはわたしが強調した〝地名比定を先としない〟という方法の一層の「純化」ともいうべき立場です。

つまり、「末盧―松浦」「伊都―糸（怡土）」といった、地名の類縁関係を一擲するところに、あなたの方法の〝徹底性〟があります。けれども、わたしにはあなたの方法が正しいとは思われません。その理由を申しましょう。

従来の研究（ことに近畿説と、九州説中の中心となった山門説）は、「邪馬壹国」を「邪罵臺国」と書き直し、それを「ヤマト」と読むことを出発点としていました。いいかえれば、近畿の「大和」か九州の「山門」かという、いずれかの終着点がまずきまっていたのです。

こういうやり方のもつ意味を、魏使行路の解読の「方法」として吟味してみましょう。

①狗邪韓国―②対海国―③一大国―④末盧国―⑤伊都国―⑥奴国―⑦不弥国―⑧投馬国―⑨邪馬台国

右の各地点決定において、ある一点から次の地点を選択する場合、今かりに平均三個の選択の「可能性」があるとしましょう。すると、全八区間ですからルート選択の可能性は、3^8（3の8乗）すなわち六五六一通りとなります。2^8なら二五六通りです。

これらのおびただしい可能性の中からまず「地名比定」によって終着点をきめておいてから、それに合うように途中の行路を読解してゆく。ここに従来の方法の根本の無理があったのです。ですから、このような最終地点の「地名比定」を先とする方法をわたしは非としたのです。

しかし、具体的に「一大国→末盧国」の場合は、これとちがいます。なぜなら「一大国＝壱岐」は先ずまちがいはありません。ですから、そこから「千余里」の地点を求めるさい、二つか三つの可能性の中でなら、「末盧国—松浦」という地名の類縁関係は、無視できぬ一つの要素となりうるでしょう。ですから、わたしは松浦湾の唐津港にそれを求めたのです。（唐津という地名は、朝鮮半島側の加羅、韓〈から〉との交通路の起点となったことをしめしています。）

次にその唐津から「五百里」の伊都国の場合、やはり二つか三つの可能性の中の一つとしての「伊都—糸（怡土）」の地名類縁は、これが特異な地名であるだけに、無視することはできません。（方角については「道しるべ読法」による。『「邪馬台国」はなかった』二六三頁参照。）

これがわたしの理路です。これに対し、〝地名のいちじるしい類縁性をはじめからいっさい無視する〟という、あなたの方法は一見、わたしの方法を〝徹底〟させたように見えてかえって実地の道理に反している。わたしにはそう見えるのです。

七

つぎは「季節」の問題です。あなたは魏使が来たのを夏とし、「草木茂盛して、行くに前人を見ず」

の一句を証拠にあげておられます。女流推理作家の夏樹静子さんの名前がヒントになったそうですが、魏使「夏」到来説は、すでに多くの先行説があります（たとえば久保泉『邪馬台国の所在とゆくえ』丸ノ内出版刊、昭和四十五年）。けれども、ここから「倭人伝」に書かれている行路は、夏の行路・夏の海路だ、とするあなたの方法には、わたしはうなずけません。なぜなら、伊都国の項に、

郡使の往来常に駐まる所なり。

とありますように、陳寿の執筆時点（呉の滅亡の二八〇年以降、陳寿の死んだ二九七年以前）たる西晋代では郡使が女王国に来ることは珍しくない「常態」になっていたのです。ですから、倭国の風物については第一回の来倭（正始元年、二四〇）のさいの〝夏の風物叙事〟に従ったとしても、四、五十年のちまで、依然夏の行路しか知らなかった、と限定することは、かなり無理です。

ですから、第二十七版以降で「黄道修正説」のミスを認めたあと、松下ワトスン氏が「魏使たちがやって来たのが夏だとしたら、そして、彼らが太陽の出る方向が東だとすなおに思っていたとしたら、『黄道修正説』にしても、曲がりなりに成立はしますねえ」（一八一頁）と言い、あなたの賛成を求めていますが、これは無理な〝苦肉のこじつけ〟と言うほかないようです。

八

最後は「余里」問題です。その骨子は次のようです（一八三〜一八六頁）。

①「余里」を「一割五分」と見なす。

②「七千余里」（帯方郡治―狗邪韓国）と三個の「千余里」（狗邪韓国―末盧国間の三海路）の計一万里。

③その「一万里」の「一割五分」として「千五百里」を算出。
④右の「一万里」と「千五百里」に加うるに「七百里」（末盧国—不弥国、五百里・百里・百里）、その総計一万二千二百里。
⑤これを「一万二千余里」と表記。

こういう算出方法なのですね。この説はあなたの〝創唱〟部分としてまことに貴重ですが、吟味させていただきましょう。

第一、『三国志』全体で「余里」は原則として「一割五分」として算定されているか。

第二、「一万二千二百里＝一万二千余里」の方は「余里＝一分七厘弱」にすぎない。では『三国志』全体の中で果たしてこのような二つの「余里」（一割五分と一分七厘弱）が使い分けされているか。

この二つの検証とも、あなたは欠いておられます。やはり〝検証抜きのアイデア〟です。そして遺憾ながら、『三国志』の全体を検証しても、右の二点とも、その証拠はまったく存在しないのです。

それだけではありません。松下ワトスン氏こそこのアイデアに対して「愕然としてしまって、開いた口がふさがらないような思いだった」と手ばなしですが、実はここには巨大な落とし穴がポッカリと口をあけているのをわたしは見てしまったのです。

ほかでもありません。問題の「千五百里」はじき出しの財源は「一万里」です。そしてその中の「大口財源」は例の「七千余里」ですね。この「余里」を「一割五分」となさったのですが、それは具体的には何里のことでしょう。

7000×0.15＝1050（里）　ですから、

七千余里＝七千里プラス千五十里＝八千五十里

となります。

神津さん、考えてもごらんなさい。「七千余里」というとき、この「余里」は当然「千里未満」のはずです（普通三、四百里前後）。それなのに〝八千里をオーバーする数〟を「七千余里」と書くなんて！

神津さん、自然科学者ともあろうあなたが、こんな計算でつじつまをあわせるなんて、あまりといえばあまり、ひどすぎるじゃありませんか。これで「たしかに中学生の頭なら完全に理解できるような、単純でしかも明確な合理的解答に違いなかったのだ……」（一八六頁）とは！　これでは中学生が笑い出しはしませんでしょうか。

ガラガラと作為のソロバン玉の崩れゆく音がわたしには今聞こえているのですが、神津さん、あなたには聞こえませんか？

九

さて、あなたの方がわたしに加えられた反駁に直接お答えするときがきました。もっとも、依然わたしの名前も本の名も匿名にして、〝あなたの脳裏に浮かんだ博多説〟を消去する、という形式をとっておられますね。榎一雄・原田大六・宮崎康平、こういった人たちに対しては、人名はもちろん、時には本の名まで出して反駁されていますのに、わたしに対する、うってかわったこの差別待遇。これは何でしょう？　まあ、それは先に論じたところ（盗用）から容易に察しのつくところですから、今は本題に入りましょう。

第一、「女王国の東、海を渡ること千余里にして復国有り。皆倭種なり」について。

この文に対し、あなたは「博多から、たえず一方に陸地を見ながら、海岸ぞいに航海して行って、どうにか目的地にたどりついたというような感じにはうけとれないんだがね」と言われます。

たしかに「倭人伝」の中では、「渡海」という言葉は、「狗邪韓国→対海国」「対海国→一大国」「一大国→末盧国」の三個所に出てきます。ですから、「博多→下関」間の海路というような〝大部分が陸地ぞいのコース〟をしめす表現としては不適当だ、とも見えるでしょう。では、次の例を御覧下さい。

①遼東の東沓県の吏民、海を渡る（渡海）を以て、斉郡の界に居す。（魏志四）

② 会 呉賊（孫権）、使を遣わし淵（公孫淵）と相結ぶ。帝（明帝）、賊衆多きを以て、又海を渡る（渡海）を以て……。（魏志二十六）

①では遼東郡西部の遼河付近（沓県）の住民が黄河河口付近（青州と冀州の境）に大挙海路移民してきた事件について、「渡海」と、表現しています。これは当然、西側、陸地ぞいのコースです。

②でも、呉（揚子江河口）から遼東半島に至るコースを「渡海」と表現しています。これも西側は陸地ぞいのコースです。この呉船は還るとき、「船皆、山に触れて沈没し、波蕩、岸に著き」、ことごとく魏側の捕虜になったと記されています。

以上によって、「渡海」の表現が「陸地ぞいのコース」にはふさわしくないのではないか、というあなたの疑問が実は当をえていないことが証明されます。ここは「文学的センス」（松下氏の讃辞）の問題ではなく、冷静な実例に対する検証の問題なのです。科学の専門家であるあなたのために、ここでもわたしは惜しまざるをえません。

第二、「女王国より以北は其の戸数、道里を略載するを得べきも、其の余の旁国は遠絶にして詳らかにすることを得べからず。」

これに対してあなたはつぎのように言っておられます。「いったい、邪馬台国が博多付近としたならば、その以北というのはどこにあるんだ？ 仮に『黄道修正説』を持ち出しても、北から西北にかけては海しかないんだよ」……「博多―邪馬台説をとるのは、こういうふうに、『倭人伝』と相いれないところが出てくるんだよ」（二八九頁）。

右の文章には、博多説の〝致命傷がここにある！〟といった口吻が感じられて、わたしには興味深いのですが、以下吟味させていただきましょう。

第一。「以北」という場合、それは「大方向」（四分法）か「小方向」（八分法）か、それが問題です。「以東北」とか「以東南」とかいう表現が存在しないことからも分かるように、当然、それは「大方向」（四分法）の表記なのです。

第二。「自₂女王国₁以北」、この「自（より）」の語がしめすように、これはこれまでの行路記事をうけています。つまり、この文句は「狗邪韓国―女王国」間の行路の国々のすべてを指すのです。

狗邪韓国 ―〈南北―〉― 対海国 ―〈南北―〉― 一大国 ―〈東南陸行〉― 末盧国 ―〈東行〉― 伊都国 ― 不弥国 ―〈南〉― 邪馬壹国
（伊都国より）〈東南〉奴国
（不弥国より）〈南〉投馬国

右のいずれも、「南」もしくは「東南」の方向へたどってきたのですから、それらを総称して大方向で「以北」と表現するに何の不思議もありません。なお厳密に検査すると、右のうち「狗邪韓国」と「投馬国」は（必要にして十分には）入っていない、といえます。なぜなら、「狗邪韓国」は「戸数」の記載なく、「投馬国」は（日数だけで）「道里」の記載がないからです。〝女王国より以北は、其の戸数や道

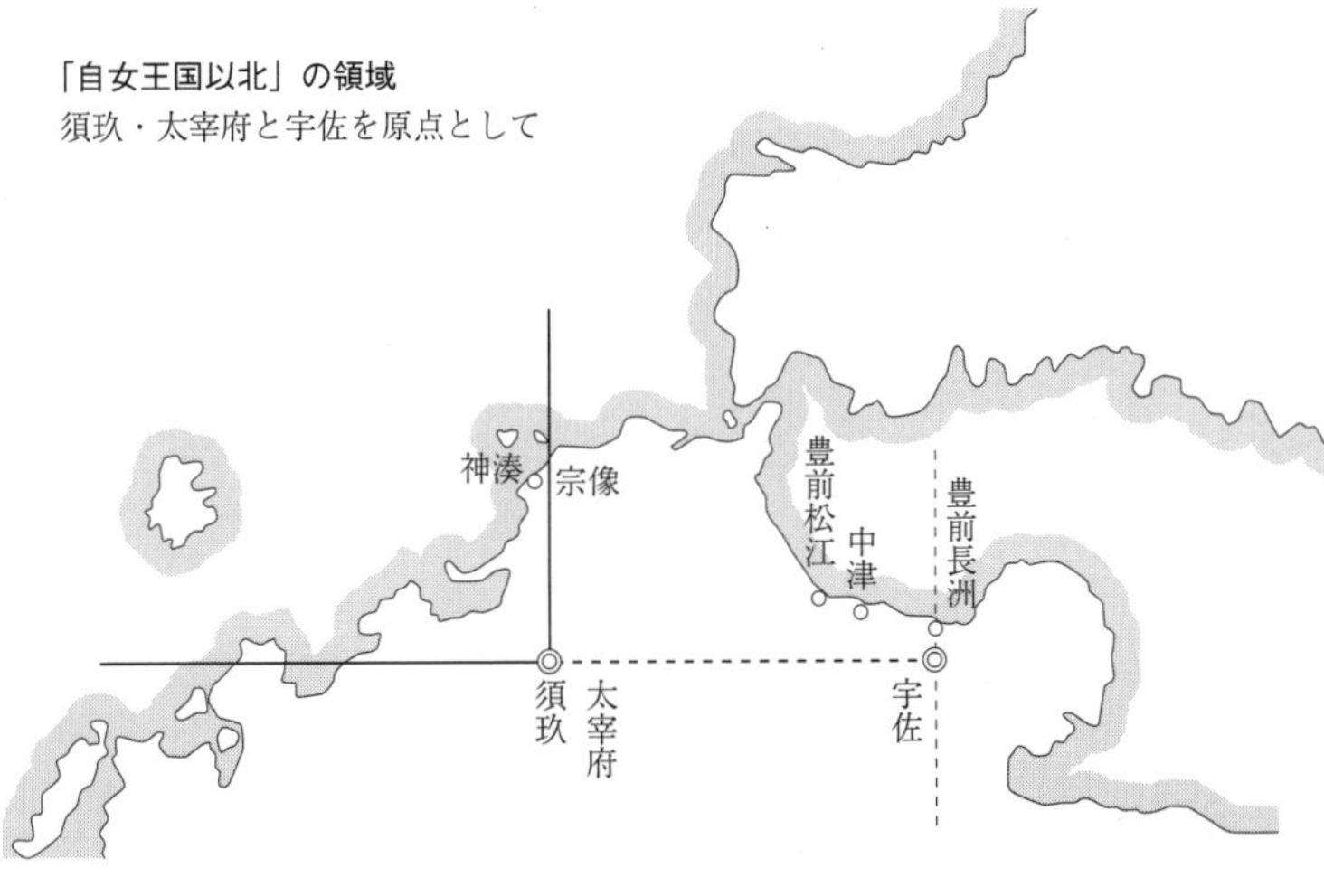

「自女王国以北」の領域
須玖・太宰府と宇佐を原点として

里の類は略載できた〟と言っていると解すれば一応入りましょう。（ただ女王国に至る「一万二千余里」の総計にも、「投馬国への道里」は入っていません。）

こうしてみると、「以北」を〝真北〟の意味にとって、（「黄道修正説」など、失礼ながら今や問題外です）〝博多の真北には国はない〟と言って、反論だと思っていらっしゃるのは、明敏な神津さんともあろう人が、いったいどうしたことでしょう。

さらに問題をきりこみましょう。この陳寿の一文は、果たして〝行路文をうけた用文〟というにすぎないのでしょうか。果たして実際の地図上に、根拠をもたないでしょうか。

博多湾岸の中心地として漢代以来栄えてきた跡の歴然としている須玖遺跡付近（春日市）を原点として、東西線を引いてみましょう。それは、ほぼ唐津湾付近の線となります。またこの原点（を通る南北線）以東は、（わたしの解読では）行路文の終着点の彼方ですから省かれます。（上図参照）

この区画内には、先の行路文の国々（投馬国を除く）

が見事にふくまれているのです。つまり、この「女王国以北」の一語は、「行路文の国々」が位置する、実際の地図上の範囲を見事に指定しているのです。ここでも、わたしは実地の報告の上に立った陳寿の正確さに脱帽するほかはありません。

これに対し、あなたの宇佐説の場合はどうでしょう。文章上の「行路文の国々」がふくまれることは、当然同じことですが、問題は「地図上の範囲」です。

無論、末盧国（神湊—宗像）から不弥国（豊前長洲）までは入っています。ところが、同時に志賀島や福岡市周辺や糸島郡や唐津付近も、当然入ってくるのです。

金印やおびただしい銅鏡（いわゆる「漢式鏡」）を出土して、中国との密接な関係をありありとしめしている、これらの地域が地図上の「以北」の範囲の中にハッキリ入っていながら、「遠絶にして詳らかにすることを得べからず」とは、どうしたことでしょう！　〝甕棺(かめかん)の大海〟ともいうべき春日市より福岡市域。それはここにおびただしい人口が集中していたことをありありと物語っています。九州随一の密集地域です。その上、宇佐よりはるかに中国や朝鮮半島に近い。それを「遠絶」と称して等閑視するとは！

どうです、神津さん！　どうやら、あなたはわたしの首をしめようとして、あやまって自分自身の首をしめてしまわれたようですね。その上、わたしの福岡市周辺説が唯一の正解であることをあらためて証明しなおして下さったようです。

神津さん、昔なじみのあなたに今は感謝させていただきましょう。

十

最後に言わせていただきたいのは、あなたや高木彬光氏がくりかえし使われている「原文に一字の修正もほどこさず」（「著者のことば」）の類の謳い文句です。これも、わたしの力説した原則の〝真似〟のように見えますが、あなたの場合、三つの違反点があります。

第一は、中心国名「邪馬台国」です。右の一句を看板にするのなら、「目くじらをたてる必要もない」（三三頁）などとゴマかさずに、ハッキリ「邪馬壹国の秘密」とすべきでしょう。失礼な臆測ですが、わたしとの〝伏せられた関係〟が表に出すぎてまずいのでしょうか。それなら、あんな看板はおはずしなさい。

第二は、「景初三年六月」（二八頁）。『三国志』の版本中、どこにこんな原文がありましょう。誤植かもしれませんから、指摘だけにとどめます。

第三は、「会稽東治の東」（二五頁）。字面をそのままにして、読みは「東冶」に変える。これで「一字の修正もほどこさず」とは、恐れ入ったものです。この伝なら、「邪馬壹」「陸行一月」といった手口も、〝原文のまま〟ということになってしまいそうですね。この修正記事をあなたは現に「方角のズレ」（黄道修正説）の立証に使っておられます（三四〜四〇頁）から、あなたが建てられた、

一……『魏志・倭人伝』の重要部分には、いっさい改訂を加えないこと、万一改訂を必要とするときは、万人が納得できるだけの理論を大前提として採用すること。（一四頁）

という第一の大原則をみずから土足でふみにじっていることになりますよ。一種やりきれない思いをこ

らえて言うのですが、貼ったラベルが中身とあまりズレていると、「不当表示」の嫌疑をうけはしませんか？　神津さん！

十一

縷々つづらせていただいたこの失礼な手紙も、終わりに近づきました。

あなたの本が、わたしからの「無断拝借」部分と、「黄道のミス」部分と、〝成立不可能な宗像上陸説や「余里」算出説〟との三者から成っている。それを明らかにすることとなったとは、とんだ「ロースト・ラブレター」となってしまったものです。

しかし、わたしは今、『古事記』『日本書紀』の探究にうちこんでいます。昨秋以来、新発見に追われる朝夕をむかえてきました。

神津さん、聞けばあなたも同じこの二つの本にとりくんでおられるそうではありませんか。どうです、今度こそ〝盗作めいた手口〟ではなく、フェアな探究で、競争してみようじゃありませんか。潔癖だった青年のあなたが、こんな姿で現れたままでは、やり切れない、一抹の無念さをわたしは今も胸に抱いているのですから。

注　わたし自身も、自分が「発見」したつもりだったアイデア（島めぐり読法）に先行者（津堅房明・房弘氏「邪馬台国への道――その地理的考察――」上・下、『歴史地理』91―3・4、昭和四十一年）のおられたことを、わたしの本の出版後、御本人からのお便りをいただいて知り、驚いた経験があります。

両氏の場合、唐津より有明海に出て、九州南岸・瀬戸内海内部通過ののち、近畿大和を終点とするコースとして読解されています。けれども、一部分にせよ、わたしと同じアイデアをわたしに先んじて見出しておられた方にお会いできたのは、わたしにとって無上の喜びでした。(氏の方から御訪問いただき、楽しい半日をすごしました。)

一九七四年三月末稿

推理小説のモラル
——松本清張氏と高木彬光氏の論争をめぐって——

一

わたしは青春時代、推理小説の愛好者であった。ヴァン・ダインの『僧正殺人事件』など、幾多の名作の芳醇な香りに酔い痴れた思い出がある。海外の作家だけではない。高木彬光氏の『わが一高時代の犯罪』（昭和二十六年）など、わたしの愛読書の一つであった。

今でも、わたし自身「心ゆくまで書き抜いた推理小説を作りたいな、一生にたった一つでも」——そう言っては家の者に笑われているのである。

もっとも、今わたしの没頭している古代史の探究。これも、本質は〝推理小説の謎解き〟である。『三国志』にせよ、記・紀にせよ、史料の一片に疑いをいだく。些細な矛盾、ほんのかすかな違和感にも、じっと耳をかたむけ、目を見すます。そして——そこに探究の発端が見出される。これは、たとえばシャーロック・ホームズの得意とした場面ではあるまいか。

次に、この謎を解くために、さまざまな仮説をたて、それを実証で一つ一つつぶしてゆき、そのあげく、最後のたった一つの可能性にたどりつく。――その途中は机の上の「思考実験」の場合もあれば、実際に史料や証人を足でたずね、あちらの町、こちらの家と探し疲れることもある。ちょうど執念にもえた探偵や、捜査にのめりこんで妻子のことも忘れたような刑事たちと変わるところはない。坂口安吾も、〝歴史研究の仕事は、探偵と同じだ〟と書いていたが、全く同感である。

二

本誌『小説推理』今年(一九七四年)三月号以来、昨年末発刊の推理小説『邪馬台国の秘密』をめぐって、佐野洋氏・松本清張氏と著者の高木彬光氏との間で激烈な論争が交わされてきた。そして前号(十月号)松本清張氏の「高木『邪馬台国』の再批判」に至って、わたしの本(『「邪馬台国」はなかった』)と高木氏の本との類似個所が逐一指摘されるに及び、わたしは深く歎息をつかざるをえなかったのである。

先に書いたように、わたしは高木氏の幾つかの作品を好んでいた。それだけに右の本が発刊されたとき、直ちにこれを買い求めて読んだところ、意外にも深い疑惑にとらえられてしまったのである。

それは、松本氏が逐一比較しながら指摘されたように、随所においてわたしの本からの「無断借用」が認められたからだ。もちろん、それらが〝わたしの説〟として紹介され、その上で使用されているならいい。光栄とする所だ。しかし、これはそうではない。一々〝神津恭介の天才的な発見〟として大仰な賞讃の言葉が相手役の松下研三によって〝ダメ押し〟されている。僭越じみるのを許していただければ、読んでゆくうちに、わたし自身のアイデアを〝天才として〟ほめられているような、何か一種妙な気持ちにさえ陥れられてきたのである。けれども読み終わったときは、どうしようもない〝嫌悪感〟にとらえられていた。その事実を率直に記させていただくほかはない。

なぜなら、この作品では、著者は終始作中人物（神津恭介と松下研三）と同一の立場に立っている。それは表紙裏の次の文でも明らかだ。

この問題を解く唯一の鍵『魏志倭人伝』の原文に一字の修正もほどこさず、中学生にもわかる明快、科学的な論理でこの難題を解明した前人は皆無である。私は今、この厳正な方法で「永遠の謎」に挑戦した。（「著者のことば」）

これでは、おびただしい数にのぼったこの作品の読者の多くは、実は〝わたしの創意〟であるものを、〝高木氏の創意〟と錯覚させられてしまう。読みちがいで錯覚するのなら、その読者本人の責任だ。しかし、ここでは正確に読めば読むほど、すなわち錯覚に導かれるのである。

また松本氏はあげておられないが、「二倍年暦」の問題がある。倭人（三世紀）は〝一年に二回歳をとる〟という暦を使っていた、という問題だ。この特異で、かつ重大な論点は、安本美典氏の指摘にはじまり、わたしがこれを展開した。これについても、高木氏は神津恭介に「発見」させ、研三に「あざやかな推論」として絶讃させている。節度を越した筆法というほかない。

なお、この問題について一言したいことがある。わたしは、安本氏の本『邪馬台国への道』を読み、この二倍年暦にふれられた個所を見て讃嘆した。なぜなら、わたし自身そのような見地に立って分析をすすめている途次だったからである。ところがやがて、同じ問題が安本氏の側にもおきた。わたしが『「邪馬台国」はなかった』で提唱した「魏晋朝短里」問題（魏と西晋朝では漢代の長里の約六分の一の短里によっていたとする見地。『三国志』はこれに従って記述している）について、安本氏も同じ考察へと進みつつある途次だったのだ。氏の賞美のお手紙によって、これを知ったのである。

すなわち、公表の時期によって「先後」をきめ、〝先なる独創〟に対しては、必ず表示して敬意を示す。これが執筆者の鉄のルールであり、良心だ。これを無視して、〝わたしも同じことを考えていたのだから、自分の独創として扱い、別段ことわらなかった〟などと言うとしたら、公的な執筆者としての資格を欠くアン・フェアな遁辞だというほかはない。今の問題のために一言する。

しかしながらこのさい、一つの問題がある。それは高木氏がこの本を書かれるとき、はたして〝わたしの説〟を知っておられたのか、どうか、という問題だ。「盗作」だの、「無断借用」だの言う場合、これは不可避のポイントである。

わたしにも、この点、一つの経験がある。わたしの解読の一つに「島めぐり読法」というのがある。対海国（対馬の南島）と一大国（壱岐）とについて、その二辺（半周、八百里と六百里）を行路数値に入れるのである。これはわたしにとって重要な「発見」だった。これによって総里数「一万二千余里」の明細がピタッとそろうこととなったのである（『「邪馬台国」はなかった』二五〇頁参照）。

ところが、これには実は、先行論文があった。わたしの本の発刊後、御本人のお手紙によって知ったのである（津堅房明・房弘氏「邪馬台国への道——その地理的考察——」上・下、『歴史地理』91—3・4、昭和四十一年所収。両氏は近畿説）。わたしは驚くとともに喜び、返便をさしあげたところ、御本人（兄の房明さん）がお出で下さり、半日愉快に談笑できた。わたしとしては、わたしの「発見」（と思ったもの）に先行者がいたこと、それはやはりうれしかった。〝同じ仲間の思索者がいた〟という喜び。それによって、けちな「残念」などという気持ちは消し飛ばされていたのが、自分にもこころよかった。

このように数多い論文・著書の中で「未見」のものがあることは避けがたい。だから、高木氏もそれではあるまいか、と思ったのである。しかし、精査すると、この「予想」は簡単にくつがえされた。

その第一は、松本氏の指摘されたように、単語・文面の類同（内容転写）である。

その第二は、「邪馬壹国」問題である。これはわたしの根本のテーマだ。ところが、神津恭介も、同じくこの問題を論じている（三二頁、そして表紙には「壱」という字が大きく印刷されている）。これも、高木氏が〝わたしの説〟を意識しておられる証左ではあるまいか。

その第三は、「二つの博多説」問題である。この本には、二種類の博多説が出てくる。その一つは、既成の女王国の首都比定地として十個あげてある中の最後に、

⑽筑前博多　福岡県福岡市付近（五八頁）

とある点だ。今の所、博多説というのは、わたしの説しかない。だから、当然、高木氏は〝わたしの説〟を知っておられたのである。

奇妙なのは、もう一つの博多説である。神津恭介は宇佐八幡宮という終着点を決定したあと、にわかに「博多説」への反撃をはじめるのである。しかも、それは〝わたしの説〟としてとりあげた上での反撃ではない（それなら、わたしの喜びとする所である）。あくまで神津恭介自身が論理的に可能なコースとして考えた〝「脳裏の博多説」の消去〟という体裁をとって行われるのである。

このような〝他説への攻撃〟（実質上）ということ自体、この本としては珍しい部類に属する。しかも、榎一雄氏、原田大六氏などの場合は実名と実書名が紹介されている。だのに、わたしの場合は、一切実名も実書名も伏せられたままだ。すべて〝天才神津恭介の脳裏〟に封じこめられてしまっているのである。こういう、一種いりくんだやり方自体が、実は氏が〝わたしの説〟を強く意識している、そのこと

の反映だ、と見るのは果たして〝ひが目〟だろうか。少なくとも、氏が〝わたしの説〟を知っていたことは疑いない。わたしにはそう見えるのである。

とすると、やはり〝氏がわたしの説を全く知らず、偶然、同じ思考過程をたどった〟――そう考える、可能性はない。つまり、「無断借用」すなわち「盗用」である。

三

氏がわたしの本に明確にふれておられる「資料」がある(『現代』昭和四十九年三月号)。「水行十日・陸行一月」問題について、わたしの本にふれ、「だからここらはあまり私の独創だとは思わないんですけれども」と言っておられる(直木孝次郎氏との対談)。

この文面に関して二つの矛盾した問題がある。

その一つ。高木氏がいつの時点でわたしの本を認識したか、は書かれていない。自著出版後知った、とも、とれる文章だ。事実、自著では、これを神津恭介の未曾有の発見だ、と強調し、研三に「たしかにコロンブスの卵です。言われてみればそのとおり、どうしていままでの研究家がそこに気がつかなかったか、ふしぎでたまらないくらいですよ」(一九二頁)とすら言わせているのだから、こちらの対談の方は、〝あとで知って、いさぎよく自分の独創でないことを認めた〟と理解するほかはない。

その二つ。その反面、先の数々の証拠のしめすように、わたしは(松本氏やわたしのために憤慨してくださっている多くの人々と共に)高木氏がこの本を書く前に(あるいは途中に)わたしの説(博多説の論証)を知っていた、と考えるほかないのである。

こんな風な〝二面のこんがらかった状況〟は、あの推理小説の楽しい謎解きとはうってかわった、人を不快にさせる種類のものではあるまいか。

四

わたしは先日、旧友重松明久さんを福井大学に訪れた。一には、旧交を暖め、一には、先に「盗用」の被害者となられた、その経過の実際を確かめるためであった。重松さんの場合、自著は『覚如』、それが丹羽文雄氏著『蓮如』の中に無断利用されていたのである。その事実を両者についてあらためて照合した結果、やはりわたしの場合と本質的に共通の性格を帯びていることがわかった。

〔一〕原文を少しずつ書き変えて取り入れてある点、両者とも共通である。

①**重松氏**「かれ（親鸞を指す――古田注）の死後いくばくならずして、関東門徒団をはじめ、いたるところで、生い茂る異端邪説の雑草のまえに、かれの思想的遺産は、ついに埋没し去ろうとしていた」

丹羽氏「親鸞の死後間もなく、関東の教団の中には、いたるところに秘事法門という雑草がはびこるようになった。親鸞の思想は、埋没しようとしていた」

②㋑〈韓国陸行説〉

古田「〝……莫大な下賜品を連ねた行列〟によって、韓人に対するデモンストレーションを行いつつ、行進した……」

高木氏「（郡山――釜山の間）ゆっくりデモンストレーションの行列を続けた……」

㋺〈不弥国、玄関説〉

古田「『不弥国』は女王の首都『邪馬壹国』に密接した、その玄関である」
高木氏「不弥国は邪馬台国の玄関のようなところにあったとしか思えない」

〔二〕丹羽氏著『蓮如』の方は大部である点、及び伝記形式である点より、借用部分が量的に多い。
〔三〕高木氏の場合、わたしの説が学界に孤立した特異な説であるにもかかわらず、それをあえて〝自己（神津恭介）の独創〟と称して描出している点が目立っている。

以上の状況であることが確認されたのである。先の「水行十日・陸行一月、総日程説」といい、この「韓国陸行」説といい、また「不弥国、玄関」説といい、わたしの独創による行路解読のほとんどすべてに近い要点を網羅していること、驚くほかはない。

五

重松さんと談笑しつつ、丹羽氏との間に和解書の成立するに至る詳しいてんまつをお聞きしているうち、ふと気づいたのは、その書棚にあった一冊の本『成吉思汗ハ源義経也』（小谷部全一郎著）だった。

わたしが高木氏の本の中で愛読した、もう一冊の本は『成吉思汗の秘密』（昭和三五年）だった。この歴史上の人物にとりくみ、〝源義経は衣川から脱出して大陸に渡り、蒙古に入り、成吉思汗と名乗って活躍しはじめた〟という特異の説を謎解き・推理の形で「立証」してみせたこの作品は、今もわたしに快い印象を残していた。そこでその中でふれてある、大正十三年出版のこの特異な題の本について、一度見てみたいと思っていたのである。

早速お借りして帰りの汽車の中で読んで愕(がく)然とした。わたしが高木氏の卓抜のアイデア、として感嘆していた名場面、それらはすべて高木氏の創意ではなく、この小谷部氏の所述だったのである。推理小説のファンなら記憶されているにちがいない。有名な「弁慶の立往生」は実は義経脱走のカムフラージュだった、という推理。さらに源義経（ゲン・ギ・ケイ）が「ヂン・ギ・ス」と訛った、との説。成吉思汗の愛好したという白旗が源氏の白旗と同じだとの説。成吉思汗の母「ホエルン（尊称）・イケ・センシ」は、すなわち義経の恩人「池の禅尼」に由来するとの説。衣川から大陸にかけて日本の武将渡来伝説の点々として存在することの提示はもとより、成吉思汗の死のさい、〝その巨体が漸次ちぢんでいった〟という伝承から、〝小男義経の変装〟を見破る推理。さらに成吉思汗の臨終の言葉「われは故山に帰りたし」の「故山」とは、日本を指すであろう、との推理。これら、今の今まで高木氏の卓抜のアイデアだと、わたしの思いこんできたテーマは、すべて小谷部氏苦心の叙述によるものなのであった。いや、それだけではない。これらは小谷部氏が満蒙（当時名）からシベリアの地へと次々と渉猟の旅を重ねられた、その生涯探究の結晶だったのである。

ここにおいてわたしはつくづくと歎息を深うするほかはなかった。高木氏の手法は、今回にはじまったものではなかった、と。成吉思汗の方は、まだしも小谷部氏の書名が「過去の論争の書」としてあげてあった。だが、今日はわたしの書名は一切ない。これが相異である。

六

〝推理小説は民主主義の発達した社会で繁栄する〟との有名なテーゼがある。たしかに、権力者側が直接証拠もなしに被疑者を処刑しうる、といった社会では〝証拠による執拗な推理〟を生命とする推理小説は花ひらきにくいかもしれぬ。

それだけにわたしは推理小説の著者には、ことに要求せらるべき黄金のルールがある、と思う。それは〝著者自身はフェアでなければならぬ〟という一点だ。トリックを不可欠とし、トリックで犯行を隠蔽する奸智の犯人を対象としやすい小説形式であるだけに、それが著者自身のフェア・プレーにささえられていなければ、〝何とも救いがたい〟ではないだろうか。

すでに斯界の大御所となられた高木氏に対し、往年の氏の一ファンたるわたしは、この問題につき、氏が理性的にしていさぎよき態度をしめされること、それを推理小説界全体のモラルのためにも、今は切に祈らざるをえない。

（なお、わたしは去る三月ある雑誌に掲載するため「神津恭介氏への挑戦状」と題する一文をしたためた。前半は盗用問題、後半は神津恭介の博多説批判に対する、わたしからの再批判である。しかるに、不可解な理由のため未発表となっている。他日必ず公表したいと思う。）

補　『小説推理』（昭和五十年三月号）所載のものは、紙数の関係から若干削除された。これはその原文である。なお、右の三月号には昭和四十九年十月八日付の付記がある。

続、推理小説のモラル

ふたたび高木彬光氏の「盗用」問題について書く。

『小説推理』五十年五月号にのった氏の「邪馬台国推理考補遺」を読んで、わたしは深い落胆を覚えた。なぜなら、はじめ氏がわたしの文章「推理小説のモラル」（同誌三月号）への回答を書かれると聞いたとき、わたしは思った。もちろん、氏はいろいろの弁明や弁論をされるであろう。だが反面、何よりもまず氏の心からなる謝辞が必ず現れているもの、と内心に信じたからである。それというのも、今年二月はじめ著名な作家を介して会いに来られた光文社（高木氏の本の出版社）の責任者の方は「小説推理三月号にのった古田さんの『推理小説のモラル』の論旨は、全くその通りだ、と光文社は考えています」と言っておられたし（同社は昭和四十九年十一月十三日版をもって絶版の処置をとった）、私自身も氏が一人の文筆家として究極的には理性的であることを期待していたのである。――だが、事実はこれに反した。

そこには衒学的な弁証が次々と展開されている。文章も確かに巧みである。高木氏の本（『邪馬台国の秘密』――以下『秘密』と略称）だけ見て、わたしの本（『「邪馬台国」はなかった』）を読んでいない読者なら、なるほど、と思うかもしれぬ。あるいは両方の本を読んだ読者の中にさえ、〝何かおかしいが、理くつとしては高木氏の言うようになるのかな〟などと錯覚する人もあるかもしれぬ。――そのような〝危険な巧みさ〟を氏の文章はたたえている。だから、わたしは再び筆をとらざるをえなかったのである。

だが、今わたしがこの一文でなそうとしていること、それは何ら困難な仕事ではない。思うに、もし私が百千の弁論術に頼って「白馬ハ馬ニ非ズ」式の証明をせねばならぬとしたら、それは私ごとき文章の一素人には不可能だ。だが、幸いにして今の私に必要なのは、そんな曲芸めいた難事ではない。ただ、理性ある人間なら誰でもわかる、単純明快な事実を事実としてハッキリさせる。それをおこなうだけで十分なのであるから。

一

まず、両書の基本の立場を比べてみよう。

(一)わたしの場合。

(イ)……それゆえ、わたしたちは自己の前途に対して、「確固たる掟」を課さねばならぬ、すなわち、原文改定への道にけっして逃避しない――これが掟である。（『「邪馬台国」はなかった』一六五頁）

(ロ)わたしは、学問の論証はその基本において単純であると思う。……たとえば小・中学生に対してさえも、説得力をもち、ハッキリと理解されるものでなければならない。（同一一頁）

(二)高木氏の場合。

この問題を解く唯一の鍵「魏志倭人伝」の原文に一字の修正もほどこさず、中学生にもわかる明快、科学的な論理でこの難題を解明した前人は皆無である。私は今、この厳正な方法で「永遠の謎」に挑戦した。（『邪馬台国の秘密』扉の「著者のことば」）

右の高木氏の文章は「わたしの学問的方法」の〝要領のいい要約〟となっている、と言っても、誰も異論をさしはさむことができないのではあるまいか（つまり、松本清張氏の言われる「内容の転写」だ）。しかも、わたしの右の論旨は、ここに偶然一回だけ現れているものではない。全編くりかえし、くどいほど力説した、わたしの探究の基本の立場だ。

ところで、わたしの本は昭和四十六年末、『秘密』は昭和四十八年末の出版だ。そして高木氏は〝あらかじめ古田の本を見た〟ことを明言しておられる（『小説推理』四十九年十一月号三二〇頁）。この点に今や争いはない。しかるに高木氏は、平然と「（このような立場で解明した）前人は皆無である」と書いている。これは一体どういうことだろうか。常人の理解できることではない。

もっとも、〝古田の場合はそういうたてまえをのべているだけであって、実際は実行されていない〟。つまり「看板に偽りあり」とでもいうのだろうか。しかし、事実は逆だ。高木氏の場合、原文の「邪馬壹国」を結局は「邪馬台国」という修正形で扱いつづけられた点はさておくとしても、①原文の「景初二年」をいきなり「景初三年」の方が原文であるかのように修正したものを本文化し（二八頁）、②原文の「会稽東治」（「とうち」が原文通り）に「とうや」と仮名づけして実質上の原文修正（つまり、骨抜き）をおこなう（二五頁）など、とうてい「原文に一字の修正もほどこさず」とか「この厳正な方法」などと言えたていの作品ではない。まさに「看板に偽り」だ。これに対し、私の場合が「原文に一字の修正もほどこさぬ」という、いわば「厳正な立場」であることは、学界・一般の一致して認めるところだ。そのような「論証なき原文改定を非とする」という厳格な立場に賛成される方も、賛成されぬ方も、論者にはあろう。だが、わたしがそのような立場に立っている、そのこと自身を否定される方はいない。

ここでハッキリしたこと、それは二つある。第一に高木氏の「前人皆無」説が事実の問題として明白に虚偽であることだ。そして第二にわたしの本を見た上で、わたしの学問的立場の「要約」に相当するていいの立場を書きながら、なおかつ平然と「前人皆無」説を高唱されていることだ。それは人間として恥を知らぬ仕業だ、と言ったら果たして言いすぎだろうか。

「中学生にも分かる」問題についても一言付記しよう。高木氏は『三国志』の「一里」が何メートルに当たるかは壱岐の「方三百里」を物さしとすれば分かるとされ、「古田説、一里＝約七五〜九〇メートル。野津説、一里＝約一四〇メートル」を表示した上で、次のように言われる。「これに対して、古田説をあてはめるとぜんぜん実地に適しない。しかし野津説を採用すると、非常に適合する数字が出て来る。それで私は野津説にたよった……」（『小説推理』五十年五月号三四七頁―傍点古田）と。この文には、氏がわたしの本と野津氏の本との二つを眼前に並べていずれを「採用」すべきか、と思案し、工夫された様子がありありと見えて興味深い。

さて、高木氏の陥られた誤断。それは、野津氏に従って「方三百里」を「四辺の合計が三百里」ととられたことにある。では、「方里」の語を辞書でひいてみられるがよい。「たてよこ一里の面積。一里四方。一里平方」とある（諸橋轍次『大漢和辞典』）。だが実は、辞書を引くまでもない。『三国志』魏志韓伝には韓地（朝鮮半島南半）が「方四千里」と書かれている（『「邪馬台国」はなかった』一四四頁参照）。これが「四辺合計四千里」なら、一辺は正方形として約「千里」くらいとなろう。つまり「野津里」によると約一四〇キロだ。ところが、朝鮮半島の東西はばの実際は、地図で見ればすぐ判るように約三〇〇キロ強だ。「四辺合計」説の無理なことは、それこそ〝中学生はおろか、小学生の計算でも十分に分かる〃ことではあるまいか。（壱岐島の「方三百里」は、〃一辺約二〇キロの正方形〃に内接した形でとらえられているのだ。）これに対し、「一里＝七五メートル」なら「一辺四千里」はピタリ三〇〇キロだ。だからこの「中学生」問題からも、「前人皆無」説など〃厚顔〃にすぎるというほかはない

二

このような氏のやり方。それは内容面でも同じだ。たとえば次の文。

「いま『余里』というのをはぶいて、概算をとってみれば、一万七百里ということになります。誰でもできるようなかんたんな算術です。ですから(A)（一万二千余里。帯方郡治―女王国間。――古田注）から(B)（一万七百里。各個里数の総和。――同上）を引いて、後に残った千三百里、これに『余里』というプラス・アルファを加えたものが、不弥国から邪馬台国の距離になることは、いままですべての学者の通説です。これには誰も異論はありますまいね。」（『秘密』一八三頁、傍点古田）

右の傍点部は本当にそうだろうか。

わたしの場合。

(イ) 以上の読み方のポイントは、「水行十日・陸行一月」を総日程とみなしたため、主線行程の最終地区間にあたる「不弥国―邪馬壹国」間の距離が記せられていないこととなり、当然その国間距離が「0」となることである（『「邪馬台国」はなかった』一九四頁）。

(ロ) 従来の「邪馬台国」研究における算出方法はきわめて不可解なのである。なぜなら、肝心の最終里程にいたって、「不弥国―邪馬台国」間の里程を記入せず、読者をして、みずから計算させて、「千

何百里」（千三百～千五百里）という数値をみちびかせるものだからである（同書二〇〇頁）。

わたしはこの問題の重大性を強調するため、これを「最終行程0の論理」という標題を付して特記し、多くの紙数をついやした（同書一九四頁以降）。したがって、あらかじめわたしの本を読み、時として「なるほどと膝をたたいた」（『小説推理』四十九年十一月号「続・邪馬台国推理考」三二〇頁）とまで言われる氏が、これに気づかれなかったはずはない。しかるに氏はここでも平然と〝不弥国―女王国間は千三百里〟が「いままですべての学者の通説」だと書いてはばかられないのだ。まさか〝古田などは「学者」のなかに入っていない〟などという〝逃げ〟は通用すまい。とすると、ここでもわたしは氏の執筆姿勢を疑わざるをえないのである。

高木氏の本の厖大な読者は、この氏の文章によって「不弥国―女王国の間、距離0」などという立論は〝今まで全くなかった〟と本気で信じこまされる。しかし、明白な事実。それはこの高木氏の記述が全く虚偽であることだ。虚偽であるだけではない。〝ひざをたたいて〟読んでおきながら、そのあと、都合によってわたしの論を〝ないもの〟として処理されたのである。ちょうど、『成吉思汗の秘密』の謎解きがすべて高木氏の創意であると、多くの読者が思いこまされていたように。

それゆえ、氏は何よりも先ず、虚偽の事実を天下に公布したことを氏の本の読者にわびるべきではあるまいか。……そしてそのあとでいい、洛西の片隅のわたしにもまた……。

三

右の事実は、さらに今回（『小説推理』五月号）の高木氏の弁論がひっきょう一個の文章の「詐術」に類するものであることを、無残にも白日のもとにさらけ出す。

氏によると、問題の「千三百里」（ないし千四百里）の誤差が「余里」説（一五パーセントとする——『秘密』）によると見るか、それとも古田のように「半周」説（対海国と一大国、各八百里と六百里）によるか、のちがいで高木説と古田説が分かれるという。そこで〝はじめ（玄関説）と終わり（総日程説）は同じでも、途中（「余里」説と「半周」説）がちがうから、両方ともそれぞれ「独創」だ〟とされるのである。

そして例の製法特許と製品特許の別についての〝長広舌〟が展開されるのだ。

しかし、高木氏は御自分の本をよく読みかえしてほしい。そこには「二つの独創説」などどこにも一切書かれていない。逆にくりかえし明記され、強調されているのは、次の二点だ。

㈠　従来の論者は誰もこのような論理を思いつきもしなかった。

㈡　神津恭介ひとり、独創的に発見した。

このことは、千三百里間隔説が「いままですべての学者の通説」だという一句からも動かせない。〝ここは古田説と一緒だ〟などとはどこにも書いてないのである。「水行十日・陸行一月、総日程」説についても同じだ。

「一万二千余里という一言と、水行十日・陸行一月という一言は、実にみごとに相呼応しあっていたのですね……」……「たしかにコロンブスの卵です。言われてみればそのとおり、どうしていままでの研究家がそこに気がつかなかったか、ふしぎでたまらないくらいですよ。」（『秘密』一九二頁）

高木氏は自己の分身松下研三にこのように自画自讃させている。ここには「二人のコロンブス」も「二つの卵」も存在しない。あるのは、神津コロンブスの神津卵だけだ。神津以前にすでに同じ卵を一部分だけ別のやり方で立ててみせた、もう一人のコロンブスがいたなどとは、おくびにも出さない。出さないだけではない。明白に否定されているのだ。それもそのはず、「コロンブスの卵」とは〃簡単なことだが、今まで誰も気づかなかった〃ことのたとえにほかならないのだから。第一、考えてもみてほしい。神津恭介が「なるほど古田氏は、不弥国は邪馬壹国の玄関だと言っているのかい。つまり、問題の〃水行十日・陸行一月〃は魏使の総日程だというのだね。僕もその通りだと思うよ。ただ、その途中の「半周」説は「余里」説でおきかえてみてもやはり成立するのじゃないかね」——たとえばこんな風に語っていたとしたら、こんななさけない（世界の推理小説界に対して恥ずかしい）「論争」は、もうはじめからおこっていないのではあるまいか。

要するに、『秘密』では「玄関」説や「総日程」説についての〃わたしの独創〃など、一切認めていない。いわば方法上の「古田説はなかった」ことにしてあるのだ。それなのに今回はてのひらを返して、いかにも〃わたしは古田氏の独創を認めている。しかし一部分別種の内容をふくんでいるのだから、わたしのも「独創」だ〃といった風な議論を、特許法の用語解説の中でえんえんと展開されるのだ。しかし、その論法は氏自身の本によって明白に裏切られている。ここにわたしは失礼ながら氏の弁論の〃二枚舌〃的な性格を見ないわけにはいかない。

二倍年暦問題もそうだ。『秘密』では神津恭介にこれを「発見」させ、松下研三に「このあざやかな推論」に「ぶちのめされた」と絶讃させておきながら、今回は〃こんな結論（二倍年暦）は「誰でも出せる」ものだ〃と言いのがれされる（三四六頁）。〃てのひらをかえす弁舌〃と言うほかはない。（——この二倍年暦のもつ重大な意義については、古田著『失われた九州王朝』『盗まれた神話——記・紀の秘密——』朝日新聞社刊、参照。）

四

この点に関する、氏の「アリバイ」について検討しよう。それは次の文だ。

「ええ、『倭人伝』に書かれている〝水行十日・陸行一月〟を帯方郡、つまりいまのソウル付近から邪馬台国までの距離日程と考えたわけですが、これは古田武彦氏も同じような受けとり方をしておられます。だからここらは、あまり私の独創だとは思わないんですけれども、ただ、宗像上陸説だけは、ぜったい前例がないという自信があるんです。古田さんの説でも、使節の上陸地は東松浦半島ですからね。」

（雑誌『現代』四十九年三月号直木孝次郎氏との対談。〈『小説推理』〉昭和四十九年十一月号三二一頁に引用）

この雑誌（『現代』）が店頭に出てまもなくわたしは、この直木孝次郎氏との対談を読んだ。そして不審に思った。これは『秘密』の内容と完全に相いれがたいからだ。あちら（『秘密』）では「前人皆無」「コロンブスの卵」等と称し、こちら（『現代』）では〝古田氏の方が独創〟というのだから。そこで〝『秘密』の刊行後にわたしの本を読まれたのか？〟などと好意的に思いまどうていた時期のあったことを告白しよう。しかし、今は氏があらかじめ（『秘密』の刊行前）わたしの本を読んでおられたことは、氏自身も書かれており、明白となった。

さて、『現代』の対談の内容自体は当然すぎるほど当然だ。ならば、『秘密』の主張（いつわって「神津の独創」と称した数々）は必然に廃棄されねばならぬ（それこそ「論理の必然的延長」だ）。もし、それを拒み、〝本はともあれ、雑誌では「古田の独創」を認めているのだから〟と称されるなら、本が「一個の独立した作品」である事実を無視されるものだ。本の読者と雑誌の読者とは別個の存在なのである。

ところが氏は、右の対談を自ら引用した上で、「もし、私に古田説を模倣したという意識があったなら、本が出てから一カ月ぐらいの時点でこんな発言はしなかったろう」と言われる。つまり、非模倣説の証拠資料に使おうとされるだけなのだ。それ以前に、「前人皆無」説や「コロンブスの卵」説等が虚偽であることの承認と自発的撤回、そして当人(古田)への謝罪をなぜ虚心に表明されないのだろう。それどころか、逆に「模倣ではない」と言って開き直る材料になぜもち出されるのだろう。これでは、右の対談は、高木氏の「無罪証明」のための、あとからの〝アリバイ作り〟めいた性格を帯びてくる、と他から言われても仕方ないのではあるまいか。

「温厚で良心的な学者」として世評の高い対談者直木孝次郎氏は、一高・京大ともに同窓の高木氏に対し、「先行学説無視の非礼」と「当人(古田)への率直な謝罪」を学者らしく直言されなかったのであろうか。「アリバイ作り」めいたものの片棒をかつがされた形に陥(おちい)られた直木氏に、一言お聞きしてみたいものである。

五

高木氏の根本の「詭弁」をあげよう。わたしは前稿(『小説推理』三月号)でわたしの本と『秘密』との間に特異な共通単語がある例として次の二つをあげた。(傍点部)

不弥国は女王国の玄関。

韓国陸行はデモンストレーション。

これは、ただ〝両者のアイデアが偶然一致した〟などではなく、両著間に抜きさしならぬ具体的な関係のある証拠としてだった。ところが、高木氏はこれに対し、「末端の表現に、多少の類似があった」に過ぎない、と言われる。果たしてそうだろうか。氏の今回の論旨によると、不弥国玄関説（「玄関」とは、不弥国は邪馬壹国の前面に隣接していることをしめす）に対しては「水行十日・陸行一月」総日程説すら、「系」（右の定理から派生した命題）だとされる。つまり、それほど「玄関」説は重視されているのだ。「玄関」という言葉こそ平易でも、その内実は高木氏の立論の根本をしめす論理的用語なのである。それなのに、氏はそれをそ知らぬふりで、「末端の表現」だなどという言いまわしですり抜けようとされる。ここにも氏得意の「表現の詐術」がある。

次に、「韓国陸行」説（わたしの創意）は、右の根本定理（「玄関」説）からすると、当然出てくるものだ、と言われる。つまり論理進行上の必然の展開過程だ、というのである。ところがそこでまた、わたしの用語「デモンストレーション」が使われているのだ。ところで注意してほしい。「韓国陸行」は論理必然でも、その理由づけとしての韓国の人士への「デモンストレーション」説までは論理必然ではない。たとえば「海路は危険だから、極力避けた」という類の、別の理由づけも可能だ。だのに、『秘密』では私と同じ単語で同じ理由づけが行われている。どう見ても、わたしの本の内容にひきずられた跡は、歴然としているのである。氏はわたしの本を前に「ひざをたたく」ほど熟読しておられるのであるから、これを「末端の表現」の偶然の一致と見なすことは不可能だ。それゆえ、「内容の転写」を自己の独創と称する、すなわち「無断借用」（盗用）の跡はあまりにも明白なのである。

六

わたしはこの「論争」の将来を楽観している。なぜなら、高木氏が悪質な「盗用」作家の汚名を永き将来にわたって免れたいと思われるならば、まことに容易だからである。それはただ、ここに書いたような明瞭な事実を事実として認めること、そしてわたしに対し、端的に謝罪されるだけのことなのであるから。そのさい、何らの美文も巧緻の弁証も一切不要だ。ただ一個の作家として、否、ひとりの人間として、良心に従って語り、かつ簡明に行動されれば、それで十分なのであるから。しかし、高木氏がその率直な唯一つの行為を避けようとされるならば、その上でのあらゆる方策は、ひっきょうにして空しいであろう。なぜなら、これは言葉の正確な意味での「論争」ではない。厳粛な人間の倫理が唾棄されるか否かの問題なのであるから。だから、わたしはこれを「水掛け論」に終わらせるつもりは全くないのだ。

したがって高木氏が再び三たび今回のような「詭弁」に依存し、「見解の相異」式の、真の結着ならぬ「永遠の未了状態」にもちこもうとされるようなら、わたしとしては、万止むをえず、高木氏の隠された最大の「恥部」に敢然とふれなければならないであろう。それはほかでもない。なぜ、わたしの原稿「神津恭介氏への挑戦状」が某誌編集部自身の意に反し、にわかに掲載中止とされたか。なぜ「推理小説のモラル」が昨年十一月号掲載のため急遽(きょ)本誌(『小説推理』)編集部から私に依頼されたにもかかわらず、今年三月号まで数次にわたって掲載延期とさせられ、辛うじて掲載されるをえたか。これらのスリルに満ちた経過には、その事実に対する著名な証人、明確な証拠が多数存在する。これがいったん公表されれば、氏の作家生命もしくは作家名誉は決定的に汚損させられるであろう。それを氏がみずから救われる道は一つしかない。先にのべた率直な謝意の表明とそれにともなう行為の簡単な実行だけである。氏が最悪の運命に陥られぬこと、それを最後に切に祈りつつ、筆を擱かせていただく。

補1　本文にのべたように、「一里＝一四〇メートル」説が成り立たない、というこの帰結は、必然に高木宇佐説の全面的崩壊をひきおこすこととなろう。なぜなら、宗像に上陸しても、そのあと「一里＝七五メートル」の類では、到底宇佐まで足がとどかないからだ。また高木氏苦心の「余里」説も全く成立しえないことについては、先の掲載されなかった「神津恭介氏への挑戦状」に詳述されている。他日必ず、この原稿は公表される日のあることを信ずる。（本書所収）

補2　わたしの友人で特許法の数少ない専門家のO氏に聞くと、高木氏の「製法特許と製品特許」に関する論弁は、全くナンセンスであると共に、〝およそ人間の知的生産については、その公表の先後によって識別し、整理するほかない。そこに特許法の必要がある〟とのことであった。これは同時に万人の常識であろう。

追補1　この論は、『小説推理』（昭和五十年七月号）所載のものの原文である。

追補2　なお、付言する。わたしの第三書『盗まれた神話――記・紀の秘密――』において、川副武胤氏の理論にふれたさい、〝出雲神話に特異の活躍をする「一言主神」〟（一九頁）という一節があった。これは、「一言主神」の前に「大国主などの神名を連想させる」の一句が脱漏していたのである。ここに明記して川副氏に謝したい。執筆者にとっては一片の誤記であっても、当の相手には大なる心痛を与えうる。このような場合、必要なものは、ただ一つ。率直・簡明な謝意だ。わたしはそう信ずる。――高木氏の場合にも、問題の性格に差こそあれ、基本は同じだ。氏の理性に期待する。

史料

『海賦』

木玄虚（木華）作

凡例

一、原文の写真版は梁・昭明太子選、唐・李善註『文選』よりとった（潯陽萬氏再刻、仿宋胡刻本——中文出版社）。

一、読み下し文を上段に、下段にその現代語訳を掲げた。

一、読み下し文の番号は著者による。

一、読み下し文と現代語訳は、『国訳漢文大成』（東洋文化協会）『全釈漢文大系』（集英社）を参考とした上で、著者独自にこれを行なった。

文選卷第十二

梁昭明太子撰

文林郎守太子右內率府錄事參軍事崇賢館直學士臣李善注上

江海

木玄虛海賦一首

郭景純江賦一首

海賦

木玄虛 今書七志曰木華字玄虛華集曰為楊駿府主簿傅亮文章志曰廣川木玄虛為海賦文甚儁麗足繼前良

昔在帝媯 古為 巨唐之代 帝媯謂舜也尚書序曰昔在帝堯尚書曰釐降二女于媯汭孔安國曰舜所居媯水之汭也左氏傳季文子使大史克對宣公曰舜臣堯舉八愷使主后土杜預曰為堯臣也 天綱浡潏 蒲沒 以出 為凋為瘵 側界 反言水之廣大為天綱 浡潏沸涌貌桓子新論曰夏禹之時洪水浡潏說文曰滿水湧出也又說文曰凋傷也爾雅曰瘵病也尚書曰湯湯洪水方割孔安國曰割害也 洪濤瀾汗萬里無際 瀾汗長貌西京賦曰起洪濤而揚波 長波涾㳫 徒荅 徒盍 迆涎八裔 羊氏 延切 涾㳫相重之貌迆涎相連也八裔八方也 於是乎禹也乃鏟臨崖之阜陸決陂潢而相浚 孟子曰當堯之時洪水橫流氾濫於天下堯獨憂之舉舜而使禹疏九河瀹濟漯毛詩曰鑿 南子曰禹有洪水之患陂塘之事高誘曰陂畜也塘障也說文曰潢積水池也浚深也 啓龍門之岝嶺墾陵巒而嶄鑿 尚書曰導積石至于龍門鄭玄注曰龍門山名也岝嶺高貌岝士下助格切嶺五格切廣雅曰墾治也山 巀嶭音義同廣雅曰鑱謂之鏨仕咸切鏨鏨斲古字通 羣山既略百川潛渫 息列 切孔安國尚書傳曰治山曰略通水故以山名尚書曰予決九川距四海 孔安國曰用功少曰略周書曰禹渫七十川大利天下 尚書大傳曰百川趨於海爾雅曰渫除去也 泱漭澹濘騰波赴勢 決 淶 泱漭深廣也 濘 奴定 江河既導萬穴俱流 尚書曰導江導河 掎拔五嶽竭涸九州 掎 居綺切 爾雅曰掎引也廣雅曰拔出也竭涸也尚書序曰禹別九州 瀝滴滲淫 薈蔚雲霧 涓流泱瀼 莫不來注 說文曰瀝下滴水也毛詩曰薈兮蔚兮南山朝隮 說文曰泱小水也 於廓靈海長為委輸 其為廣也其為怪也宜其為大也爾其為狀也則乃浟湙 由 亦 瀲灩 浮天無岸 浺瀜沆瀁 渺瀰湠漫 波如連山乍合乍散 噓噏百川洗滌淮漢 襄陵廣舄 膠盭浩汗 若乃大明摭轡於金樞之穴 翔陽逸駭於扶桑之津 彯

文十二 一

文十二 二

沙嶨苦角石蕩颸島濱言此二時風先疾也易通卦驗曰其風不至則大風發屋揚沙說文
曰嶨石聲也春秋命麻序曰大風飄石颸風疾貌說文曰島海中往往有山可居曰島於是鼓怒
溢浪揚浮言風既疾而波鼓怒也上林賦曰沸乎暴怒更相觸搏飛沫起濤
蒼頡篇曰濤大波也狀如天輪膠戾而激轉呂氏春秋曰天地車輪終則復始高誘
曰輪轉也上林賦曰宛潭膠盭又似地軸挺拔而爭迴河圖括地象曰地下有四
柱廣十萬里有三千六百軸廣雅曰拔出也岑嶺飛騰而反覆五嶽鼓舞而
相磓丁迴反磓落也言波濤之形遞相觸激故或反覆或相磓也爾雅曰山小而高曰岑五嶽已見
上文磓擊也渭謂濆淪而滀六漯他合鬱沏切迭而隆頹增亂貌濆
淪相糾貌滀漯攢聚貌鬱沏迭疾貌隆頹不平貌盛盤盓乙于激而成窟消笑七
滐上土桀而為魁盤盓旋也沛滐峻波也毛萇詩傳曰魁特立也滐與傑同賈逵國語注

文十二　三

曰川曰魁潤失冉泊白柏而迆以爾颺余磊落罪匌苦合而相
豗呼迴反潤疾貌泊柏小波也迆颺邪起也磊大貌匌重疊也相豗相擊也驚浪雷奔駭
水迸集奔七發曰波湧而濤起似當字書曰迸散也開合解會瀼瀼傷濕
濕開合之貌瀼瀼濕濕葩華踧六子沑六女頊頂濘冷奴潗立子㵫及女葩華分
散也踧沑蹙聚也頊濘潗㵫沸騰貌若乃霾莫皆曀一計潛銷莫振莫竦
爾雅曰風而雨土為霾陰而風為曀振動也竦亦動也輕塵不飛
說文曰潛藏也廣雅曰振動也纖蘿不動女蘿也猶尚呀呷呼加餘波獨湧言風雖靜而餘波猶湧
呀呷波相吞吐之貌澎匹庚濞灪於勿碨烏罪磊山壟灪碨磊高貌澎濞水聲也賦曰
澎濞沸渭碨磊不平貌爾其枝岐潭淪渤蕩成汜音似
管仲對桓公曰水別於他水入於大水及海者命曰枝水也
穆天子傳曰飲于枝持之中郭璞曰水岐成持持小渚

也言止潭淪動搖之貌毛詩曰江有汜毛萇曰決復入為汜也乖蠻隔夷迴互萬里
若乃偏荒速告王命急宣列子曰殊方偏國張湛曰偏邊也毛詩曰肅肅王命
飛駿鼓楫汎海淩山爾雅曰駿速也郭璞曰駿猶迅速亦疾也方言曰楫謂之橈東方朔
封詔曰淩山越海窮天乃止於是候勁風揭百尺廣雅曰揭舉也百尺帆檣也
維長綃所交挂帆席綃今之帆綱也以長木為之所以挂帆也劉熙釋名曰隨風張幔曰帆
以席為之故曰帆席也望濤遠決冏九永然鳥逝蒼頡篇曰冏光也鷸聿如
驚鳧之失侶倏如六龍之所掣充制反鷸疾貌蘇武答李陵書曰雞東雲附景
不足以比速晨鳧失群不足以喻疾春秋命麻序曰皇伯登出扶桑日之陽駕六龍以上下說文曰掣引而縱
也一越三千不終朝而濟所屆左氏傳曰子文治兵於睽終朝而畢曰濟
度也孔安國尚書傳曰屆至也若其負穢臨深虛誓愆祈有罪穢言負穢若身

文十二　四

荷然尚書曰負罪引慝杜預左氏傳注曰愆失也鄭玄周禮注曰祈請也則有海童邀路
馬銜當蹊吳歌曰仙人齊持何等前謁海童邀遮也陸繒海賦圖云馬銜其狀馬首一
角而龍形杜預左氏傳注曰蹊徑也天吳乍見而髣髴蝄像暫曉而
閃屍式染山海經曰朝陽之谷神曰天吳是為水伯髣髴見不諟也說文曰國語仲
尼曰丘聞之水之怪龍罔象蝄像即罔象也閃屍暫見之貌羣妖遘迕眇䁥
余沼冶夷爾雅曰遘遇也眇䁥小視貌冶夷妖媚之貌決帆摧橦直江戕風
起惡戕在羊橦百尺木也杜預左氏傳注曰戕殘也起惡起為暴惡也廓如靈變惚
怳幽暮廓然開也言如神之變惚怳不明也郭璞方言注曰暮闇冥也氣
似天霄靉愛䨴言海神吐氣於天霄雲布韓子曰雲布風動
霅煞昱絕電百色妖露霅昱疾貌妖露言妖而呈露也呵嗽許勿掩

鬱矆（許縛）睒（失冉）無度（呵嗽掩鬱不明貌說文曰矆大視也又曰睒暫視也）飛澇（勞）相
磢（楚兩）激勢相沏（楚結言風迅疾而波浪相衝也澇大波也郭璞方言注曰磢錯也沏與磢）
（楚乙切洞切齊業）崩雲屑雨浤浤（宏）汩汩（骨言波浪飛灑之貌似雲之崩如雨之屑也）
（李尤辟雍賦曰興雲勃鬱飛揚而浤浤汩汩波浪之聲也浤音宏）踧踔湛濼（藥）
沸潰渝溢（踧踔湛濼波前却之貌沸潰亂流也渝亦溢也）瀖（霍）泋（齊）濩（鑊）渭蕩
雲沃日（瀖泋濩渭衆波之聲）於是舟人漁子徂南極東（言風起而浪驚故漂而）
（浮而無定毛萇詩傳曰極至也）或屑沒於黿鼉之穴或挂罥於岑嶅（敖）
之峯（言被漂溺死非一所也屑猶碎也禮記曰屑挂與罥聲類曰罥係也爾雅曰山多小石曰嶅）或掣
（尺制）掣洩（余制）洩於裸人之國或汎汎悠悠於黑齒之邦（掣掣
洩洩任風之貌汎汎悠悠隨流之貌淮南子曰自西南至東南方有裸人國黑齒民許慎曰其民不衣也其人黑

文十二　五

齒也）或乃萍流而浮轉或因歸風以自反（謝承後漢書鄭弘…子書曰黃
巾爲害浮南北）徒識觀怪之多駭乃不悟所歷之近遠（蒼頡篇曰
駭驚也說文曰悟覺也）爾其爲大量也則南澰（斂）朱崖北灑天墟（墟音虛）
（廣雅曰澰漬也東都主人曰南燿朱垠朱崖也爾雅曰北陸虛也）東演析木西薄青徐（說文
曰演長流也言流至析木之境爾雅曰析木謂之天津海在青徐之東故云西薄小雅曰薄迫也尚書曰海岱
惟青州又曰海岱及淮惟徐州）經途瀴（烏冷）溟（莫冷）萬萬有餘（鄭玄周禮注曰經謂
里數也瀴溟猶絕遠杳冥也）吐雲霓含龍魚（淮南子曰四海之雲湊）隱鯤鱗
潛靈居（鯤鱗或爲昆山昆山方壺之類也靈居衆仙所處也）豈徒積太顛之寶
貝與隨侯之明珠（琴操曰紂徙文王於羑里擇日欽之於是太顛散宜生閎夭宮适之屬得
水中大貝以獻紂立出西伯墨子曰和氏之璧隋侯之珠）將世之所收者常聞所未

名者若無（言世之所收者常聞異名其或未名者若本無也）且希世之所聞惡（烏）
審其名（言希世乃一聞之故不能審其名魯靈光殿賦曰晞希世而特出）故可仿像
其色靉（於蓋）霼（於氣）其形（言雖仿像其形不審之貌靉霼）爾其水府之內極深之
庭（劉劭趙都賦曰其東則有天浪水府百川是理）則有崇島巨鼇峌（結）嵲（五結）孤
亭擘洪波指太清（崇島五嶽也巨鼇大龜也列仙傳曰巨鼇負蓬萊山而抃滄海之中列子
曰渤海之東名曰歸墟其中有五山帝命禺彊使巨鼇十五舉首戴五山峙而不動說文曰海中往往有山可
依止曰島峌嵲高貌山居海中故云孤亭擘破裂也指極天際鄭衆周禮注曰擘破裂也東方朔十洲記曰冥海洪
波百丈鶡冠子曰上及泰清下及太寧）竭磐石栖百靈（鄭玄禮記注曰竭猶負戴也爾雅曰磐大石
也百靈衆仙）颺凱風而南逝廣莫至而北征（言巨鼇多力迎風而行也
呂氏春秋曰南方曰凱風北方曰廣莫風）其垠（銀）則有天琛水怪鮫人之室

文十二　六

（天琛自然之寶也尚書曰天球在東序水怪奇石生乎水濱也尚書曰鉛松怪石曹子建七啟曰戲鮫人之淵
林吳都賦注曰鮫人水底居）瑕石詭暉鱗甲異質（說文曰瑕玉小赤色者也說
文曰詭變也異暉別色也異質殊形也廣雅曰質軀也）若乃雲錦散文於沙汭之際
綾羅被光於螺蚌之節（言沙汭之際文若雲錦螺蚌之節光若綾羅也毛萇詩傳曰芮
崖也芮與汭通曹植齊瑟行曰蚌蛤被濱崖光采如錦紅）繁采揚華萬色隱鮮（說文
曰隱蔽也）陽冰不冶陰火潛然（言其陽則有不冶之冰其陰則有潛然之火也晏子春秋
曰陰水凝陽冰厚五寸說文曰冶銷也）熺（許其）炭重燔（煩）吹炯（古迥）九泉（熺炭之炭
有光也廣雅曰熺熾也重燔猶重然也吹猶然也漢書趙氏無吹火焉說文曰炯光也言火之光下照九泉地
有九重故曰九泉）朱燉（焰）綠煙腰（一妙）眇（亡小）蟬蜎（一縣煙飛騰之貌
燉與燄同）魚則橫海之鯨突扤孤遊（扤五骨郭璞山海經注曰屈原曰橫江湖之鱣）

孤也突扤高貌戛巖嶅偃高濤嶅五交切嶮也茹鱗甲吞龍舟廣雅曰茹食也莊子
曰吞舟之魚碭而失水高誘淮南子注曰龍舟大舟噏虛及波則洪漣踧蹜吹澇則
百川倒流劉劭趙都賦曰巨鼇冠山陵魚吞舟吸澇吐波氣成雲霧踧蹜聚貌踧子六切蹜所六切
或乃蹭七鄧蹬徒鄧窮波陸死鹽田蹭蹬失勢之貌上林賦注曰海邊也張揖上林賦注曰海
海水之產多出鹽也巨鱗插雲鬐鬣刺天郭璞上林賦注曰鬐魚背上鬣也南都賦
曰森蕁蕁而刺天顱盧骨成嶽流膏為淵廣雅曰顱謂之顙鯨鯢武四時記曰
曰東海有魚如山長五六里謂之鯨時死岸上膏流九頃春秋元命包曰積骨成山流血成淵若乃巖
坻直夷之隈沙石之嶔音欽郭璞上林賦注曰坻岸也說文曰隈水曲也嶔沙石嶔岑也說
毛翼產鷇苦候剖卵成禽爾雅曰生哺鷇郭璞曰鳥子須母食也剖破也鳧
雛離褷所宜鶴子淋滲所今西京雜記曰太液池其間鳧雛鶴子布滿充積離褷淋滲毛
羽始生之貌

文十二　七

群飛侶浴戲廣浮深翔霧連軒洩余世洩淫淫
新舉也洩洩淫淫飛翔之貌翻動成雷擾翰為林翻動貌漢書趙王曰聚蚊成雷孔安
國尚書傳曰擾亂也王弼周易注曰翰高飛貌更相叫嘯詭色殊音說文曰詭異也若乃
三光既清天地融朗淮南子曰夫道紘宇宙而章三光杜預左氏傳注曰融朗也不
汎陽侯乘蹻去喬絕往淮南子曰武王渡于孟津陽侯之波逆流而擊曹植若寒行曰乘蹻之
追術士遠在蓬萊山抱朴子曰乘蹻可以周流天下蹻道有三法一曰龍蹻二曰氣蹻三曰鹿盧蹻覿安
期於蓬萊見喬山之帝像列仙傳曰安期先生曰後千歲求我於蓬萊山下史記始皇
記曰武帝問今黃帝冢何也或對曰黃帝已仙上天群臣葬其衣冠也不死今有群
仙縹匹妙眇亡小餐玉清涯賦曰忽縹眇以響像列仙傳曰宜遠視之貌魯靈光殿赤
履阜鄉之留舄被羽翮之襂所今纚所宜曰安期先生琅邪阜鄉人自言千歲秦始皇與語賜金數千萬於阜鄉亭皆置去留書以赤玉舄一量為報言仙人以羽翮為衣
漢書曰天道將軍衣羽衣襂纚羽垂之貌翔天沼戲窮溟莊子曰窮髮之北有溟海者天
池也甄古然有形於無欲永悠悠以長生言仙人雖有形無情欲故能長生也鄭玄尚書緯注曰甄表也淮南子曰有形之
類莫尊於水莊子曰同乎無欲老子曰常無欲以觀其
妙又曰長生久視之道且其為器也包乾之奧括坤之區周易曰乾為天
坤為地孔安國尚書傳曰奧內也又曰區域也惟神是宅亦祇是廬神祇之靈眾
稱非惟天地而已禮記曰有天下者祭百神也何奇不有何怪不儲說文曰儲蓄也芒
芒積流含形內虛班彪覽海賦曰茫茫溟海於孫卿子曰不積小流無以成河海含形內虛言水能含眾形周易曰君子以虛受人謙也
曠哉坎德卑以自居周易曰坎為水家語金人銘曰江海雖左長百川以其卑也周易曰
謙謙君子卑以自牧管子曰大人皆赴高水獨赴下卑也而水以為都居也

文十二　八

弘往納來以宗以都自海而往弘之而來納之尚書曰江漢朝宗于海山海經曰和山實惟河之九都
品物類生何有何無言諸品物以類相生何所不有何所無者郭璞曰九水所潛故曰九都
韓詩外傳曰夫水萬物以生品物以正李尤翰林論曰木氏海賦壯則壯矣然首尾負揭狀若
文章亦將由未成而然也

江賦

釋名曰江公也出物不私故曰公也風俗通曰江者貢也為其出物可貢
璞以中興王宅江外乃著江賦述川瀆之美
郭景純臧榮緒晉書曰郭璞字景純河東人璞性放散不修威儀為敦所害
作後轉王敦記室參軍敦謀逆
又云有人見其形變靈云是靈精也

咨五才之並用寔水德之靈長左氏傳宋子罕曰天生五材人並用之廢一不

一

昔在、帝嬀、巨唐の代、
天綱、浡潏として、
凋を為し、瘵を為す。
洪濤、瀾汗として、万里際無く、
長波、沓沲として、八裔に迆涎す。
是に於てか、禹や、
乃ち臨崖の阜陸を鏟り、
陂潢を決して相沷がしめ、
龍門の岝嶺たるを啓き、
陵巒を⿱窒土いて嶄鑿せしむ。
羣山、既に略し、
百川、潜く渫い、
泱漭、澹泞として、
騰波、勢いに赴く。
江河、既に導き、万穴、倶に流れ、
五嶽を掎抜し、九州を竭涸す。
瀝滴たる滲淫、薈蔚たる雲霧、
涓流、泱瀼として、
来り注がざるは莫し。

むかし、天子の舜が（1）、先代の堯の治世のもとにあったとき、
天のおおもとがゆるみ、
すさまじい大洪水がおこり、人民は衰え、病み苦しんだ。
大波がうねり、万里きわもなく、
長波がよせ、八方、極遠の果てまでつらなった。
このようなとき、禹が現れ、
そこで流れをさえぎる高大な崖地をけずり、
巨大な、あふれ水をきりひらいて、下流へと流れさせ、
そびえたつ龍門山（2）を、水の通るように開通させ、
大きな山々や峰々を、ひらきたがやし、掘りうがたしめた。
こうして多くの山々に、水路が通じ、
あまたの川底を、深くさらったため、
果てしない洪水も、今は清らかに落ち着き、
下へ下へと波高く、流れ去ってゆくようになった。
揚子江も黄河も、もはやおさまり、すべての泉源は開通し、
五つの名山（3）も、もとの姿を現し、天下の洪水も、涸れた。
したたる水も、うるおう水や霧も、
すべて、小川の水となって流れ、
この海へ、海へと、そそいでこないものは、もはやなくなった。

二

於、廓いなる霊海、
長く委輸を為す。

其れ、広たるかな、其れ、怪たるかな。
宜なるかな、其れ、大たるかな、
爾も、其れ、状たるかな。
則乃ち、浟湙として、瀲灩として、
天を浮かべて岸無し。
沖瀜として沆瀁、渺瀰として湠漫、
波は連山の如く、
乍ち合い、乍ち散る。
百川を噓噏し
淮漢を洗滌す。
広舃に襄陵し、
漻濭として浩汗たり。

三

若し乃ち、
大明、轡を金枢の穴に攄り、
翔陽、扶桑の津に逸駭すれば、
彯沙・礐石、島浜に蕩颺す。
是に於て、鼓怒し、溢浪、揚浮し、

ああ、大いなる、神秘の海よ！
それは、古よりすべてを運び、人々をその目ざす彼方へと、向
　かわせてきた。

その広大さ、その不思議さよ。
何ということだ、その壮大さよ。
かくも、そのありさまよ。
すなわち、海は流れ、海は連なり、
天を浮かべて、果ては、ない。
深く、広く、はるかで、あまねく、
波は、山のように連なり、
たちまち、高まり合い、たちまち、砕け去る。
すべての川を、のみこみ、また、はき出し、
あの淮水も漢水も、(4)洗いきよめる。
広い干潟を越え、
限りなく、大きく、ひろがってゆく。

もし、そこで、
月明の夜が、ようやくはじまろうとし、
また、太陽が、東なる扶桑の国の港に、(5)のぼろうとすれば、
砂が飛び、水が石に激し、その島の浜辺に、風が疾い。
ここにおいて、海はどよめき、浪はあふれ、

更、相触摶し、沫を飛ばし、濤を起こす。
状は、天輪の膠戾して、
激転するが如く、
又、地軸の、挺抜して、
争廻するに似たり。
岑嶺は、飛騰して反覆し、
五嶽は、鼓舞して相硊つ。
渭、濆淪として滀漯し、
鬱、沏迭として隆頽す。
盤盓は、激して窟を成し、
消湍は、泶として魁を為す。
潤、泊栢として迤颺し、
磊、匒匌として相豗つ。
驚浪、雷のごとく奔り、
駭水、迸り集まる。
開合し、解会して、
瀼瀼として濕濕たり。
葩華として踧沑、
澒濘として潗湷たり。

四

若し乃ち、

たがいに相うち、沫を飛ばし、波をまきおこす。
そのさまは、あたかも、天の大車輪が逆転し、
激しくまわりつづけるかのよう、
また、大地の中心軸が、もりあがり、
天と競って、旋回しつづけているかのよう。
高山のような波は、また飛びあがっては、また落ち、
五嶽のようなうねりは、おどりあがっては、相うつ。
乱れ、もつれ、そして集まり、
さかんに、速く、そして上下する。
渦巻は、激高して、洞穴を形づくり、
高波は、にわかに起こって、小丘をつくる。
水流は、はやく迫って、小波をおこし、
大石は、重なる波に、相うつ。
突如、荒波が、雷のように突き抜け、
にわかに、水波が、しぶきをあげて集まる。
集散し、離合し、
光りきらめき、かつ砕け、かつ結ぶ。
散り去り、そしてちぢまり、
わきあがり、そしてとどろきわたる。

もし、そこで、

霾曀、潜れ銷え、
振うなく、竦くなく、
軽塵、飛ばず、繊蘿、動かざれば、
猶尙、呀呷として、
余波、独り湧く。
澎濞として灪磈、
碨磊として山壟、
爾して、其の枝岐、潭瀹し、
渤蕩として、汜を成す。
蠻に乖き、夷を隔て、
万里に迴互す。

五

若し乃ち、
偏荒、速やかに告げ、
王命、急かに宣すれば、
駿を飛ばし、檝を鼓し、
海に汎び、山を淩ぐ。
是に於て、
勁風を候ち、百尺を掲ぐ。
長綃を維け、帆席を挂く。
濤を望んで、遠く決れ、

風雨も、静まり、
そよとの、ざわめきも、収まって、
軽塵も、飛ばず、細い蔦も、動かぬようになれば、
それでもやはり、まだ、引きつ、寄せつ、
余波だけは、湧いている。
高まる、波のひびき、
小山のような、うねり、
かくして、海の支流は、さざめきゆれ、
うねりゆいて、長流を形づくる。
そして、夷蛮の国々をへだてる、
万里の彼方に、つらなり、めぐってゆく。

もし、そこで、
夷蛮の彼方から、急報が来て、
天子の勅命が、にわかに下ったときは、
駿馬を飛ばし、早舟をいそがせ、
海を渡り、山を越える。
ここにおいて、
強い風（順風）を待ち、帆柱をあげる。
長い帆綱をつないで、むしろの帆をかかげる。
波濤を望みて、遠くこの大陸を離れ、

冏然として、鳥、逝く。
鷁たること、驚鳧の、侶を失えるが如く、
倏たること、
六龍の、掣く所の如く、
一越、三千、
終朝ならずして、
届る所を済う。

六

若し其れ、
穢を負うて、深きに臨み、
誓いを虚しうして、祈りを愆てば、
則ち、海童、路を邀り、
馬銜、蹊に当たる有り。
天呉、乍ち見えて、髣髴、
蝄像、暫ち暁れて、閃屍たり。

羣妖、遘迕して、眇䁘として、冶夷、
帆を決り、檣を摧き、戕風、悪しみを起こす。
廓如として霊変し、
惚恍として幽暮なり。

きらきらと輝く鳥（「鳥舟」(6)か）が波間を去りゆく。
速きこと、群れを失って、飛び立つ鳥のように、
すみやかなること、天帝が、
六つの龍に乗り、（扶桑の地から(7)）天空にのぼるように、
一気に、三千里（の海峡を）越え、
あっという間に、
到達した対岸（の夷蛮の国）の危難を、救済したのだ。

もし、そこで、
持衰(8)の人を乗せて、深海にのぞみ、
（断肉・禁欲の）誓いを破り、海神への祈りに背いたならば、
すなわち、海童（海の怪人）が、船路をさえぎり、
馬銜（一角の龍馬）が、たちはだかり、
天呉（八顔・八尾の怪獣）が、たちまち、おぼろげに現れ、
蝄像（海上の一対の蜃気楼）が、サッとあらわれたかと思うと、
またたくまに消え去る。
群がる妖怪が、きたり現れ、遠くにあって、人をあやしくも、たぶらかす。
帆や柱は、破り砕かれ、疾風の、暴害をうける。
パッと、不思議にも変幻し、
海面一帯が、奥深い夕闇に、とざされたように暗くなる。

気は天霄（てんしょう）に似て靉靅（あいひ）として、雲布（うんぷ）す。
䨳昱（しゅくいく）たる絶電（ぜつでん）は、
百色（しき）に妖露（ようろ）し、
呵嗽（かこつ）たる掩鬱（えんうつ）は、矆睒（かくせん）に度（ど）無し。
飛澇（ひろう）、相磢（あいまじ）り、激勢（げきせい）、相沏（あいう）ち、
崩雲（ほううん）、屑雨（せつう）、浤浤（こうこう）として、汩汩（いついつ）たり。
踸踔（ちんたく）として、湛濼（たんやく）、
沸潰（ふっかい）として、渝溢（ゆいつ）す。
瀖済（かくき）として、濩渭（かくい）、
雲を蕩（あら）い、日に沃（そそ）ぐ。

七

是（ここ）に於（おい）て、
舟人（しゅうじん）、漁子（ぎょし）、
南に徂（ゆ）き、
東に極（いた）る。
或いは、黿鼉（げんだ）の穴に、屑没（せつぼつ）し、
或いは、岑敖（しんごう）の峰（みね）に、挂罥（けいけん）す。
或いは、裸人（らじん）の国に、掣掣洩洩（せいせいえいえい）し、
或いは、黒歯（こくし）の邦（ほう）に、汎汎悠悠（はんはんゆうゆう）す。

大気も、大空と同じく、暗闇が、雲のように、海面をおおう。
アッと思うまもなく、雷（いなずま）の電光は、きらめいては、とぎれ、
百色に、あやしくも、変転する。
そして、無明（むみょう）がおおい、光色の変幻は、さだまらぬ。
大波が、飛び交（か）い、激浪が相うち、
雲は崩（くず）れ、雨はしぶき、波浪の激（げき）しあう音。
常なく動き、波はあがり、
浪は逆巻（さかま）き、水はあふれる。
大波浪は、ごうごうと、叫びをあげ、
雲を洗い去り、太陽をひたす。

ここにおいて、
舟人（ふなびと）や漁師（りょうし）は、
南の海におもむき、
（黒潮に乗じると、一転して）
東の果てに至る。
あるいは、海とかげの穴に落ちこみ、
あるいは、海岸にきりたった断崖（がい）に接触する。
あるいは、風に任せ、風に導かれ、漂うて、裸人の国に至り、
あるいは、海流に従い、はるかに周流して、黒歯の大国に至る。

或いは、乃ち、萍流して浮転し、
或いは、帰風に因りて、以て自ら反る。
徒らに、怪を観るの、
駭き多きを識り、
乃ち、歴る所の、近遠を悟らず。

八

爾も其れ、大量たるかな、
則ち、
南のかた、朱崖を淊し、
北のかた、天墟に灑ぐ。
東のかた、析木に演び、
西のかた、青徐に薄る。
経途瀴溟として、万万有余なり。
雲霓を吐き、龍魚を含み、
鯤鱗を隠し、
霊居を潜む。

あるいはそこで、浮草のように、流れては転回し、（そのため、永遠に、帰る機を失い、）
あるいは、帰風にめぐまれると、自然にかえりつく。
ただ、彼等は、驚くべき、不思議の数々を、
あまりにも多く、見すぎたため、
今まで、経てきた所が、どこを、どう通ってきたかも、知らない。

かくも、その、海の、巨大なありさまよ。
すなわち、
南のかたは、朱崖（南方朱い崖の地。一説に海南島）を、海波が洗い、
北のかたは、天墟（天から連なったような、広大なすそ野。シベリア大陸か）に向かって、水流がそそぐ。
東のかたは、析木（東北方の星座の方向）へと、大長流が、流れゆき、
西のかたは、青徐（青州と徐州。黄海、東海の沿岸一帯）に波がせまっている。
南北の道のりは、遠くはるかであり、一億里にも余る。
ここ、海は、雲や虹がわき立ち、龍魚の住む所。
鯤（伝説の巨大魚）のような大魚、霊居（神秘の居所）のような、美しい大地を、ひそかにかくしている。

豈徒(あにただ)、太顛(たいてん)の宝貝(ほうばい)と、隨侯(ずいこう)の明珠(めいしゅ)とを積(つ)むのみ
　ならんや。

どうして、ただ、史上有名な、海の秘宝「太顛(たいてん)の宝貝(ほうばい)」[9]や「隨侯(ずいこう)の明珠」[10]を、蔵していただけに、とどまるだろうか。（いや、決して、この二つだけではないはずだ。）

九

将(は)た、世の収むる所の者は、常に聞き、
未(いま)だ、名あらざる所の者は、無きが若(ごと)し。
且(か)つ、世の聞くこと希(まれ)なるは、
悪(いずく)んぞ、其の名を審(つまび)らかにせん。
故に、其の色を仿像(ほうぞう)し、其の形を靉霼(あいき)すべし。

さて、中国の世に、もとから存在している事物や、また、外部から公然ともたらされた宝（たとえば、先の二宝）のことは、いつもわたしたちは、耳にしており、
それらの中に、その事物の「名」のついていないものなど、ほとんどない。
ところが、本来、中国の世に存在せず、また外から、かつてもたらされたことのないものは、（まだ「名」がついていないから）どうしてその事物の「名」を、ハッキリとさせる（中国語で表記する）ことができるだろうか。できはしない。
そこで、それに代(か)えて、その未知の事物の色（様相）や形を（手持ちの中国の文字を組み合わせて）ぼんやりとでも、その事物のイメージが、読者に伝わるように表現する――それよりほか、方法はない。

十

爾(かく)も、其れ、
水府の内、極深の庭には、
則ち、崇(すう)島・巨鼇(ごう)有り。

そこで（描写してみると）、その、
海の中の、もっとも東の果ての所[11]には、
すなわち、巨大な海亀の住む、高大な山嶽の連(つら)なる島が、

峌峴として、
孤亭たり。
洪波を擘き、太清を指し、
磐石を竭い、百霊を栖ましむ。

凱風を颺げて
南に逝かしめ、
広莫、至りて、北に征かしむ。
其の垠には、則ち、
天琛の水怪、
鮫人の室有り。
瑕石、詭暉として、
鱗甲、異質たり。

十一

若し乃ち、
雲錦、文を沙汭の際に散らし、
綾羅、光を螺蚌の節に被れば、
繁采、華を揚げ、
万色、鮮を隠し、
陽氷、冶えず、

高々とひとりそびえ立ち、
あたかも〝離れ座敷〟のように、実在している。
巨波をきりひらき、天空を指さし、
大岩石がつらなり、数多くの生物を、棲まわせている。
(その巨大な島の、高い山嶽の連なりのため)
南から、吹きよせる風は、その山壁にぶっかって、
南へと反転させられ、
北から、吹ききたる風は、同じく、北へと逆転させられてゆく。
その果てには、すなわち、
天然(12)の宝物や、不思議な動物が、海に棲み、
人魚の住み家がある。
小さい、赤色の宝石が、不思議な輝きをもち、
魚類は、変わった鱗甲をもっている。

もし、そこで、
朝霞が、海岸の砂浜のほとりに、美しい彩りを、なげかけ、
蛤の貝がらに、あや絹のような筋目が、キラキラと光るならば、
　そこに、
あるいは豊かな輝きがあふれ、
あるいはすべての色は、あざやかさをかくす。
万年雪は、消えず、

陰火、潜み然ゆ。
熺炭、燔を重ねて、
九泉を吹烱し、
朱燉・緑煙は、
瞟眇として、蟬蜎たり。
魚は則ち、横海の鯨、
突扤として、孤遊す。
巖嶅を戛ち、高濤に偃し、
鱗甲を茹い、龍舟を呑む。
波を噏えば、則ち、洪漣、踧蹜り、
澇を吹けば、則ち、百川、倒に流る。
或いは乃ち、窮波に蹭蹬し、
陸に、塩田に死すれば、
巨鱗は、雲を挿し、
鬐鬣は、天を刺す。
顱骨は、嶽を成し、
流膏は、淵を為す。

十二

若し乃ち、
巖坻の隈、沙石の嶔に、

陰火が、ひそかに燃えている。
もえあがる火山は、火焔を重ね、
地下の深層を、吹きあげている。
真っ赤な炎、緑がかった煙の、
もうもうと、立ちのぼっているのが、はるかに見える。
魚は、すなわち、海をふさぐ巨鯨がいて、
ゆうゆうと、また超然として、泳いでいる。
海岸の、断崖に接し、高波をくぐり、
魚類を食い、大きな舟も、一のみにするばかりだ。
波を吸いこむと、すなわち、大波がよりあつまり、
汐を吹くと、すなわち、百の川が、天上に逆流するかのよう。
時あってか、そこで、波に行く手を失って、
海岸にうちあげられ、浅瀬に窮して、死んでいることがある。そのときには、
巨大な鱗は、雲をつき、
せびれは、天をさしている。
頭の骨は、山嶽のよう、
流れ出た膏は、淵のように、たまっている。

もし、そこで、
切り立った、断崖のほとりや、浜辺のがけに、

毛翼鷇を産み、
卵を剖りて禽を成せば、
鳧雛、離褷として、鶴子淋滲たり。
羣がり飛び、侶に浴し、
広きに戯れ、深きに浮かび、
霧に翔し、連なり軒がって、
洩洩として、淫淫たり。
翻動して雷を成し、
擾翰して林を為す。
更相叫嘯し、
詭色・殊音あり。

十三

若し乃ち、
三光、既に清く、天地融朗にして、
陽侯に汎かばず、
蹻に乗りて、絶く往かば、
安期を、蓬萊に覯、
喬山の帝像を見る。

「毛翼」とも呼ぶべき、巨大な鳥がいて、
卵を生み、ひながかえると、
かものひなや、鶴の子と同じく、羽毛が生えはじめる。
彼等は、群がり飛び、共に水を浴び、
広い天、深い海に、遊び戯れていて、
霧の上を滑空し、上天に連なりあがり、
風に従って、遠く去る。
ひるがえりきたると、雷のように、羽音をひびかせ、
乱れ、はやく飛んで、林のように群れをなしている。
互いに（羽音で）鳴きかわし、
この世のものとも思えぬ、不思議な色、変わったひびきを、帯びている。

もし、すなわち、
太陽も、月も、星座も、さやかに輝き、天地に光あふれ、
難破の憂いなく、仙人の乗り物のように、遠き海流に、乗じ、
（その巨島からはなれ）絶海の島へと、目指しゆくときは、
仙人の安期(13)の住んだという、あの蓬萊島のような神聖な島に着く。
その島には、黄帝の像がきざまれていた、というあの喬山のように、帝王の彫像がきざまれている、その姿を眼前にすることができる。

羣仙、縹眇として、
玉を清涯に餐い、
阜郷の留舃を履み、羽翮の襂纚たるを被る。

天沼に翔り、
窮溟に戯れ、
有形を無欲に甄し、
永く悠悠として、以て長生す。

十四

且つ其れ、
器たるかな、
乾の奥を包み、
坤の区を括むる、
惟れ、神、是に宅み、
亦、祇、是に廬る。

何の奇か、有らざらん、
何の怪か、儲えざらん。
芒芒たる積流、
形を含んで、内は虚し。
曠なるかな、坎徳、

そこには、多くの仙人たちのような人々が
俗世をはなれた、清雅な暮らしをしている。
彼等は、故郷に履物を残して蓬萊島へと去り、その島で、長くた
　れた羽毛の衣を着ていたという、あの安期のように、
この世のものならぬ、絶海の海域で、
天に滑空(14)し、海に戯れている。
そして、限りあるいのちを、無欲の中に生き、
永く、ゆうゆうと、長生きを、楽しんでいる。

そして、その、
海という器の壮大さよ、
天地の奥、地の端まで
包みこんでいる。
天地の神々は、
この海の中に、やどっているのだ。
　（そんな壮大な、海だから）
どんな、奇怪な現象とて、
どうして、ありえないことがあろう。
ぼうぼうたる、大海流よ、
形あるものを、ふくみこんで、内は、あの、大空虚そのものだ。
広大なる、海の徳よ！

卑くして、以て自居す。
往を弘め、来を納め、
以て宗い、以て都まる。
品物・類生、
何か有り、何か無からん。

自己を、ひくくし、そのみずからに、安んじている。
はるかなる、往来をうけいれ、
すべてをあつめ、すべてを流れこませてゆく。
（そんな広大な、海だから）
万物であれ、もろもろの生ある物であれ、
何が有り、何が無いか、
——それを、誰が、きめることができよう。

注

（1）中国において、「堯・舜・禹」の三代を、最初の聖天子とする。
（2）中国の山（山西省河津県と陝西省韓城県との間）。『尚書』禹貢篇に見える。
（3）霍山・泰山・衡山・華山・恆山。
（4）いずれも、中国の川。淮水は河南省に発し、江蘇省の大運河に合す。漢水は陝西省に発し、揚子江にそそぐ。
（5）東方の国。日の出づる処とされ、しばしば日本を指す、とされる。（『三国志』も、倭国を「日の出づる処に近し」と記す。東夷伝序文。）
（6）二九六頁参照。
（7）注（5）に関連。
（8）二六三頁参照。
（9）殷の紂王に献ぜられたという、水中の大貝。（『琴操』）
（10）蛇が恩返しに、漢中の随侯にもたらしたという大珠。（『淮南子』）
（11）この「極深」の語は、先の「南に狙き、東に極る」の句をうけている。

（12）ジュゴンか、と言われる。

（13）「安期生は、琅邪、阜郷の人。自らは千歳と言う。秦の始皇、与に語り、金数千万を賜う。皆、置きて去る。書を留めて曰う、『後、千歳、我を蓬萊山下に求めよ』と。赤玉の舄、一量を以て、報と為す。」（『列仙伝』）

（14）「翔」は「翼を張り、風に乗って飛ぶ。羽を動かさずに飛ぶ。」つまり、〝滑空〟である。

おわりに

わたしの母は、四国の室戸岬に近い海辺の村の出身だった。わたしも子供の頃、太平洋に向かう荒浪の浜辺で、祖父から海の話を聞いたことがある。

黒潮は、朝は仕事場、夕は墓場。遭難の恐怖と女たちの心配。海に立ちむかう男たちの知恵と勇気。

――それらの話に幼いわたしは目を輝かせて聞き入った。

思えば、日本の古代史を彩る、「定説」という名の蜃気楼。その数々へのわたしの挑戦も、古からの漁夫たちの日常の闘いと変わるところはない。板子一枚、下は地獄だ。一片の真実を求め、一寸の虚偽をうち斃す熾烈な論戦。それは今もつづいている（次表、論文等一覧、参照）。だが、その中からどうしようもない真実が、太陽のように疑いようもなく、徐々に明確にその姿を現している。

遠い未来の日に、この本を手にとる人よ！　あなたが、真実という名の、ささやかな一つの真珠をこの中に見出されんことを――過ぎ去りしわたしの、この孤立の闘いの中から。

夢をはらまぬ真実はなく
真実を生まぬ夢はない

昭和五十年夏

古田武彦

古田武彦古代史関係論文等一覧

☆は本書収載のもの

古事記序文の成立について――尚書正義の影響に関する考察

『続日本紀研究』2―8　昭和30・8

邪馬壹国『史学雑誌』78―9　昭和44・9

邪馬壹国『読売新聞』昭和45・1・24、25、27

邪馬壹国と金印『朝日新聞』昭和47・4・5

☆邪馬壹国の諸問題（上）・（下）『史林』55―6・56―1　昭和47・11、48・1

邪馬壹国と海賦『中外日報』昭和48・3・29～4・1

☆「海賦」と壁画古墳未発表　昭和48・4

好太王碑文「改削」説の批判――李進熙氏「広開土王陵碑の研究」について『史学雑誌』82―8　昭和48・8

☆邪馬壹国論――榎一雄氏への再批判『読売新聞』昭和48・9・11～29

記紀説話と九州王朝『朝日新聞』昭和48・10・24

九州王朝と日本神話『中外日報』昭和49・1・18～2・27

☆神津恭介氏への挑戦状――「邪馬台国の秘密」をめぐって　未発表　昭和49・3

邪馬壹国の論理性――「邪馬台国」論者の反応について『伝統と現代』26　昭和49・3

☆『翰苑』と東アジア『朝日新聞』昭和49・6・19

☆銅鐸人の発見『歴史と人物』昭和49・9

☆魏晋（西晋）朝短里の史料批判——山尾幸久氏の反論に答える『古代学研究』73　昭和49・9
☆金印の「倭人」と銅鐸の「東鯷人」『週刊朝日』昭和49・9・13
☆直接証拠と間接証拠——好太王碑文《酒匂本》の来歴『東アジアの古代文化』昭和49・秋
邪馬壹国の史料批判『邪馬臺国の常識』（毎日新聞社刊）所収　昭和49・11
☆倭王への献上か下賜か『毎日新聞』昭和49・11・6
邪馬壹国の論理と後代史料（上）（下）——久保・角林両氏の反論に答える『続日本紀研究』176・177　昭和49・12・1、50・2・1
☆九州王朝の古跡『歴史と旅』昭和50・3
☆推理小説のモラル『小説推理』昭和50・3
☆戦後古代史学への疑問『朝日新聞』昭和50・3・8、15、22、29
「邪馬台国」はなかった——その後『日本古代史の謎』（朝日新聞社刊）所収　昭和50・3
☆倭人の南米大陸への航行について　未発表　昭和50・4
まぼろしの「邪馬台国」への道『聖教新聞』昭和50・6・13
☆続・推理小説のモラル『小説推理』昭和50・7
☆邪馬台国論争は終わった『別冊週刊読売』昭和50・7
古代船の航路『中外日報』昭和50・7・26〜8・2
飛鳥（ひちょう）の海流『野性時代』昭和50・9
九州王朝の論理性——白崎昭一郎氏に答える『東アジアの古代史』昭和50・秋
古代船は九州王朝をめざす『野性時代』昭和50・10特別号
九州王朝の史料批判——藪田嘉一郎氏に答える『歴史と人物』昭和50・12

日本の生きた歴史㈣

日本の生きた歴史㈣

第一　「論争」論

この本には、刺激的な表題をもつ一篇がおさめられています。「邪馬台国論争は終わった」です。昭和五十年七月に『別冊週刊読売』に掲載されたものです。

一見〝傲岸不遜〟な印象をもつ題名ですが、この短篇を〝読み終わった〟瞬間に、わたしの表題のもつ「意味」は明瞭となります。

「これに対し、〝否！　邪馬台国論争はまだ終わっていない〟――そのように呼号する人があるならば、それはわたしの望む所だ。」と。この短篇にのべた、わたしの論証とその拠って立つ方法、それに対する批判、「再反論」の出現を深く期待する。その主旨の「題」だったのです。

言いかえれば、学界の専門家や一般の古代史に関心をもつ人々に対する挑戦、それがこの一篇でした。ここで「論争」が終わるのではなく、ここから「論争」がはじまることを期待する。そのための表題でした。

第二　「二島定理」論

この論文のキイ・ワード、それは「二島定理」です。

「二島」は、対馬・壱岐のこと。この二島が「倭国」に属すること、それは確実です。とすれば、この「二島」の中の〝出土物〟つまり「考古学的遺物」を見れば、倭人伝に言う「倭国」の姿、地下に埋蔵されていた〝考古学的遺物〟の「性格」が判明する。わたしはそう考えたのです。

それは「銅矛・銅戈・銅剣」の世界です。ことに「銅矛（広矛）」が〝圧倒的〟です。倭人伝にも、女王の周辺を〝守る〟シンボル（「兵」）として、「矛」の存在が明記されています。

では、この対馬・壱岐の「矛」の生産地はどこか。——「鋳型」です。その「鋳型」は、一地域に集中して出土しています。筑紫（福岡県）です。博多から、春日市を経て太宰府近辺に至る一帯、それは「弥生銀座」の〝異称〟のある通り、右の「鋳型」の〝集中地帯〟です。

すなわち、この「筑紫」こそ「女王国の中心部」ではないか。これがわたしの「論証」でした。

第三「短里」論

一

次は「短里の五証」です。

「里」には「短里」と「長里」があります。「短里」は「周」と「魏・西晋」の制度です。一里が約「七十六メートル前後」です。

「長里」は「秦・漢」と「東晋・南朝劉宋以降」です。これに対し、「北魏」にはじまる北朝系はすべて「長里」でした。実定値は「短里の約六倍」です。

「三国志の魏志倭人伝は、『短里』で書かれている。」

第一書『「邪馬台国」はなかった』で詳細に論じたところ、それをここでは「短里の五証」として

〝要約〟しました。改めて「論定」したのです。

その一つは、「江東」問題です。

Ａ江東、小なりと雖も、地方千里。

（史記、項羽本紀、漢書項籍伝）

Ｂ江東に割拠す、地方数千里。

（三国志、呉志九）

「方」は一辺の長さで、正方形の面積をしめす言葉。現代の「方法」という言葉の淵源です。同じ「江東」という地域に対して、一方では「千里」、他方では「数千里（＝五～六千里）」と言っているのですから、両者の「里」が〝同一の長さ〟であるはずはありません。

重要なのは、次の一点です。

三国志の読者は、すでに「史記」と「漢書」を〝読んで〟います。三国志の著者、陳寿も、もちろんです。

ということは、Ａの項羽を語る有名な右の一文は、三国志の著者、読者ともみんなすでに〝周知〟の文面だったのです。

そこで「数千里」とあれば、それは何を意味するでしょう。

「史記や漢書の『里』とは、〝数倍（五～六倍）〟の、異なった単位で、この三国志は書かれていますよ。」

そのような「陳寿の意思」の現われた一文です。そのように考える他、ありません。それが理性のしめすところです。

二

その二つは「韓地」です。

韓は黄方の南に在り。東西、海を以て限りと為し、南、倭と接す。方四千里なる可し。（魏志三十、韓伝）

韓地の「方四千里」は、「短里」なら、ほぼ〝妥当〟しますが、もしこれが「長里」だと、一辺が五～六倍、面積はその「二乗」ですから、「二十五倍～三十六倍」の〝超大面積〟となります。この「韓地」は、漢代（武帝の頃）は「漢の四郡」の一として、中国側の〝直轄領〟だったのですから、陳寿がこれを〝とんでもない空想的な広さ〟として錯覚していた、などということはありえません。絶無です。

その三つは「朝鮮海峡」です。

①狗邪韓国～対海国

②対海国～一大国

③一大国～末盧国

の三区間が、いずれも「千余里」と書かれていることは有名です。もちろん「海上里程」の場合は「陸上里程」より、精度の〝落ちる〟こと、疑えませんが、それでも〝おおよそ〟において、「短里」なら〝妥当〟しますが、もしこれが「五～六倍」もの「長里」だとしたら、朝鮮半島南辺と九州北辺との間は、〝途方もない遠距離〟とならざるをえません。九州北辺の末盧国は、九州南辺の鹿児島の、さらに南方の海上に〝位置〟せざるをえないこととなりましょう。

中国（魏）の使者（梯儁、張政等）は、実際に倭国に行き、女王に会っているのですから、右の「三千余里」（千余里、三回）が〝空想的な長さ〟などということはありません。やはり「短里」です。

なお「対海国」（「方四百余里」）と「一大国（「方三百里」）も、当然「短里」でなければ、全く〝妥当〟しません。これも当然のことです。

三

その四つは「天柱山」です。

潜中、天柱山有り。高峻二十余里。（三国志、魏志十七）

史記（第十二、孝武本紀）の武帝の天柱山巡行記事で有名な名山です。高さは一八六〇メートル。「短里」だと「二十三〜四里」とは「一七二五〜二二六〇メートル」ですから〝妥当〟します。「長里」では、その「五〜六倍」のウルトラ高山となってしまいます。

もちろん、「天柱山」とは〝異称〟ですから、幾つか「他の候補地」もありえましょう。しかし、いずれにしても、中国の中原にそんなウルトラ高山はありません。

「平地から山頂まで、延々と〝廻り道〟しながら、登ってゆくさいの総里程」などというのでは、それをしめすための「文脈」が必要ではないでしょうか。単に「高峻」の二字では、全く「否（ノウ）」、〝不足〟です。そうは思いませんか。

やはりこれも「短里」表記なのです。

四

その五つは「方里」表現の〝広さ〟。

南、零・桂を収め、北漢川に拠る。地方数千里。　（三国志、魏志六、劉表伝）

荊州（湖南省のあたり）の〝広さ〟の表記ですが、もしこれが「長里」なら、中国全土に〝近い〟超広大面積となってしまいます。先に出した「江東、方数千里」のケースと〝同類〟です。

以上、三国志が、その全体において「短里」で書かれていること、これを〝まとめて〟簡約しました。

わたしがこの問題を提起して、すでに「三十余年」が経ちましたが、各専門家や古代史と三国志の魏志倭人伝を論ずる人たちがこのテーマを「そろって無視してきた」ように思えるのは、不可解です。

たとえば、後出のように、俾弥呼の冢の「径、百余歩」も、この「里単位」問題を〝抜き〟にしては語れません。なぜなら「歩」というのは、「里」の〝下部単位〟をしめす、中国側の「術語」なのですから。

五

最後に、一言。

わたしは中国へ行くたびに、書店などで「三国志」の注解本を探し、次々と入手してきました。

しかし、不思議なことに、その中の「倭人伝」のところに、この「里程」問題、その実定値との関係、わたしの言う「短里」と「長里」の問題にふれ、それを〝掘り下げ〟ようとした注記を〝見出す〟ことができないのです。不審です。近畿であれ、九州であれ、他の日本列島の各地であれ、現代の中国側の研究者にとって「日本列島の地理」、その〝実際の大きさ〟は当然周知のところです。

とすれば、なぜ、このような「里程」記事、たとえば「一万二千余里」が書かれているのか、「中国側の目」で論じてほしいのです。しかし、ありません。わたしは「見た」ことがないのです。

逆に、日本側の〝新たな研究者群〟の中から、この「短里」問題を〝抜き〟にしては、三国志のみならず、隋書や旧唐書、新唐書などの「里程」記事が、理解不可能となること、それが報告されています。

(『なかった——真実の歴史学』第六号、清水滝氏の論文等、参照)

中国側の、中国人の研究者からの「学問的反応」が切望されます。

第四 「真実」論

一

歴史学の中の真実とは、何でしょう。それが真実であることは、どうやって証明できるのか。このキイ・ポイントについてのべてみたいと思います。

第一書『「邪馬台国」はなかった』での、女王国探究の結着点、それは「糸島・博多湾岸」でした。「邪馬壹国」とは、筑紫(福岡県)を中心とする国名だったのです。

その理由は、たった一つ。

「部分里程の総和は総里程である。」

このテーマに尽きました。そして従来は総里程の中に入れられていなかった「対海国」と「一大国」

の「半周」（八〇〇余里と六〇〇里）を〝計算〟に入れたとき、右のテーマが「満足」させられたのです。そのとき、女王の都する「邪馬壹国」の位置が判明したのです。それは「部分里程」の最終の国、「不弥国」の「南」でした。

「不弥国」は「伊都国の東、百里」のところ、博多湾岸の西北隅に当っています。そこから「北」は博多湾、「南」に当るのは、博多湾岸のいわゆる筑紫（福岡県）だったのです。

このような帰結を得たとき、わたしは「考古学的成果やその遺跡の存在」などを、一切視野に入れてはいませんでした。純粋に「文献上の分析」だけに依存していたのです。

二

これと対照的なテーマ、それが今回の「二島定理」です。この場合、「文献解読」ではなく、もっぱら考古学的出土物（矛・戈・剣）のみに〝依存〟しました。

「倭国」であることが〝確実〟な「対海国」と「一大国」、言いかえれば、対馬と壱岐の遺跡、そこから出土した遺物の「分布」を原点として、それと「同類」の出土物の〝拡がる〟ところ、特にその製造のための遺物である「鋳型」を求めました。そしてその分布領域が、同じ「博多湾岸」である、という事実を知ったのです。

三

右のように、全く別の「二つの求め方」であるにもかかわらず、その「帰結」が一致しました。そのとき、わたしは「これが真実だ。」と確信したのです。一方は「文献」的、他方は「遺物」的、その二つの帰結がキッパリと一致する。――そのときわたしはそこに「真実を見た」のです。だから「邪馬台国論争は終わった」――そう感じたのです。

くりかえします。「文献」事実と「遺物」事実、二つの事実の一致、それこそがまさに「真実の証（あかし）」なのです。

四

わたしは「結び」の冒頭に、次のように書いています。三十余年前です。

「かえりみれば従来、ほとんどの『邪馬台国』論者は、博多湾岸は『奴国』だとして〝決定済み〟であるかのように見なしてきた。（わたしの本『「邪馬台国」はなかった』が出たあとの今日でも、なお『博多＝奴国』を全研究者の異論なき定説であるかのように書いてはばからぬ人々がある。）その上で、〝さて、邪馬台国は？〟とその所在地論争にふけってきたのである。」

この一文を〝読み返し〟て嗟歎（さ）しました。現在（二〇一〇年二月）進行中の連載記事、高名な考古学者の「邪馬台国」論が、まさに右の立場そのものに立ち、延々と叙述されていたのです。（森浩一「倭人伝を読み直す」『西日本新聞』三十六回連載、二〇一〇年一月〜三月十二日）あたかも全く「古田説は無かった」かのように。

もちろん、わたしにとっては極めて旧知の方です。その研究室（同志社大学）には何回、足を運んだか知れません。

あたかも「自分に都合の悪い説は『なかった』ことにしていい。」とでも、言うように。もし、そうだとしたら、日本の考古学、日本の学問は、世界に〝顔向け〟できぬ「島国、考古学」と化してしまったのではないでしょうか。わたしは心の奥底から深い歎息をつく他ありませんでした。

第五　「誤認」論

一

わたしには念願がありました。

「自分の説の〝まちがい〟が分かったら、直ちに『まちがっていた』と言おう。」

と。当り前のことですが、これこそ真理探究者の面目、不可欠のルールだ。そう決めていたのです。

今回、それがありました。「東鯷人」問題です。「銅鐸人の発見」「金印の『倭人』と銅鐸の『東鯷人』」の二篇がそれに当っています。

わたしの理路は次のようでした。

漢書には次の二文があります。

（A）楽浪海中に倭人有り。分かれて百余国を為す。歳時を以て来り献見す、と云う。（燕地）

（B）会稽海外、東鯷人有り、分かれて二十余国を為す。歳時を以て来り献見す、と云う。（呉地）

右の（A）は有名です。教科書などにも、必ず、と言っていいくらい「引用」されています。

しかし、この漢書には、もう一つ、全く同じスタイルの文章があります。それが（B）です。

会稽郡の外、つまり東シナ海に「東鯷人」と呼ばれる住民がいて、あの「倭人」と同じように、年々、きまった時に、中国へやって来る、というのです。この「東鯷人」とは、何者でしょうか。

辞書で引けば「鯷」は〝なまず〟です。しかし〝東の「なまず」の人〟では、何のことかわかりません。

そこで「魚へん」を〝取って〟みました。「倭人」の「倭」が志賀島出土とされていた金印では「イべん」がなく、「委」とされているのは、有名です。（第一回「日本の生きた歴史」参照）

三国志の魏志倭人伝でも

①狗邪韓国→対海国〈度〉

②対海国→一大国〈渡〉

③一大国→末盧国〈渡〉

となっています。「度」と「渡」と「共用」もしくは「混用」です。

ですから「鯷」も「魚へん」を〝取り除き〟、「是」で見ますと、〝はしっこ〟の意味です。音は「テイ」です。例の「土堤（どて）」の「是」だったのです。

とすると、「東鯷人」とは、〝東のはしっこの人〟という意味となります。

わたしはそのように考えたのです。

二

〝まちがった〟のは、その次でした。

「〝東のはしっこの人〟だから、『倭人』より、もっと東にいる人々だろう。」

そう思ったのです。とすると

「倭人は、九州の北部、筑紫を中心とする地帯にいる。銅矛・銅戈・銅剣の分布地帯だ。

従って、そのさらに『東』に当るのは、近畿を中心とする〝銅鐸圏の人々〟である。」

と、論をすすめたのです。その結果が右の二篇となったわけです。

しかし、このような「論のすすめ方」はまちがっていました。なぜなら

(A)は「燕地」（北京付近）

(B)は「呉地」（会稽山付近）

というように、〝呼び名〟の「原点」が別々だったのです。

それなのに、この「史料事実」の〝ちがい〟を無視して

「東鯷人は、倭人よりもっと東（はしっこ）にいる。」

と「速断」したのです。〝あやまり〟でした。「認識の方法」がまちがっていたのです。

三

では、本当の「東鯷人」はどこにいたのか。

わたしはそれを「南九州」だと考えています。鹿児島県を中心とする「縄文文明のメッカ」です。

かつては「東高西低」と言われ、縄文文明は東日本に多く、西日本は少ない、と考えられていました。

しかし、近年、上野原をはじめ、鹿児島県西岸部一帯から次々と縄文土器が「発見」されてきました。

しかもそれは

(一) 時期が早いこと（縄文早期、前期から中期に至る）。

(二) 単独の分散型ではなく、質量とも一群の〝拡がり〟をもつ出土であり、すでに縄文文明の〝豊かな結実期〟が、長期間にわたってつづいていたこと。

いずれから見ても、従来の「縄文観」を一変させるものでした。

このような「長期」かつ「部厚い層」をもつ縄文文明の存在、それはまさに〃画期的〃です。そのような〃華（はな）やかな先進文明〃の存在を、対岸の「呉・越の人々」が一切知らずに何百年もすごしていた。

そんな事態は、わたしには考えることができません。

彼等（呉の人々）はそれを「東鯷人」と呼んだ。わたしは改めて、そう考えたのです。

四

わたしが自分の〃あやまち〃に気づいたのは、多くの方々のおかげでした。

最初の「東鯷人＝銅鐸圏の人々」説に対して、次々と反対説が現われました。

先ず、関東説。「東のはしっこ」なら、近畿では〃中途半端〃だ。むしろ関東地方の千葉県あたりの方がふさわしい。そこから「東」は、もはや海。本当の「はしっこ」だ、というのです（吉田堯躬（たかみ）さん）。

次は、東北（青森県）説。「関東」では、まだ〃はしっこ〃ではない。津軽（青森県）こそ真の〃はしっこ〃。「東鯷人は津軽人である。」という論法です。（竹田侑子（ゆうこ）さん）。

いずれも、意気さかんな提言で、その間の「論争」は生き生きしていました。（東京古田会や多元の会、古田史学の会などの「会誌」で展開）

そのかんかんがくがくの論争にふれて、わたしは自分自身の「理路の再点検」にとりくみました。というより、すでに「新たな視点」に自分を置いていたのです。それが「燕地」と「呉地」の〃ちがい〃でした。この〃ちがい〃にかまわず、（A）と（B）を〃一緒にしたまま〃「東のはしっこ」を考えていたのです。

熱心な、各会の方々の「論争」にふれて、わたし自身の「史料のとり扱い方」に欠陥のあったこと、それを再確認させられたのでした。

いわゆる、専門の学者たちの学術論文では、この「東鯷人」問題に深く立ちこんだものを知りません。しかし、一般の「古代史ファンたち」は、二歩も三歩も、問題を先へと押し進めて下さっていたのです。そのおかげで、自分の「あやまり」を確認することができたのです。

第六　続「誤認」論

一

わたしの「失敗」の一つ。それは「女島（ひめじま）」問題です。

古事記の「国生み神話」の中に「女島」があります。「亦の名」は「天一根」です。

最初、わたしはこれを瀬戸内海の姫島と理解していました。岩波の日本古典文学大系本にも、その注記がありました。いわば「通説」です。

ところが、異議が出ました。博多に住む灰塚照明・鬼塚敬二郎さんからです。

「前原の西、糸島郡の姫島の方が本当のようですよ。」

そういう忠告でした。お二人は現地（博多・糸島市）に強い。そのお二人の「土地鑑」に、わたしは従いました。そして『盗まれた神話』の朝日文庫版の末尾に、その「訂正文」を付加したのです。

それが〝まちがい〞でした。わたしの不用意でした。念のため、と思ってその「姫島」へ行ったのです。

二

旧、二丈町（現、糸島市）の西の海岸から舟で十五分。島に上って、まもなく神社の鳥居を見ました。

そこには、本居宣長の古事記伝によれば、ここが姫島（天一根）である旨、刻まれていたのです。

ここが古事記の「国生み神話」の「姫島」だというのは、「現地伝承」ではありませんでした。実は本居宣長の「国学」を継承する神主さんたちによる、「明治の建碑」だったのです。残念でした。

もちろん、これは「通報」して下さった灰塚さんや鬼塚さんの責任ではありません。現地を自分の目で確かめず、安易に「新情報」を受け入れた、わたし自身の「失敗」だったのです。

三

もちろん、これで古事記の「国生み神話」の「亦の名」の「女島」（天一根）が、元のさやにおさまった、とは言い切れません。

しかし、今のわたしは次のように考えています。

第一、「女島」は「めじま」です。「ひめじま」ではありません。ただ「めじま」に対して「日」という接頭語が加わったのが、現在の姫島です。

第二、瀬戸内海の姫島（国東半島近辺）は、筑紫（福岡県）から足摺岬行く「途中」に当ります。交通上の要地です。

第三、対馬海流上の島々を「海士（あま）」と呼ぶ立場から見れば、「天一根」の表記に、よく〝妥当〟しています。

第四、この姫島は黒曜石（〝白っぽい〟黒曜石）の産地として重要です。足摺岬に分布する黒曜石は、この島（姫島）産出の黒曜石とされています。

以上から（「断定」はできませんが）、「亦の名」の「女島（天一根）」が、この、瀬戸内海の（国東半島の沖合いの）「姫島」である可能性は高い。――再び今、そう考えています。

そして何よりも、「新情報」に、安易に〝奔る〟ことを、みずからに深く〝戒め〟たいと思っています。

第七　「黒歯国・裸国」論

一

日本の古代史の中で「倭人伝」の名前はあまりにも有名です。みんな知っています。詳しく言えば、三国志の魏志倭人伝。「倭人の条」と呼ぶ人もいます。

ところが、この倭人伝の中で、一番重要な国名は何でしょう。「女王国」――ちがいます。「邪馬壹国」――ちがいます。「邪馬台国」――もちろん、ちがいます。三国志には、そんな国名は書かれてはいませんから。

では、何か。答は「黒歯国」と「裸国」です。

「そんな、馬鹿な。」

あなたは、そう叫ぶことでしょう。では、わたしの〝言い分〟を聞いて下さい。そのあとでもやはり「馬鹿げている」と言われるかどうか。それはあなた次第です。

二

中国では、三国志の前に、すでに二つの歴史書が出来ていました。司馬遷の史記と班固の漢書です。

史記――司馬遷
　前漢（BC二〇六～AD八）

漢書――班固
　後漢（AD二五～二二〇）

三国志――陳寿
　魏（二二〇～二六五）
　西晋（二六五～三一六）

いずれも「正史」（朝廷の任命した、正式の歴史書）です。

史記では、西方の〝果て〟は、シルク・ロードの途中です。

「太史公曰く「禹本紀に言う。河は崑崙に出づ。崑崙、其の高さ二千五百余里。日月相避隠して光明を為すなり。其の上に醴泉・瑤池有り。」」（史記大宛伝）

司馬遷はこの古伝承を批判しています。これに対して漢書は、シルク・ロードをさらにはるかに西へ進み、安息国（現在のイラク・イラン）に中国の使者が至ったことをのべています。

そしてその安息国の長老の話として

「行くこと百余日なる可し。乃ち條支国に至る。西海に臨む。（中略）安息の長老伝え聞く。（中略）條支より水に乗じて西に行くこと百余日、日の入る所に近し、と云う。」（漢書六十六上、西域伝）

と記しています。

ここで〝行くこと百余日〟と言っているのは、アフリカの西北端、ジブラルタル海峡近辺への「日程」をのべているものと思われます。

従ってそこからさらに西へ「海を百余日すすむ」と言っているのは、ズバリ言って大西洋の彼方、アメリカ大陸のことではないでしょうか。なぜなら、「ずーっと、海ばかり」だったら、「百余日」と言ってみても、無意味です。

また後代、コロンブスが〝はじめて〟アメリカ大陸に「到達」したときの記録でも、やはり「百日余り」なのです。舟の「進行度」は「海流の速さ」に拠るものですから、古代も近世も、変らないのではないでしょうか。

ともあれ、漢書は、西に〝果て〟、「日の入る所に近し」という「場所」を、「安息国」の長老の「談」として記録したのです。これが、司馬遷の史記の及びえなかったところ、漢書の班固の〝誇り〟とするところだったのです。

三

これに対して、陳寿が三国志で〝目指した〟ところは、何だったでしょう。

三国志の倭人伝の前に、「東夷伝の序文」が書かれています。もちろん、陳寿の執筆です。

「東、大海に臨む。長老説くに、異面の人有り、日の出ずる所に近し。」と。

右の文面がハッキリとしめしています。この東夷伝のハイライト、最後の、その目的は「日の出ずる所に近し」という「場所」をしめすことにある、と。著者の陳寿が明記しているのです。これほど確かな〝保証書〟、そして〝証人〟はいません。著者その人による証言なのですから。

四

中国の古典の〝ピカ一〟ともいえる本、それは尚書（しょうしょ）です。その中心は「周公」にまつわる言動です。孔子が「周公ファン」だった、という、あの周公です。

周公は兄の武王の依頼を受け、兄の子供の成王を、生涯〝補佐〟します。いわゆる「摂政」です。そして晩年、その努力の功あって、「日出」の国の倭人から使者がやって来た、と喜んでいます。

「海隅、日を出だす。率俾せざるは罔し」（尚書、巻十六）

周のはじめ頃（BC一〇〇〇年前後）、西安を「都」とする、中国内陸部の「国」では、中国大陸の東海岸のさらに「東」に当る日本列島は、まさに

「日の出る所」

として見えていたのです。

しかし、三世紀になると、全く〝ちがい〟ます。帯方郡から中国の使者（魏の武官）が倭国の都へ行って女王（俾弥呼）に会った。そういう「時間帯」において、なお

「倭国から日が出る」

などと〝思っていた〟はずはありません。これは張政などは、俾弥呼時代から壱与時代まで、二十余年

の〝永き〟にわたり、倭国に滞在していたのですから、言うも愚かです。

「日の出る所」

は日本列島より、さらにはるか「東」の彼方にあること、それは確実だったのです。

それが「黒歯国」と「裸国」です。

日本列島の一端、「侏儒国」の地から、さらに「東南」にあって「船行一年」で到着できるところ、そこが東夷伝序文で「予告」した「日の出ずる所」に近い「場所」なのです。「異面の人」とは「黒歯国・裸国」の人々の存在を〝暗示〟しています。

これに対して、倭人伝中で「黥面文身」と書かれた「倭人」こそ、この「異面」に当るのではないか。そういう意見がありました。その通りです。

この「黒歯国・裸国」の人々とは、「倭人」なのです。だから「倭国伝」ならぬ「倭人伝」のハイライトとして、記載されたのです。

「そんな馬鹿な。」

と言う人々が多いと思います。しかし、事実は頑固です。

近年、田島和雄氏（愛知ガンセンター疫学部長〈当時〉）の研究により、日本列島（太平洋岸）の住民（現在）と、南米の原住民（チリ等）とが、「ウイルス」や「遺伝子」上、同一であることが証明されたのです。

それも「現代」のインディオだけではなく、千年以上前の「ミイラ」の「ウイルス」や「遺伝子」が、日本列島住民（現存）のそれらと全く「一致」していたのです。

この事実を前にしてもなお、あなたには

「そんな馬鹿な。」

と言いつづける〝勇気〟がおありですか。わたしには、ありません。

五

実は、このテーマ（論理の構造）は倭人伝そのものの〝中味〟にも、ハッキリとしめされています。

（A）帯方郡治→不弥国

（「一万二千余里」（「対海国」と「一大国」の半周をふくむ）

（B）女王国→侏儒国

（四千余里」（「女王国→倭種の国」千余里をふくむ）

右の（A）で「里程記事」は、いったん終ります。目標とする「女王国」に至ったのです。

「不弥国は邪馬壹国である。」

というテーマです。第一回の「日本の生きた歴史」でのべた通りです。

ところが、そのあと、（B）が現われます。「里程」で書かれていますから、中国（魏）の使者は「女王国への到着」に満足せず、さらに「侏儒国」を〝目指し〟たのです。なぜか。もちろん、

「日の出ずる所に近し」

に至るべき「伝承」を、現地（侏儒国）の長老に「聞く」ためです。

漢書で中国（漢）の使者がシルク・ロードを西方に進んで「安息国」に至り、その国の長老から、

「日の入る所に近し」

の地についての「伝承」を聞き、記録したのと同じです。

「倭人伝の到着点、そのハイライトは『黒歯国・裸国』の記事にあった。」

これが本来の倭人伝、その基本をなす史料事実の「客観」の姿だったのです。

第八 「合致」論

念を押します。

それは「歴史と自然の合致（がっち）」問題です。

わたしが倭人伝研究の中で得た「手ごたえ」について、率直にしるしてみましょう。

第一、「倭種の国」への「千余里」。

女王国の中心を博多湾岸とすると、その東への「千余国」（「短里」）は関門海峡あたりとなります。

「関門海峡」という、自然の〝ぐぎり〟と一致するのです。

第二、「侏儒国」までの「四千余里」。

「侏儒国」に当る足摺岬付近は、日本列島唯一の「黒潮との衝突個所」なのです。

「東南」（船行一年）の出発点として、日本列島中、この地域ほど〝ふさわしい〟ところはありません。

第三、「黒歯国・裸国」までの「東南、船行一年」。

この「一年」は「二倍年暦」ですから、現代の表記でいえば「半年」です。

一方、日本列島から北米（サンフランシスコ）まで、「約三ヶ月」です。（ヨットによる実験航海。堀江青年などの記録。第一書参照）

このサンフランシスコ付近から南米西海岸の「エクアドル近辺」の地帯まで、右とほぼ「同一距離」

です。

ところが、南米南端部から南米西岸のエクアドル近辺まで、フンボルト大寒流が北上しています。そしてエクアドル付近で黒潮と衝突しています。サンフランシスコからこの地帯までが、同じく「約三ヶ月」の〝長さ〟です。

地球上最大の寒流、フンボルト寒流と、同じく最大級の暖流、黒潮との「衝突地帯」まで。それが黒潮のちょうど〝終点〟です。

すなわち、倭人伝の記した「一年（二倍年暦。六ヶ月）」とは、そういう「リアリティ」をもった数字なのです。

以上、いずれを見ても、倭人伝の「歴史記述」と「自然状況」（地理、潮流等）」が「合致」しているのです。これは果して「偶然の合致」でしょうか。

否（ノウ）！

わたしは思ったのです。「この三つの合致は、真実の証（あかし）だ。」と。

みなさん、どう思われますか。

第九 「海賦」論

一

今回のハイライト、それはもちろん「海賦」です。木華という西晋の官僚（楊駿府の主簿）が書いたものです。つまり西晋の歴史官僚だった陳寿と「同僚」なのです。

それだけでも、「アッ」と思わせられるのに、この長篇の内容は「倭人」が舟に乗り、海流に乗じて、はるか遠い「海の彼方」にある、という「裸人の国」と「黒歯の邦」に至ったという〝経験譚〟の報告なのです。従来の日本史の学者たちが「倭人伝」だけを〝重視〟して、この「海賦」を根本史料として重視しなかったのは、なぜか。正直なところ、わたしには全く「理解不能」です。従来の「邪馬台国」論者、つまりわたし以外のすべての古代史学者は「邪馬台国」だけは取り出して、自分の〝好みのまま〟に論じてきました。しかし、肝心の「黒歯国」「裸国」は全く〝相手にせず〟に来たのです。なぜなら女王国の中心を「大和」にしたり、筑後山門にしたり、朝倉にしたりしたのでは、そこから「千余里」東の「倭種の国」、さらにその南「三千里」(合計、四千余里)の地である「侏儒国」の〝置き場所〟がないのです。だから「あれは、史実とは無関係」と称して、「みんな」で「無視」してきたのです。(わずかに茂在寅男さんのような方は、貴重な例外です。)

ですから、その「裸人の国」「黒歯の邦」のことを詳細に記録している、この「海賦」のことなど、一切〝そろって〟無視してきたわけです。恐ろしいことです。海洋国家日本の歴史学者として〝恥ずかしい〟ことだ。そう言ったら、果して言い過ぎでしょうか。

二

「なぜ、倭人についての史料だと分るのか。」

そう、お聞きになるかもしれません。その回答は簡単です。

「一越、三千、終朝ならずして、届る所を済う。」

とあります。「三千」は「三千里」です。倭人伝に書かれている

「狗邪韓国～対海国～一大国～末盧国」

の、各国にわたる（千余里）の〝総計〟だということは、すぐ判ります。何しろ、陳寿と木華とは、共に同じ「西晋の官僚」なのですから、これを「無関係」と見る方が無理なのです。そこに「裸人の国」「黒歯の邦」とあります。

今までのべてきたように、倭人伝の最終目標、それは「侏儒国」です。その「侏儒国」をターニング・ポイントとして、同じ「黒歯国・裸国」への行程記事に至っているのですから、これと切りはなしてこの「海賦」の文面を「読め」という方が、それこそ「無理難題」なのです。

当然、この「海賦」に歌われた

「舟人、漁子」

というのは「倭人」なのです。

だからこそそれにつづく

「南に徂（ゆ）き、東に極（いた）る」

という文言は、あの倭人伝の

「東南、船行一年」

の方角と「同一」なのです。これだけ、「一致」し、「対応」しているのに、この「海賦」と倭人伝を〝切りはなし〟たままでいるとしたら、到底「正常な感覚」ではない。わたしにはそう思われます。

三

わたしにとっては、忘れられぬ「思い出」があります。

第一書『「邪馬台国」はなかった』が出たあと、角川春樹さんにお会いしたときです。当時、角川書店の社長で、文庫本に、映画にと、新機軸を連発していました。わたしの研究にも、深い関心をもっておられて、角川書店の一画に、招かれたのです。

「当時は、沿岸航海しかできなかったようですよ。」

〝老婆心〟からの「忠告」のようでした。わたしの第一書『「邪馬台国」はなかった』を読んでの、感想です。おそらく「舟の専門家」から得た「専門知識」だったのではないでしょうか。

「いや、大丈夫です。あの件で、もっとくわしい史料がありましたから。」

そのとき「海賦」に夢中になっていたわたしは、すでにこの「日本列島から南米西海岸の中部（エクアドル近辺）への古代航海」に対して、確信をいだいていたからです。

その後、角川さんはみずからも「古代航海」の実験に乗り出されましたが、その前夜、わたしにとっては「思い出」の〝ひととき〟でした。

四

史料だけではありません。わたしに絶大な「自信」を与えて下さったのは、青木洋さんです。「手づくりヨット」で世界一周を果した「青年」でした。

大阪の方だったので、おうかがいして「経験」をお聞きしました。青木さんは言われました。

「いや、縄文でも、絶対に舟で行ったと思いますよ。」

その根拠は、器と釣針、この二つがあれば、「問題なし」とのこと。

舟に飛びこんでくる魚を〝えさ〟にして海中に釣針をおろすと、すぐ食いついてくる。また、それを〝えさ〟にして。魚を釣るのは、実に〝やさしい〟ことだと言われるのです。

「海岸べりの魚の方は、警戒心が強いみたいですよ。」

「きっと、家庭教育が徹底しているんでしょう。人間という、ずる賢(がしこ)い猿にだまされるな、って。」

とわたし。

ともあれ、「魚を食べる」限り、〝食い物に困る〟ことはない、とのことでした。

「器ってのは?」

「水をためるんですよ。一週間に一回くらい、ものすごいスコールがやってきます。その時に〝口をあけて〟飲んでも、しれていますよ、ね。ですから、『ひょうたん』でも『縄文土器』でも、〝水をためる〟器があれば、それにためて、一週間分に使う。そのうちに、またスコールになるんです。」

貴重な御意見でした。日本列島でなぜ、縄文土器が〝独創〟されたか、その一因が判明したのです。火山列島であると共に、海洋の中の列島ですから。その上、熱帯のように自然の「器」である〝ひょうたん〟などがない(乏しい)からなのです。

それはそれとして、ひとりで、自分の作ったヨットで世界一周された、青木さんの実地の経験は、わたしにとって限りなく貴重な収穫となりました。

「そんな遠距離の、大洋航海などできない。」

と言っていた「舟の専門家」の「専門的見解」の方が、実は「空理空論」だったのです。

青木さんは今、東京・大阪・九州などの港で「ヨット・スクール」のリーダーとして活躍しておられます。

第十　倭語論

一

次は最近の、わたしの「発見」です。

倭人伝の中の「三十国」の国名の〝訓み〟が次々と明らかになってきました。特に、「里程」で書かれた九国以外の「次は〜」の形で記された、二十一国の国名。わたしはそれを、第一書では「読み」をつけませんでした。「恣意的」になることを恐れたからです。

今まで近畿説（たとえば、内藤湖南）や九州説（たとえば、宮崎康平）など、各自それぞれの〝訓み〟をつけてきました。ですが、それらには「訓みのルール」がない。わたしの目には、そう見えていたのです。ことに「a」という国名を一部分〝ズラ〟せて、自分の好む「a'」の「発音」に〝変え〟て、既存地名に〝当てはめ〟る。あの「やり方」が、わたしには我慢できなかったのです。

二

読売テレビの小吹正司さんは、早くからわたしを「認め」て下さった方です。『「邪馬台国」はなかった』『失われた九州王朝』が出たあと、早速「古田説による、日本の歴史のテレビ放映」に踏み切って下さったのです。

九州などの、わたしの本に出てくる場所（博多など）へ、スタッフの方と共に、わたしを「同行」し、画面の一部として、〝語らせ〟て下さったのです（早朝番組に放映）。

そのさい、要望がありました。

「わたしたちは、映像にするとき、『語り』がいります。どうしても、あの『国名』を読まなくては、話にならないんです。」

もっともでした。ですから、「一応の〝訓み〟」を申し上げました。

たとえば、『倭人伝を徹底して読む』の末尾に「資料」として付されていたのは、そのケースです。（大阪書籍版、朝日文庫版）

今回は、それが〝訓めた〟のです（今回の復刊本『倭人伝を徹底して読む』の「資料」は、新しい「読み」によりました）。

三

今回は、なぜ〝訓めた〟のか。その詳細な解説は『ミネルヴァ日本評伝選　俾弥呼』（ミネルヴァ書房刊行予定）にゆずります。

その骨子だけ、今書いておきます。

第一、「陳寿、表記」説

倭人伝は、陳寿の執筆です。ですから、倭人伝の中の「国名」も、「陳寿の表記」にちがいない。そう考えたのです。これが、第一書『「邪馬台国」はなかった』での、わたしの立場でした。

第二「倭人、表記」説

第一書の、わたしの立場を批判して下さったのは、倉田卓次さんです。当時、佐賀地家裁（地方裁判所、家庭裁判所）所長をしておられた方です（のちに東京高裁の判事として退職）。

倉田さんは書簡で、第一書全体への〝賞美〟と共に、「倭人伝国名」の「中国側表記説」には「反対」されました。

その「決め手」は「一大国」です。壱岐のような〝ちっぽけ〟な島を、中国側が〝一つの大きな国〟などと表記するはずがない。――この理路でした。

「倭人伝の中の『国名表記』は、倭人側の表記に〝もとずいて〟いる。」

この真理はやがて次々と証明され、倭人伝の三十国、ことに「国名」だけ〝投げ出された〟形の、二十一国が〝訓める〟に至ったのです。（『ミネルヴァ日本評伝選　俾弥呼』参照。また「登頂『邪馬壹国』」『多元』No.96「言素論」参照）

今は、その立場から、問題の「黒歯国・裸国」を考えてみましょう。

四

右の「倉田命題」からすれば、この「黒歯国・裸国」もまた、「倭人の倭語・漢字表記」となります。

中国の古典にも、早くから「黒歯国」が出現していますが、この国は「中国の東北方」とされていますから、倭人伝の中の「黒歯国」とは、〝別物〟です。少なくとも、倭人伝の中に出現する「黒歯国・裸国」は、「倭語をもとにした、倭人による漢字表記」です。「倉田命題」に拠る限り、それ以外の道はありません。

では、その意味は、何でしょう。

「黒歯」は「コクシ」です。「クシ」は筑紫の語幹です。現地（福岡県と島根県）では「チクシ」、その他では「ツクシ」と発音します。すでに、何回ものべましたように、

「『チ』は、『カミ』以前の、神の呼び名」です。「テナヅチ・アシナヅチ・ヤマタノオロチ・オオナムチ」などの「チ」。「神の名称」です。（梅沢伊勢三氏による。）

「ツ」は、「津」。博多湾です。

いずれにせよ、語幹は「クシ」なのです。「ク」は「奇（く）し」の〝賞め言葉〟。「シ」は〝人の生き死にするところ〟。「言葉論」の基本語の一つです。

すなわち、筑紫という国名の中の「接頭語」のない、語幹の部分、それが「クシ」なのです。

この「接頭語」問題について、有名な例をあげましょう。倭人伝です。

下戸（被支配者層）の人々が道路で大人（たいじん）と逢うと、

「辞を伝え事を説くには、あるいは蹲（うずくま）りあるいは跪（ひざまず）き、両手は地に拠り、これが恭敬（くぎょう）為す。対応の声を噫（あい）という。比するに然諾（ぜんだく）の如し。」

「噫」は「アイ」または「イ」です。現代の日本語なら、「ハイ」に当ります。中国語で言えば「然諾」つまり〝O. K.〟もしくは〝yes〟です。つまり、ここで使われているのは、まぎれもない「倭語」つまり日本語です。

ただそれは、現代の日本語に比べると、〝H〟まはた〝Ha〟の音がありません。つまり「接頭語」また

は「接頭音（おん）」の有無という「差異」があるのです。

この「古代と現代」との「差異」、これが今の問題でも、基本に存在します。

五

以上のルールに立ってみれば、

「コクシ」（国歯）

の語幹の「クシ」はチクシ（「チクシ」または「ツクシ」）の語幹と同一です。「チ」や「ツ」という「接頭語」部分の〝ない〟形なのです。

「コ」には「コシ（越）」「コジマ（児島）」などの「コ」。「接頭語」です。

「ヒコ（卑狗）」の「男子」。「コシ」は〝分国〟の意の「子」かもしれません。

いずれにせよ、「筑紫」を〝原点〟とした「倭語」なのです。「黒い歯」は〝当て字〟にすぎません。

あるいは「コカ」（植物、麻酔薬（ますい））を〝かん〟で、〝歯〟が〝黒ずんでいる〟風俗と関係があるかもしれません。

六

もう一つ、より重要なのは
「クロハ（黒歯）」
の「倭語」としての意味です。
「クロ」は〝神聖な〟という意味。黒潮は〝神聖な潮〟、黒姫山は〝神聖な女神のいる山〟です。決して"black"ではありません。

わたしは土佐生れの両親から、いつも黒潮の名を聞いて育ちました。昭和六十年代、土佐清水市から研究調査の依頼を受けて、くりかえし唐人駄場、足摺岬へ通いました。朝も昼も夕も、黒潮を眺めつづけましたが、その色は〝灰色〟か〝うす青色〟に近く、決して"black"ではありませんでした。

青森県の「黒森」にも足を運びましたが、どこにも"black"の森など、ありませんでした。

先にあげた黒姫山が"black"の女神でないように黒潮も"black"の潮などではありませんでした。やはり「神聖な潮」を意味する「縄文語」だったのです。

そうです。「縄文語」です。なぜなら弥生時代や古墳時代、さらにそれ以後になって、やっとこの大潮流の存在に気づいた。——そんな〝間の抜けた〟話はありえないのです。

縄文時代、否、それ以前の旧石器時代から、この大潮流は存在しました。それどころか、この大潮流に乗じてこの日本列島に来た。この島々を「見た」、それが日本列島人の〝半分〟であること、それをわたしは疑ったことはありません。その、本来の名前が「黒潮」です。〝生粋(きっすい)の縄文語〟その代表とも言うべき言葉、その名前なのです。

七

その黒潮に乗じて北米へ、そして南米へと進み、やがて北上してきたフンボルト大寒流と激突した場所、それが

「クロハ(黒歯)」

なのです。

「ハ」は「葉」。「根」や「茎」に対して〝広い場所〟を指します。すなわち、「クロハ」とは、「神聖な広い場所」を指す「倭語」だったのです。

八

はじめてこの文章を読まれた方は、「何と、ひどいこじつけかた」だと、あきれられるかもしれません。一見、その通りです。もしこれが「中国側の表記」だったら、金輪際〝ありえない〟話です。

ですが「倉田命題」に立ち

（A）天比登都柱→一大国

（B）天之狭手依比売→対海国

の「成立の仕方」を知られたならば、その「?」も消え去ることでしょう。（『ミネルヴァ日本評伝選　俾弥呼』参照。また「登頂『邪馬壹国』」『多元』No.96、参照）

これが「倭語」から「倭人の漢字表記」に至る、一貫したルールにもとずく「解読」なのですから。

九

次は「裸国」です。「ラ」は「ウラ（浦）」の語幹です。これに「ウ」という接頭語を加えたものが、日本語で頻出している「浦」なのです。当然「倭語」です。

その「ラ」に「裸」という文字を当てたのは当然その人々の「風俗」を知り、文字として「表記」し、〝当てて〟いるのです。

考えてみれば、これは「大変」なことです。

なぜならもしこれが北米のサンフランシスコの近辺なら、「裸」という風俗はありません。また南米でも南端の「ホーン岬」近辺だったら、とても「裸」では生活できません。

しかし、南米の西海岸中央部では、文字通り「裸」です。何しろ、エクアドルという国名は、スペイン語で「赤道」を意味する言葉なのですから。暑熱の地です。

そのような「風俗」を〝知った〟上で、この「裸」の字を当てているのです。決して「平凡」ではありません。この文字を使った倭人は「現地情報」を的確に知っていたのです。

十

すでに御覧になったように、全く異なった方法の結果が一つの「答」をしめしていました。それは「日本列島と〝南米西海岸中央部〟との交流」です。エクアドルやチリが日本列島人と「濃い血流」を共にしていたこと、今は確実なのです。

第一は「古代寄生虫の共通性」。ブラジルの研究者チームの報告です。(第一書、朝日文庫版〝あとがき〟参照。「復刊」にも収録。)

第二は「ウイルスと遺伝子の共通性」。「田島報告」のさししめしたところです。(『海の古代史』駸々堂刊、所収。また本書でも、言及。)

第三は、倭人伝と海賦の「証言」です。

いずれも、全く異なった「方法」です。それが「同じ結果」をしめしているのです。

けれども、これが研究の終着点ではありません。逆です。出発点です。わたしたちはこの一点からさらに、あらゆる「未知の荒野」の探究へと今、出発しようとしているのです。
「南米、第一回」を、いったん終わらせていただきます。

二〇一〇年四月三十日稿了

補

本章の「海賦」に対しては、わたしはこれを「倭人伝の成立、以前」と位置づけていました。しかし、なお慎重を期し、この「海賦」の成立を西晋（二六五〜三一六）の時期（厳密には、その前後をふくむ）において、理解することとしたいと思います。

木華は「楊駿府（西晋）の主簿」とされています。その当時、またはその前後の時期にこの一篇は執筆されたもの、と思われるからです。

人名索引

ま　行

や　行

ら・わ行

事項索引

ま　行

や　行

わ　行

地名索引

あ 行

か 行

さ 行

た 行

な 行

は 行

ま 行

ら 行

《著者紹介》

古田武彦（ふるた・たけひこ）

1926年　福島県生まれ。

旧制広島高校を経て，東北大学法文学部，日本思想史科において村岡典嗣に学ぶ。

長野県立松本深志高校教諭，神戸森高校講師，神戸市立湊川高校，京都市立洛陽高校教諭を経て，

1980年　龍谷大学講師。

1984～96年　昭和薬科大学教授。

著　作　『「邪馬台国」はなかった――解読された倭人伝の謎』朝日新聞社，1971年（朝日文庫，1992年）。

『失われた九州王朝――天皇家以前の古代史』朝日新聞社，1973年（朝日文庫，1993年）。

『盗まれた神話――記・紀の秘密』朝日新聞社，1975年（朝日文庫，1993年）。（角川文庫，所収）

『古代は輝いていた』全3巻，朝日新聞社，1984～85年（朝日文庫，1988年）。

『古田武彦著作集親鸞・思想史研究編』全3巻，明石書店，2002年，ほか多数。

古田武彦・古代史コレクション④
邪馬壹国の論理
――古代に真実を求めて――

2010年6月20日　初版第1刷発行　〈検印省略〉

定価はカバーに
表示しています

著　者　古　田　武　彦
発行者　杉　田　啓　三
印刷者　江　戸　宏　介

発行所　株式会社　ミネルヴァ書房
607-8494 京都市山科区日ノ岡堤谷町1
電話（075）581-5191（代表）
振替口座 01020-0-8076番

共同印刷工業・藤沢製本

ISBN978-4-623-05216-5
Printed in Japan